CONTROVERSO

Um dos livros **MAIS NOTÁVEIS** do ano pelo *New York Times*

CONTROVERSO

PETER THIEL e a busca pelo poder do VALE DO SILÍCIO

MAX CHAFKIN

ALTA BOOKS
GRUPO EDITORIAL
Rio de Janeiro, 2023

Controverso

Copyright © 2023 da Starlin Alta Editora e Consultoria Ltda.
ISBN: 978-65-5520-708-8

Translated from original The Contrarian. Copyright © 2021 by Max Chafkin. ISBN 978-1-9848-7853-3. This translation is published and sold by permission of Penguin Press an imprint of Penguin Random House LLC, the owner of all rights to publish and sell the same. PORTUGUESE language edition published by Starlin Alta Editora e Consultoria Ltda, Copyright © 2023 by Starlin Alta Editora e Consultoria Ltda.

Impresso no Brasil — 1a Edição, 2023 — Edição revisada conforme o Acordo Ortográfico da Língua Portuguesa de 2009.

Dados Internacionais de Catalogação na Publicação (CIP) de acordo com ISBD

C433c   Chafkin, Max
            Controverso: Peter Thiel e a busca pelo poder do Vale do Silício / Max Chafkin ; traduzido por Bernardo Kallina. - Rio de Janeiro : Alta Books, 2023.
            408 p. ; 15,7cm x 23cm.

            Tradução de: The Contrarian
            Inclui índice.
            ISBN: 978-65-5520-708-8

            1. Biografia. 2. Peter Thiel. I. Kallina, Bernardo. II. Título.

2022-3771   CDD 920
                                                   CDU 929

Elaborado por Odilio Hilario Moreira Junior - CRB-8/9949

Índice para catálogo sistemático:
1. Biografia 920
2. Biografia 929

Todos os direitos estão reservados e protegidos por Lei. Nenhuma parte deste livro, sem autorização prévia por escrito da editora, poderá ser reproduzida ou transmitida. A violação dos Direitos Autorais é crime estabelecido na Lei nº 9.610/98 e com punição de acordo com o artigo 184 do Código Penal.

A editora não se responsabiliza pelo conteúdo da obra, formulada exclusivamente pelo(s) autor(es).

Marcas Registradas: Todos os termos mencionados e reconhecidos como Marca Registrada e/ou Comercial são de responsabilidade de seus proprietários. A editora informa não estar associada a nenhum produto e/ou fornecedor apresentado no livro.

Erratas e arquivos de apoio: No site da editora relatamos, com a devida correção, qualquer erro encontrado em nossos livros, bem como disponibilizamos arquivos de apoio se aplicáveis à obra em questão.

Acesse o site www.altabooks.com.br e procure pelo título do livro desejado para ter acesso às erratas, aos arquivos de apoio e/ou a outros conteúdos aplicáveis à obra.

Suporte Técnico: A obra é comercializada na forma em que está, sem direito a suporte técnico ou orientação pessoal/exclusiva ao leitor.

A editora não se responsabiliza pela manutenção, atualização e idioma dos sites referidos pelos autores nesta obra.

Produção Editorial
Grupo Editorial Alta Books

Diretor Editorial
Anderson Vieira
anderson.vieira@altabooks.com.br

Editor
José Ruggeri
j.ruggeri@altabooks.com.br

Gerência Comercial
Claudio Lima
claudio@altabooks.com.br

Gerência Marketing
Andrea Guatiello
andrea@altabooks.com.br

Coordenação Comercial
Thiago Biaggi

Coordenação de Eventos
Viviane Paiva
comercial@altabooks.com.br

Coordenação ADM/Finc.
Solange Souza

Coordenação Logística
Waldir Rodrigues

Gestão de Pessoas
Jairo Araújo

Direitos Autorais
Raquel Porto
rights@altabooks.com.br

Assistentes da Obra
Mariana Portugal
Patricia Silvestre

Produtores Editoriais
Illysabelle Trajano
Maria de Lourdes Borges
Paulo Gomes
Thales wSilva
Thiê Alves

Equipe Comercial
Adenir Gomes
Ana Claudia Lima
Andrea Riccelli
Daiana Costa
Everson Sete
Kaique Luiz
Luana Santos
Maira Conceição
Nathasha Sales
Pablo Frazão

Equipe Editorial
Ana Clara Tambasco
Andreza Moraes
Beatriz de Assis
Beatriz Frohe
Betânia Santos

Brenda Rodrigues
Caroline David
Erick Brandão
Elton Manhães
Gabriela Paiva
Gabriela Nataly
Henrique Waldez
Isabella Gibara
Karolayne Alves
Kelry Oliveira
Lorrahn Candido
Luana Maura
Marcelli Ferreira
Mariana Portugal
Marlon Souza
Matheus Mello
Milena Soares
Viviane Corrêa
Yasmin Sayonara

Marketing Editorial
Amanda Mucci
Ana Paula Ferreira
Beatriz Martins
Ellen Nascimento
Livia Carvalho
Guilherme Nunes
Thiago Brito

Atuaram na edição desta obra:

Tradução
Bernardo Kallina

Copidesque
Samantha Batista

Revisão Gramatical
Caroline Costa e Silva
Denise Elisabeth Himpel

Diagramação
Joyce Matos

Capa
Paulo Gomes

Editora afiliada à:

ASSOCIADO

Rua Viúva Cláudio, 291 — Bairro Industrial do Jacaré
CEP: 20.970-031 — Rio de Janeiro (RJ)
Tels.: (21) 3278-8069 / 3278-8419
www.altabooks.com.br — altabooks@altabooks.com.br
Ouvidoria: ouvidoria@altabooks.com.br

SUMÁRIO

Introdução		*vii*
1.	F*da-se o Mundo	*1*
2.	Um Menino Muito, Muito Estranho	*13*
3.	Espero que Você Morra	*29*
4.	Índice de Dominação Mundial	*45*
5.	Uma Atitude Hedionda	*63*
6.	Zonas Nebulosas	*75*
7.	Hedging	*93*
8.	Inception	*111*
9.	Adeus, Bons Tempos	*123*
10.	O Novo Complexo Militar-Industrial	*143*

11.	O Tabu Absoluto	*157*
12.	Construindo a Base	*173*
13.	Intelectual em Público, Reacionário no Privado	*187*
14.	Plano B	*207*
15.	Interessado em Trump	*223*
16.	A Teoria de Governo de Thiel	*241*
17.	Poder de Deportação	*257*
18.	Lista do Mal	*275*
19.	Rumo ao Tatame	*293*
20.	De Volta para o Futuro	*309*
21.	Você Viverá para Sempre	*329*

Agradecimentos	*341*
Notas	*345*
Créditos das Imagens	*373*
Índice	*375*

INTRODUÇÃO

Pode até parecer difícil de lembrar, mas houve um tempo em que o mundo parecia estar pronto para deixar o Vale do Silício no comando de tudo. Isso foi em 2016 — chamado de a "Era dos Unicórnios"[1] pelas revistas de negócios, referindo-se a empresas de tecnologia que estavam crescendo com tanta rapidez e se tornando tão valiosas que pareciam quase míticas. Jeff Bezos salvara um dos grandes jornais norte-americanos; Mark Zuckerberg flertava com políticos de São Francisco, que haviam recém-nomeado um hospital em sua homenagem; e ativistas apareciam nas grandes cidades para protestar *em favor* das mudanças causadas pela Uber. O presidente Barack Obama, cujo mandato já chegava ao fim, pensava em se mudar para a Califórnia para investir em tecnologias.[2] O capital de risco, dizia ele aos repórteres naquela primavera, parecia algo "muito satisfatório".

Mas mesmo enquanto o espírito da época — que alçava até mesmo as ambições do principal líder político do mundo ocidental — celebrava as promessas e o potencial do Vale do Silício, um dos seus pioneiros já havia voltado sua atenção para muito além. Nas duas décadas precedentes, Peter Thiel já acumulara bilhões de dólares, investindo em algumas das maiores e mais bem-sucedidas empresas de tecnologia, incluindo Facebook, PayPal e SpaceX. Ele construiu uma rede que lhe deu acesso aos melhores empresários e aos investidores mais ricos do mundo, e foi idolatrado por uma geração de aspirantes a fundadores de startups. Thiel, no entanto, desejava muito mais do que a sua influência no Vale do Silício; ele desejava poder de verdade, poder político. E estava prestes a conseguir sua oportunidade.

Ela veio na forma do que inicialmente parecia um pequeno escândalo no Facebook, onde Thiel foi um dos primeiros investidores. Em maio daquele ano, o blog de tecnologias Gizmodo publicou um relato afirmando que opiniões de viés conservador estavam sendo sistematicamente suprimidas pela rede social. Uma pequena equipe de editores, que trabalhava em um novo recurso chamado *Trending Topics*, afirmara ter sido instruída a incluir reportagens de veículos convencionais, tais como CNN e *The New York Times*, e ao mesmo tempo omitir reportagens de mídias de direita, bem como aqueles tópicos tão populares entre conservadores, como a alegação não verificada de que o IRS vinha atacando organizações sem fins lucrativos afiliadas ao Tea Party.

O furo de reportagem foi um tanto modesto, já que os *Trending Topics* nada tinham a ver com o feed de notícias regular, organizado por algoritmos e repleto de conteúdos de direita, mas deixou muitos conservadores — que viram nisso uma evidência de que o Facebook era mais amplamente parcial — ensandecidos. O *Drudge Report*, que estava entre os veículos banidos, apresentou uma imagem nada lisonjeira de Sheryl Sandberg, a chefe operacional de Zuckerberg e autora do livro *Faça Acontecer*, onde se lia: "FAÇA ACONTECER... INCLINANDO-SE PARA A ESQUERDA!".[3] "FACEBOOK SOB ATAQUE"[4] era a principal tarja da Fox News.

O Facebook negou as acusações, mas Zuckerberg percebeu que essa crise precisaria ser administrada e recorreu a Thiel para ajudá-lo. Em 18 de maio, uma quarta-feira, um grupo de dezesseis personalidades proeminentes nos meios de comunicação de direita foram convocadas para uma reunião em Menlo Park. Entre elas, estavam os apresentadores de talk show Tucker Carlson, Glenn Beck e Dana Perino, os presidentes do Tea Party Patriots, do American Enterprise Institute e da Heritage Foundation; entre outros. Oficialmente, eles estavam lá para ver Zuckerberg e Sandberg, mas Thiel era a verdadeira razão para muitos deles terem viajado.

Aos 48 anos, ele era mais de uma década mais velho que o fundador do Facebook, mas ambos tinham muito em comum. Como Zuckerberg, Thiel era extremamente competitivo e desajeitado em situações sociais.

INTRODUÇÃO ix

Eles eram próximos: Thiel tinha sido o mentor de Zuckerberg, além de seu financiador — o primeiro investidor externo de sua empresa e a primeira pessoa em posição de autoridade a compreender que Zuckerberg sabia o que estava fazendo.

Anos antes, Thiel tinha visto no fundador do Facebook — um jovem rude e socialmente inapto, cuja principal qualificação empresarial à época fora conseguir montar uma forma de avaliar a aparência de suas colegas de Harvard — algo grandioso. Depois de investir no Facebook, Thiel conferiu a Zuckerberg controle absoluto, ajudando a transformar o jovem cujo cartão de visita continha a frase "Eu sou o CEO... p*rra" no capitalista refinado que ele se tornaria. Esse relacionamento deixou os dois homens extremamente ricos, e embora Thiel já não possuísse tantas ações do Facebook, ainda participava do conselho da empresa e investia na sua influência.

No entanto, os dois acabaram se distanciando ao longo dos anos, conforme Thiel se envolvia no mundo das políticas conservadoras, Zuckerberg abraçava o espírito da era Obama, iniciando um lobby com o objetivo de promover uma reforma migratória favorável aos negócios e prometendo bilhões para as causas do "avanço do potencial humano e da promoção de igualdade"[5].

Mas mesmo enquanto cultivava seu relacionamento com Obama e outros políticos de esquerda, Zuckerberg continuou a confiar em Thiel como um elemento de articulação com a direita norte-americana. Thiel, de acordo com os aliados de Zuckerberg, era a consciência conservadora da empresa. "Mark busca um equilíbrio entre esquerda e direita para o Facebook", disse um ex-executivo do Facebook. "Ele não acredita que possa haver um debate saudável se todos forem democratas sentimentais." Os críticos de Zuckerberg viam a influência de Thiel na empresa como algo mais profundo — e mais perigoso: o manipulador de marionetes, que empurrava o jovem fundador ideologicamente confuso em direção a uma aliança com a ala extremista do Partido Republicano.

Enquanto o grupo de líderes conservadores chegava à ampla sede do Facebook — projetada por Frank Gehry, Thiel e Zuckerberg personificavam uma mudança de atitude geracional rumo a uma noção casual de negócios. O fundador do Facebook usava seu uniforme usual — camiseta cinza

x INTRODUÇÃO

e calça jeans —, enquanto Thiel usava uma camisa social com as mangas arregaçadas e um par de sapatos com solas de cânhamo. Como de costume, ele se portava como alguém preparado para um conflito — ombros curvados para a frente, a cabeça ligeiramente retraída.

O grupo se sentou a uma grande mesa, onde Zuckerberg e Sandberg conduziram uma apresentação bastante técnica, projetada para explicar o que era o software do Facebook, e não os seus editores, que selecionava a maioria dos artigos que apareciam no feed. Zuckerberg, então, abriu espaço para perguntas — que eles tomaram como um convite para criticar o Facebook, seus funcionários esquerdistas e a sensação geral de que o Vale do Silício favorecia causas liberais.

"Eles partiram para cima dele", lembrou Glenn Beck, personalidade de rádio e ex-apresentador da *Fox News* conhecido por suas teorias da conspiração dramáticas e palhaçadas em frente às câmeras. "E ele mereceu parte disso."

Beck era um, entre vários ali presentes, que Thiel vinha cultivando silenciosamente. Depois que ele deixou a Fox News sob circunstâncias tensas — rumores apontam que Wendi Deng, a esposa de Rupert Murdoch, exigira sua expulsão[6] em meio à virada conspiratória do seu programa durante a administração Obama — foi Thiel quem o convenceu a se concentrar em streaming de vídeos e podcasts. "Basta você decidir se está no futuro ou no passado", Thiel disse a ele.

Beck gostava de Thiel e, no encontro, assumiu o papel de defensor de Zuckerberg. "Temos aqui trinta pessoas que passaram décadas defendendo a liberdade de expressão", disse ele, dirigindo-se a Zuckerberg e gesticulando para seus colegas. "E agora, temos essa plataforma que dá liberdade de expressão para centenas de milhões de pessoas."

Zuckerberg pareceu comovido pela demonstração de empatia de Beck. "Nós criamos o Facebook como uma plataforma para todas as ideias", escreveu ele em sua página do Facebook depois que o grupo partiu. "O sucesso da nossa comunidade depende de todos se sentirem confortáveis para compartilhar o que quiserem."

A mensagem para os funcionários da empresa e para o resto do mundo era bem clara: o Facebook permitiria aos partidários de Donald Trump — já de fato, o candidato republicano — que expressassem mais ou menos o que quisessem na plataforma.[7] Nos meses subsequentes, o fluxo de desinformações no Facebook — normalmente a favor de Trump — superou o de notícias reais.[8] De acordo com um estudo, a manchete eleitoral mais popular no Facebook durante esse período era PAPA FRANCISCO CHOCA O MUNDO AO APOIAR TRUMP, o que, obviamente, nunca aconteceu. Outra alegava falsamente que os e-mails do Wikileaks revelaram que Hillary Clinton vendera armas para terroristas do Estado Islâmico.

Zuckerberg acabaria, de certa forma, se desculpando.[9] "Não tivemos uma visão ampla o suficiente da nossa própria responsabilidade, e isso foi um grande erro", diria, mais tarde, ao Congresso, quando convocado para responder perguntas a respeito de como o Facebook fora utilizado para manipular a campanha eleitoral. Mas naquele momento, a empresa negou que estivesse ajudando a espalhar desinformações, e minimizou o envolvimento do governo russo.

Dois meses após a reunião em Menlo Park, Thiel passou a apoiar Trump oficialmente, tornando-se a estrela da Convenção Nacional do Partido Republicano em Cleveland. Então, em meados de outubro, poucos dias após o vazamento da gravação do *Access Hollywood* na qual Trump se gabava por um ato de assédio sexual, Thiel doou US$1 milhão para a campanha de Trump. Isso ajudou a virar aquela maré de imprensa negativa e inflou os cofres de uma campanha que viria a comprar uma enxurrada de anúncios direcionados do Facebook como parte de uma estratégia de supressão de votos concebida para desencorajar potenciais apoiadores de Clinton.[10]

Após a eleição, Thiel foi homenageado pelo grupo de elite de Trump e ganhou um escritório na Trump Tower, além da liberdade de posicionar seus aliados na nova administração. "Ele era único", lembrou Steve Bannon, que se tornou CEO da campanha em agosto. Ele elogiou Thiel por dar credibilidade intelectual e seriedade a uma campanha que sofria para transmitir esses valores. Para Bannon e para outros da direita trumpista, Thiel era um herói, um elemento essencial para a inesperada vitória de Trump.

Para a esquerda, Thiel era um vilão — um poderoso agente do Vale do Silício que ajudou a viciar os norte-americanos em serviços de tecnologia para, em seguida, utilizar da sua influência sobre esses serviços para eleger um candidato que prometeu impedir muçulmanos de entrarem nos Estados Unidos e deportar milhões de imigrantes sem documentação. Por anos a fio, diversos grupos ativistas vêm alertando exatamente para essas questões — o poder que o Vale do Silício vem acumulando e as tendências nacionalistas implícitas que vêm inchando cada vez mais por baixo de um suposto brilho do idealismo de centro-esquerda. Os ideais de direita radical já existem desde o surgimento da indústria tecnológica — remontando até a fundação da Universidade Stanford. Mas foi preciso que Peter Thiel trouxesse essas ideias à tona e as transformasse em um novo tipo de arma.

ÀS VEZES, THIEL É RETRATADO como o símbolo conservador da indústria tecnológica — uma visão que subestima radicalmente sua influência. Mais do que qualquer outro investidor ou empresário do Vale do Silício — ainda mais do que Jeff Bezos, do que os fundadores do Google, Larry Page e Sergey Brin, ou do que o próprio Zuckerberg —, foi ele o responsável por criar a ideologia que veio a definir o Vale do Silício: que o progresso tecnológico deve ser buscado implacavelmente — com pouca ou nenhuma consideração pelos potenciais custos ou perigos para a sociedade.

Thiel não é o magnata mais rico das tecnologias — embora quase certamente seja o melhor em proteger seus recursos se comparado ao bilionário comum do Vale, tendo conseguido pagar poucos impostos referentes a uma carteira de investimentos no valor de US$10 bilhões —, mas ele tem sido, de muitas maneiras, o mais influente. Sua primeira empresa, PayPal, foi pioneira no comércio eletrônico e — depois de ser expulso pela empresa para a qual a vendera, o eBay —, no início de 2021, estava estimada em quase US$300 bilhões. Sua segunda empresa, Palantir, popularizou o conceito de mineração de dados depois do 11 de Setembro, abrindo caminho para o que os críticos da indústria tecnológica chamam de capitalismo de vigilância. Mais recentemente, ela se tornou uma peça-chave dos projetos de imigração e defesa da administração Trump. Atualmente, a empresa vale cerca de US$50 bilhões; Thiel a controla e é seu maior acionista.

Por mais impressionante que seja seu currículo empreendedor, Thiel foi ainda mais influente nos bastidores como investidor e negociante. Ele lidera a chamada Máfia do PayPal, uma rede informal de relacionamentos financeiros e pessoais interligados que datam do final dos anos 1990. O grupo inclui Elon Musk, além dos fundadores do YouTube, Yelp e LinkedIn. Eles fornecem capital para as empresas Airbnb, Lyft, Spotify, Stripe, DeepMind — mais conhecido atualmente como o principal projeto de inteligência artificial do Google — e, é claro, para o Facebook.

Assim, Thiel e seus amigos ajudaram a transformar o que era um polo regional de negócios — equivalentes a Boston e algumas outras áreas metropolitanas de médio porte dos Estados Unidos — no motor indiscutível da economia e da cultura norte-americanas. Em 1996, não havia empresa de tecnologia alguma entre as cinco mais valiosas negociadas na bolsa de valores dos EUA; em 2021, as cinco primeiras eram empresas de tecnologia dos EUA. Atualmente, o estúdio de Hollywood mais prolífico é a Netflix, e os norte-americanos obtêm notícias mais por meio das redes sociais, principalmente o Facebook, do que pela televisão a cabo.[11]

Esse crescimento não foi totalmente benigno. A indústria de tecnologia, que ainda é vista por muitos como uma cultura estagnada e cheia de nerds socialmente desajeitados, porém bem-intencionados, é agora uma força gananciosa e aparentemente amoral, capaz de produzir novas formas de entretenimento, novos meios de comunicação e uma forma mais prática de se chamar um táxi, mas que também é indiferente aos vícios, radicalizações e privações econômicas que vieram com esses avanços. Os Ubers e Airbnbs acolhidos pelos norte-americanos a partir de 2016, trazem um custo: eles substituíram empregos assalariados de motoristas de táxi e trabalhadores de hotéis, por salários reduzidos e menos segurança para, em seguida, frustrar agressivamente os esforços dos governos para controlá-los.[12]

Essa virada foi parte integrante do outro projeto de Thiel: uma tentativa de impor a marca de um libertarismo radical que arranca o poder de instituições tradicionais para deixá-lo nas mãos de startups e dos bilionários que as controlam. A ideologia de Thiel é complexa e, às vezes, incoerente; e

xiv INTRODUÇÃO

exigirá muitas das páginas a seguir para ser explorada, mas combina uma obsessão por progressos tecnológicos com políticas nacionalistas — que muitas vezes flertaram com a supremacia branca. A própria narrativa pessoal de Thiel — de advogado corporativo fracassado para bilionário.com, que ele contou e recontou diversas vezes em palestras de faculdades, discursos e em seu livro *De Zero a Um*, está aqui para adoçar essa história que poderia ser bastante amarga. Esse manual do sucesso libertário defende, entre outras coisas, que monopólios são algo positivo, que monarquias são a forma de governo mais eficiente e que fundadores de tecnologias são seres divinos.[13] O livro vendeu mais de 1,25 milhão de cópias em todo o mundo.[14]

Para os jovens que o admiram, assistem e reassistem às suas palestras, escrevem odes sobre sua genialidade nas redes sociais e compram seus livros, Thiel é como uma mistura de Ayn Rand com uma de suas personagens de ficção. Ele é um filósofo libertário *e* um criador — Howard Roark com seguidores no YouTube. Os acólitos mais ávidos entre esses fãs se transformam em "Thiel Fellows"; sua fundação paga US$100 mil a cada um deles para abandonarem a faculdade e abrirem empresas. Outros aceitam empregos no seu círculo exclusivo de conselheiros, que são apoiados financeiramente por ele para promover e defender ele, seus amigos e suas ideias. Ocasionalmente, essas pessoas falam sobre um "Thielverso", um mundo com suas próprias leis, moralidade e, é claro, uma atração gravitacional em direção ao patrão. À medida que Thiel se tornou mais poderoso, essas leis se tornaram as próprias leis do Vale do Silício, e parecem ter aquisições cada vez mais além.

A visão de mundo de Thiel se tornou tão influente que aparece até mesmo entre seus adversários. O ex-presidente do Google, Eric Schmidt, a quem Thiel se referiu como um monopolista e um "ministro da propaganda", se declarou "um grande fã" de Thiel, elogiando, em particular, a sua campanha de vingança contra a Gawker Media. Essa campanha, na qual Thiel secretamente financiou um processo movido pelo lutador Hulk Hogan contra a empresa, tirou a Gawker do mercado em 2016. Os esforços de Thiel combinaram pressão financeira e dissimulação — uma abordagem criticada duramente pelos defensores da liberdade de expressão, mas que Schmidt confessou tê-lo deixado "muito impressionado". "Precisamos de pessoas que desafiem a ortodoxia, e ele está disposto e muito satisfeito em fazer exatamente isso", declarou. Schmidt — um liberal que serviu como conselheiro para a campanha de Hillary Clinton — me disse que considera admirável o apoio de Thiel a Trump, já que isso faz "parte da sua visão controversa de mundo".

Essa tem sido a opinião consensual sobre Thiel — que ele é um perfeito livre-pensador, um homem constitutivamente incapaz de seguir o rebanho. O próprio Thiel endossou essa imagem em diversas ocasiões. "Talvez eu realmente esteja sempre executando automaticamente esse programa em segundo plano, no qual fico pensando: 'beleza, qual seria o oposto do que você está dizendo?' — só para tentar depois", disse ele, logo após as eleições de 2016.[15] "Isso funciona com uma frequência surpreendente."

Mesmo assim, o papel de Thiel na ascensão de Trump ao poder surpreendeu membros da imprensa tecnológica, e até mesmo alguns de seus amigos. Eles se perguntaram: como poderia um imigrante gay e estudioso da parte mais liberal da Califórnia, que enriqueceu na maior indústria globalizada e que parecia tão profundamente comprometido com a promessa de um futuro melhor, apoiar um reacionário pretensamente autoritário? Eu fiquei maravilhado com outra questão: como Thiel, que chegou ao Vale do Silício em meados dos anos 90 como um financista desconhecido, obteve tanto poder? Sim, ele era controverso, mas o "controversismo" é uma metodologia, não uma ideologia. Eu me perguntei: em que exatamente Thiel acreditava? E quão profundamente enraizadas essas crenças estavam no próprio Vale do Silício?

EM 2007, quando eu ainda era repórter júnior na *Inc.*, uma pequena revista de negócios, me sentei no cubículo de Elon Musk, naquilo que era, então, a modesta sede da SpaceX, sua empresa de foguetes. Musk estava ao telefone, ouvindo por alto uma conferência e checando seu e-mail ao mesmo tempo. Enquanto eu o aguardava, observei um pôster do filme *Obrigado por Fumar*, baseado no romance de Christopher Buckley, filho de William F. Buckley e ex-redator de discursos de George H. W. Bush.

Os créditos listados no pôster incluíam o nome de Musk, junto aos de vários outros mafiosos do PayPal: Mark Woolway, vice-presidente do PayPal, e David Sacks, diretor de operações da empresa. O nome de Thiel também estava lá. Na época, ele já tinha fama de agitador, o que fez o filme — uma sátira na qual o herói é um lobista da indústria do tabaco — parecer apropriado. Peter Thiel *era* um fã das grandes empresas de tabaco — ou, pelo menos, parecia satisfeito em ser visto dessa forma.

Mais tarde, naquele dia, Musk me contou a história da sua demissão do PayPal. Ele fora vítima de uma conspiração secreta da diretoria, planejada por Thiel enquanto ele estava em sua lua de mel. Musk acabou perdoando Thiel. "Fizemos as pazes", disse ele, referindo-se a Thiel e seus cúmplices.[16] Ele levou sua mão às próprias costas, simulando a remoção de uma lâmina de sua escápula esquerda. Durante essa entrevista — e em outra muito mais recente para este livro —, Musk conseguiu honrar e ao mesmo tempo deixar claro que não confia inteiramente no capitalista de risco mais importante do Vale do Silício.

Daquele ponto em diante, Thiel parecia estar por trás, acima ou em algum lugar no meio, de quase todas as histórias que escrevi sobre a indústria de tecnologia, e cada vez mais em outras além dela. Em 2011, anos antes dos progressistas começarem a discutir universidades gratuitas, Thiel estava alertando sobre aumento dos preços das mensalidades, tratando a indústria do ensino superior como uma bolha mais preocupante do que a do setor imobiliário. Ele ajudou a impulsionar a reação contra as big techs em 2014, quando chamou o Google de monopólio — anos antes que Elizabeth Warren ou Bernie Sanders o fizessem. Então, é claro, veio a destruição da Gawker e a eleição de Trump.

Em 2018, comecei a entrevistar ex-funcionários, parceiros de negócios e outros associados — no Vale do Silício, em Washington, D.C., e outros lugares — para tentar entender como tudo isso aconteceu. Thiel chegou à indústria de tecnologia com pouco dinheiro e nenhuma capacitação da qual pudesse se gabar. Ele não tinha qualidades sociais excepcionais, e raramente parecia estar se divertindo; ele fala com hesitação e não é carismático, pelo menos não no sentido tradicional do termo.

O que aprendi foi revelador: de acordo com seus amigos, Thiel é brilhante — capaz de insights visionários e com uma habilidade incomum de saber exatamente como ser bem-sucedido. Ele tem a habilidade especial de ver a vida como um jogo de xadrez — usando seus amigos, seus parceiros de negócios e as empresas em seu portfólio como meios para um fim. Havia, é claro, um lado menos atraente nisso: essas tendências maquiavélicas poderiam torná-lo friamente transacional, às vezes ao ponto da crueldade.

Eu esperava que os amigos íntimos de Thiel fossem cantar louvores a ele. E alguns até o fizeram. No entanto, a reação mais recorrente às minhas perguntas, por parte dos seus amigos — pessoas em cargos de poder político, empresários que valem muitos milhões de dólares, investidores capazes de chamar a atenção de bilionários —, não era exatamente de admiração. Era de medo. Eles o temiam. Pois o homem, além de extremamente poderoso, era vingativo.

Durante uma dessas primeiras entrevistas, uma pessoa que conhece Thiel há décadas, tendo construído uma carreira de sucesso no Vale do Silício, em parte graças a associações com seus contatos, me pediu para desligar meu gravador digital. "Eu sou paranoico", disse. Em seguida, passou a compartilhar uma série de histórias que retratavam seu patrão como um investidor incrível, com uma habilidade ímpar para identificar e nutrir jovens talentos, mas cuja crueldade o deixava desconfortável.

Então, tornou-se algo pessoal. "Por que você quer escrever este livro?", me perguntou. "Quer dizer, você não está preocupado que ele, sei lá, venha atrás de você?"

Enquanto escrevo estas palavras, um grupo de investidores e empreendedores do Vale — quase todos com fortes laços financeiros e sociais com Thiel — concluiu que nem sequer o ato de falar criticamente a respeito de Thiel e seus amigos é aceitável. Balaji Srinivasan, investidor que foi uma das escolhas de Thiel para liderar a FDA na era Trump, argumentou que a mídia merece ser destruída e substituída por algo que ele chama de "narrativa Full Stack" — ou seja, relações públicas. "Criadores devem criticar as críticas", ele tuitou, usando a palavra de Ayn Rand para *empresário*, que é estimada por Thiel e seus amigos. "Impeça as pessoas que desejam obstruir o advir do futuro. É seu dever."

Em alguns círculos, o nome de Thiel se tornou uma ação. "Dar uma de Peter Thiel" em algum veículo de comunicação ou jornalista significa levá-lo à falência, como aconteceu com a Gawker. O processo, que levou a um veredicto de US$140 milhões contra uma empresa de mídia que publicou uma série de postagens nada lisonjeiras que sugeriam que Thiel era um "suposto visionário", e que divulgou sua homossexualidade, passou uma mensagem inconfundível: aqueles que quiserem criticar Thiel, ou qualquer um de seus amigos, publicamente o farão por sua conta e risco.

Por causa do seu histórico de buscar prejudicar aqueles que tentaram descobrir seus segredos, a maior parte dos mais de 150 ex-funcionários, parceiros de negócios, amigos e outros com quem conversei ao longo de centenas de horas de entrevistas para escrever este livro preferiu insistir no anonimato. Os aliados mais poderosos de Thiel o temem, assim como alguns de seus antigos colegas do ensino fundamental. Estive em contato com Thiel durante todo esse processo — principalmente por meio de intermediários. Eu o conheci uma vez em 2011, e nos encontramos novamente, cara a cara, em 2019. Ele insistiu que essa reunião fosse extraoficial. Também se recusou a responder a uma longa lista de perguntas de verificação de fatos.

Meu objetivo nas páginas que se seguem é tentar compreender um homem que fez bilhões de dólares em parte por ser insondável. Eu quis entender como ele conseguiu construir uma base de seguidores tão devotos e como foi capaz fazer as apostas certas de forma tão consistente, mesmo quando pareciam absurdas. Quis entender como alguém tão respeitado e adorado chegou a esse ponto agindo de forma tão cruel. Seria Thiel um gênio digno de admiração e estudo ou um niilista sociopata? Ou seria ambos?

Essas perguntas são importantes, pois são as mesmas que fazemos sobre as grandes empresas de tecnologia que o Thielverso nos trouxe. Em parte porque ele foi instrumental em sua construção e, em parte, porque tantas pessoas poderosas passaram a admirá-lo e copiá-lo, boa parte do Vale do Silício é, hoje, um reflexo da visão de mundo de Thiel, para o bem ou para o mal. Se quisermos entender Zuckerberg ou o novo capitalismo monopolista — ou até mesmo a direita radical pró-Trump, que Thiel também nutriu secretamente —, precisamos entendê-lo primeiro.

1

F*DA-SE O MUNDO

O ano era 1980, em Foster City, Califórnia. Peter Thiel e um pequeno grupo de meninos do nono ano se amontoavam em torno de uma mesa de uma minúscula cozinha, seus rostos ocultados por três fichários mantidos em pé a fim de assegurar a privacidade, os olhos apontados para um mapa e um conjunto de dados multifacetados.

As casas no subúrbio de São Francisco eram modestas, coladas umas às outras debaixo da enorme ponte de San Mateo. Sua extensão conectava o Vale do Silício — então, centros de pesquisa militares e campi corporativos aglomerados ao longo da rodovia 101, na península de São Francisco — até Oakland e a baía industrial do Leste. Foster City, que foi construída na década de 1960[17] após construtoras imobiliárias drenarem um pântano cavando uma série de "lagos" estreitos, não parecia pertencer a nenhum desses lugares. Era uma versão de Levittown à beira-mar, cheia de famílias brancas da classe trabalhadora atraídas pela promessa de escolas decentes, segurança e propriedades em frente à baía. Os filhos de Foster City, aquelas crianças na mesa da cozinha, não eram os filhos dos gênios que construíram a Intel ou a Hewlett-Packard; seus pais eram bombeiros, professores

2 CONTROVERSO

e, no caso de Peter Thiel, um engenheiro de mineração que trabalhava de botas e capacete.

Os amigos de Thiel eram nerds e, por estarem nos anos 1980, eles jogavam *Dungeons & Dragons* nas noites de fim de semana. Embora comumente visto como um jogo de tabuleiro, D&D tem mais a ver com narrativa fantástica do que com ganhar e perder. O jogo exigia que cada menino criasse um personagem imaginário para si mesmo. Magos, bárbaros, druidas e monges estavam entre as diversas opções, cada uma com habilidades diferentes. Magos conjuravam feitiços, bárbaros eram ferozes em combate, e assim por diante. Um jogador ficava com o papel de narrador e juiz; ele era o encarregado de criar a aventura para esses personagens.

O narrador era conhecido como mestre e, embora esse papel devesse ser intercalado entre os participantes, Peter — magro, brilhante e extremamente sério — sempre tentava reivindicá-lo para si. "Você pode determinar a realidade", disse um homem que costumava jogar com ele. "Ele gostava daquele controle velado."

Além de uma fuga, o D&D também representava um certo perigo, pelo menos para os pais daqueles meninos. Depois que um jogador de Michigan de 17 anos se matou em 1980,[18] houve um pânico moral entre conservadores cristãos que se preocuparam com o potencial de distorção mental de um jogo que encorajava adolescentes a fingir praticarem magia, bruxaria e outras blasfêmias. As crianças em Foster City não davam importância para essas coisas, mas isso pode explicar por que Thiel, cujos pais eram profundamente religiosos, nunca os convidava para jogar na sua casa.

Ele dizia às pessoas que era de Cleveland e falava inglês sem qualquer sotaque, mas claramente era estrangeiro. Também era inteligente e seguro de si, mas parecia infeliz. "Não consigo me lembrar dele rindo. Acho que nunca o vi sorrir", disse um amigo que o conhecia naquela época. "Dava pra ver que havia algo... digamos, *estrutural*, sobre sua família."

SEUS PAIS, Klaus e Susanne Thiel, chegaram aos Estados Unidos em 1968, vindos de Frankfurt, na Alemanha, onde, em outubro do ano anterior, Peter Andreas Thiel nascera. Klaus, então com 30 e poucos anos, trabalhava para a Arthur G. McKee & Co., uma consultoria em engenharia norte-americana especializada na construção de refinarias de petróleo, usinas siderúrgicas e outras indústrias pesadas. Ele se formou com o equivalente a um bacharelado pela Staatliche Ingenieurschule Dortmund — precursora da moderna TU Dortmund University. No ano seguinte, em 1968, McKee mudou a pequena família para os Estados Unidos, onde Klaus se matriculou em um programa de graduação em engenharia na Case Western Reserve University.

A mudança seria chocante. A Alemanha Ocidental, tomada pelas reconstruções devido à guerra e desconfiada de quaisquer movimentos sociais de massa, demorou para adotar a contracultura, que mal tinha chegado à Berlim Ocidental, quanto mais à capital financeira do país. Frankfurt, no final dos anos 1950 e início dos 1960, era uma cidade em rápido crescimento e repleta de cristãos brancos devotos como os Thiel.

Cleveland, por outro lado, estava pulsando nas correntes do amor livre, do black power e — o pior de tudo para qualquer alemão ocidental — do comunismo. Dois anos antes, em 1966, um bar de propriedade de brancos em Hough, a cerca de 2,5km da escola de engenharia de Case Western, se recusou a servir um homem negro, chegando a colocar uma placa onde se lia: "Sem água para n——".[19] Uma multidão se formou e invadiu o estabelecimento, voltando-se depois para outros negócios, causando roubos e incêndios. No verão de 1968, houve outro tumulto perto do campus depois que a polícia e um grupo radical, os Nacionalistas Negros da Nova Líbia, se envolveram em um tiroteio que durou cerca de quatro horas, resultando em sete mortes e em vários dias de saques, incêndios e operações da polícia militar. Para piorar a situação das tensões raciais, os repórteres descobriram mais tarde que esse mesmo grupo havia recebido um subsídio de US$6 mil como parte de um programa criado pelo recém-eleito prefeito da cidade, um homem negro chamado Carl Stokes, e que esse dinheiro fora utilizado para comprar armas.

Algumas semanas depois, em agosto, Richard Nixon, então concorrendo como candidato unificador, mas que implicitamente prometia impedir que os negros, hippies e não-conformistas sexuais dominassem os Estados Unidos, aceitou a candidatura republicana para presidente. "Vemos cidades envoltas em fumaça e chamas", disse Nixon, elogiando a "grande maioria dos norte-americanos, os esquecidos, os que não gritam, os que não se manifestam". Os pais de Thiel viriam a se tornar republicanos fanáticos, e seu filho absorveria esse sentimento, passando a se identificar com aqueles que não gritam, a venerar Nixon e também o seu sucessor político, Ronald Reagan.

A família Thiel, que em 1971 acrescentou um quarto membro, Patrick, irmão mais novo de Peter, era severa. Pouco depois do nascimento de seu irmão, o pai de Peter lhe explicaria a morte em termos que — como o próprio Thiel lembraria anos depois — pareceram bem frios, quase cruéis. Peter, talvez acessando um sentimento existencial pela primeira vez, perguntou a Klaus sobre um tapete no apartamento, e recebeu a explicação de que fora feito a partir do couro de uma vaca morta.

"A morte chega para todos os animais e para todas as pessoas", disse Klaus. "Vai chegar para mim um dia, e para você também."[20]

Esse seria um momento extremamente perturbador para o menino de 3 anos, e também para o homem décadas depois. A maioria das crianças — seja por meio do amor de seus pais ou por algum tipo afortunado de dissonância cognitiva — consegue se recuperar desses primeiros encontros com a própria mortalidade. Thiel nunca conseguiu, e recordaria a questão da vaca — e a finalidade brutal da coisa toda — repetidas vezes, mesmo na meia-idade.

Klaus obteve seu diploma de mestre ao longo dos seis anos seguintes, tornando-se um gerente de projetos que supervisionava a equipe de engenheiros nos projetos de mineração. Sua especialidade era a construção de minas a céu aberto, que envolvia a escavação de enormes colinas de terra e rocha e seu decorrente tratamento químico para a extração de minerais. A família se mudava com frequência e Klaus viajava cada vez mais, muitas vezes passando semanas seguidas em locais de trabalho distantes de casa.

Depois de Cleveland, a família escolheu para seu novo lar um lugar que não poderia ser mais diferente do que a cidade relativamente diversificada onde Thiel passara seus primeiros anos: a África do Sul do apartheid. Klaus fora designado para trabalhar na construção de uma mina de urânio no deserto do Namibe, não muito longe da cidade de Swakopmund, na atual Namíbia.

Para Peter, houve uma parada em Pridwin, uma escola preparatória de língua inglesa exclusiva para a elite dos brancos, em Joanesburgo, seguida por dois anos na Deutsche Grundschule — uma escola pública de língua alemã —, em Swakopmund. Foi uma época solitária. Uma foto daquela época revela um menino emburrado de shorts, sapatos e gravata, carregando uma maleta de adulto. Um colega de classe da Namíbia chamado George Erb se lembra de Thiel como um menino inteligente e reservado. Ele tinha "aquele visual distinto, marcante e inteligente, quase como se parecesse entediado", disse Erb. "Mas nós não nos envolvemos muito com Peter na escola. Sempre soubemos que os filhos de mineradores não ficavam muito tempo na cidade."

O trabalho para o qual Klaus fora contratado era um tanto delicado. A África do Sul, que naquela época administrava a Namíbia como um Estado cliente chamado Sudoeste Africano, já estava sob pressão imensa com o regime do apartheid, e vinha tentando criar um programa clandestino de armas nucleares. A mina de urânio de Rössing, que Klaus estava construindo, era parte crucial desse plano — um modo para a África do Sul sobreviver às tentativas dos EUA de isolá-la economicamente e para se defender no caso de um eventual ataque soviético. Os mineradores estavam completamente cientes do que acontecia. "Rössing extraiu urânio em uma violação direta das Nações Unidas", declarou Pierre Massyn, executivo de relações públicas que trabalhou lá no início dos anos 1980. "Era meu trabalho dizer ao mundo que a nossa presença ali era fundamentada."

Extrair urânio no Sudoeste Africano não era apenas ser cúmplice na preservação do regime do apartheid — era tirar proveito desse regime. Rössing era considerada melhor do que algumas das operações de trabalho forçado na própria África do Sul, mas também era conhecida por condições não muito diferentes daquelas da servidão contratual. Trabalhadores imigrantes serviam sob contratos de até um ano, apenas para serem forçados a retornar à sua "pátria" — era assim que o regime do apartheid descrevia as áreas semiautônomas exclusivas para negros. Gerentes brancos, como os Thiel, tinham acesso a um hospital e a um centro odontológico novos em folha em Swakopmund, além de uma associação ao clube de campo da empresa. Por outro lado, trabalhadores negros, até mesmo alguns com suas famílias, viviam em um dormitório em um campo de trabalho próximo à mina, e não tinham acesso às instalações e serviços médicos fornecidos aos brancos.[21] Sair do trabalho era considerado um delito, e os trabalhadores que não carregassem seus cartões de identificação para a mina eram rotineiramente jogados na prisão por um dia inteiro.

A extração do urânio é arriscada por natureza. Um relatório publicado pelo Namibia Support Committee,[22] um grupo a favor da independência, descrevia as condições na mina em termos sombrios, incluindo o relato de um trabalhador contratado para o projeto de construção — o projeto que a empresa de Klaus estava ajudando a supervisionar — que afirmava que os trabalhadores não receberam a informação de que estavam construindo uma mina de urânio e que, portanto, desconheciam os riscos da radiação. A única pista era que os funcionários brancos distribuíam seus salários por detrás de um vidro, tentando evitar, eles mesmos, uma possível contaminação. O relatório mencionava trabalhadores "morrendo como moscas" em 1976, durante o período de construção da mina.

A experiência de Thiel nesses dois anos e meio no sul da África foi muito diferente. Ele se lembra das horas que passou lendo, brincando sozinho no empoeirado leito de um rio atrás da casa da família ou jogando xadrez com Klaus ou Susanne, se estivessem dispostos.[23]

Os Thiel retornaram para Cleveland no ano em que a mina foi inaugurada, mas só ficaram por um ano. A próxima parada seria a Califórnia, onde Klaus fora incumbido da construção de uma nova mina de ouro em Knoxville, um canto desolado do deserto, a oeste de Sacramento. Talvez tendo aprendido sua lição em Cleveland, os Thiel resolveram se estabelecer em uma espécie de subúrbio idílico bem condizente com a revolução Reagan: Foster City. Eles pagaram US$120 mil por uma casa de três quartos em Whalers Island, que formava um lago artificial, se destacando como um punho; cada uma das suas quatro pequenas penínsulas tinha uma única estrada que terminava em uma rua sem saída.

Na Bowditch Middle School, de Foster City, Thiel foi colocado em um programa para superdotados e ouviu, mais de uma vez, que estava destinado à excelência. "Todos compramos essa ideia de que tínhamos que tirar notas boas para entrar em uma boa faculdade, e que toda a nossa felicidade dependia disso", disse Nishanga Bliss, colega de classe de Thiel. Em uma primavera qualquer, o professor de história de Thiel resolveu fazer uma piada e disse à turma que ninguém tiraria nota 10; então, aguardou um pouco, enquanto a classe recuava em silêncio e em choque, só para revelar no final: "Primeiro de abril!"

Entre os academicamente escolhidos, Peter era conhecido como o melhor — aquele com as melhores médias e as maiores notas nas provas. E ao contrário do resto de seu círculo social, no qual todos sabiam que eram nerds e ficavam levemente envergonhados por isso, Peter não parecia se importar. Nos anuários de seus amigos, junto dos "a gente se vê no verão" e "legal te conhecer" de sempre, Thiel zombava: "Quem sabe você não consegue chegar a um ponto da minha média?"

"Na nossa geração, ser inteligente não era legal", disse um amigo. "Eu lembro que me esforçava para esconder que era inteligente. Peter nunca tentou esconder o fato de que era o cara mais inteligente no recinto." Todo mundo, até mesmo os nerds, jogavam futebol ou beisebol e fingiam gostar daquilo — exceto Peter.

Seu jogo preferido era o xadrez. Em 1972, pouco antes de completar 5 anos, Bobby Fischer, o antigo prodígio recluso e competitivo, se tornou o primeiro norte-americano a vencer o Campeonato Mundial de Xadrez. Muitos compatriotas assistiram Fischer vencer o campeão soviético Boris Spassky — o "Duelo do século" foi a primeira partida a ser televisionada no horário nobre dos Estados Unidos. A vitória, que marcou a primeira vez que um não-soviético conquistava o título desde 1948, foi apresentada como um testemunho das conquistas do capitalismo norte-americano. O novo campeão foi recebido em casa com um "Dia de Bobby Fischer" e chegou a aparecer na capa da *Sports Illustrated*. Consequentemente, as filas para as equipes de xadrez dos ensinos médio e fundamental cresceram enormemente.

Em San Mateo, onde Thiel entrou em 1981, o clube de xadrez tinha dezenas de membros e atraía multidões quando eles se reuniam para jogar na hora do almoço. Eles jogavam xadrez rápido, uma variação em que os

8 CONTROVERSO

jogadores têm um limite de tempo, geralmente entre cinco ou dez minutos cada um para o jogo inteiro, ou xadrez bughouse, uma versão em duplas na qual os jogadores podem capturar peças e, em seguida, passá-las para seu parceiro utilizar em um outro tabuleiro. O clube mantinha um placar com espaço para trinta lugares; Thiel, que tinha um adesivo no seu próprio tabuleiro onde se lia "nascido para vencer", sempre ficava em primeiro lugar. Ele era o melhor da escola e, ao menos por um tempo, esteve entre os melhores jogadores de xadrez dos Estados Unidos com menos de 13 anos.

Se derrotado, o jovem geralmente impassível perdia a calma. Uma vez, em um torneio, ele estava jogando um amistoso entre partidas oficiais para se divertir, e não parecia estar prestando muita atenção. Seu oponente era inexperiente e sem saber exatamente o que estava acontecendo, colocou Peter em xeque. Então, para a surpresa de ambos, ele percebeu que se tratava de um xeque-mate. Peter ficou visivelmente perturbado e foi incapaz de recuperar sua compostura para o resto do torneio; ele acabou perdendo todas as outras partidas que jogou. Uma derrota, mesmo que insignificante, era demais para suportar.

Quando não estava ocupado sendo o melhor no xadrez, Thiel mergulhava em mundos de fantasia e ficção científica. Além de *Dungeons & Dragons*, ele leu e releu obsessivamente as obras de J. R. R. Tolkien — tanto que, mais tarde, se gabou de ter memorizado toda a trilogia de *O Senhor dos Anéis*. Ele também jogava videogames, incluindo Zork, um jogo de aventura antigo e bem rudimentar que rodava no Tandy TRS 80 que Klaus levara para casa.[24]

A revolução dos computadores já ocorria a alguns quilômetros ao sul, onde a Apple Computer — empresa fundada por outro prodígio norte-americano chamado Steve Jobs — já tinha faturado mais de US$100 milhões. Klaus foi um dos primeiros a adotar o uso de computadores, incentivando seus colegas de trabalho na mina de ouro da Califórnia a aderirem à prática, e seu filho absorveu um pouco do seu interesse em tecnologia. Peter chegou a programar, mas o que realmente o cativou foram as visões do futuro. Ele leu Isaac Asimov e Arthur C. Clarke, escritores que evocavam robôs humanoides, viagens espaciais, colônias lunares, alimentos à base de petróleo para curar a fome, carros que flutuavam no ar em vez de precisarem de rodas e, é claro, a imortalidade.

Ele não era um garoto popular. Um colega de classe — e também *geek* — disse que ele e outros ficavam "maravilhados" com Peter, mas o consideravam impenetrável, distante e arrogante. "Não sei se ele tinha amigos íntimos", disse ele. A inteligência de Thiel, além de seu porte físico — um estudante pequeno e magro — fizeram dele um alvo para os valentões. Um amigo, Kevin Wacknov, recordou que Thiel começou a ser intimidado logo no início do ensino médio.

Tudo isso — e, embora nunca tenha sido comentado, o fato de que seus maneirismos podiam ser ligeiramente afeminados — faziam dele um alvo de zombaria, mesmo entre aqueles que se consideravam seus amigos. Uma das brincadeiras favoritas de seus colegas era dirigir pela vizinhança à noite à procura de casas com placas de venda no jardim. Eles pegavam todas que conseguiam encontrar — às vezes doze ou mais — e, em seguida, dirigiam até Whalers Island para colocá-las no quintal da casa de Peter.

"Peter, ouvi dizer que você está se mudando", alguém comentava no dia seguinte. Pareceu engraçado da primeira vez que fizeram isso. "Olhando para trás, é óbvio que o que estávamos fazendo era bullying", disse um desses brincalhões. "Eu sempre achei que ele deve ter uma lista de pessoas que pretende matar escondida por aí, e que eu sou uma delas."

Conforme Thiel foi amadurecendo fisicamente, sua confiança aumentou. No penúltimo ano do ensino médio, ele era um rapaz atraente, com uma mandíbula definida, um nariz anguloso e um cabelo castanho-claro que usava repartido para o lado. Suas realizações acadêmicas se mantinham: era o melhor no xadrez, o melhor na equipe de matemática, já tinha bolsa garantida pelo National Merit Scholar e sua pontuação no Teste de Aptidão Escolar (SAT) era quase perfeita. Ele só não era tão confiante quanto era arrogante, andando por aí com uma expressão que dizia, de acordo com um amigo, "F*da-se o mundo".

10 CONTROVERSO

A EDIÇÃO DE 1984-85 do *Elm*, o anuário da San Mateo High School, foi dedicada a recordações de danças, jogos de futebol, almoços no gramado e surfe nas praias do outro lado da península. Peter Thiel não aparece em nenhuma dessas páginas sociais, mas aparece em quase todas aquelas dedicadas aos clubes de San Mateo e às sociedades acadêmicas. Isso foi uma mudança em relação aos anos anteriores; e os colegas presumiram que provavelmente se tratava de um esforço do cara menos diversificado que qualquer um jamais conhecera de se apresentar como minimamente diversificado para os oficiais de admissão das faculdades.

Em uma imagem, ele posa confiante na frente do clube aeroespacial, vestindo um anoraque azul no estilo "só para membros" e um relógio digital Casio; em outra, posa em profunda contemplação sobre um tabuleiro de xadrez; ele parece pairar sobre os membros dos clubes de alemão e latim. Também aparece com o clube de ciências, a Simulação da ONU, o conselho executivo da escola e, na página dos superlativos, posa com uma caneta e uma pilha de documentos, como se estivesse prestes a registrar um processo. Ele, é claro, foi eleito aquele com a Maior Chance de Sucesso.

Sua citação veio do livro *O Hobbit*: "A maior aventura é a que está por vir / O hoje e o amanhã guardam segredos entre si." Anos depois, ele disse que memorizou a passagem completa, que prossegue: "As escolhas e as mudanças são suas para fazer / O molde da vida depende de suas mãos para se romper." Este seria, de certa forma, o lema de sua vida — embora ainda se tratasse de uma vida confusa. A verdade, no entanto, é que essa passagem não é de Tolkien — que escreveu *O Hobbit* e a trilogia de *O Senhor dos Anéis*, livros pelos quais Thiel era obcecado —, mas de uma música-tema escrita por Jules Bass, o gênio criativo por trás do desenho animado *ThunderCats*, dos anos 1980, para a versão animada de *O Hobbit*, que saiu em 1977. Naquela primavera, Thiel entrou para Stanford, sua faculdade dos sonhos. Entre seus colegas de classe, reza a lenda que, no formulário de inscrição, na parte que solicitava ao candidato que escolhesse uma palavra que melhor o descrevesse, Thiel escolheu "inteligente".

A partir de então, os amigos notaram que Peter estava se distanciando cada vez mais, como se já tivesse se mudado de Foster City. Ele nunca tentou acertar contas ou confrontar seus antigos algozes. Nos anuários de seus colegas, além das provocações usuais sobre suas médias serem melhores, ele sugeria sentir pouca vontade de vê-los novamente. "Tenha um bom verão e uma boa vida", escreveu para Bliss, acrescentando, com uma estranha mistura de morbidez e doçura: "Eu nunca poderia (nem mesmo hipoteticamente) ter abortado você." Bliss acredita que deva ter compartilhado em algum momento o fato da gravidez de sua mãe não ter sido planejada, e acha que Thiel estava tentando ser gentil, ainda que de um jeito profundamente estranho. Ele assinou: "Com amor, Peter Thiel."

Thiel sempre foi distante, mas agora parecia indiferente a tudo: o ensino médio, seus amigos, seus professores; e começou a desafiar os limites. De acordo com um colega de classe, Thiel começou a espalhar para alunos mais jovens que faria o SAT no lugar deles pelo valor de US$500 por teste. Dois outros colegas se lembram de Thiel comentando sobre o negócio paralelo naquele outono, em Stanford; um deles recordou que ele chegara a indagar sobre formas de "organizar pagamentos não rastreáveis".

Aquela seria a primeira de uma longa carreira de usos da sua inteligência, e do seu desrespeito irrefreável pelas normas, para fins lucrativos. Além disso, dadas as suas ambições e a possibilidade de perder sua vaga em Stanford, era algo inacreditavelmente arriscado. Mas Thiel não parecia se importar. Ele tinha tanta lealdade às regras acadêmicas quanto a todas aquelas outras sutilezas sociais que preferia ignorar. Talvez fosse esse o seu diferencial, aquilo que fazia dele alguém "nascido para vencer".

2

UM MENINO MUITO, MUITO ESTRANHO

A cerimônia anual de formatura na então conhecida como Universidade Leland Stanford Junior contou com cerca de duzentos rapazes e algumas moças que se reuniram no auditório em uma quarta-feira de maio de 1907 para ouvir sobre o agitador direitista originário da Bay Area.

Depois de uma rápida lição sobre a história da palavra *dissidente*, que antes se referia a vacas soltas — que não haviam sido marcadas por um rancho —, o presidente de Stanford, David Starr Jordan, sugeriu que a décima sexta turma de formandos da faculdade seguisse o exemplo desses bovinos amantes da liberdade. "Meu apelo esta manhã é pelos dissidentes humanos — pelo homem que nasce livre, sem marcas ou etiquetas de outro homem sobre si — como a esperança das instituições livres dos Estados Unidos", disse Jordan em um discurso que foi publicado no *Stanford Daily*.[25]

Por formação acadêmica, Jordan era ictiólogo — um biólogo que estudava peixes —, mas ganhou fama como reitor prodígio de faculdades, primeiro da Universidade de Indiana, que assumiu aos 34 anos, e então, seis anos depois, como o primeiro a presidir a resposta da Califórnia à Ivy League. Jordan também ganhou notoriedade por seu discurso eugenista; em ou-

14 CONTROVERSO

tubro de 2020, Stanford anunciou que removeria seu nome dos edifícios. Mas seu discurso de formatura estava menos preocupado com suas teorias racistas do que com uma noção muito específica de liberdade — isto é, a liberdade para os graduados de Stanford operarem livres das interferências ou regulamentação do governo.

Um ano antes, Upton Sinclair publicava *The Jungle*, uma análise expositiva sobre as condições de trabalho na indústria frigorífica de Chicago. Jordan sustentou que a "verdadeira moral" do livro não era que os trabalhadores estavam sendo explorados pelos donos das fábricas e por outros capitalistas, como Sinclair pretendia, mas que o problema eram os próprios trabalhadores. "A moral está no perigo de livrar as instituições da presença de legiões de pessoas que não são e não podem ser livres, que lotam as periferias das grandes cidades e que não podem cuidar de seus próprios direitos", disse Jordan. Em outras palavras, as verdadeiras vítimas eram os *proprietários* das fábricas, que estavam sendo difamados injustamente por tratarem seus funcionários como deveriam ser tratados. "Existem raças inteiras de homens que nasceram para serem exploradas", disse ele, "mas ai da nação que o fizer."

Não havia sombra de dúvida na mente de Jordan — e, muito provavelmente, na de seu público — de que os novos graduados estavam destinados a se tornarem exploradores e era o direito deles que ele pretendia defender. Eles eram, segundo Jordan, os membros de uma nova "aristocracia da inteligência" que ele denominou como o "objetivo final da democracia". Ele incitou esses aristocratas recém-forjados a preservarem os Estados Unidos como um reduto da liberdade individual, especialmente a de não pagar altos impostos. Eles, então, "permaneceriam juntos como vigilantes do tesouro nacional, como guardiões dos direitos dos contribuintes da Califórnia."

Essa visão de mundo ultraconservadora — ainda que a supremacia branca no discurso de Jordan tenha sido omitida dos relatos oficiais, embora talvez nunca totalmente ausente da psique — seria totalmente incorporada ao caráter da universidade. Stanford acabaria atraindo o think tank conservador de Herbert Hoover e seu compromisso, de acordo com a sua própria declaração de missão, de "demonstrar os males das doutrinas de Karl

Marx, sejam elas o comunismo, o socialismo, o materialismo econômico ou o ateísmo".

A Hoover Institution foi fundada em 1919 pelo futuro presidente — e oponente inflexível do New Deal —, como uma biblioteca para arquivos da Primeira Guerra Mundial. Nas décadas de 1940 e 1950, no entanto, ela expandiu suas ambições, se tornando cada vez mais política e ameaçadora em relação à vida estudantil, tanto literal como figurativamente, pelo resto do século XX. Sua torre de quase 90m de altura era o edifício mais alto do campus e seu maior ponto de referência. O diretor executivo da instituição, W. Glenn Campbell, atuaria como conselheiro sênior na campanha presidencial de Barry Goldwater, em 1964. Dez anos depois, ele nomearia o sucessor ideológico de Goldwater, o então governador da Califórnia e membro honorário Ronald Reagan.

Quando Thiel apareceu no campus, em setembro de 1985, Reagan estava se preparando para o seu segundo mandato, e a Casa Branca estava repleta de ex-alunos e bolsistas da Hoover Institution, incluindo Martin Anderson, o economista creditado por escrever o memorando político que levou à chamada Reaganomics.[26] Reagan nomeou pelo menos trinta dos colegas de faculdade de Anderson para cargos proeminentes,[27] creditando a universidade por ter "construído a base de conhecimentos que possibilitou as mudanças que estão ocorrendo agora em Washington", como ele mesmo disse em uma recepção ao grupo, na Casa Branca.[28] Stanford se tornou o suposto futuro lar da biblioteca presidencial de Reagan, e o local para onde muitos dos conservadores mais brilhantes procuravam ir a fim de se preparar para cargos de poder.

Vale ressaltar que, para Thiel, Stanford também era a melhor das melhores. A *U.S. News & World Report* a classificou à frente de Harvard, Yale e Princeton nos dois anos anteriores. O lugar deveria ser perfeito para ele.

EM VEZ DISSO, THIEL ACHOU STANFORD extremamente decepcionante, e ficou insatisfeito desde o seu primeiro dia no campus. Ele foi designado para o Branner Hall, um edifício de estilo missionário que abrigava 147 alunos do primeiro ano, a poucos quarteirões do pátio principal. Ele dividia a suíte 240 com outros dois alunos: Greg Louden, um *geek* da banda marcial, e Chris Adamson, um aspirante a escritor de comédias que concorreu, naquela primavera, a uma cadeira na associação estudantil, em um programa que exigia um jogo de esconde-esconde em todo o campus, no qual o presidente da faculdade teria que encontrar todos os alunos registrados. Eles pareciam olhar para Thiel com um misto de desprezo e admiração.

Thiel esperava bons livros e tranquilidade acadêmica, mas obteve, ao menos no dia a dia do dormitório, um monte de bobagens. Os dormitórios da universidade tinham terraços que normalmente ficavam cheios de homens sem camisa e mulheres de biquíni, onde a música não parava de tocar nos alto-falantes durante o que deveriam ser horários de estudo. Eles bebiam, fumavam maconha e se pegavam. Desnecessário dizer que Thiel não participava de nada disso; ele realmente não parecia interessado em fazer amigos. "Do ponto de vista dele, muitos de nós (inclusive eu) não eram sérios de verdade", disse alguém que morou em Branner naquele ano.

Todas as manhãs, Peter saía da suíte 240, caminhava até o bebedouro e fazia todo um show para tomar suas vitaminas, uma a uma, sempre no mesmo horário e na mesma ordem, sempre tomando um gole entre cada comprimido, como se quisesse mostrar aos seus colegas — normalmente de ressaca — que era superior a eles em todos os sentidos. "Era como um ritual", disse uma colega chamada Megan Maxwell. "Ele era um menino muito, muito estranho."

Thiel abordou seus trabalhos escolares com a mesma intensidade. Ele queria aprender e, mais do que isso, queria se destacar, queria dominar seus colegas. Ele saía do dormitório por volta das 8h e geralmente ficava fora até a biblioteca fechar. No início de 1986, após o feriado de natal, ele abriu um envelope que continha suas notas e descobriu que possuía uma média (GPA) 4.0, conquista que o ajudaria a receber o President's Award naquele ano como um dos melhores alunos do primeiro ano. Ele comemorou o feito encontrando o único outro aluno que conhecia que também obteve 4.0 para discutir durante dez minutos sobre por que o seu 4.0 era "melhor", já que incluía mais aulas nas quais havia tirado A+. "Esse era, em suma, o calouro Peter", relembrou um colega de classe.

Além de competir pelas melhores notas, Peter tinha apenas dois interesses, pelo menos até onde seus colegas podiam perceber: xadrez e política. Ele era conservador, pró-Reagan e contra Alan Cranston, senador da Califórnia por três mandatos, que conseguiu um quarto mandato em 1986 — ainda que esses posicionamentos o tornassem um tipo bastante comum em Stanford. Reagan tinha acabado de obter uma vitória esmagadora, com a maior margem de diferença desde a eleição sem oposição de James Monroe em 1820, e a turma de graduação tinha vários aspirantes a Wiliam F. Buckley.

Não que Thiel passasse muito tempo se misturando com eles — pelo menos não inicialmente. Toda sexta-feira à noite, durante seu primeiro ano, ele pegava seu velho Volkswagen Rabbit e fazia a viagem de 32km de volta a Foster City para passar o fim de semana na casinha de Whalers Island, com Klaus, Susanne e Patrick, que já estava no penúltimo ano do ensino médio. A falta de interesse de Thiel em socializar, combinada com sua superioridade afetada e sua caretice, fizeram dele um alvo de zombaria para os seus pares. Quando um grupo de estudantes gravou um áudio de piadas sobre as trapalhadas que ocorriam em Branner, a única menção a Thiel era de alguns segundos durante os quais alguém dizia "adeus" em um tom arrogante, batia a porta de um carro, ligava o motor e ia embora. "Meu Deus", me disse um dos criadores desses áudios, "nós fomos muito babacas com ele".

Em outra ocasião, Thiel xingou um dos seus colegas de quarto em uma discussão. Este, então, resolveu zombar dele e imprimiu um cartaz comemorativo, colando-o no teto. Tinha uma data — janeiro de 1986 — e declarava: "Sob este local, Peter Thiel mandou alguém se f*der pela primeira vez." E lá ficou pelo restante do semestre, assim como os cartazes de VENDE-SE que seus amigos do ensino médio colocavam no jardim da casa de seus pais. Isso provocava risadas pelo corredor inteiro do dormitório — de todos exceto, é claro, Thiel, que não percebeu e não foi informado. Em maio, ele já tinha feito as malas e estava pronto para sair daquele dormitório pela última vez, quando alguém apontou para o cartaz.

"Cara", disse um de seus colegas de quarto. "Olha para cima." Ele olhou e, sem proferir uma única palavra, puxou uma mesa, subiu, arrancou-o de lá e, por fim, partiu para o verão.

18 CONTROVERSO

Sua vaidade o deixou vulnerável a outras zombarias, bem como a certas manipulações sutis. A certa altura, seus colegas traçaram um plano para embebedar Peter desafiando-o para um jogo inventado chamado "xadrez alcoólico". A regra era que você tinha que virar um copo de cerveja sempre que perdesse uma peça — mas a ideia ali era ver se Peter Thiel era capaz de relaxar por uma ou duas horas. Peter era o melhor jogador de xadrez, é claro, mas Greg, o cara da banda marcial, era razoável, e eles achavam que talvez ele pudesse capturar peças suficientes de Peter no início do jogo para tornar a noite mais divertida. Peter não resistiu ao desafio, virando algumas cervejas e vencendo tranquilamente. Em momento algum ele deixou de ficar carrancudo.

TODA ESSA ZOMBARIA NÃO envolvia política, pelo menos não inicialmente, mas era assim que Thiel interpretava. "Ele enxergava os liberais como pessoas que o maltratavam", disse um colega de turma. "A maneira como o trataram em Stanford o afetou profundamente, e ele ainda guarda rancor." Ele não foi nenhum ativista político no colégio; em Stanford, no entanto, adotou uma nova identidade — a do provocador de direita.

Ele brincava sobre iniciar um projeto de caridade, o Liberals for Peace ("Liberais pela Paz"), que arrecadaria dinheiro com base em uma vaga pauta de causas esquerdistas e não realizaria absolutamente nada além de pagar seu salário. E, no mínimo, em duas ocasiões, ele disse a colegas que achava exagerada a preocupação deles com o apartheid.

"Funciona", disse ele a Megan Maxwell durante uma conversa sobre a pressão para que as faculdades e empresas parassem de fazer negócios com o regime do apartheid. Na época, associações de estudantes negros em todo o país, incluindo Stanford, vinham realizando protestos para encorajar o desinvestimento na África do Sul — protestos que pareceriam pelo menos um pouco pessoais para Thiel, que muitas vezes falava afetuosamente sobre sua infância na África do Sul. Maxwell disse que ficou surpresa quando ele explicou, de forma bem direta, que o país não deveria responder aos padrões morais dos estudantes norte-americanos, sem reconhecer, em momento algum, que a própria Maxwell, enquanto mulher negra, poderia se sentir ofendida por isso. "Ele disse isso sem emoção alguma", lembrou Maxwell. "Essa foi a parte mais assustadora."

Outra estudante afro-americana, Julie Lythcott-Haims, confrontou Thiel sobre sua postura pró-apartheid, batendo à porta da suíte 240 uma noite e pedindo para que ele se explicasse. Thiel olhou para ela inexpressivamente e, de acordo com o relato de Lythcott-Haims, disse que a negação sistemática dos direitos civis aos negros na África do Sul era economicamente sensata.[29] Quaisquer aspectos morais eram irrelevantes. O argumento — muito utilizado por apologistas do apartheid naquela época — parecia que a África do Sul era muito mais desenvolvida do que seus vizinhos e que a vida por lá, mesmo para aqueles que tinham seus direitos sistematicamente negados, era melhor do que em países como, digamos, a Etiópia ou Burundi.[30]

Nos anos seguintes, Lythcott-Haims frequentaria a Harvard Law School, advogaria na grande empresa corporativa Cooley LLP e atuaria como reitora na Stanford Law School, antes de se tornar autora de best--sellers. (Seu livro *How to Raise an Adult* [sem publicação no Brasil] faz uma crítica contundente à chamada "superproteção".) Ainda assim, ela escreveria em 2016 que aquela conversa com Thiel "ficou entalada como um nó na minha garganta por trinta anos". O porta-voz de Thiel afirmou que ele "não recordava de algum estranho exigir um posicionamento dele em relação ao apartheid", e que ele "nunca foi a favor" do regime.

Thiel acabaria se juntando aos College Republicans — um comitê de estudantes republicanos — e descobriria a obra de Ayn Rand. Ele também se tornou amigo de Robert Hamerton-Kelly, um acadêmico e teólogo sul-africano que era reitor da capela de Stanford e pastor da grande igreja não confessional do campus, cujo número crescente de membros era atribuído pelo próprio reitor às "mesmas forças que elegeram Ronald Reagan". Hamerton-Kelly era moderado em relação à África do Sul; ele era contra o apartheid, mas confessou sentir "ambivalências"[31] e preferia um desinvestimento parcial, mas não completo.

Thiel e o pastor tinham mais um ponto em comum, além das raízes sul-africanas: uma admiração e fascinação compartilhadas por outro iconoclasta do campus, René Girard, que frequentemente dava palestras em eventos organizados por grupos religiosos estudantis. Professor de literatura francesa, Girard era uma celebridade intelectual na França, não apenas em Stanford. Ele era uma figura incomum no campus, não apenas por ser abertamente devoto, como também por ter o cristianismo como o centro de sua cosmovisão.

A grande ideia de Girard — que Thiel internalizaria e adotaria como princípio orientador, tanto nos investimentos quanto na vida — era que as pessoas eram motivadas, essencialmente, pelo desejo de imitar umas às outras. Não queremos as coisas que queremos, dizia Girard, porque as julgamos boas; as queremos porque outras pessoas as desejam. Esse "desejo mimético" era universal e gerava inveja que, por sua vez, se transformava em violência. Historicamente, as sociedades vêm utilizando bodes expiatórios — direcionando tais impulsos violentos para um único membro inocente da comunidade — para canalizar e controlar esses sentimentos, fornecendo uma válvula de escape que possibilita evitar guerras e assassinatos em massa. Édipo, Joana d'Arc e Maria Antonieta foram todos bodes expiatórios de acordo com Girard, mas o mais importante entre eles foi Jesus, cujo sacrifício prometeu levar a humanidade para além da inveja violenta do passado. Essas ideias eram, em sua maioria, baseadas na literatura, mas sua relevância é inegável para qualquer um que se sentisse isolado, que possuísse um complexo de vítima ou que conhecesse o Evangelho — todas qualidades que caracterizavam o estudante Peter Thiel.

Embora Thiel tenha descrito sua criação como religiosa, ele parece ter reprimido suas crenças. Amigos dessa época não se lembram dele falar sobre religião ou de participar de grupos de estudo bíblicos no campus. Sua racionalidade fria passava a impressão de se tratar de um ateu, e não de alguém de fé. Mas a descoberta de Girard parecia ter despertado algo novo nele — se não um profundo senso de zelo pessoal, pelo menos uma consciência do papel que a religião poderia desempenhar em sua identidade pública. Ser um cristão conservador poderia significar um desafio à cultura do campus, que ele desprezava cada vez mais. E isso era extremamente atraente para Peter Thiel. Posteriormente, ele descreveria Girard como "esse professor muito interessante com uma narrativa de mundo diferente. Ele estava muito fora do ritmo da época, e isso teve um apelo natural para o estudante rebelde que eu era".[32]

ERA ASSIM QUE ele estava começando a enxergar a si mesmo: não como o nerd magricela e cortês, mas como o rebelde. Em Stanford, ele se tornou um rato de academia, usando um cinturão e moletom, e discorrendo sobre Platão enquanto fazia musculação. Quando não estava na academia, ele ficava na Cafeteria — como era conhecido o Centro Acadêmico da universidade, onde havia uma sala cheia de tabuleiros de xadrez. Todas as noites, Thiel chegava e se posicionava diante de uma mesa.

Os jogos eram sempre blitz — xadrez rápido —, e Thiel ficava sentado por horas a fio, participando de dezenas de jogos consecutivos de cinco minutos, absorvendo as lições daquele esporte cerebral intenso. No xadrez blitz, o truque é se mover o mais rápido possível, não apenas para poupar tempo, mas também para limitar a capacidade do adversário de pensar entre as jogadas, forçando-o a gastar seu tempo enquanto pensa. Por causa dessa dinâmica, um jogo que parece garantido à primeira vista pode rapidamente se transformar em uma derrota. Se você ficar para trás, sua única esperança é fingir alguma certeza e determinação. Mova-se rapidamente e com propósito, *como se* tivesse uma estratégia em mente, ainda que não tenha. Faça-o pensar que sabe para onde irá em seguida e torça para que ele cometa um erro.

No primeiro semestre do seu segundo ano, ele e vários outros alunos formaram um time e começaram a organizar campeonatos nas noites de terça-feira, tentando promover o grupo. O time nunca atrairia muito mais do que um punhado de jogadores, mas colocaria Thiel no centro da cena de xadrez da faculdade.

O xadrez de elite exige uma combinação de planejamento cerebral e intuição. Você não apenas precisa decorar todas as aberturas usuais e uma variedade de possíveis defesas, como tem que ser capaz de se adaptar rapidamente conforme o andamento do jogo. Thiel era melhor no primeiro quesito do que no segundo, e poderia se perder facilmente se um oponente fizesse algo inesperado. Segundo outro aluno chamado Adam Lief, ele jogava "seguindo as regras à risca", usando aberturas preparadas, especialmente a Ruy Lopez — também conhecida como abertura espanhola —, que começa com o peão do rei, o movimento favorito de Bobby Fisher. "Parecia que ele tinha aprendido sozinho", disse Grisha Kotlyar, uma companheira de equipe que chegou em Stanford como estudante de pós-graduação depois de cursar a Universidade Estatal Russa de Petróleo e Gás e treinar em uma academia estadual de xadrez. "Ele era extremamente competitivo e gostava de partir para o ataque."

Durante o primeiro ano de Thiel, ele e Lief — o único aluno de graduação com uma classificação mais alta do que Thiel — montavam um tabuleiro em algum dormitório, criando um entretenimento noturno para o corredor todo. "Era um espetáculo", disse Lief. Certa vez, recordou Lief, ele colocou um disco do cantor britânico Howard Jones para tocar ao fundo. Em algum momento, o sucesso "No One Is to Blame", de 1985, começou a tocar. "You can see the summit but you can't reach it / It's the last piece of the puzzle but you just can't make it fit" (*Você pode ver o cume, mas não consegue alcançá-lo / É a última peça do quebra-cabeça, mas você não consegue encaixá-la*), cantava Jones, sinistramente. Então veio o gancho: "*Ninguém, ninguém, ninguém nunca é culpado.*"

Thiel ergueu os olhos do tabuleiro. "Isso é ridículo", disse. "Sempre há um culpado." Nas milhares de partidas que jogaram, essa foi a única vez que Lief conseguiu se lembrar de Thiel quebrando sua concentração.

Outro jogador de xadrez daquela época compartilhou sua própria memória de Thiel. Por volta da primavera de 1988, a equipe foi de carro a Monterey para um torneio, com Thiel ao volante do Rabbit. Eles pegaram a Rota 17 da Califórnia, uma rodovia de quatro pistas que cruza a serra de Santa Cruz e é considerada uma das mais perigosas do estado.

Eles não estavam com pressa, mas Thiel dirigia como se estivesse possuído. Ele deslizava pelas curvas como se fosse Michael Andretti, sempre trocando de pista, quase encostando na traseira dos carros ao passar por eles, e parecia pisar fundo no acelerador durante boa parte da viagem. Um tanto previsivelmente, as luzes de uma viatura da Patrulha Rodoviária da Califórnia apareceram em seu retrovisor. Thiel precisou encostar o carro, e o policial perguntou se ele sabia a velocidade que eles estavam. Os jovens no carro, aliviados por terem sido parados e com medo do policial, se entreolharam nervosamente.

"Bem", respondeu Thiel, em seu tom mais calmo e comedido. "Não tenho certeza se o conceito de limite de velocidade faz sentido."

O policial não disse nada. Thiel prosseguiu: "Pode ser inconstitucional e, definitivamente, é uma violação da liberdade."

O policial olhou para Thiel e para os *geeks* no velho carro e decidiu que aquilo tudo não valia a pena. Ele disse para Thiel diminuir a velocidade e desejou um ótimo dia. "Não me lembro de nenhuma das partidas que jogamos", disse o homem que estava no banco do passageiro, agora na casa dos 50 anos. "Mas nunca vou me esquecer daquela viagem."

O que tornou aquilo ainda mais memorável foi que, depois de ter se posicionado e milagrosamente ser liberado só com uma advertência, Thiel pisou no acelerador com a mesma intensidade que antes. Era como se ele não apenas acreditasse que as leis do Estado da Califórnia não se aplicavam a ele, mas também as leis da física.

QUANDO NÃO ESTAVA JOGANDO XADREZ, Thiel era atraído a outros rebeldes intelectuais. No segundo ano, ele fez amizade com um cientista da computação *geek* e jogador de xadrez chamado Barney Pell, que o expôs à extropia: a ideia de que os avanços tecnológicos permitiriam que os humanos vivam para sempre, e que a criogenia deveria ser utilizada para congelar os cérebros das pessoas após a morte, para que um dia possam ser reanimadas ou ter suas mentes transferidas para computadores.

Na mesma época, ele se aproximou de Reid Hoffman. Eles estavam na mesma turma, mas só ficaram amigos no segundo trimestre do segundo ano, quando começaram a conversar durante uma palestra introdutória de filosofia: "Mente, Matéria e Significado". Depois da aula, eles saíram juntos e conversaram por mais uma hora no pátio, "discutindo sobre a vida, o universo e tudo o mais", recordaria Thiel mais tarde.[33]

Hoffman, que também sofrera bullying no ensino médio, cresceu em uma família de ativistas radicais em Berkeley e estudou em uma escola pre-

24 CONTROVERSO

paratória progressista da Nova Inglaterra. Ele ouvira falar do extremismo de Thiel, e pensava nele como um "libertário maluco".[34] Mas o que diferenciava Hoffman dos companheiros de quarto de Thiel era que ele levava seu conservadorismo a sério.

Os dois passaram muitas horas juntos nos anos seguintes e ficaram tão entusiasmados um com o outro que decidiram formar uma espécie de chapa para concorrer ao grêmio estudantil. Seu programa era antiburocrático[35]: eles ouviram que o grêmio de Stanford, conhecido como Associated Students of Stanford University (Associação de Estudantes da Universidade Stanford), ou ASSU, gastara cerca de US$80 mil com reformas de escritórios. Hoffman, bancando o progressista, usou esse fato para argumentar que a ASSU não estava gastando seu orçamento para melhorar a vida estudantil. Thiel, soando como um protomembro do Tea Party, se declarou "enojado" pelo fato de os alunos estarem "ajudando amigos a encherem seus currículos com cargos dentro da burocracia da ASSU".

Os dois ganharam, mas Thiel acabaria sendo um elemento estranho ao corpo esquerdista. Durante essa mesma eleição, os alunos votaram com grande força em resoluções que pediam pelo desinvestimento na África do Sul e rejeitavam o plano de estabelecer a biblioteca Reagan no campus. Thiel abraçou seu papel na oposição, mas muitas vezes acabava frustrado. Depois que a Reagan Presidential Foundation anunciou que estava descartando os planos de situar a biblioteca em Stanford, em favor de um local no sul da Califórnia, Thiel fez um discurso argumentando que os líderes liberais da universidade cometeram um grave erro, e, como ele mesmo contou para um amigo mais tarde, foi vaiado. Thiel se retirou com a mesma frustração que exibia depois de perder uma partida de xadrez no ensino médio. O incidente foi formativo. Thiel passou a enxergar Stanford como um lugar fundamentalmente hostil. "Ele foi maltratado por muitos alunos", disse um amigo.

Ele despejou suas queixas na *Stanford Review*, um jornal mensal no estilo tabloide voltado para leitores conservadores que ele mesmo fundou naquela primavera com um amigo do colégio (que logo se tornaria aluno de Stanford) chamado Norman Book. Esse foi seu primeiro empreendimento empresarial, e o início de uma rede de contatos que passaria a dominar o Vale do Silício. O corpo editorial da primeira edição, publicada em 9 de junho de 1987, listava doze nomes, sendo Thiel o editor-chefe. Todos eram homens — iniciando um padrão que se manteria ao longo da carreira de Thiel.

Essa edição misturava opiniões políticas com notícias do campus, e incluía uma história de primeira página sobre uma viagem de turma a El Salvador na qual, segundo o escritor, foi apresentada uma visão "pouco balanceada" da política latino-americana aos alunos.[36] Outra história de primeira página apresentava os membros liberais do corpo docente como marxistas que nunca saíram do armário.[37] Havia uma coluna satírica e erótica chamada "Confissões de um Pervertido Sexual", sobre um jovem heterossexual que escolheu ser celibatário, além de uma lista de livros "alternativos" para serem lidos no verão. (Curiosamente, dado o pudor do jornal quanto à temática sexual, o romance de estreia de Bret Easton Ellis, *Abaixo de Zero*, que abordava justamente a exploração da carne, foi incluído ao lado de autores como Tolkien, T. H. White e Edmund Burke.) "Poucos conseguiram dominar a discussão, muitas vezes com pontos de vista muito diferentes dos predominantes em Stanford", escreveu Thiel em uma nota do editor. "Muitos dos alunos mais moderados da comunidade de Stanford permanecem em silêncio, achando que pouco importa se eles se manifestarem ou não."

A principal inovação de Thiel com o jornal foi conectar as inquietações obtusas de um grupo de elite muito restrito — a saber, alunos de graduação conservadores de Stanford — com as políticas nacionais predominantes. Por isso, as taxas cobradas pelo grêmio estudantil com tendências de esquerda se tornaram um microcosmo liberal de impostos e gastos — ainda que as quantias em questão fossem minúsculas, uma taxa opcional de US$29 anuais para cada aluno. E um planejamento do corpo docente que buscava acrescentar autores não brancos, como Zora Neale Hurston, no curso de Cultura Ocidental de Stanford, tornou-se a própria "Controvérsia do Natal" de Stanford. "Cultura Ocidental na Balança", dizia a reportagem de capa da *Review* sobre o assunto, com a ilustração de uma balança. De um lado havia a Bíblia, Platão e Shakespeare; do outro, um ponto de interrogação iminente.

O *Review* conseguia pagar por tudo isso em parte com as doações do Intercollegiate Studies Institute, que apoiava os conservadores do campus, e com doações de ex-alunos mais velhos, solicitadas junto a advertências do liberalismo crescente de Stanford. Uma carta de arrecadação de fundos particularmente bem-sucedida, por exemplo, informaria anos mais tarde aos ex-alunos que um professor de Stanford estava ministrando um curso sobre penteados para negros, o que implicava que a universidade havia substituído, efetivamente, o currículo tradicional da Cultura Ocidental por discussões a respeito de cabelos crespos. Tudo isso era completamente falso, mas ainda levou a uma enxurrada de novas doações.[38]

O debate sobre o currículo básico de Stanford acabou chamando a atenção do secretário de educação Bill Bennett, que, na primavera de 1988, concordou em comparecer a um evento patrocinado pelo *Review*. Posteriormente, ele declarou ao *MacNeil/Lehrer NewsHour* da PBS, que seu público havia indicado, por meio de votação, que haviam sido "intimidados" a mudar o currículo de Stanford. Quando o presidente de Stanford, Donald Kennedy, tentou contestar isso — apontando, corretamente, para o fato de que o público estava repleto de estudantes conservadores que foram instigados a responder daquela forma pelo jornal de Thiel —, o próprio Thiel defendeu Bennett em entrevistas para a UPI, o *Washington Post* e o *Los Angeles Times*. "Houve muita pressão por um lado", disse ele ao *Post*.[39] Naquele verão, ele foi aceito para um estágio no Departamento de Educação de Bennett.

Thiel se formou em 1989, mas não deixou o campus, garantindo uma vaga na Stanford Law School. Mais tarde, confessou não ter pensado muito sobre sua decisão de se inscrever, já que "ainda era basicamente aquele aluno de graduação, preocupado em tirar a nota máxima e gabaritar o LSAT [teste de admissão à faculdade de Direito]".[40] "Talvez eu tenha me sentido atraído pela faculdade de direito porque, de alguma forma, ela tinha uma classificação muito precisa."

Mas era mais do que apenas uma questão de superação. Thiel agora tinha um adversário e queria continuar a luta. As alterações na disciplina de Cultura Ocidental estavam programadas para entrar em vigor no outono de 1989, e aqueles livros de Zora Neale Hurston não denunciariam a si mesmos. Ao longo dos seus quatro anos em Stanford, ele passou a ver o liberalismo multicultural da faculdade como algo unicamente desprezível, e talvez até perigoso.

Um trecho do anuário de 1989, que celebra o primeiro centenário de Stanford, inclui uma foto de arquivo do reitor de Assuntos Estudantis, Michael Jackson, um homem negro que estudou lá em 1960 e que acabou retornando ao campus como administrador da universidade. Thiel escreveria sobre a fotografia alguns anos depois, dando atenção especial ao desenvolvimento do estilo de Jackson. "Em uma fotografia do reitor Jackson no anuário do centenário, tirada em 1969, ele é a imagem perfeita do radical chique, ostentando um afro desleixado e usando calças boca de sino com cores vivas", escreveu Thiel. "Agora, cerca de 20 anos depois, o bem cuidado reitor pode ser visto passeando pelo campus, conversando com os alunos, seu cabelo cortado e seu terno bem passado. Sem nunca terem saído do campus, muitos dos ativistas dos anos 1960 agora são professores."

O argumento de Thiel parecia ser que o reitor Jackson, que além de seu diploma de graduação em Stanford tinha um doutorado em administração educacional pela Universidade de Massachusetts, em Amherst, fazia parte de alguma espécie de célula terrorista dos anos 1960 com a intenção de multiculturalizar Stanford. Os liberais podem até parecer respeitáveis, Thiel dizia, mas eram perigosos. A definição desse perigo o consumiria por décadas. Ele passaria a ver Stanford e outras universidades de elite, não como instituições acolhedoras, mas como elementos essenciais de uma estrutura de poder sufocante e perigosa, um sacerdócio "tão corrupto quanto a Igreja Católica há 500 anos".[41] Thiel acabaria por descobrir o fascínio da tecnologia e do dinheiro, mas o desejo de destruir esse sacerdócio — ou talvez substituí-lo — apenas aumentaria à medida que ele encontrasse o seu caminho para o mundo real.

3

ESPERO QUE VOCÊ MORRA

Em janeiro de 1992, o *Stanford Review* publicou uma edição especial — "The Real World" (O Mundo Real) — dedicada a um tópico de particular interesse para Thiel: conseguir um trabalho. Ele estava na metade do seu sétimo ano no campus, mas parecia parado no tempo: um estudante de direito do terceiro ano, ainda lutando nas guerras culturais do campus ao lado de adolescentes enfiados em camisas polo. Também ainda escrevia cartas do editor para o *Review*, embora tecnicamente já não fosse editor há dois anos e meio, e ainda que fosse, tecnicamente, uma publicação da graduação.

"Ser politicamente incorreto pode ser libertador, já que você se sentirá muito menos inibido de fazer as coisas que podem vir a decepcionar a polícia do pensamento do campus", escreveu Thiel em uma nota do editor. Sua coluna, intitulada "PC to Employment" (Do PC ao Emprego), era uma oportunidade para prolongar a zombaria da conformidade não-conformista dos seus colegas politicamente corretos. De acordo com Thiel, as opções de trabalho aceitáveis para um bom liberal eram fazer pós-graduação em antropologia, contar corujas malhadas e "educar as pessoas sobre o uso de preservativos".

Thiel — o conservador adorador de Reagan frequentando uma universidade adoradora de Reagan —, inesperadamente, passar a ver Stanford como o epicentro da perigosa trama liberal dedicada a atacar pessoas como ele pode ter sido consequência, ao menos parcial, de sua própria insegurança. Ele ainda era enrustido, mesmo ao iniciar a faculdade de direito aos 21 anos, e aparentemente se sentia desconfortável na própria pele. Ele não namorava e, embora falasse sobre questões legais e políticas, estava longe de ser uma pessoa calorosa. Como seus colegas diriam anos depois, era como se ele estivesse se resguardando do mundo. Não apenas sua sexualidade; parecia ser a maior parte do registro normal de emoções e intimidades — alegrias, amizades, bobeiras, raiva, ódio.

Mas Thiel também deve ter considerado útil essa atmosfera de perseguições em Stanford — e parece tê-la cultivado deliberadamente. Ressentimentos conservadores, especialmente em um campus universitário, eram particularmente comercializáveis no final dos anos 1980 e início dos anos 1990, com o livro de Allan Bloom, *The Closing of the American Mind*, de 1987, abrindo o caminho. Bloom, um professor da Universidade de Chicago e discípulo do neoconservador pioneiro Leo Strauss, reclamou em seu livro que os alunos tinham se tornado estúpidos por causa de sua obsessão com o rock'n'roll, comparando esquerdistas do campus com a Juventude Hitlerista da década de 1930.[42]

Naquela época, a ideia de que os hippies eram tão intolerantes quanto os nazistas parecia inteligente para os comentadores — e era inesperadamente atraente para um público norte-americano cansado da contracultura. O livro de Bloom recebeu elogios da crítica e passou meses no topo da lista dos mais vendidos do *New York Times*, ajudando a criar uma geração de devotos que reclamavam veementemente sobre suas vozes estarem sendo suprimidas pela polícia do pensamento esquerdista.

Isso era, obviamente, contraditório, mas não parecia incomodar Thiel ou seus colegas conservadores. "Era uma conversa extremamente generalizada", disse Dawn Chirwa, que estava na mesma seção da faculdade de Thiel, e que atualmente presta consultoria para organizações sem fins lucrativos. "Os conservadores da nossa turma eram bastante francos. Eu meio que achava todos eles uns bebês chorões." Por outro lado, para alguém

ESPERO QUE VOCÊ MORRA   *31*

como Thiel, reclamar dos colegas liberais era provavelmente o caminho mais rápido para os círculos da elite republicana. "Ele estava roubando", disse Jon Reider, oficial de admissões e professor de Stanford da época, que uma vez encarou Thiel em um debate público no campus sobre questões de diversidade. "Às vezes, havia um conservadorismo inteligente no *Review*. Mas Peter não era isso. Ele só queria apedrejar a administração."

O modelo para tudo isso foi um jovem intelectual conservador chamado Dinesh D'Souza, que era seis anos mais velho que Thiel e que desempenhava um papel quase idêntico ao de Thiel na costa leste no início dos anos 1980: o de editor-fundador do *Dartmouth Review*. O jornal serviria como modelo para o *Stanford Review* e muitas outras publicações universitárias semelhantes desse mesmo período. Era uma publicação assumidamente reacionária e incessantemente provocadora, muitas vezes ao ponto da crueldade. Durante a permanência de D'Souza no cargo, o jornal publicou, entre outras coisas, uma coluna de ação antiafirmativa escrita por um estudante branco, inteiramente em uma versão debochada do inglês afro-americano; uma entrevista com o ex-líder da Ku Klux Klan, David Duke; e uma lista confidencial de membros do grupo de estudantes gays, alguns dos quais ainda não tinham saído do armário.[43]

Mas quando Thiel chegou a Stanford em 1985, D'Souza tinha aproveitado seu talento para chamar a atenção para um trabalho de edição da *Prospect*, uma revista de viés direitista para ex-alunos da Universidade Princeton apoiados por abastados ex-alunos conservadores.[44] Em 1987, ele se tornou conselheiro político da Casa Branca, juntando-se aos ex-alunos do *Dartmouth Review* (e futuros comentaristas de televisão conservadores) Laura Ingraham e Peter Robinson, que também trabalhavam como redatores de discursos da Casa Branca.

D'Souza visitou o campus de Stanford durante o segundo ano de Thiel na faculdade de direito, enquanto fazia pesquisas para o seu livro sobre intolerância esquerdista no campus, *Illiberal Education*, lançado no início de 1991. O livro foi aclamado comercialmente, e apareceu em várias listas de best-sellers — sucesso que, sem dúvida, influenciou Thiel, e que pode ajudar a explicar por que a Stanford descrita na *Review* difere tão drasticamente da universidade em si, tal como é lembrada por outros que lá estudaram.

No início de 1987, o ativista dos direitos civis Jesse Jackson apareceu em um comício pouco antes da votação para substituir o currículo antigo por um novo, que incluía autores não brancos junto à Bíblia, Platão e Shakespeare. "Ei, ei, hi, hi", gritavam os alunos. "A Cultura Ocidental tem que sumir." Eles se referiam ao currículo da disciplina Cultura Ocidental, mas em seu próprio livro sobre aquela época, Thiel afirmaria que esses estudantes estavam se referindo "ao próprio Ocidente — sua história e suas realizações, suas instituições capitalistas de livre mercado e sua democracia constitucional, além do cristianismo e do judaísmo".[45]

Seus relatos a respeito do protesto de Jesse Jackson não foram a única maneira pela qual ele fez sensacionalismo de seu período no campus em prol de seus leitores conservadores. Na realidade, Stanford não era um lugar especialmente sexualizado; a piada entre os universitários — muito comum em faculdades de elite — era que esses ambiciosos eram muito estranhos ou nerds para fazerem sexo de verdade. Mas o *Stanford Review* retratava a vida sexual dos universitários como depravada, criando a impressão de que era impossível ir ao banheiro masculino sem testemunhar um ato sexual entre homossexuais ou atravessar o pátio sem ter um punhado de preservativos gratuitos depositados em suas mãos.

Stanford distribuía camisinhas por uma boa razão. A AIDS estava assolando a Bay Area, com cerca de 4% da população já infectada.[46] Entre os gays, a taxa foi estimada em cerca de 50%. Em 1988, mais residentes de São Francisco morreram do vírus do que em todas as guerras do século XX somadas, e os especialistas alertavam sobre uma possível escassez de mão de obra e desordem civil. A reação do *Review* a essas informações foi basicamente uma risada e um sonoro "não". "Se a propagação da doença é tão alarmante, por que ninguém na grande mídia insiste para que pratiquemos abstinência sexual?", perguntou um colunista, apresentando a homossexualidade como uma espécie de vício.[47] Homens gays, escreveu o colunista, se envolviam em "formas não naturais de sexo" e "cediam tantas vezes à tentação que o fogo da luxúria arde dentro deles, dificultando o autocontrole".

"Havia uma atmosfera geral de homofobia", disse Megan Maxwell. "E o *Review* só ajudou a propagar." Para o jornal, a homofobia não era um preconceito a ser superado, mas uma conspiração liberal. A verdadeira praga, dizia o artigo de Thiel, era a homofobia*fobia*, isto é, o medo de ser rotulado como homofóbico. Em uma coluna de 1992, o editor-chefe Nathan Linn, que mais tarde trabalharia em várias empresas de Thiel, propôs que o preconceito antigay fosse rebatizado de "misossodomia"[48] — ou seja, ódio ao sexo anal — para focar as "práticas sexuais anormais".

NO INÍCIO DOS ANOS 1990, nada disso era incompatível com uma carreira — pelo menos não do tipo que Thiel idealizava. De acordo com amigos que o conheceram naquela época, ele enxergava a si mesmo como uma figura semelhante a Buckley, ou talvez como um futuro juiz da Suprema Corte.

Ele também queria dinheiro. Em "PC to Employment", ele reclamou que apenas um em cada quatro ex-alunos de Stanford eram milionários, uma classe que — na grande tradição do conservadorismo de Stanford, que remonta a David Starr Jordan e Herbert Hoover — ele venerava como moralmente superior às hordas liberais. "Essas são as pessoas que pagam pela maior parte dos programas de transferência do governo deste país e que ajudaram a financiar universidades como a nossa", escreveu ele. A ganância não era exatamente boa, como o personagem Gordon Gekko, interpretado por Michael Douglas, se gabava em *Wall Street — Poder e Cobiça*, disse Thiel, mas era "preferível à inveja", o sentimento predominante dos liberais que ele conhecia. Segundo ele, foi a ganância, e não a inveja, que permitiu aos Estados Unidos derrotar a União Soviética na Guerra Fria. "Como a União Soviética, o politicamente correto acabará por se autodestruir", previu.

Ele imaginou que seu futuro começaria com um estágio de prestígio, um emprego em uma firma de advocacia de elite, milhões de dólares e todas as glórias que viriam depois disso. Na faculdade de direito, fez amizade com Gregory Kennedy — filho do juiz da Suprema Corte Anthony Kennedy —, tornou-se editor do *Law Review* e ingressou na Federalist Society (Sociedade Federalista). Ele também continuou a estimular os alunos de graduação mais reacionários que pôde encontrar — especialmente

34 CONTROVERSO

Keith Rabois, que era dois anos mais jovem e, em muitos aspectos, sua versão em miniatura.

Rabois também era aspirante a advogado — tal como Thiel, ele se matriculou na Escola de Direito de Stanford imediatamente após a formatura. Além disso, também era enrustido. Segundo um amigo de Thiel, o *Review* era "muito gay" naqueles anos, o que era estranho e totalmente previsível, dada a qualidade demasiado raivosa das reportagens referentes a questões homossexuais. No entanto, Thiel e Rabois eram opostos no que se refere ao temperamento. Rabois era mais extrovertido que seu mentor — até pertencia a uma fraternidade —, e não tinha nada do sangue-frio de Thiel. Era também o atleta residente do *Review*, e suas colunas geralmente consistiam em uma série de ofensas sarcásticas dirigidas aos mais diversos grupos do campus — minorias, formandos em artes liberais, gays, feministas, funcionários do *Stanford Daily*, administradores de Stanford — misturadas a algumas referências esportivas.

Em março de 1992, um mês depois de Thiel ter publicado sua nota de editor sobre perspectivas de carreira, Rabois, que estava no primeiro ano de Direito, decidiu levar sua trolagem para além das páginas do *Review*. Muitos anos antes, o irmão de um dos seus irmãos de fraternidade foi expulso de um alojamento universitário por usar um insulto homofóbico para descrever um assistente de residência gay. Agora, enquanto caminhava pelo mesmo dormitório — o Otero House — depois de uma noite de confraternização, Rabois decidiu demonstrar seu posicionamento. Ele ficou do lado de fora do alojamento onde morava Dennis Matthies, aluno residente de Otero, e ficou gritando a mesma palavra, a plenos pulmões.[49]

"Bicha! Você vai morrer de AIDS. Você vai ter o que merece! Você vai ter o que merece! Sua bicha!" Em algum momento durante a gritaria, ele acrescentou outra provocação: "Tenta me expulsar do alojamento."

Matthies, um palestrante que dava ótimas aulas de literatura e que não era gay — até onde se sabia —, não estava em casa. Mas outros alunos denunciaram o ocorrido, e o *Stanford Daily* cobriu o incidente como uma possível violação das regras da universidade que proíbem discursos de ódio. Rabois afirmou que não fez nada de errado — e disse que maneirou nos insultos, especificamente para evitar um conflito com as normas. Ele disse ao

Daily que seus comentários eram permitidos por aludirem "principalmente às bichas serem ruins de um modo geral", em vez de serem direcionados especificamente para Matthies. Ele afirmou que seu rompante pretendia ser um protesto contra a regulamentação do discurso no campus. "Eu sou aluno de direito do primeiro ano", gabou-se. "Sei exatamente o que podemos ou não podemos dizer." Em uma carta complementar, Rabois escreveu: "Eu não, necessariamente, odeio homossexuais", mas prosseguiu afirmando que não achava que eles deviam se tornar professores.[50]

Como era de se esperar, a reação no campus foi rigorosa. Rabois tinha razão ao afirmar que gritar ofensas homofóbicas não constituía uma violação da política de Stanford, mas isso não impediu que os administradores da universidade condenassem publicamente suas atitudes. Houve um comunicado à imprensa que incluía um relato dos seus comentários, junto com uma refutação de Michael Jackson, o reitor de assuntos estudantis, descrevendo o rompante de Rabois como "juvenil e brutal". Sua fraternidade pediu desculpas e os alunos da faculdade de direito passaram a evitá-lo socialmente. "Ele virou *persona non grata*", afirmou um deles.

Essa proeza e suas consequências ecoaram um acontecimento da Universidade de Michigan descrito no livro de D'Souza, *Illiberal Education*, publicado no ano anterior. Nele, o aluno que fez comentários homofóbicos foi forçado — tragicamente, na opinião de D'Souza — a se desculpar publicamente. Mas Rabois não faria nada disso. Ele saiu de Stanford e acabou, confortavelmente, na Harvard Law School, passando depois por um estágio em cargo federal e um emprego em um prestigiado escritório de advocacia. Nos anos seguintes, entretanto, Thiel retrataria isso como perseguição, usando esse incidente de forma quase idêntica ao tratamento de D'Souza no caso de Michigan.

O *Review* não defendeu diretamente os comentários de Rabois, mas abordou a revolta contra eles como um caso clássico do politicamente correto fora de controle, chegando a atacar Jackson por emitir o comunicado de imprensa. Quando um ex-redator do *Review* escreveu uma carta em crítica a Rabois, um colunista publicou uma resposta acusando-o de promover "um estilo de vida que frequentemente inclui múltiplos parceiros,

36 CONTROVERSO

relações sexuais anônimas em banheiros, ingestão de excrementos, sadomasoquismo, pederastia e crueldade com pequenos roedores".

Dois dias depois de Rabois gritar suas ofensas, o *Review* publicou "The Rape Issue" (A Questão do Estupro). No artigo, David Sacks, outro conservador universitário próximo de Thiel, escreveu uma ardorosa defesa de Stuart Thomas,[51] um veterano de Stanford cuja formatura estava em questionamento[52] e que há pouco não alegara contestação pelo estupro de vulnerável de uma aluna do primeiro ano. Sacks argumentou que Thomas merecia compaixão, além do seu diploma, porque o estupro de vulnerável é uma baboseira — "uma diretiva moral deixada nos livros escritos por crustáceos da revolução pré-sexual" — e também porque, pelo menos segundo seu relato, a vítima não resistiu. Para elucidar a questão, Sacks acrescentou uma descrição explícita do encontro, observando que a vítima de 17 anos "ainda tinha coordenação física para realizar sexo oral", e "supostamente poderia ter pronunciado a palavra 'não'".

Em um tom mais brando, os editores incluíram um guia para homens que desejassem evitar de se envolver em uma perseguição feminista, ilustrado por um símbolo de feminilidade fundido a uma suástica. "As feminazis ampliaram a definição do termo, de modo que agora todos os homens são estupradores", reclamou Mike Newman.[53] Ele recomendou que os leitores do *Review* ficassem longe das mulheres de Stanford, muitas das quais já eram "feias" de qualquer maneira. Em vez disso, eles deveriam direcionar suas intenções amorosas a mulheres de instituições locais de ensino pós-médio, que estavam "muito ocupadas treinando para carreiras de secretariado para se preocuparem com as obras completas de Betty Friedan". Rabois contribuiu com uma coluna em que ele e um coautor brincavam que a Zapata House, o alojamento onde Thomas se aproveitou da aluna mais jovem, poderia conter "a solução para calouros assexuais frustrados".[54]

JÁ NÃO HÁ, HOJE EM DIA, um registro completo do *Stanford Review* da era de Thiel. Ao contrário do *Daily*, que oferece um acervo online que inclui digitalizações de todas as edições desde 1892, qualquer coisa que tenha aparecido no *Review* antes de 1999 só pode ser lida indo

ESPERO QUE VOCÊ MORRA   37

até uma seção especial da biblioteca da universidade onde são armazenados registros universitários e livros raros. Para lê-los, é preciso solicitar acesso antecipadamente, assinar um acordo verboso que o adverte a não fazer cópias do material, e depois vasculhar uma pilha de caixas de papelão velhas e gastas, nas quais os velhos jornais ficam armazenados fora de ordem, e com alguns exemplares faltando. Há anos, existem rumores no campus que afirmam que esses exemplares foram removidos dos arquivos deliberadamente para proteger a reputação de Thiel. Mas esses rumores parecem quase irrelevantes diante de tudo que ainda está lá, esperando para ser encontrado.

Folhear aquelas páginas, como eu fiz em um dia interminável no final de 2019, é ficar continuamente pasmo que seus autores tenham conseguido acumular tanto poder ao longo dessas décadas, aparentemente sem sofrer qualquer tipo de retaliação. A exceção que confirma a regra: Ryan Bounds, um promotor federal que foi nomeado juiz federal em 2018. A administração Trump retirou seu nome da candidatura depois que uma coluna do *Review* de 1995 veio à tona, na qual Bounds reclamava que as iniciativas de diversidade no campus "contribuem mais para restringir a consciência, agravar a intolerância e definir identidades culturais do que muitas queimas de livros nazistas".[55] Isso era condenável pelos padrões da Casa Branca de Trump, mas dificilmente era mais radical do que Rabois tinha feito até então.

Thiel aprovou isso? De certa forma, sim. Ele parecia envergonhado por algumas das estripulias de Rabois — e nunca teria sido capaz de agir da mesma forma —, mas também as considerava úteis. Ele vinha comentando com amigos que um dos problemas em relação aos conservadores era que eles eram, bem, conservadores demais em suas associações. De acordo com um colega de classe e ex-funcionário do *Review*, na cabeça de Thiel, enquanto os liberais convencionais tinham aceitado os comunistas, os conservadores não conseguiam se associar com membros da direita radical. "Ele realmente desejava que a direita fosse um pouco mais parecida com a esquerda", declarou essa pessoa. "Eles diziam: 'Não concordo com essa pessoa, mas conseguimos trabalhar juntos.'" Esse ex-funcionário acredita que tal linha de pensamento constituía a "essência" que viria a produzir o apoio de Thiel a Trump, 25 anos depois.

O próprio Thiel ficou de fora da briga, avançando em direção às suas metas profissionais. Ele até socializava de vez em quando, mas o assunto era quase sempre sério — jurisprudência, política, filosofia política. Da faculdade de Direito, ele foi direto para um estágio com o juiz James Larry Edmondson no tribunal de apelações do 11º circuito, em Atlanta, mudando-se para um apartamento no subúrbio ao norte de Brookhaven, onde morou de 1992 a 1993. Assim como Thiel, Edmondson tinha sido um conservador ambicioso — um jovem advogado que dirigiu a campanha de Reagan nos subúrbios de Atlanta, antes de Reagan indicá-lo para o cargo.

Assistentes de juízes federais geralmente não trabalham tanto quanto alunos ambiciosos de Direito ou advogados corporativos iniciantes, então Thiel criou um pouco mais de intensidade para si mesmo. Um colega assistente me disse que, quando visitou Thiel por lá, havia uma pilha de livros na mesa da cozinha. "Ele disse que precisava se completar. Então, resolveu reler *Ulisses*."

A experiência de Thiel no mundo real, que começou no outono seguinte, quando ele se mudou para Nova York para começar seu estágio no escritório de advocacia empresarial de elite Sullivan & Cromwell, foi menos gloriosa do que a zona livre do politicamente correto com a qual ele fantasiava enquanto ainda estava no campus. Ele imaginava o direito corporativo como uma profissão cheia de ganância anticomunista virtuosa; mas na verdade, era monótona. A lei, tal como praticada no mundo real, tinha toda a ambição nua e crua de Stanford, mas sem nenhum dos prazeres da presunção. Não havia liberais para enfrentar, apenas um estoque infinito de rapazes e moças espalhados por uma seleção familiar de firmas de elite, todos com as mesmas notas quase perfeitas, as mesmas pontuações quase perfeitas no LSAT, a mesma disposição para trabalhar oitenta horas por semana, não importa quão vazia fosse a tarefa. Ele não tinha nenhuma vantagem discernível; era quase como se não importasse.

Ele disse para um amigo que se sentiu um joão-ninguém como advogado corporativo, um funcionário público, sem qualquer esperança de causar impacto algum. Obter sucesso — tornar-se sócio — era, de certa forma, uma empreitada emocionante, mas também era um objetivo isento de qualquer significado real. Sendo honesto consigo mesmo, estava ficando deprimido.

"Eu achava que muitas das formas convencionais pelas quais as pessoas competiam entre si terminavam em muitas pessoas [fazendo] coisas convencionais", diria anos depois.[56] "Então, você acaba entrando em dinâmicas extremamente competitivas e, mesmo que vença, não vale muito a pena. Você pode até conseguir um emprego que pague um pouco melhor do que antes, mas precisa vender sua alma para isso. E isso não parece uma troca muito boa, econômica ou moralmente falando."

Depois que o estágio terminou, Thiel presumiu que estaria na fila para o próximo passo lógico de um jovem advogado de sucesso mundial: estagiar na Suprema Corte. Ele conseguiu entrevistas com o juiz Anthony Kennedy (pai de seu amigo Greg) e Antonin Scalia, e achou que tinha se saído bem. Mas na primavera de 1994, enquanto se esforçava no escritório, recebeu cartas de rejeição. "Fiquei arrasado", ele diria mais tarde, descrevendo o período seguinte como a "crise dos 25 anos". De repente, percebeu que estava cansado de advogar. Depois de sete meses e três dias — ele estava contando, o que por si só já é um mau sinal —, ele deixou a Sullivan & Cromwell.

Thiel ficou em Nova York por mais ou menos um ano, conseguindo um emprego como operador de derivativos na Credit Suisse Financial Products, mas continuava infeliz e frustrado, e basicamente só seguia o fluxo. Alguns ex-colegas lembram-se dele como alguém educado e inexpressivo — se é que se lembram dele. "Ele era um joão-ninguém", disse um deles.

Thiel passou seu breve período na Credit Suisse aprendendo sobre o negócio — pelo menos foi o que seus colegas imaginaram. Na verdade, ele já estava planejando voltar para a Bay Area. Ele queria publicar um livro sobre as suas experiências em Stanford; aparentemente, sentia muita falta dos debates de dormitório, e queria voltar a debater com seus amigos. Ele também queria dinheiro — mesmo ganhando US$100 mil por ano, de alguma forma ainda se sentia pobre. Se ficasse onde estava — mesmo com seu pedigree e brilhantismo —, poderia demorar uma década até que pudesse estar no comando, talvez até mais. Então, pediu demissão de novo, desta vez dizendo a seus colegas que estava voltando para a Califórnia para iniciar uma empresa de hedge funds. Eles assentiram, educadamente. "Os traders seniores riam dele pelas costas", disse um ex-colega de trabalho do banco. "Do tipo: 'que idiota'."

40   CONTROVERSO

Ele teve dificuldades para fazer amigos em Nova York — inclusive reclamando, mais tarde, que ninguém na Sullivan & Cromwell parecia gostar de ninguém, ou mesmo ter algo sobre o que conversar quando não estavam escrevendo memorandos ou marcando contratos.[57] Ele teve um colega de quarto em Nova York, Jack Reynan, filho de um empresário imobiliário e que frequentou Stanford alguns anos antes dele, e eles passaram um fim de semana terrível juntos nos Hamptons — e só. Ele não parece ter tido uma vida amorosa, o que deve ter sido doloroso — mas que talvez também tenha sido a escolha mais responsável para a época. A comunidade gay de Nova York era maior e mais vibrante do que em qualquer outro lugar do mundo, mas também era um foco de HIV.

A despeito de se privar de socializações, Thiel continuava escrevendo, e vinha trabalhando em um manuscrito que retratava o surto homofóbico de Rabois como um martírio, embora Rabois nunca tenha sido punido por Stanford e fosse tão bem-sucedido quanto Thiel. Não importa: ele insistia que a decisão de Stanford em divulgar a fala de Rabois fora inescrupulosa, embora isso tivesse ocorrido como parte de um golpe a favor da liberdade de expressão. Rabois fora, para usar a terminologia atual, cancelado. O capítulo que discute o seu caso foi intitulado "Bem-vindo a Salem", e Rabois recebeu agradecimentos especiais por ser uma das "vítimas do multiculturalismo entrevistadas para este livro, que compartilharam de forma altruísta seus insights especiais".

Ainda que *The Diversity Myth: Multiculturalism and Politics Intolerance on Campus* fizesse apenas uma tentativa limitada de defender a essência desses comentários, o livro não deixava dúvidas sobre o que Thiel e seu coautor, David Sacks, achavam sobre os direitos dos homossexuais:

> Há uma vaga inquietação, uma sensação de presságio de que a "tolerância" e a "aceitação" (normalmente entendidas como "me deixa em paz" e "vou te deixar em paz") não sejam suficientes para satisfazer alguns dos ativistas homossexuais mais militantes. Boa parte do movimento pelos direitos dos homossexuais parece ir muito além do que seria necessário para a educação e a conscientização do público, e parece ser mais projetado para chocar o público em geral. Se os homossexuais desejam apenas ser tolerados como qualquer pessoa,

muitos americanos se perguntam, por que, então, precisam se esforçar tanto para se definir não apenas como indivíduos que procuram viver livremente, mas como toda uma classe especial de vítimas que exigem compensações.[58]

Thiel, é claro, se considerava oprimido, não como um homem gay, mas como um homem branco, conservador e não politicamente correto. "Ele tinha esse embrião de uma mentalidade vitimista", disse um ex-colega do *Review*. Décadas antes do surgimento de comunidades online de "incels" autoproclamados — geralmente homens de direita que culpam a mudança de costumes por suas fracas perspectivas de terem uma vida amorosa —, o *Diversity Myth* identificaria uma "hostilidade aberta ao cenário das relações amorosas" nos campi universitários, que Thiel e Sacks afirmavam arruinar as perspectivas românticas dos jovens.

Thiel e Sacks culparam, particularmente, o foco liberal exagerado no abuso sexual, que, segundo eles, transformou qualquer tipo de sedução em estupro e que, portanto, impossibilitava o que eles mesmos consideravam como sexo normal. "Quando a pressão verbal implica uma coerção, e a coerção implica o estupro, então o número de estupros acaba se tornando tão grande quanto o número de arrependimentos por seduções", escreveram eles. Em 2016, pouco depois de Thiel fazer uma doação à campanha presidencial de Trump e de o trecho supracitado aparecer em diversas colunas, apontando para o fato de que ele parecia compartilhar da indiferença do candidato ao estupro, Thiel e David Sacks se desculparam. "Eu gostaria de nunca ter escrito essas coisas", disse Thiel em um comunicado. No ano seguinte, entretanto, em um evento do *Stanford Review*, ele supostamente teria dito a um dos alunos editores que o pedido de desculpas servia apenas para manter as aparências. "Às vezes você precisa falar o que querem ouvir", afirmou.[59]

Enquanto isso, de acordo com o *Diversity Myth*, os gays estavam ficando com toda a diversão. O livro reclamava que Stanford havia "falhado em selar os 'glory holes' em diversos banheiros públicos do campus, a despeito do desconforto de quem só queria usar esses banheiros para fins mais prosaicos". Com certeza, é tentador analisar tudo isso psicologicamente. E alguns que o conhecem especulam, convincentemente, que a homofobia de

Thiel em meados dos anos 1990 era uma expressão do ódio que sentia por si mesmo. Mas as qualidades provocativas do livro podem muito facilmente ter sido um produto do desejo obstinado de Thiel de alcançar algo. Thiel queria deixar sua marca, e certamente sabia que a perspectiva de recém-formados defendendo o cara que gritou "Morra, sua bicha!" no pátio de uma universidade de elite era algo a ser notado. A imprensa conservadora devoraria isso.

O livro seria publicado em 1995 pelo Independent Institute, um think tank conservador da Bay Area que recebeu Thiel como membro, dando-lhe um pouco de renda e uma plataforma para promover suas ideias. A partir daquele outono, ele e Sacks escreveram uma série de colunas no *Wall Street Journal*, começando com a "Happy Indigenous People's Day" ["Feliz Dia dos Povos Indígenas", em tradução livre], um estudo depreciativo do novo multiculturalismo em campi universitários atrelado ao feriado "antiocidental".[60] O presidente de Stanford, Gerhard Casper, e a reitora Condoleezza Rice escreveram uma carta ao editor chamando a coluna de "demagógica". E foi assim que a briga começou.

A John M. Olin Foundation, uma organização conservadora sem fins lucrativos[61] dedicada a nutrir uma "contra*intelligentsia*" e que apoiara financeiramente o livro de D'Souza, fez uma doação de US$40 mil ao Independent Institute para ajudar a divulgar[62] o *Diversity Myth*. Thiel aproveitou a situação ao máximo. O livro foi endossado por D'Souza, é claro, além de René Girard, William Kristol do *Weekly Standard*, Emmett Tyrrell do *American Spectator* e o então congressista Christopher Cox (que mais tarde serviria como presidente da SEC — Comissão de Valores Mobiliários — durante o mandato de George W. Bush). Houve artigos de opinião na *National Review*, no *Washington Times* e em vários jornais locais, bem como aparições no *700 Club* de Pat Robertson e em rádios de direita. O livro foi promovido pelo Intercollegiate Studies Institute, pela Young America's Foundation e pelo próprio Thiel, que ficou em frente ao Centro Acadêmico com uma pilha gigante de exemplares, que distribuiu para qualquer transeunte interessado. Não era exatamente uma fama, mas Thiel gostou tanto da resposta que tentou alavancá-la em seu próprio talk show político com seu velho colega liberal da faculdade, Reid Hoffman, o qual foi ao ar brevemente em 1996, nos canais de acesso público da Bay Area. (Pense em um *Crossfire*, só que muito, muito mais pretensioso).

É claro que Thiel não queria ser apenas uma celebridade intelectual. Ele queria ser rico — meta que ainda lhe parecia muito distante. Após retornar à Bay Area em 1995, Thiel morou com os pais por um breve período, e depois com um colega de quarto em um apartamento apertado perto da rodovia em San Mateo; ele comia muita comida chinesa e, quando precisava espairecer, jogava xadrez no centro de Palo Alto.

Então, em 1996, ele e outro antigo estagiário de Direito entraram na biblioteca de direito de Stanford e começaram a pesquisar como iniciar um hedge fund. Ele contratou o editor-chefe do *Stanford Review*, um conservador ambicioso chamado Jeff Giesea, como assistente, e alugou um escritório minúsculo na Sand Hill Road para servir como o endereço postal da empresa.

No ano seguinte, Thiel seria consumido por tentar juntar dinheiro suficiente para o fundo, fosse de amigos, das famílias de seus amigos ou de qualquer pessoa que pudesse encontrar, na verdade. No papel, talvez não parecesse muito promissor — certamente não para seus antigos colegas da Credit Suisse, ou para os ambiciosos associados juniores da Sullivan & Cromwell. Mas Thiel não se importava. Ele escolheu rejeitar aqueles que o rejeitaram, decidido a ver sua tentativa fracassada de estagiar na Suprema Corte não como um fracasso, mas como um golpe de sorte. O sistema pretensioso da costa leste podia até não querê-lo. Tudo bem. "Ele não ficou mais humilde com a experiência em Nova York", disse um amigo que era próximo a ele na época. "Ele estava pronto para assumir o controle das coisas."

Nesse aspecto, Thiel não era, nem de longe, o único. Naquele momento, o Vale do Silício já estava repleto de jovens talentosos convencidos de seu próprio gênio e implacáveis em sua determinação de fazer fortuna — e o Vale já estava começando a recompensá-los por isso. Thiel ainda não sabia disso, mas nunca houve uma época ou lugar melhores para a confiança não merecida.

4

ÍNDICE DE DOMINAÇÃO MUNDIAL

"Os Geeks de Ouro", como a revista *Time* os chamou em uma matéria de capa em fevereiro de 1996, eram os arautos de uma nova era de negócios nos Estados Unidos.[63] Esses jovens empreendedores de tecnologia enriqueciam em uma escala que ultrapassava até mesmo a dos barões de ferrovias e do aço. "Certamente houve muitas pessoas que passaram de um capital modesto para grandes riquezas ao longo da vida, na virada do século", disse o historiador Alan Brinkley à *Time*. "Mas não era nada parecido com as pessoas de hoje, que um dia valem algumas centenas de milhares de dólares e, no outro, abrem o capital e se tornam bilionárias."

A riqueza extrema não era a única coisa que impressionava os editores da semanal mais influente dos Estados Unidos. Afinal, essas pessoas não apenas tinham mais dinheiro do que os barões saqueadores, como eram mais jovens e mais estilosos. "Em vez de construir casas enormes de gosto duvidoso em Newport, Palm Beach ou Aspen, os novos milionários podem muito bem morar em apartamentos de dois quartos e usar camisetas e jeans", dizia a revista. "Essa modéstia parece genuína. Os super-ricos de hoje são modelos da livre iniciativa, exceto por um fator: eles não parecem

CONTROVERSO

tão interessados em dinheiro." Se tratava de uma nova Era Dourada — nos disseram —, mas sem nada da culpa de outrora.

No passado, de acordo com a *Time*, as ofertas públicas iniciais — IPOs — tinham sido tentativas questionáveis de banqueiros gananciosos para penhorar títulos fajutos de pessoas comuns. Mas agora, a IPO se tornara uma instituição igualitária, que enriquecia não apenas executivos e banqueiros, como também funcionários humildes que possuíam opções de ações. Segundo a *Time*, a empolgação era tamanha que ameaçou acabar com as rivalidades partidárias tradicionais. Tanto conservadores quanto liberais concordavam: o empresário do Vale do Silício era o "agente econômico ideal".

O protótipo do Geek de Ouro foi Marc Andreessen. Com apenas 24 anos, ele apareceu na capa da revista sentado em um trono de veludo vermelho, descalço e com uma expressão boquiaberta que parecia uma mistura de indagação e agressão. Andreessen, a revista informava, havia criado o Netscape Navigator, o primeiro navegador comercial da web, que levou a internet para as massas.

Em 1993, ele era um aluno da Universidade de Illinois em Urbana-Champaign, onde, embora recebesse US$6,85 a hora em um laboratório afiliado à universidade, ele ajudou a criar o Mosaic, um dos primeiros navegadores. Como não dava para ganhar dinheiro com a internet naquele momento, o laboratório disponibilizou o Mosaic gratuitamente para os acadêmicos — praticamente as únicas pessoas que usavam a internet. Andreessen, compreendendo que a internet poderia ser um grande negócio, resolveu criar um navegador mais intuitivo, o Netscape, que vendeu por US$50 o exemplar.[64]

E ele tinha razão. Em meio a um aumento repentino de proprietários de computadores, a internet foi adotada por quase todas as grandes empresas, além de várias menores. Jornais e revistas começaram a postar artigos online, restaurantes começaram a digitalizar seus cardápios e vendedores de catálogos começaram a receber pedidos eletronicamente. Em 1994, a Netscape era onipresente. No ano seguinte, a empresa abriu seu capital, com banqueiros planejando vender suas ações por US$28 cada; em vez disso, a ação abriu com mais do que o dobro desse preço. Em uma questão de horas, o patrimônio líquido da Andreessen atingiu US$58 milhões.

Enquanto isso, Thiel lutava para se manter relevante. Ele parecia ser a única pessoa em Palo Alto que tentava fazer fortuna com tecnologia, e sua estratégia estava ficando um pouco ultrapassada. Os guerreiros da cultura tiveram um bom desempenho na década de 1980 e no início dos anos 1990. Bill Clinton rompeu relações com Jesse Jackson em 1992 ao criticar a rapper e ativista do desinvestimento chamada Sister Souljah, e ganhou a presidência tranquilamente. Então, em 1993, aconselhou os norte-americanos: "chegou a hora de parar de se preocupar com o que você acha que é politicamente correto."[65] Thiel e seus colegas ganharam o debate, mas isso também significava que, quando *The Diversity Myth* foi lançado em 1996, ele já não parecia mais tão provocativo. Após um breve surto de atenção, o interesse pelo livro desapareceu rapidamente, mesmo na *alma mater* de Thiel. Como disse um colunista do *Daily*, as reclamações de Thiel eram subproduto de um "momento cultural que atravessou Stanford há quase uma década".[66]

Thiel planejava usar sua notoriedade política para se estabelecer como um investidor de fundos macro — uma categoria de gestor de fundos que aposta em grandes oscilações econômicas globais, que muitas vezes estão ligadas a políticas públicas. Ele e Sacks publicaram um artigo de opinião[67] no *Wall Street Journal* que vinculava a extravagância orçamentária dos democratas aos recentes fracassos das economias asiáticas, e outro no *San Francisco Chronicle* que usava o escândalo Monica Lewinsky para falar sobre o poder disruptivo da internet.[68] Os textos causaram um impacto irrelevante e, sem nenhum histórico como investidor, Thiel precisou se esforçar para levantar o capital inicial para o seu fundo, tendo conseguido juntar cerca de apenas US$1 milhão provenientes de amigos e familiares. Como incentivo, ele ofereceu aos investidores uma parte dos bônus de desempenho que os gestores de fundos normalmente mantêm para si.

Seu desempenho como investidor, pelo menos no início, não foi muito animador. Durante um ano em que o Nasdaq subiu 40% e os restaurantes e bares da Península de São Francisco operavam quase que exclusivamente

48 CONTROVERSO

nos cartões de crédito corporativos de banqueiros, Thiel perdeu o dinheiro dos seus investidores apostando em moedas.[69]

Então, em 1998, com a bolha da internet a pleno vapor, Thiel decidiu abandonar os investimentos em hedge funds para entrar no olho do furacão do momento. Ele encontraria seu próprio Geek de Ouro.

OS INVESTIDORES EM TECNOLOGIA, verificou-se, estavam se saindo ainda melhor do que pessoas como Marc Andreessen. Embora a *Time* o tivesse ignorado amplamente, o cofundador da Netscape, Jim Clark, foi ainda mais bem-sucedido. Ele recrutou Andreessen para iniciar a empresa, forneceu o capital inicial, e levantou o dinheiro com investidores de risco. Desse modo, Clark acabou ficando com cerca de US$600 milhões em ações da Netscape na época do IPO — dez vezes o valor que Andreessen ganhou.

Clark, no entanto, não representava o arquétipo cultural daquele período: ele já não tinha 20 anos, já não programava e não era o tipo de pessoa que moraria em um apartamento de dois quartos. Ele usaria seus lucros com a Netscape para comprar um iate de 150 pés[70] navegado por controle remoto e, por fim, pagar um divórcio de US$125 milhões[71] com a terceira esposa. O modelo para a próxima fase da carreira — e, em alguns aspectos, da vida — de Thiel seria Clark, e não Andreessen. Thiel não seria um entusiasta de tecnologias idealista — aquela versão que a *Time* pintava do empreendedor do Vale do Silício usando jeans rasgado que só queria fazer coisas legais —, mas o investidor por trás dele. Assim, em um dia abafado do verão de 1998, ele se viu em uma sala de aula no Centro de Engenharia Frederick E. Terman, em Stanford, tentando conversar com um desajeitado mas brilhante programador.

Max Levchin tinha 23 anos e tinha acabado de sair da Universidade de Illinois, onde se formou em ciências da computação poucos anos depois de Marc Andreessen. De certa forma, ele era muito mais impressionante do que o fundador da Netscape. Levchin nasceu na Ucrânia em uma família judia durante os últimos anos do governo soviético. Seus pais não tinham dinheiro suficiente para comprar um computador, então Levchin aprendeu a programar usando papel e caneta. Depois que seus pais se mudaram para os Estados Unidos em 1991, ele aprendeu inglês sozinho assistindo à série *Arnold*, o suficiente para entrar na faculdade.

Na Urbana-Champaign, ele se interessou por criptografia, a ciência de criar e desvendar códigos. Era um campo misterioso e que se provou essencial para qualquer pessoa que desejasse construir serviços que operassem com segurança na internet. Levchin também se convenceu de que estava destinado a abrir uma empresa, o que significava se mudar para a Bay Area o mais rápido possível. "Basicamente, na época em que eu estava me formando, se você fosse um bom aluno de ciências da computação, procuraria os apartamentos mais baratos em Palo Alto", lembraria Levchin mais tarde.[72]

No caso, a opção mais barata foi o chão do apartamento de um amigo. Mas esse amigo, Scott Banister, que a essa altura tinha vendido uma pequena empresa e se tornado um investidor, não tinha ar-condicionado, e Levchin enfrentou o verão passando boa parte do seu tempo em palestras aleatórias no campus de Stanford. Muitas das vezes, ele simplesmente encontrava o fundo de alguma sala de aula empoeirada, fingia interesse por alguns minutos e, em seguida, se acomodava para tirar uma soneca, desfrutando do ar gelado. Esse tinha sido mais ou menos o seu plano quando se sentou para a palestra de algum recém-formado em Stanford, cujo nome ele reconhecera vagamente, sobre o comércio de moedas. Além dele, devia haver cerca de outras cinco pessoas presentes.

Ele permaneceu acordado mais por obrigação — parecia estranho cochilar em uma sala tão pequena — e, quando Thiel encerrou sua palestra, Levchin se apresentou. Ele disse que tinham um conhecido em comum — outro empreendedor, Luke Nosek, que fundou uma empresa recentemente financiada por Thiel —, e que estava tentando abrir algo próprio. Thiel pareceu aliviado com a mudança de assunto e caminhou com Levchin até o estacionamento. "Deveríamos tomar um café da manhã juntos", disse Thiel, antes de se separarem.

"Claro!", respondeu Levchin.

"Que tal amanhã?", perguntou Thiel.[73]

Eles se encontraram na manhã seguinte em um restaurante ao sul do campus de Stanford. Enquanto Thiel bebia uma vitamina de banana com frutas vermelhas, Levchin falou sobre sua fascinação por PalmPilots, os computadores portáteis que tinham um certo nicho entre os geeks. Ele aprendeu a programar sozinho em planners digitais, que, como se fossem protótipos de iPhones, tinham aplicativos que permitiam aos usuários escrever notas, monitorar compromissos e — a maravilha das maravilhas — enviar mensagens eletrônicas remotamente. O processo era um pouco complicado: era preciso comprar um modem especial que se encaixava na extremidade do dispositivo, conectar todo o aparelho — do tamanho de uma máquina de fazer waffles — em uma tomada de telefone e, então, sofrer com o processo lento e barulhento de transferência de dados por conexão discada. Mas Levchin achava tudo aquilo incrível.

"Um dia", disse ele a Thiel, "todos usarão isso no trabalho."[74]

O único problema, disse Levchin, era que os PalmPilots não tinham nenhuma medida de segurança integrada, o que os tornava efetivamente inúteis para as empresas. Como criptógrafo, ele achava que a solução seria construir uma rede criptografada que permitiria que os computadores portáteis se comunicassem diretamente com o computador central operado por grandes empresas. Thiel olhou para Levchin com intensidade.

"Excelente", respondeu. "Quero investir nisso."

Dentro de 24 horas, Thiel concordou em colocar cerca de US$250 mil na ideia de Levchin, fazendo o tipo de aposta apressada em um fundador inexperiente pela qual viria a ficar conhecido. Levchin batizou a empresa de Fieldlink, já que o plano era ligar os PalmPilots de locais de trabalho — do setor, por assim dizer — a sistemas corporativos. A ideia estava muito à frente de seu tempo: os computadores portáteis só fariam sucesso em ambientes corporativos dali a uma década, e o problema das comunicações seguras entre sistemas corporativos e dispositivos pessoais não seria amplamente reconhecido até meados da década de 2010. Mas a parceria entre Levchin e Thiel era auspiciosa por outros motivos.

Depois de se encontrar com os dois no final de 1998, Martin Hellman, professor de ciências da computação de Stanford que ficou famoso por inventar a tecnologia de criptografia que está na base dos bancos online e do comércio eletrônico, assinou contrato como consultor da Fieldlink em troca de uma pequena participação acionária. "Em cinco minutos, ficou muito claro para mim que Max sabia mais sobre criptografia do que a maioria das pessoas com doutorado no assunto", disse Hellman. "E ele estava sedento."

Thiel e Levchin haviam percebido que precisavam de alguém com a credibilidade de Hellman para convencer grandes fornecedores de software empresarial, como a Microsoft, a fazer parceria com eles. Mas as grandes empresas de software praticamente ignoraram seus pedidos e, dentro de alguns meses, eles adotaram um novo uso para a criptografia de Levchin — um que não exigiria a permissão de nenhuma grande empresa de software, ou mesmo qualquer outro intermediário.

No início daquele ano, a Palm anunciara que o seu dispositivo mais recente, o Palm III, não apenas viria com memória interna — 2MB, o que era bastante para a época —, como incluiria um transmissor infravermelho, como o dos abridores de portas de garagem. Esse recurso poderia ser utilizado para enviar dados, como informações de contato, entre dispositivos, sem a etapa de discagem. No fim de 1998, Levchin e Thiel começaram a testar a ideia de utilizar essa mesma tecnologia para enviar IOUs que pudessem ser vinculados a uma conta bancária a partir do momento que os PalmPilots fossem conectados a um dock. Eles rebatizaram a empresa de softwares de Confinity, um neologismo que Levchin criou para *"infinite confidence"* [confiança infinita], e fizeram de Thiel o CEO.

A tecnologia de Levchin era extremamente restrita — apenas os mais nerds dos nerds tinham PalmPilots na época —, mas Thiel continuou a ver aquela ideia básica como potencialmente disruptiva. Levchin não inventara um novo tipo de IOU; ele inventara uma nova moeda. Depois de instalar o aplicativo de pagamentos da Confinity em seu PalmPilot, que podia ser zapeado do computador portátil de um amigo, você podia usar seus IOUs digitais, em vez de dólares, para fazer compras.

Eles chamaram o serviço de transferência de dinheiro de PayPal, mas desde o início Thiel percebeu que aquilo poderia ser muito mais do que apenas uma maneira inteligente de dividir despesas. No período das crises financeiras da Ásia, Rússia e América Latina, cidadãos preocupados com a hiperinflação não eram capazes de transformar seu dinheiro em dólar e colocá-lo em contas em bancos estrangeiros; com o PayPal, eles só precisavam solicitar pagamentos em seus PalmPilots, que podiam ser transformados em uma conta bancária suíça portátil. Se aquilo vingasse, seria impossível para os governos regularem suas economias, levando "à erosão do Estado-nação", como ele mesmo se vangloriou para um repórter.[75]

As implicações disso, para quem prestasse atenção ao que estava sendo dito, seriam profundas — e, é claro, desestabilizadoras. As contas bancárias anônimas no estrangeiro, que Thiel queria disponibilizar a todos, eram utilizadas por sonegadores de impostos, lavadores de dinheiro, traficantes de armas e outros criminosos internacionais. Se seguíssemos essa lógica, todos os tipos de transações dos mercados piratas e ilegais seriam irrefreáveis pelos governos, e as taxas dessas transações seriam receitas do PayPal. Tratava-se de uma versão mais concreta dos argumentos rebeldes que ele publicara em seus dias no *Stanford Review*. Acabou aquela história de derrubar administradores universitários moralmente falidos — o PayPal tinha o potencial de derrubar governos inteiros. Duas décadas depois, os entusiastas do bitcoin usariam uma lógica semelhante para perseguir o mesmo objetivo.

Thiel não fez segredo de suas ambições revolucionárias, comunicando-as abertamente para os seus primeiros funcionários e investidores, que injetaram US$3 milhões na empresa utilizando seus PalmPilots para enviar o dinheiro a Thiel em uma coletiva de imprensa em julho de 1999. "O papel-moeda é uma tecnologia ultrapassada", explicou em uma reunião mais tarde naquele ano,[76] acrescentando que o PayPal poderia se tornar a "Microsoft dos pagamentos". Mas isso foi apenas o começo — porque o papel-moeda também era um instrumento de controle governamental. "É claro que o que estamos chamando aqui de 'conveniente' para usuários norte-americanos será revolucionário para o mundo em desenvolvimento", continuou ele. Os governos "utilizam a inflação e, às vezes, a desvalorização da moeda no atacado... para se apropriar da riqueza de seus cidadãos." O PayPal impossibilitaria essas operações.

Thiel impôs esse *ethos* libertário em escalas variadas. No PayPal, os funcionários podiam chegar atrasados em reuniões gerais, desde que pagassem US$1 para cada minuto de atraso, e o novo *thriller* cyberpunk de

Neal Stephenson, *Cryptonomicon* [sem publicação no Brasil], tornou-se quase uma leitura obrigatória, ao lado de *A Revolta de Atlas*. O livro de Stephenson se concentra em um grupo de empreendedores que descendem dos decifradores de códigos da Segunda Guerra Mundial, que constroem um "paraíso de dados" secreto no exterior para proteger um sistema bancário online criptografado do alcance de governos autoritários.

A maioria dos primeiros contratados — mas não todos — se considerava libertária, incluindo Levchin, cuja criação soviética o tornara cético em relação à maioria das formas de autoridade. Por fim, Thiel contrataria muitos dos ex-editores do *Stanford Review* da sua época universitária — Keith Rabois, David Sacks, Nathan Linn, Norman Book, David Wallace —, além de meia dúzia de jovens ex-funcionários do *Review*, incluindo Paul Martin, Ken Howery e Eric Jackson. Levchin também levou alguns dos seus antigos colegas de classe de Champaign-Urbana, incluindo Nosek, Yu Pan e Russell Simmons.

A empresa alugou seu primeiro escritório sobre uma papelaria e uma padaria francesa no centro de Palo Alto. Em pouco tempo, cerca de vinte jovens estavam enfiados ali com pilhas altas de caixas de pizza engorduradas e pirâmides de latas de Coca-Cola vazias. "Parecia uma fraternidade de tecnologia", disse Martin, que visitou a empresa durante o seu terceiro ano de faculdade, enquanto trabalhava no *Stanford Review*, antes de largar tudo para ingressar na empresa em tempo integral. Ninguém no PayPal tinha mais de 35 anos; a maioria tinha acabado de entrar na casa dos 20. "Ter experiência era visto como algo negativo", disse Todd Pearson, outro contratado nesse período inicial. "Se descobrissem que você tinha um MBA, provavelmente o demitiriam."

Além da juventude, a outra qualidade que definia o PayPal era sua branquitude masculina. O autor de *The Diversity Myth* cumpriu com sua aversão ao multiculturalismo. No princípio, o PayPal não empregava mulheres, e não havia funcionários negros. Anos depois, Levchin se vangloriaria por rejeitar um candidato que usou o termo *"bola ao cesto"*, em vez de dizer "basquete": "Ninguém no PayPal falaria 'bola ao cesto'", afirmou. "Provavelmente ninguém sabia como jogar 'bola ao cesto'. Basquete

54 CONTROVERSO

já seria ruim o suficiente. Mas 'bola ao cesto'? Aquele cara certamente não servia."[77]

Levchin afirmaria mais tarde que suas ideias sobre diversidade eram míopes, mas, naquela época, as únicas pessoas desconfortáveis com as práticas de contratação do PayPal eram aquelas que se preocupavam com a possibilidade de Thiel contratar puxa-sacos. "Eu costumava achar que aquilo era um erro, afinal, o que um cara que trabalhava em um jornal semanal sabia sobre suporte técnico?", disse Hellman. "Mas Peter tinha o dom de contratar pessoas que o reconheciam como líder e não o contestariam."

O Vale do Silício preza pela meritocracia — pela contratação de esquisitões e nerds superinteligentes, independentemente de suas personalidades. Isso incluía atender às necessidades de funcionários difíceis, desde que eles fossem produtivos. "Se as pessoas descobrirem um jeito de trabalhar com as divas e se as realizações delas superarem os prejuízos colaterais causados pelo seu comportamento, você deve lutar por elas", escreveu Eric Schmidt em *Como o Google Funciona*. Mas Thiel valorizava a lealdade e a homogeneidade além da competência. Ele escreveria mais tarde, talvez sem saber que isso poderia vir a ser interpretado como preconceito: "Éramos todos um mesmo tipo de nerd."

Além de questionários culturais aparentemente arbitrários — "Você joga ping-pong?", por exemplo —, Thiel também sujeitava os recém-contratados a enigmas muito comuns em Wall Street naquela época. Ele olhava fixamente para um jovem e dizia: "Você tem uma mesa redonda e um estoque ilimitado de moedas de US$0,25. Você e um concorrente devem se revezar, colocando uma moeda na mesa e elas não podem se sobrepor. A última pessoa a colocar uma moeda sem derrubar todas as outras é o vencedor. Você prefere começar ou ser o segundo?" Solução: comece e coloque a moeda exatamente no centro da mesa e então imite tudo o que seu adversário fizer. Aqueles que respondessem corretamente eram solicitados a voltar sua atenção para destruir os concorrentes do PayPal.

PASSAR ALGUNS DIAS no Vale do Silício em qualquer momento das últimas duas décadas dava a sensação de ter caído de paraquedas em uma

ÍNDICE DE DOMINAÇÃO MUNDIAL 55

revolução secreta. Olhando de fora, Palo Alto e o resto da península entre San Jose e São Francisco poderiam muito bem estar situados nos subúrbios de Tucson ou Tulsa — cheios de casas pequenas, centros comerciais e parques empresariais. Mas então, você entra em uma Panera ou em um café colonial da Courtyard by Marriott e percebe, dando uma olhadinha em uma apresentação no laptop de alguém, planos para casas impressas em 3D tão baratas que poderiam acabar com a falta de moradia, ou estruturas moleculares para carnes cultivadas em laboratório.

Esses empresários e financistas, estejam preparando ou recebendo a apresentação, falarão alegremente sobre derrubar a velha ordem — "o cinturão do papel", como eles chamam. Eles querem dizer Nova York, Los Angeles e Washington, D.C., que eles acreditam que um dia serão equivalentes a Flint, Erie e Youngstown. E é difícil imaginar mil anos de sua vida se estendendo à sua frente totalmente livres de ignorância, doenças e inconvenientes, e não pensar: *já vão tarde* — mesmo que você seja de um desses lugares agonizantes.

Mas fique por mais um tempo, e você perceberá duas coisas: primeiro, a maioria das startups que realmente decolam não são tão ambiciosas — são, em sua maioria, tentativas de abocanhar uma parte pequena e, com sorte, lucrativa, da velha economia, para vendê-la na internet (por exemplo: os livros com a Amazon, em meados dos anos 1990; a publicidade com o Google, nos anos 2000; os táxis com a Uber, nos anos 2010). Em segundo lugar, esses livres-pensadores tendem a não ser muito originais. Quase todos são formados pelas mesmas cinco universidades (Stanford, Berkeley, CalTech, Harvard e MIT), e são apoiados pelo mesmo grupo de empresas de capital de risco. Os capitalistas de risco (CRs), como são conhecidos, gostam de falar sobre ruptura e invenção, mas costumam apoiar qualquer que seja a tendência do momento.

No Vale, no auge do boom tecnológico da década de 1990 e do início dos anos 2000, os pagamentos eram a próxima fatia óbvia do mercado a ser conquistada. A internet cresceu, passando a alcançar centenas de milhões de pessoas que liam notícias, enviavam mensagens e acessavam pornografia, mas que ainda não utilizavam esse novo meio para movimentar dinheiro. Os empreendedores do Vale estavam desenvolvendo várias opções, incluindo empresas que lidavam exclusivamente com pagamentos, tais como PayMe, Ecount e eMoneyMail, empresas de vale-compras online como a Flooz, e empresas de moeda digital baseada em pontos, como a Beenz. (Por razões inexplicáveis, todas as mentes mais brilhantes do país gostavam muito da letra Z naquela época.) Todas as grandes empresas de varejo e finanças tinham um braço de pagamento digital. A Amazon tinha um serviço de pagamentos chamado Accept.com; o Yahoo tinha um chamado PayDirect; a eBay tinha seu próprio concorrente emergente do PayPal, o Billpoint.

O mercado estava tão cheio de concorrentes oferecendo serviços praticamente idênticos que o PayPal nem sequer era a única empresa do ramo a estar situada naquele prédio. No início de 1999, um visitante do escritório de Thiel na University Avenue, 394, entraria por uma porta ao lado de uma pequena papelaria. Havia uma escadaria dentro e, subindo seus degraus, havia um patamar do segundo andar. De um lado estava a empresa que Thiel e Levchin estavam construindo; do outro, estava uma segunda, chamada X.com, fundada por um empresário tão ambicioso quanto Peter Thiel em todos os sentidos: Elon Musk.

Musk chegara ao Vale do Silício pelo Canadá, depois de sair de sua casa em Pretória, na África do Sul, aos 17 anos. Como Thiel, ele também passou por Stanford, chegando como aluno de pós-graduação em 1995, ano em que Thiel voltou para a Califórnia. Ele planejava fazer um doutorado em física por lá, mas desistiu para iniciar o Zip2, um diretório comercial na internet que funcionava como uma versão online das Páginas Amarelas. Musk discutiu com seus investidores quase desde o início. Ele queria transformar o Zip2 em um site de destino, como o Yahoo!; os CRs, por outro lado, queriam uma parceria com empresas de mídia. Assim, substituíram Musk por um CEO profissional em 1996 e, por fim, o demitiram como presidente. Musk se sentiu magoado, mas se saiu bem financeiramente, ficando com US$22 milhões quando a empresa foi vendida para a Compaq por cerca de US$300 milhões no início de 1999.

Apesar das semelhanças, Musk era o oposto temperamental de Thiel. Musk era instintivamente agressivo e um pouco bobão, com um senso de humor exuberante e juvenil. Enquanto Thiel podia ser curiosamente reservado, mesmo entre seus amigos mais íntimos, Musk era incapaz de se censurar. Enquanto Thiel tendia a pensar em termos de reduzir riscos, Musk se arriscava perpetuamente a ir à falência. Depois de vender o Zip2, ele gastou US$1 milhão em um McLaren F1 e investiu a maior parte do restante na X, que oferecia não só pagamentos eletrônicos, como também contas-correntes, negociações de ações e uma linha de fundos mútuos de investimento da X.com.

A esperança de Musk era que os usuários que recebessem dinheiro de amigos simplesmente o deixassem em sua conta e transferissem lentamente todo o dinheiro para o seu banco online. Uma manchete declarava: O NOVO "CARA" DA ALTA TECNOLOGIA: ELON MUSK ESTÁ PRESTES A SE TORNAR O PRÓXIMO GRANDE ACONTECIMENTO DO VALE DO SILÍCIO.[78] Em meados de 1999, com base em um site de demonstração,[79] Musk angariou US$25 milhões de um grupo liderado por Michael Moritz, da Sequoia Capital. Isso significava más notícias para Thiel e o PayPal. Moritz estava entre os CRs mais respeitados do Vale do Silício, após ter investido no Yahoo! e em um mecanismo de pesquisa recém-criado, chamado Google.

Como já era de se esperar, Musk gastou o dinheiro da X profusamente. Novos usuários ganhavam US$20 de graça, apenas por abrir uma conta. O serviço, então, os incentivava a adicionar os endereços de e-mail dos seus amigos e a convidá-los para também usar a plataforma, recompensando-os com mais US$10 por indicação. Musk optou por ignorar a maioria das convenções bancárias estabelecidas. Instituições financeiras são obrigadas a verificar se os clientes são quem dizem ser conferindo suas identificações — prática conhecida como "Know Your Costumer", ou KYC —, e podem ser responsabilizadas pelas irregularidades de seus clientes se não as reportarem às autoridades. Se alguém entra em um banco, coloca US$600 no balcão e exige a abertura de uma conta-corrente no nome de Mick E. Mouse, o caixa não deve simplesmente sorrir e aceitar o dinheiro. Musk não estava familiarizado com as convenções bancárias e criou uma empresa que possibilitava exatamente esse tipo de coisa. No final de 1999, ele se gabou para a CBS News que era mais fácil conseguir uma linha de crédito na X do que criar uma conta de e-mail. "Você pode preencher tudo, terminar em cerca de dois minutos, entrar na sua conta e já ter seu dinheiro depositado", disse Musk.[80]

Claro que não havia nada que impedisse os clientes da X de mentir sobre quem eram ou onde moravam quando abriam uma conta, e eles faziam isso o tempo todo. Todos os dias, o carteiro parava na University, 394, e entregava uma sacola cheia de cartas que a X enviara para os seus clientes, mas que, tendo chegado a endereços falsos, eram devolvidas ao remetente. Sem saber o que fazer a respeito, um funcionário da X comprou um cofre e enfiou todas as cartas nele.

A X dava contas-correntes para a maioria de seus clientes, então aqueles que conseguiam receber suas cartas às vezes se aproveitavam imediatamente, escrevendo uma série de cheques sem fundo. "Eu me perguntei em que tipo de inferno tinha me metido", disse um dos primeiros funcionários contratados pela empresa, encarregado de lidar com fraudes. "Não havia nenhum tipo de redução de riscos em vigor." Quando os funcionários disseram para Musk que o banco com o qual a X fizera parceria para administrar as contas-correntes estava reclamando de cheques devolvidos, Musk pareceu confuso com o conceito. "Não entendi", disse ele. "Se você não tem dinheiro na conta, por que escreveria um cheque?"

Musk e seus funcionários não sabiam que os engenheiros do outro lado do corredor também estavam trabalhando com transferência digital de dinheiro — embora usando PalmPilots. Tudo o que sabiam era que a empresa tinha uma placa na porta onde se lia "CONFINITY". "Não sabíamos o que eles estavam fazendo, e eles não sabiam o que nós estávamos fazendo", disse um ex-funcionário da X. "Até que encontraram um plano de negócios em uma lixeira."

A X e a Confinity compartilhavam uma lixeira no beco atrás do prédio. Mais tarde, os engenheiros da Confinity se gabariam para um grupo de funcionários da X por terem encontrado documentos que descreviam os pagamentos online da X e seu esquema de referência, que eles então incorporaram à estratégia do PayPal depois de ter expandido para além do seu espaço na University, 394, mudando-se para outro local na mesma rua no final de 1999. Alguns funcionários da X com quem conversei interpretaram o boato ao pé da letra — "Tenho 99,9% de certeza que é verdade", disse um deles —, embora Musk duvidasse. "Suponho que seja possível", disse Musk, "mas é como dizer: 'Você roubou minha ideia de ir à lua.'"

De qualquer forma, naquele outono Thiel e Levchin começaram a se mover em direção ao modelo de negócios da X. Em novembro, eles também construíram uma interface online rudimentar que imitava as funções do serviço de transferência de dinheiro do PalmPilot. No mês seguinte, enquanto angariavam outros US$23 milhões em capital de risco da Goldman Sachs e da incubadora de startups tecnológicas Idealab, eles contrataram James Doohan, o ator que interpretou Scotty em *Jornada nas Estrelas*, para aparecer em um evento de lançamento e enviar dinheiro para um grupo de clientes sortudos. "Tenho transportado pessoas durante toda a minha carreira, mas esta é a primeira vez em que pude transportar dinheiro!", disse Scotty no comunicado de imprensa.

A piada caiu por terra, assim como o antigo Liberals for Peace de Thiel, mas o PayPal acabou encontrando um público vencedor: os vendedores do eBay. Naquela época, a principal maneira de pagar por algo comprado em um leilão online era ir aos Correios, comprar uma ordem de pagamento e enviá-la ao vendedor, que teria então que levá-la a um banco para transformá-la em dinheiro. "Era um absurdo", disse um executivo sênior do eBay. "Demorava semanas para vender qualquer coisa."

Para acelerar as coisas, Levchin desenvolveu um software que enviava mensagens automáticas para vendedores do eBay, oferecendo-se para comprar seus itens — mas apenas se eles aceitassem PayPal. Se o PayPal ganhasse um leilão, doaria o item para a Cruz Vermelha, o que era bom porque o plano era um pouco desonesto (sem falar que era uma violação dos termos de serviço do eBay). Mas Levchin não estava interessado em ganhar os leilões; ele estava tentando fazer com que os vendedores se inscrevessem em uma conta do PayPal.[81]

O PayPal impulsionou ainda mais seu crescimento ao se apropriar das táticas agressivas da X, dando US$10 para cada novo usuário e outros US$10 para cada usuário indicado por eles. Para melhorar, a empresa permitiu que os usuários sacassem imediatamente qualquer dinheiro que ganhassem, o qual poderia ser enviado a eles como cheque ou aplicado como crédito de reembolso em seus cartões de crédito. Era um recurso caro, que custava ao PayPal uma média de US$20 para cada novo usuário.

60 CONTROVERSO

Em pouco tempo, havia muitos usuários. Luke Nosek, amigo em comum de Levchin e Thiel e atual chefe de marketing do PayPal, criou um pequeno aplicativo de software que a empresa utilizava para monitorar quantas pessoas haviam criado contas novas. A informação aparecia no monitor dos computadores dos funcionários como uma pequena caixa intitulada "Índice de Dominação Mundial".[82] A cada novo usuário, o contador subia e o aplicativo emitia o som de um sino sendo tocado.

Em novembro, a contagem de usuários do PayPal era de alguns milhares de pessoas. Em janeiro, o Índice de Dominação Mundial subiu para 100 mil e, em apenas três meses, chegou a 1 milhão. Essa era uma taxa de crescimento praticamente sem precedentes, mesmo no Vale do Silício, mas também significava que o PayPal havia gasto cerca de US$20 milhões em taxas referenciais, dos US$28 milhões arrecadados até então. Os funcionários mais antigos contam que entravam no escritório e viam que milhares de usuários haviam criado contas da noite para o dia — o que causava uma sensação geral de admiração e terror.

O PayPal acelerou seu crescimento por meio de uma forma ainda mais extrema de arbitragem regulatória do que aquela que a X estava buscando. A X, pelo menos, estava registrada como banco; o PayPal nem se incomodou. Era evidente que a empresa fazia pouco esforço para coletar informações dos consumidores ou para impedi-los de usar o dinheiro para fins ilícitos, e, pelo menos segundo alguns funcionários, provocava descaradamente as regras do setor bancário. Na verdade, o mecanismo de reembolso de cartões de crédito que o PayPal utilizava para devolver o dinheiro dos clientes foi tecnicamente banido pelas próprias empresas de cartão de crédito. Quando essas empresas reclamaram no ano seguinte, o PayPal simplesmente se desculpou. "Eles pareciam perguntar: 'que diabos vocês estão fazendo?'", lembrou Pearson. "E nós meio que respondíamos: 'estamos tentando tirar proveito do seu incrível sistema para facilitar a execução de pagamentos'. Depois negociávamos. Fizemos isso diversas vezes."

Havia, é claro, todo um universo no qual esse tipo de agressão era vista como legítima e até digna de celebração — uma com a qual Thiel e muitos dos executivos seniores do PayPal estavam intimamente familiarizados: a dos ativistas políticos conservadores. As cartas de captação de recursos do

Review, referentes aos perigos dos cabelos de pessoas negras foram retiradas diretamente do manual de Richard Viguerie, um importante captador de recursos para o conservadorismo insurgente de Goldwater e Reagan. Viguerie dirigiu o Young Americans for Freedom, que fazia parte da rede que subsidiava o *Review* e outras publicações conservadoras dos campi, e que notoriamente construiu sua lista de captação copiando registros do gabinete do secretário da Câmara dos Representantes. Ele queria nome e endereço de quaisquer pessoas que tivessem doado para Goldwater e, como era ilegal fotocopiar os registros, resolveu ir ao escritório com um exército de secretários e copiar tudo à mão; isso acabou se transformando em uma lista de clientes que ele vendeu para grupos de ativistas de direita, bem como para o segregacionista do Alabama, George Wallace.

Viguerie e seus admiradores nos círculos políticos de Washington revisaram o incidente por décadas a fio, como um claro exemplo de coragem conservadora — e, de fato, Dinesh D'Souza declarou ter feito uma manobra semelhante no *Dartmouth Review.*[83] Mas é evidente que qualquer empresário do Vale do Silício hoje em dia reconheceria essas táticas por um nome diferente: *growth hacking.* Atualmente, o uso de manobras não-sustentáveis e/ou eticamente questionáveis para fazer uma startup decolar é bastante aceito — e até mesmo celebrado em alguns círculos tecnológicos —, além de ser amplamente creditado aos *growth hacks* que Thiel e seus colegas desenvolveram no PayPal.

Naquela época, no entanto, os concorrentes do PayPal criticaram suas táticas. O PayPal estava gastando dinheiro de forma imprudente, permitindo que transações que nunca seriam aprovadas em um banco comum passassem pelo seu sistema e cadastrando clientes sem seguir nenhuma das regras básicas. A resposta de Thiel para eles era, basicamente, apontar para o Índice de Dominação Mundial como se fosse um placar.

Quando um repórter observou que muitas outras empresas de pagamento online optaram por cumprir com as regulamentações bancárias federais — solicitando números de previdência social, por exemplo, ou verificando os endereços dos clientes antes de permitir que realizassem pagamentos —, Thiel os chamou de "loucos" e sugeriu ser essa a razão para estarem crescendo tão lentamente.[84] Quando o repórter sugeriu que talvez o PayPal precisasse fazer o mesmo, ele deu de ombros. "Ninguém sabe o que define um banco", declarou. "Não existe um padrão claro para isso." Se o PayPal estava infringindo a lei, agora não era a hora de se desculpar — e muito menos a hora de entrar na linha. O boom tinha começado.

5

UMA ATITUDE HEDIONDA

No início de 2000, a perspectiva entre os empresários, investidores e engenheiros do Vale do Silício era de oportunidades ilimitadas. O mercado de ações estava em alta — o Nasdaq triplicara em relação aos dois anos anteriores — e empresas bilionárias estavam surgindo do nada. "É difícil descrever quão louco foi aquilo tudo", disse Mike Moritz, o investidor e capitalista de risco da X.com. "Todos eram muito jovens, trabalhando 24 horas por dia nesses negócios e se alimentando mal. Tudo isso se juntou e causou uma terrível confusão emocional. Havia pessoas extremamente confiantes de que prevaleceriam, e outras achando que perderiam tudo."

Era um novo milênio, mas não parecia. Al Gore parecia pronto para um terceiro mandato de Clinton, e o Y2K — o medo de que uma falha na maneira pela qual os computadores codificavam datas acabaria com as redes ao redor do mundo, provocando um apocalipse — provou ser alarmista. O ano virou — e nada de ruim aconteceu.

O PayPal, que em janeiro daquele ano arrecadou outros US$23 milhões, estava pegando fogo. Cerca de 9 mil usuários, a maioria compra-

64   CONTROVERSO

dores e vendedores do eBay, se cadastravam diariamente, resgatando seus US$10 gratuitos e, em seguida, indicando mais alguns usuários novos para aproveitar o bônus de US$10 por indicação. O resultado foi um nível de crescimento de clientes sem precedentes na história do Vale do Silício, e possivelmente na história do mundo. "Mais fácil do que pegar um resfriado", gabou-se Thiel ao *Wall Street Journal*.[85] "E está se espalhando tão rápido quanto um vírus." O jornal observou que os investidores avaliavam empresas de serviços financeiros online com base no número de usuários, o que significava que o PayPal podia valer de US$100 milhões a espantosos US$1 bilhão, poucos meses depois de inaugurado o serviço — embora isso presumisse que em algum momento o PayPal seria capaz de ganhar pelo menos algum dinheiro.

Era comum as empresas de tecnologia buscarem um crescimento de receita em rápida aceleração — o famoso efeito *hockey stick* — incorrendo em algumas perdas. Isso poderia funcionar no longo prazo: à medida que a empresa vai perdendo dinheiro enquanto cresce, ela tira proveito da economia de escala e suas perdas diminuem. Ou seja, desde que continue crescendo, ela acaba se tornando lucrativa. Mas o PayPal não seguiu o manual porque — ao contrário de quase todas as outras startups de rápido crescimento antes dela — não tinha receita alguma. O serviço era gratuito. Oficialmente, Thiel disse aos investidores e ao público que planejava ganhar dinheiro cobrando juros sobre o dinheiro que os usuários mantinham no sistema — aquilo que os bancos chamam de *float*. Infelizmente, quase ninguém estava mantendo dinheiro no PayPal.

Pior ainda, o pouco dinheiro que *estava* no sistema tinha vindo da própria empresa. Em fevereiro de 2000, ela estava pagando US$100 mil por dia, apenas em incentivos — e isso apenas para fazer as pessoas abrirem contas novas. Depois que os usuários começaram a usar o PayPal para comprar coisas, a empresa perdeu mais ainda. Os processadores de cartão de crédito cobravam até 3% do PayPal nas chamadas taxas de intercâmbio, o que significa que uma transação "gratuita" de US$100 custava US$3 à empresa. Quanto mais dinheiro as pessoas movimentavam, mais o PayPal perdia. E se um usuário cometesse fraude ao roubar o cartão de crédito de alguém e o utilizasse em uma transação do PayPal — algo que parecia acontecer cada vez mais regularmente, embora ninguém tivesse certeza da frequência exata —, o emissor do cartão poderia forçar o PayPal a estornar a soma do valor roubado, aumentando as perdas.

O RESULTADO DISSO TUDO foi que quanto mais o PayPal chegava perto de dominar o sistema financeiro, menos bem-sucedido financeiramente se tornava. Os altos gerentes do eBay, que acompanhavam de perto o crescimento da empresa, acharam a estratégia muito confusa. Eles restringiram o uso do Billpoint para os vendedores mais prolíficos, tanto para manter figuras suspeitas fora do sistema quanto para limitar as fraudes. O PayPal, por outro lado, parecia não fazer nada para garantir uma operação lucrativa, ou o cumprimento das regras e regulamentos bancários. "Eles estavam gastando rios de dinheiro", me disse um executivo do eBay.

Havia uma saída para isso: o PayPal crescer tanto que ficaria impossível para os concorrentes permanecerem operando. Ninguém enviaria dinheiro pelo Billpoint se o PayPal fosse o único na cidade. Se isso acontecesse, o PayPal teria um monopólio e poderia facilmente encontrar maneiras de cobrar seus clientes pelo serviço. A tática se tornaria comum o suficiente entre empresas de internet para que toda uma filosofia se cristalizasse em torno dela, mas na época Thiel nem tinha certeza de que isso funcionaria. Ele achava que seria melhor pular fora e transformar as perdas do PayPal no problema de outra pessoa.

Ele parecia estar "com medo de perder o negócio", declarou um colega. A ideia de vender o PayPal para um comprador maior consumiria Thiel ao longo de boa parte da história da empresa — e se tornaria uma fonte de tensão entre Thiel e seus investidores. Mas por enquanto, ele pediria a Reid Hoffman, amigo de faculdade e um de seus representantes no momento, para tentar apresentá-la a compradores em potencial. Muitas empresas atenderam às ligações de Hoffman. A Verisign, que processava transações de cartão de crédito online e acabara de abrir seu próprio concorrente do PayPal, parecia aberta a um acordo, assim como o Yahoo!. Mas antes que as negociações pudessem prosseguir, Elon Musk entrou em ação. Ele ouviu sobre a possível venda e temeu que, se o PayPal fizesse parte do Yahoo!, a

X seria retirada do mercado. Ele abordou Thiel, marcando um encontro em um restaurante na University Avenue, em fevereiro de 2000.

As vantagens lógicas de uma fusão eram inegáveis. PayPal e X tinham bases de usuários aproximadamente do mesmo tamanho — cerca de 200 mil pessoas cada — e participações de mercado mais ou menos iguais, compreendendo, cada uma, cerca de 50% dos pagamentos online do eBay. Ambas estavam perdendo dinheiro — cerca de US$25 milhões cada, no primeiro trimestre de 2000. Juntos, Musk argumentou, teriam uma chance melhor de sobreviver, e teriam mais facilidade em lidar com os reguladores federais, se e quando eles decidissem fechar o cerco dessas novas tecnologias de pagamento digital.

O acordo de Musk e Thiel exigia uma fusão 50/50. Mas a X, que tinha investidores mais reconhecidos e um fundador famoso, era, formalmente, a compradora. O nome Confinity foi aposentado e o PayPal se tornou parte da linha de serviços financeiros da X.com. Musk, que começara a X sozinho e que, portanto, possuía um patrimônio maior, se tornou o presidente e o maior acionista. Dois meses depois, ele se autonomeou CEO.

A parceria foi atraente para os investidores, que colocaram mais US$100 milhões em capital de risco na operação combinada naquela mesma primavera, mas provou ser estranha em termos interpessoais. Talvez sem nenhuma surpresa, Elon e Peter tiveram problemas para se relacionar. Um dia, enquanto Peter estava na McLaren de US$1 milhão de Elon para uma reunião com Mike Moritz na Sequoia, Elon, tentando exibir a aceleração do carro, bateu o carro em uma barragem na Sand Hill Road, fazendo a McLaren voar pelo ar.[86] O carro foi destruído. Enquanto eles se afastavam dos destroços, Elon disse a Peter: "Sabe, eu li vários relatos sobre pessoas que ganharam dinheiro, compraram carros esportivos e os bateram. Mas eu sabia que isso nunca aconteceria comigo, então não fiz um seguro."[87]

A experiência abalou Thiel, que passou a ver Musk como imprudente; Musk via Thiel como um cara com dinheiro que via nas tecnologias principalmente um meio para lucrar. "Eu não diria que somos como óleo e água, mas existem algumas diferenças bem significativas", Musk me disse anos depois, oferecendo uma análise mais circunspecta mas também desdenhosa. "Peter gosta da arte de jogar com investimentos — como se estivéssemos jogando xadrez. Eu não me importo, mas estou fundamentalmente interessado em fazer engenharia e design. Não sou um investidor. Não acho que usar o dinheiro de outras pessoas seja algo bacana." Uma pessoa que conversou com os dois, colhendo as perspectivas que um tinha sobre o outro, colocou de forma mais sucinta: "Musk acha que Peter é um sociopata e Peter acha que Musk é uma fraude e um fanfarrão."

Esses sentimentos começaram a se espalhar: alguns ex-funcionários da Confinity, assim como seu chefe, viam Musk como um homem pomposo e arrogante. Eles se ressentiram por terem sido forçados a renunciar ao nome da empresa. O PayPal agora se chamava "PayPal by X.com", um exagero que não parecia servir para nada além do ego de Musk. Eles sentiam falta do jeito discreto de Thiel. "Elon era totalmente impróprio para a organização", disse Paul Martin, um ex-editor do *Review* que se tornou gerente de marketing do PayPal. "A impressão que Elon passava era a de que ele sabia mais e que era melhor você fazer o que ele dissesse. Já Peter passava a impressão de que você sabia mais do que ele."

Mas Thiel tinha armado uma espécie de armadilha para Musk. Embora Musk fosse o CEO, a maioria dos representantes de Thiel — incluindo Hoffman, Levchin e Sacks — ficaram com os cargos executivos. Os ex-executivos da X foram marginalizados e Musk ficou cercado por uma equipe que era mais leal a Thiel.

A CRISE VEIO tão rápido que boa parte do Vale do Silício nem percebeu que tinha acontecido. O Nasdaq atingira o seu pico em março, exatamente quando Thiel e Musk acordaram a fusão do PayPal e um investimento de US$100 milhões. Algumas semanas depois, no início de abril, um juiz federal determinou que a Microsoft havia violado a lei antitruste dos EUA, levantando a possibilidade de que pudesse ser desfeita pelo governo. As ações da Microsoft caíram em 15% e o Nasdaq caiu 350 pontos, 8% do seu valor — a maior queda da sua história.

Na época, era fácil descartar tudo isso como uma aberração — uma correção de mercado que dizia mais respeito a Bill Gates do que ao *dumb money* injetado em empresas "ponto com" incompletas. Mas onze dias de-

68   CONTROVERSO

pois, no dia 14 de abril, uma sexta-feira, o Nasdaq caiu mais 350 pontos — 25% durante a semana, pior do que o *crash* da Black Monday de 1987. Mesmo assim, os otimistas da tecnologia foram capazes de descartar as perdas como mera realização de lucros, planejamento tributário ou sinal de que o mercado já havia atingido o fundo do poço. "Agora é a hora do otimismo", declarou um analista da Cantor Fitzgerald à CNN.[88] Startups como o PayPal ainda tinham dinheiro no banco, e havia uma sensação generalizada, embora irreal, de que nada daquilo era motivo para preocupação, e que a revolução da informação seguiria adiante. Beenz, a startup de moedas virtuais, angariou outros US$51 milhões de Larry Ellison e outros para refazer o sistema financeiro.[89] Em agosto de 2000, o *Guardian* escreveu que a Flooz teve uma chance de realizar "o sonho de Hayek, de empresas desafiando os governos pelo direito de emitir dinheiro", referindo-se a Friedrich Hayek, o grande economista libertário. Essas duas empresas não passariam por problemas sérios até o final do ano.

De fato, poucos perceberam a crise até o outono, quando as primeiras empresas "ponto com" começaram a ficar sem dinheiro. A Pets.com anunciou, de repente, que estava insolvente; as festas de lançamento ficaram mais escassas, e os trabalhadores do ramo tecnológico começaram a conferir ansiosamente um novo site de paródias de notícias chamado FuckedCompany.com.

Thiel, no entanto, tinha percebido. Na verdade, quase assim que ele levantou os US$100 milhões, e pouco antes de a bolha começar a estourar, ele desapareceu. Ele parou de ir ao escritório e cortou o contato regular com sua equipe e com o conselho. Ele disse a alguns colegas de trabalho que estava no Brasil, enquanto outros ouviam dizer que ele estava jogando xadrez. A certa altura daquela primavera, Moritz ligou para implorar que ele voltasse. Thiel o dispensou e então, em maio, enviou um memorando formal por e-mail com um assunto mordaz: "Renúncia ao cargo de vice-presidente executivo".[90]

Thiel disse aos funcionários que estava "exausto" e que se considerava "mais visionário do que administrador". Disse que aquele era o momento certo para dar a Musk as rédeas para continuar "implementando os nossos planos de dominação mundial". Os ex-funcionários e investidores de Thiel acharam sua saída repentina inexplicável — sensação que não duraria muito. Mas, por enquanto, abrir caminho pela recessão — e todos os efeitos decorrentes dela — seria inteiramente um problema de Musk.

Para Musk, um otimista nato que sempre quis ser CEO, isso parecia bastante natural e, a princípio, as coisas correram bem. O PayPal desenvolveu um sistema inovador, embora irritante, para verificar se os clientes não estavam fornecendo informações bancárias roubadas. Envolvia fazer dois pequenos depósitos em conta bancária, de alguns centavos cada, e, em seguida, perguntar ao cliente novo a quantia exata do depósito. A empresa também reduziu de US$10 para US$5 os pagamentos a clientes que abriam contas novas.

Infelizmente, isso não resolveu a verdadeira vulnerabilidade do PayPal: as fraudes. Thiel não se preocupou muito com isso na Confinity, e Musk compartilhou de sua atitude de não interferência. Na verdade, ninguém no PayPal realmente sabia quantas fraudes haviam ocorrido.

Durante o verão de 2000, o departamento financeiro da empresa — então liderado por Roelof Botha, um jovem sul-africano recém-saído da escola de negócios de Stanford, começou a comparar taxas de estorno que o PayPal previra com o dinheiro que a empresa estava perdendo. Os estornos aconteciam quando um número de cartão era declarado roubado após ter sido utilizado para colocar fundos em uma conta do PayPal. De acordo com os protocolos da indústria dos cartões de crédito, se isso acontecesse, o provedor do cartão simplesmente reteria o pagamento, o que era um problema para o PayPal, pois a essa altura o cliente, que provavelmente fornecera um nome falso, já teria gastado o dinheiro (junto com o bônus da sua conta nova).

No início, a situação parecia ruim, mas não devastadora — em uma determinada semana, o PayPal perderia algo como 1% da sua receita em estornos, o que não era ideal, mas estava perto do padrão da indústria. Então, Botha percebeu que esses cálculos haviam sido feitos sob uma suposição errônea: a de que as notificações de fraudes eram instantâneas. Essa era uma suposição que ninguém no setor bancário teria feito se tivesse sido consultado, já que os clientes tinham até 120 dias para contestar uma cobrança de crédito, o que significava que o PayPal continuaria a registrar perdas durante meses após o término de um determinado período. Em vez de levar isso em consideração, a empresa estava simplesmente dividindo a quantidade de estornos em um determinado mês pela receita total desse mesmo mês — uma abordagem falha, já que ela vinha crescendo com tanta rapidez. Como se verificou, a frequência das fraudes era pelo menos duas vezes maior do que Botha tinha imaginado, e continuava aumentando. *Caramba*, pensou ele, *estamos prestes a ir à falência.*

Com a saída de Thiel, tudo isso caiu no colo de Musk, que resolveu se concentrar em expandir as ambições do PayPal. Como sempre enxergou a X como mais do que apenas uma empresa de pagamentos, Musk resolveu pedir ao departamento de marketing da empresa para que refizessem o logotipo do PayPal de forma a incluir o "X" — renomeando o serviço como X-PayPal e, aos poucos, eliminando definitivamente o nome PayPal.

Para o grupo do PayPal, isso era loucura. Vendedores no eBay já estavam acostumados a dizer coisas como "Faz um PayPal para mim", utilizando o nome da empresa como verbo — o pesadelo de um linguista, mas uma conquista histórica para qualquer startup. Enquanto isso, a X realizou uma série de grupos focais que indicaram que os clientes não gostavam do nome da marca, porque os remetia à pornografia. Musk ficou indiferente, provavelmente — segundo as fofocas dos funcionários — por causa dos custos irrecuperáveis. Reza a lenda na empresa que ele pagou pelo menos US$1 milhão para adquirir o domínio "X.com". "Nada o convenceria", disse Martin, marqueteiro do PayPal.

A essa altura, Thiel tinha um escritório na Sand Hill Road para o seu fundo hedge, mas manteve contato com o grupo que lhe era leal, o qual incluía os ex-editores do *Stanford Review*, ressentidos pelo rebranding de Musk, e Levchin, que se ressentia pelas tentativas de reescrita do software do PayPal. Esses embates paralisaram a empresa, enquanto as perdas por fraude continuavam a aumentar. O que tinha sido um pé-de-meia de US$100 milhões chegou ao fim. "Era como um colchão d'água", disse um ex-executivo. "Controlávamos um vazamento e *bum!* — alguma outra vulnerabilidade aparecia. Precisávamos nos mobilizar, mas Elon não estava prestando a menor atenção."

Musk tinha casado com Justine, sua namorada da faculdade, em janeiro, mas precisou pular a lua de mel por ter sido quase que imediatamente consumido pelo PayPal. Agora, ele e Justine estavam planejando férias de duas semanas que incluiriam uma viagem para os Jogos Olímpicos de 2000, em Sydney, juntamente a reuniões com investidores em Cingapura e Londres, os quais Musk esperava que ajudariam a manter o PayPal solvente.

Musk viria a admitir, em retrospecto, que a coisa toda fora mal planejada. Ele sabia que os funcionários estavam insatisfeitos e deveria ter ficado por perto. "Eu provavelmente não deveria ter me afastado do escritório naquelas circunstâncias", declarou. "Fizemos várias jogadas arriscadas. Aquilo ficou assustador demais." Um velho amigo de Thiel e Levchin, Luke Nosek, resolveu encomendar secretamente uma nova pesquisa com o objetivo de mostrar a Musk que desvalorizar a marca PayPal seria um erro.[91] Musk descobriu isso e se descontrolou, ordenando que um gerente de produtos removesse o nome PayPal do site da empresa. Então, dirigiu-se ao aeroporto.

Enquanto Musk estava viajando, o grupo se reuniu na casa da namorada de Botha. Ela morava cerca de 8km ao sul do centro de Palo Alto, o que significava que eles dificilmente seriam vistos por qualquer partidário de Musk. Além de Botha, que Musk havia contratado pouco antes da fusão, o resto consistia basicamente de confidentes de Thiel, incluindo Hoffman, Sacks e Levchin. Cada um deles expôs suas queixas com toda a franqueza — o rebranding equivocado, a reescrita do código, a recusa em levar a fraude a sério, as reservas de caixa cada vez menores. Em algum momento, alguém ligou para Thiel e perguntou o que ele achava. Ele aceitaria ser CEO se o conselho demitisse Musk? Thiel respondeu que sim.

O plano era bem objetivo: eles ameaçariam pedir a conta, a menos que o conselho concordasse com o plano. "Nós sentimos, enquanto uma equipe, que deveríamos trazer Peter de volta como o líder da banda", disse Botha. "Não, ele não tinha uma experiência fenomenal como CEO" — tendo liderado apenas uma pequena startup no ano anterior à fusão com a X —, "mas nós achávamos que aquilo poderia dar certo".

No dia seguinte, eles começaram a sondar outros funcionários, pedindo para que assinassem uma petição instando o conselho a substituir

Musk como CEO. A presença de Musk teria dificultado tudo isso em circunstâncias normais, mas ele ficaria fora por duas semanas. Tudo isso foi mantido em segredo dos ex-funcionários da X, que em sua maioria ainda eram leais a Musk.

Enquanto Musk estava em um voo, um grupo de conspiradores que incluía Botha e Levchin dirigiu até o escritório da Sequoia, na Sand Hill Road, nos arredores da cidade, para confrontar Moritz. Eles lhe entregaram uma pasta contendo cartas de demissão e a petição. Moritz olhou para a pasta e levou-a para dentro. O caso apresentado pelos aliados de Thiel era sólido. O PayPal estava ficando sem dinheiro e, se mantivesse o seu curso atual, seguiria o caminho da Flooz e da Beenz. Além do mais, a empresa não teria chance alguma de sobrevivência se Levchin, seu cofundador e engenheiro mais talentoso, saísse com os melhores programadores e metade da equipe de desenvolvimento comercial.

Sucedeu-se uma negociação, durante a qual Moritz disse aos conspiradores que ele concordaria com uma mudança na liderança, mas que Thiel só poderia ocupar o cargo temporariamente. A empresa precisaria entrevistar outros candidatos. Isso era suficiente para Thiel, que aceitou a proposta. Mais tarde, ele daria um jeito de torná-la permanente. O grupo comemorou no Antonio's Nuthouse, um barzinho local.

Musk não aceitou a mudança em silêncio. "Essa atitude é hedionda", disse ele, enfurecido. Ele defendeu sua perspectiva diante do conselho e expressou desgosto pelo fato de a gangue de Thiel não ter tido a decência de confrontá-lo. Os conspiradores não apenas esperaram até que ele ficasse incomunicável, como também fizeram aquilo durante a sua lua de mel.

Ele anunciou que voltaria a Palo Alto e, ao pousar, reuniria seu próprio grupo de seguidores para planejar um retorno ao poder. Moritz se manteve impassível e, em poucos dias, o conselho destituiu Musk. Thiel entrou como CEO temporário.

Ele passou os dias seguintes tentando impedir aqueles que Musk havia contratado de se demitirem. Thiel sentou-se passivamente enquanto funcionário após funcionário lhe falava o que ele merecia, reclamando de todo o sigilo em torno do golpe e defendendo a sabedoria da estratégia de Musk.

"Obrigado", respondia Thiel calmamente, para em seguida incentivar a pessoa a ficar. Seu plano era descartar a ideia de Musk de um superbanco e focar exclusivamente o PayPal, que, como ele apontou, já era um grande sucesso, com 4 milhões de clientes e (apesar dos esforços de boicote de Musk) uma das marcas mais conhecidas da internet. A abordagem funcionou; quase ninguém saiu. "Eu saí de lá com muito respeito por ele", disse um ex-funcionário da X. "Foi uma experiência construtiva."

Mas manter os engenheiros da empresa era o menor dos desafios de Thiel. A empresa precisava resolver todas aquelas fraudes, e precisava de ainda mais dinheiro. Felizmente, Thiel tinha um plano. Em uma reunião do conselho, logo após ter sido nomeado CEO permanente, ele sugeriu que o PayPal entregasse todo o seu dinheiro para o Thiel Capital, seu fundo hedge, para que ele pudesse tirar proveito da turbulência econômica pós-bolha das empresas "ponto com".

Moritz achou que Thiel estava brincando, mas ele explicou que seu plano era aumentar o *cash runaway* da empresa — termo das startups que se refere ao número de meses que poderia sobreviver sem levantar capital adicional ou alcançar lucratividade — apostando na queda das taxas de juros, o que parecia quase certo para ele já que a economia dos EUA parecia caminhar para uma recessão.

O conselho vetou, mas Moritz ficou furioso, de acordo com o pessoal familiarizado com as deliberações do conselho. A ideia de que o CEO de uma empresa com oportunidades tão extensas consideraria arriscar seu dinheiro limitado em especulações — especulações que tinham o potencial de enriquecer o próprio CEO — era algo que nenhum CR do Vale, ou qualquer empresário de tecnologia que se prezasse, jamais havia tentado. O fato de Thiel fazer essa proposta apenas algumas semanas depois de receber o cargo de CEO — posto que ele assumiu de uma maneira não exatamente honrosa — era duplamente revoltante. "Do ponto de vista da gestão, era inconcebível", disse uma dessas fontes. "A própria ideia de sugerir isso irritou Mike." Isso implicava, para Moritz e outros membros do conselho que simpatizavam com o seu ponto de vista, a falta de um senso moral.

Durante o ano seguinte, George W. Bush seria eleito presidente em uma votação contestada que chegou até a Suprema Corte, e Thiel ganharia o cargo de CEO permanente sem concorrência. Mesmo depois de ser nomeado CEO, ele e Moritz continuaram a entrar em conflito. A discordância entre eles era, em parte, pessoal — Moritz originalmente tinha investido na empresa de Musk, e não na de Thiel. Mas também refletia as diferenças entre Thiel e Moritz, Musk, e de quase todas as figuras importantes do Vale do Silício que o precederam.

Anos depois, em uma entrevista, Moritz disse: "No fundo, Peter é um homem de fundos de cobertura", e não um empreendedor. Esperava-se dos empreendedores que colocassem tudo de si em suas empresas, que arriscassem tudo — financeira e até mesmo pessoalmente — para crescer o máximo possível e, se você fosse idealista, tentar mudar o mundo para melhor. Essa era a visão de Musk. É por isso que ele quase foi à falência diversas vezes durante sua carreira, e declarou que aceitar dinheiro de investidores não era "algo bacana".

Seguindo essa lógica, Thiel deveria dar o sangue pelo negócio, e não planejando aumentar sua carteira de investimentos secretamente. Mas Thiel não se importava com os sentimentos de Moritz ou com o senso de decoro do Vale do Silício. Ele concebia a relação entre CRs e empreendedores em termos de poder, e enxergava a construção de uma empresa de forma menos romantizada.

O PayPal tinha conseguido chegar tão longe por atentar às ineficiências, por se aproveitar das lacunas regulatórias e por tomar decisões que empresas normais e respeitáveis eram decentes demais para arriscar. Não se tratava de boas maneiras. Daquele ponto em diante, Thiel faria o que bem entendesse, e nenhum CR — não importa quão respeitado ou experiente — seria capaz de controlá-lo.

6

ZONAS NEBULOSAS

Na época do golpe de Thiel no PayPal, a mitologia do Vale do Silício era mais ou menos definida por uma única pessoa: Steve Jobs, que criou o computador pessoal (PC) no início dos anos 1980, construiu a Pixar em exílio e voltou para apresentar o iMac e o iPod, transformando a Apple na maior empresa de produtos de consumo de todos os tempos. Jobs, segundo se contava, obteve sucesso graças à sua contracultura genuína — ele fora um hippie orgulhoso, um zen budista, um *phreaker* — e à sua disposição de direcionar toda aquela esquisitice para um empreendimento lucrativo.

Jobs não era liberal, mas seu idealismo ajudou a transformar o Vale do Silício do conservadorismo mão-fechada dos velhos centros de pesquisa em um lugar cheio de entusiasmo da Nova Era. Antes de Jobs, a principal ambição para uma empresa de tecnologia era conseguir um grande contrato militar; depois de Jobs, ela se tornou algo próximo da ideia de iluminação. A Apple — e todas as empresas de tecnologia que vieram depois — começou a dizer aos consumidores que seus produtos poderiam transformar suas vidas e o mundo.

76 CONTROVERSO

Esse era o "sistema de valores da bicicleta para a mente", explicou Roger McNamee, o capitalista de risco que, junto a Bono Vox, o vocalista do U2, fundou a Elevation Partners. "Bicicleta para a mente" tinha sido o termo utilizado por Jobs para descrever máquinas que expandiam o potencial humano, e ele escolheu "Bicycle" (bicicleta em inglês) como o nome original para o Mac, porque acreditava que os computadores tornariam os cérebros das pessoas mais eficientes, da mesma forma que as bicicletas permitem que elas viajem mais rápido e percorram distâncias maiores.

Thiel, de acordo com McNamee, representava algo muito distante desse tipo de pensamento. Ele não estava interessado no potencial humano, mas no poder de mercado. Após a aquisição do eBay, quase todas as empresas do Vale do Silício com um pouco de ambição teriam sua própria versão do Índice de Dominação Mundial do PayPal. Mark Zuckerberg, o principal seguidor de Thiel, levaria isso ao extremo, estilizando-se como o imperador romano Augusto. Ele adotou um corte de cabelo augustano e até usou o antigo slogan de guerra romano — *Carthage delenda est* (Cartago deve ser destruída) — para instigar seus funcionários na batalha contra o Google.

Havia um estilo imperial de racionalismo comercial do tecnocapitalismo. A internet permitia que os produtos se propagassem tão rapidamente — "viralmente", segundo o termo emergente — que uma única empresa tendia a dominar uma determinada categoria. Depois que o PayPal atingiu uma determinada escala, e uma vez que todos os seus amigos tinham uma conta do PayPal, já não fazia sentido testar produtos concorrentes. Mesmo que você gostasse do Billpoint, sua preferência seria irrelevante se ninguém mais tivesse uma conta Billpoint. Isso se aplicava a pagamentos e, efetivamente, a tudo que havia na internet — redes sociais, entrega de comida, transporte de passageiros —, o que significava que qualquer empreendedor de tecnologias que quisesse ser bem-sucedido teria que crescer o mais rápido e da maneira mais implacável possível.

Haveria uma expressão artística para isso — *blitzscaling* —, cunhada, naturalmente, por Reid Hoffman, amigo próximo de Thiel e representante do PayPal. A maioria das empresas o interpretaram como um meio de gastar grandes somas de dinheiro para tentar dominar um mercado e, em seguida, uma vez alcançado esse domínio, tentar aumentar os preços. Mas vários empreendedores — pessoas como Zuckerberg e o ex-CEO da Uber, Travis Kalanick — também pareciam ver uma filosofia moral no *blitzscaling*. Enquanto Jobs via os negócios como uma forma de expressão cultural, e até mesmo arte, para Thiel e seus colegas, era um modo de transgressão, e até mesmo de ativismo — uma versão do que ele vinha tentando fazer no *Stanford Review.*

Abrir uma empresa não se tratava mais de ajudar as pessoas a atingir seu verdadeiro potencial; era definir normas e depois alterá-las para então enriquecer com a nova ordem. O Facebook desenvolveria um monopólio nas redes sociais e o utilizaria para acabar com a concorrência e cobrar taxas progressivamente mais altas dos anunciantes — tudo isso enquanto informava ao mundo que esse comportamento essencialmente predatório era um bem social.

Como dizia o lema do Facebook, a tecnologia iria "avançar rápido e quebrar coisas" (*move fast and break things*), e os empreendedores seriam informados de que era melhor pedir perdão do que permissão. A indústria seria definida por esses clichês, convencendo-se de que a "disrupção" — o jargão preferido do palestrante da TED — não era apenas uma consequência infeliz da inovação, mas um fim em si mesma. Isso ficaria muito claro com a Juul, a empresa de cigarros eletrônicos que comercializava descaradamente para crianças[92] — na Robinhood, tentando investidores novatos com produtos financeiros questionáveis,[93] e especialmente na Uber, violando estatutos municipais com um contentamento de fachada, motoristas mal pagos e padrões de segurança ignorados, celebrando cada vez mais essas transgressões. Quando as cidades reclamaram que a Uber estava infringindo a lei, Kalanick substituiu seu *avatar* do Twitter por uma imagem da capa de *A Revolta de Atlas*, e, como relatei na *Businessweek*, os funcionários da divisão de carros sem motoristas da empresa distribuíram adesivos que proclamavam com orgulho: "Segurança em Terceiro Lugar". Isso tudo era, de certa forma, uma extensão do PayPal. "A filosofia da Máfia do PayPal se tornou o princípio fundamental para toda uma geração de empresas de tecnologia", disse McNamee.

TODAVIA, NO FINAL DE 2000, Thiel não pensava em avançar rápido e quebrar coisas. O *crash* tecnológico estava em andamento e ele estava pensando em sobreviver. Se Thiel quisesse evitar o destino de empresas como a Pets.com, ele precisaria desesperadamente reduzir as perdas do PayPal, o que significava ter de lidar com as fraudes. Os criminosos começaram a notar que os *growth hacks* da empresa — dentre os quais a sua decisão de não verificar a identidade dos usuários quando abrissem uma conta — a transformaram no lugar ideal para lavar o dinheiro roubado das vítimas de roubo de identidade. Eles colocavam as mãos em um conjunto de números de cartões de crédito roubados e, em seguida, usavam um bot de software para abrir contas do PayPal para cada um deles. As contas de fachada tentariam realizar pagamentos para outras contas do PayPal, também controladas pelos fraudadores. Às vezes, é claro, as cobranças eram recusadas pelos provedores dos cartões roubados — se, por exemplo, o roubo já tivesse sido relatado —, mas muitas vezes as tarifas eram processadas antes que a vítima percebesse o que tinha acontecido. Quando finalmente percebesse, ela ligaria para o banco, que exigiria o reembolso. O PayPal, como comerciante oficial, arcaria com os prejuízos.

Thiel poderia ter impedido tudo isso — forçando todos os usuários a enviarem fotos de suas carteiras de motorista, por exemplo —, mas reconheceu que parte do apelo do PayPal era ser mais permissivo do que seus concorrentes. Com isso, Levchin se concentrou em dificultar as fraudes de maior escala, sem penalizar os usuários anônimos. Trabalhando com outro engenheiro, David Gausebeck, ele escreveu um software que forçava usuários novos a copiarem uma série de letras que apareciam na tela sobre um fundo entrecruzado. O Teste de Gausebeck-Levchin, nome escolhido pelo PayPal, era quase impossível para computadores, mas fácil para humanos. Ele seria amplamente adotado pelo resto da indústria de tecnologia, e passaria a ser conhecido como captcha.[94] É por causa dele que precisamos clicar em fotos de aviões antes de poder logar na sua conta bancária — um pouco chato, mas uma tremenda inovação no combate às fraudes cibernéticas.

Ainda assim, não tratava das redes criminosas mais prolíficas, que seguiam roubando milhões de dólares da empresa. Mas no final de 2000, o principal investigador de segurança do PayPal, John Kothanek, fez uma

ZONAS NEBULOSAS 79

descoberta. Kothanek, um ex-oficial de inteligência militar que ingressou na empresa no início daquele ano, vinha trabalhando em uma sala de conferências há semanas, examinando milhares de transações de supostos fraudadores.[95] O processo era manual e enlouquecedor.

Kothanek teve a ideia de tentar criar uma representação visual da fraude, desenhando gráficos de radar em uma lousa para mapear conexões entre contas. O que ele descobriu foi surpreendente: todas as contas levavam a uma única fonte — aparentemente, um gênio por trás de tudo, sediado na Rússia. Seu nome de usuário era Igor, e, sozinho, conseguiu desviar entre US$15 e US$20 milhões do PayPal, de acordo com uma fonte familiarizada com a fraude.

Isso foi um grande avanço, e não apenas por ter permitido que a equipe de segurança do PayPal excluísse o usuário. Um dos desafios da operação russa era que os bandidos misturavam transações reais com comerciantes consolidados para despistar os investigadores e dificultar que o PayPal descobrisse o que era ou não era legítimo. Era possível excluir todos os Igors do mundo, mas só se também excluísse milhares de comerciantes legítimos, provavelmente os enviando para o Billpoint ou algum dos sistemas de pagamento concorrentes. A abordagem visual de Kothanek permitia que um analista derrubasse contas ao mesmo tempo em que mantinha os comerciantes reais.

Levchin e uma equipe de engenheiros começaram a escrever softwares para automatizar o processo. Ele identificaria contas de locais suspeitos, como a Rússia. Então, criaria o equivalente aos gráficos de Kothanek em uma tela para cada um, de forma que a equipe de segurança da empresa — que, em 2001, passou a incluir 75 analistas — pudesse suspender rapidamente os criminosos e deixar os clientes legítimos em paz. Eles chamaram o sistema de Igor, e foi uma novidade tão grande que até o FBI começou a utilizá-lo para encontrar lavadores de dinheiro. Uma pequena equipe de agentes recebeu sua própria sala de conferências na sede da empresa para acessá-lo.

O sistema fez com que o nível de fraudes do PayPal caísse para metade do que era antes e levou a várias investigações criminais. Houve uma contra um usuário de Los Angeles que recebeu US$1,2 milhão em pedidos de

80   CONTROVERSO

consoles de videogame Sony PlayStation 2 no PayPal, mas não entregou nenhum deles, e outra contra dois russos[96] que pareciam ter roubado números de cartão de crédito em massa e os utilizado para colocar fundos em contas do PayPal. Nenhuma acusação foi apresentada[97] no caso dos PlayStations, mas os dois russos, Alexey Ivanov e Vasiliy Gorshkov, foram indiciados em parte com base nas informações fornecidas pelo PayPal. Eles foram, então, atraídos para os Estados Unidos em uma armação do FBI e condenados por acusações de conspiração, hacking e fraude. Gorshkov, que tinha 25 anos na época, foi condenado a três anos de prisão; Ivanov, com 20 anos, pegou quatro. De certa forma, o PayPal viabilizou esses crimes como parte da visão ultralibertária de Thiel, de um sistema financeiro livre do controle de qualquer autoridade. Entretanto, naquele momento ele divulgou o trabalho da empresa *junto* às autoridades, a fim de anunciar o PayPal como algo seguro e para desencorajar fraudadores. "Conseguimos impedir uma enorme quantidade de crimes em andamento, além de processar aqueles que tiveram algum sucesso temporário", declarou.[98]

A essa altura, o escopo dos dados que as empresas de tecnologia vinham coletando não era muito apreciado, e a disposição do PayPal em compartilhar esses dados com as autoridades foi tratada não como uma violação potencial da privacidade, mas como uma narrativa de inovação clássica do Vale do Silício. O artigo da *Newsweek*, "Busting the Web Bandits" [Prendendo os Bandidos da Web], tinha o tom de um episódio de *Cops*, pintando um retrato de Thiel e Levchin como *geeks* que escolheram cair duro em cima dos bandidos. "Talvez o PayPal não seja um site tão bom para ficar se vitimando, no final das contas", concluía o artigo. O *Wall Street Journal* citou um especialista em privacidade que admitiu que todo esse compartilhamento de informações revelava uma "zona nebulosa", mas também observou que "o PayPal afirma ser muito difícil proteger a privacidade dos clientes". Garantias como essa permaneceriam inquestionáveis por mais de uma década, até que uma empreitada relacionada a Thiel — uma com implicações de privacidade muito mais amplas (e, para alguns, muito mais aterrorizantes) — faria com que as pessoas começassem a questioná-las.

A BOLHA DAS "PONTO COM" (OU BOLHA DA INTERNET)

havia girado em torno de brindes, mas o financiamento do capital de risco para pagar por esses brindes estava secando. E assim, a partir do final de 2000, o PayPal começou a forçar os vendedores do eBay a assinarem contas comerciais, nas quais pagariam taxas de cerca de 2% por venda, permitindo que a empresa começasse a ter um lucro moderado em, pelo menos, algumas transações. Os vendedores do eBay reclamaram, mas quase todos concordaram, já que o PayPal tinha algo próximo a um monopólio de pagamentos no site de leilões. "Aqui está uma coisa bacana e completamente gratuita. Use-a, passe a adorá-la, deixe que se torne parte integrante da sua vida (ou seja, fique viciado)", reclamou um vendedor do eBay, comparando a gestão do PayPal com o tráfico de drogas. "Então, vamos começar a sugar lentamente até você secar com as nossas taxas."

Parece melodramático, mas era bastante preciso — e acabou se tornando parte do manual de estratégia de *blitzscale* do Vale do Silício. Mas essa não foi a única maneira adotada pelo PayPal de tentar faturar. A pornografia e os jogos de azar estavam em alta na internet da época, mas alguns bancos e processadores de cartões de crédito se recusavam a aprovar compras online que fossem identificadas com uma dessas categorias. A menos, é claro, que os comerciantes de pornografia e de jogos de azar optassem por realizar pagamentos por intermédio do PayPal, que codificava qualquer tipo de transação como *eCommerce*, ainda que envolvesse fazer apostas em alguma pontuação ou baixar um vídeo de um ato sexual.

Isso não foi, necessariamente, premeditado. O PayPal estava crescendo tão depressa que ninguém se preocupou muito em prestar atenção às conformidades. "Nós simplesmente codificávamos erroneamente um grande número de coisas", disse Todd Pearson, o executivo cujo trabalho era elevar o PayPal a padrões bancários normais. Mesmo depois de o PayPal ter feito uma limpa e começado a codificar transações de uma maneira adequada, ainda havia uma alternativa. Se um cliente fizesse uma transferência bancária para a sua conta do PayPal e, em seguida, comprasse pornografia ou fizesse uma aposta, o banco não poderia interromper a transação — e, como nenhum cartão de crédito era envolvido, o custo para o PayPal era

82 CONTROVERSO

basicamente nulo. Isso tornava essas compras lucrativas, diferente de quase tudo que acontecia no PayPal.

Isso foi uma dádiva para a empresa, que começou a fazer marketing diretamente para negócios de jogos de azar e entretenimento adulto. Os clientes de jogos de azar pagavam uma taxa mais alta — cerca de 4% de cada transação, em comparação aos 2% de vendedores típicos, e o PayPal retinha um adicional de 10% a 15% para cobrir estornos que resultariam de fraudes em potencial. Essa estrutura, junto ao crescimento dos jogos de azar online, significou que essa categoria, sozinha, seria responsável por cerca de 30% dos lucros do PayPal, de acordo com um ex-funcionário. Era a única parte dos negócios da empresa que não era pressionada por taxas de cartões de crédito ou fraudes.

Isso causou certo constrangimento nos escritórios do PayPal. Apostar online era ilegal em muitos estados e, embora muitos funcionários do PayPal fossem libertários convictos e não estivessem necessariamente inclinados a se preocupar com o cumprimento estrito da lei quando se tratava de pôquer ou sexo na internet, também havia um conjunto de cristãos que conduzia um grupo de oração regular em uma das salas de conferências da empresa. Às vezes, ao falar com membros mais religiosos, Thiel e outros tomavam cuidado para não mencionar que o jogo de azar e a pornografia eram responsáveis por uma fatia substancial das vendas e do crescimento da empresa.

A pornografia na internet era, se não mundialmente legal, universal-mente tolerada por autoridades federais e estaduais, mas o PayPal receberia intimações relacionadas ao seu negócio com jogos de azar, tanto de Eliot Spitzer, procurador-geral de Nova York, quanto de Raymond Gruender, o procurador dos EUA para o Eastern District de Missouri. A empresa fez acordos em ambos os casos.[99] Também atraiu fiscalizações de Nova York, Louisiana, Califórnia e Idaho, por permitir que os usuários mantivessem fundos em suas contas, algo que precisava ser feito para facilitar o negócio dos jogos de azar, mas que, de acordo com esses estados, significava reali-zar operações como um banco não licenciado.

Thiel reagiu, pressionando os membros do Congresso a manter os jogos de azar online legais e a evitar que o PayPal fosse classificado como um banco pelos reguladores federais. Thiel tinha conexões em Washington, por meio do Independent Institute, assim como Keith Rabois, que ingressou na empresa após passar pela Sullivan & Cromwell, onde se especializou como litigante antitruste e como diretor de políticas da breve campanha presidencial de Dan Quayle. Alguns executivos do PayPal entraram em contato com o escritório do Representante Ron Paul, o libertário extremista do Texas que se envolveu em uma série de causas marginais, incluindo o fim da primazia da Reserva Federal e um retorno do padrão-ouro. Paul era uma figura marginal do Partido Republicano, mas a equipe de política do PayPal o via como um possível defensor da legalização dos jogos de azar online. Vários outros ex-funcionários do *Stanford Review* trabalharam para representantes influentes, incluindo Sacks, que estagiou para Chris Cox, o representante da Califórnia e futuro presidente da Comissão de Valores Mobiliários dos EUA (SEC). Vince Sollitto, que ingressou em 2000 como chefe de comunicações e relações públicas, havia trabalhado para Cox e Jon Kyl, que atuou nos comitês judiciário e financeiro do Senado.

De acordo com Pearson, membros do Comitê de Finanças do Senado escreveram cartas aos CEOs da Visa e da MasterCard, a pedido do PayPal, ameaçando realizar audiências antitruste se as empresas de cartão de crédito bloqueassem as transações do PayPal. Esses representantes haviam recebido contribuições de campanha de um comitê de ações políticas do PayPal.

Na época, essa politicagem era incomum. Empreendedores do Vale do Silício tendiam a se orgulhar de serem apolíticos, e era praticamente inédito que startups tão pequenas quanto o PayPal fizessem lobby no Congresso. Segundo alguns funcionários, isso também era hipócrita, dada a ideologia de Thiel. Libertários realmente deveriam gastar dinheiro fazendo lobby para a vigilância antitruste dos seus rivais? Não era precisamente essa a definição do tipo de captura regulamentar à qual libertários como Thiel teoricamente se opunham?

Pearson relembrou o assunto da política surgindo em uma viagem com Thiel para entrevistar um membro do conselho. Pearson, geralmente liberal, mencionou ter votado em um democrata, e já foi se preparando para a reação de Thiel. Para sua surpresa, Thiel não criticou a escolha de apoiar deliberadamente o partido errado; ele criticou a escolha de apoiar qualquer

84 CONTROVERSO

partido, declarando que não havia sentido em votar. "Você está apoiando esse sistema corrupto", disse ele.

Pearson ficou surpreso. Ele sabia que ser liberal no PayPal o incluía na minoria, mas a ideia de que Thiel considerava imoral qualquer tipo de política era algo novo — especialmente porque a empresa vinha fazendo jogadas políticas entusiasticamente desde que ele ingressou. O PayPal formou um comitê de ação política em 2001, reunindo cerca de US$40 mil para serem distribuídos a políticos influentes na Câmara e no Senado. Ninguém foi obrigado a doar — isso seria ilegal —, mas os executivos foram fortemente encorajados a fazê-lo, de tal forma que deixou alguns funcionários desconfortáveis. "Nós realmente pressionamos os funcionários a contribuírem", relembrou Pearson em uma entrevista, anos depois. Ele mesmo contribuiu com US$500. "Estávamos participando ativamente do governo ao mesmo tempo em que tínhamos essa visão cínica da coisa toda", disse ele.

Por outro lado, nunca ficou claro se os chavões políticos de Thiel foram feitos para serem interpretados literalmente. Em outro momento, ele sugeriu — possivelmente em tom de brincadeira — que talvez os conservadores políticos devessem simplesmente largar as próximas eleições, permitindo que os liberais predominassem. Assim, ele esperava, um golpe militar poderia entrar em curso. "Talvez", propôs Thiel, "os militares dos EUA consigam governar o país melhor" do que os políticos.

SE O ESTOURO DA BOLHA DAS "PONTO COM" — e a necessidade concomitante de gerar dinheiro — nunca esteve muito longe da mente de Thiel, o eBay tampouco estivera, já que era lá que quase todos os clientes legítimos do PayPal (ou seja, aqueles que pagavam por outras coisas além de pornografia e apostas) utilizavam o serviço, e era o eBay que tinha o poder de devastar o PayPal a qualquer momento.

O gigante dos leilões era dirigido por Meg Whitman, uma CEO celebridade com diplomas em Princeton e Harvard, que trabalhou na Disney, Procter & Gamble e na fabricante de brinquedos Hasbro, onde ela transformou *Teletubbies*, um programa infantil britânico que apresentava as aventuras surreais de quatro criaturas com aparelhos de televisão implantados em seus corpos, em um sucesso global improvável. Ela nunca havia trabalhado com tecnologias antes de ir para o eBay, e se cercou de pessoas parecidas com ela — pessoas de meia-idade com MBAs que usavam calças cáqui e geralmente evitavam os cassinos online. Ela era, como muitos dentro do PayPal pensavam, uma típica conformista da Ivy League — exatamente o tipo de pessoa que Thiel e os ex-alunos que participavam do *Stanford Review* tinham definido como adversário oficial. "Meg era a personificação do inimigo", disse Bill Onderdonk, vice-presidente de marketing da empresa. "O rosto dela fora colocado em alvos de dardos."

Pior do que a sua personalidade certinha era o fato de que Whitman claramente não estava satisfeita por ter uma empresa externa servindo como plataforma de pagamentos efetiva do eBay. Quando o gigante dos leilões deu aos vendedores um site de comércio eletrônico pessoal como parte de sua oferta "eBay Stores", foi exigido que os vendedores se inscrevessem no Billpoint.[100] O PayPal interpretou isso como um sinal de hostilidade e Reid Hoffman, que mantinha contato regular com os executivos do eBay, deixou claro para eles que tal mudança poderia levar a uma investigação antitruste por meio dos contatos do PayPal em Washington. "Reid fazia um ótimo trabalho, sempre levantando o espectro antitruste", disse um funcionário sênior do eBay da época.

Whitman não só recuou — ela indicou que ficaria muito feliz em adquirir o PayPal, em vez de lutar contra ele. No final de 2000, ela ofereceu a Thiel cerca de US$300 milhões pela empresa. O valor estava abaixo da avaliação de mercado da empresa, mas Whitman o justificou com uma ameaça: "Estamos nos unindo à Wells Fargo e vamos acabar com você", disse ela a Thiel, de acordo com uma fonte familiarizada com as negociações. "Você não tem a menor chance."

Thiel quase foi persuadido. "Sentíamos como se estivéssemos oscilando de um momento de morte iminente para o outro", disse um ex-executivo sênior. "Não estava claro se algum dia conseguiríamos rentabilidade." Moritz, por sua vez, se opôs veementemente. A quebra das "ponto com" foi devastadora para a Sequoia. Quase todos os investimentos que a empresa fez por volta de 1999 fracassaram ou estavam perto disso; todos, exceto o investimento na X.com, que obteve as ações do PayPal. O PayPal ainda apresentava uma oportunidade real de produzir retornos significativos, e Moritz gastou horas tentando convencer Thiel e Levchin de que sua empresa tinha esse potencial.

"Max, Max, Max", disse Moritz durante uma discussão, após Levchin sugerir que ele poderia simplesmente iniciar um novo PayPal depois de vender o primeiro. "Por favor, confie em mim. Uma oportunidade como o PayPal não aparece todo dia. Você poderia viver mais dez vidas e não ter outra oportunidade como essa."

Em 2001, Thiel continuou buscando compradores para a empresa. Houve reuniões com Sandy Weill, então presidente e CEO do Citigroup, e com representantes da AOL — embora nada tenha gerado frutos. Naquele verão, Thiel também começou a conversar com banqueiros sobre uma oferta pública inicial. O prospecto da empresa mostrava as finanças melhorando: a empresa perdeu US$28 milhões no segundo trimestre de 2001, contra uma receita de US$20 milhões. Conforme exigido pelo regulamento da SEC, o prospecto também incluía uma longa análise sobre os riscos legais e regulatórios que a empresa enfrentava, com uma observação de que o PayPal estava, muito provavelmente, sendo utilizado para viabilizar o tráfico de drogas, pirataria de softwares, lavagem de dinheiro, fraudes bancárias, fraude de títulos e pornografia infantil. Mesmo assim, os banqueiros acreditavam que a empresa tinha potencial suficiente para conseguir mais do que o eBay estava oferecendo.

Thiel foi persuadido, mas antes de concordar com a oferta pública inicial (IPO), ele pediu ao conselho para aumentar drasticamente seu salário. Na época, Thiel e Levchin detinham, cada um, cerca de 3% da empresa.[101] Por outro lado, Musk, que pagou pelas despesas iniciais da X.com do seu próprio bolso — mantendo, portanto, mais do patrimônio para si mesmo — tinha 14%. De acordo com três fontes familiarizadas com a negociação, Thiel argumentou que essa disparidade era ridícula. O conselho o pressionou a rejeitar acordos de aquisição que teriam rendido milhões de dólares a ele e Levchin — dinheiro que mudaria a sua vida e a dos funcionários do PayPal, mesmo que não significasse muito para a Sequoia. Se Moritz quisesse que ele continuasse como CEO, precisaria de mais patrimônio. Do contrário, ele se demitiria naquele mesmo dia, afirmou.

A ameaça chocou os membros do conselho, alguns dos quais já guardavam suspeitas em relação a Thiel desde que ele tentara investir dinheiro do PayPal em seu próprio fundo hedge. A súbita partida do fundador e CEO da empresa seria vista pelos investidores como desastrosa, o que poderia colocar em risco a própria capacidade do PayPal de arrecadar mais dinheiro e, devido às suas perdas e ao estado vulnerável da indústria de tecnologia, poderia até mesmo levá-lo à falência. "Era um clima de 'me paga ou eu vou me matar, e você também sairá perdendo'", lembrou uma das fontes do conselho.

O conselho, naturalmente, optou por pagar, e o PayPal premiou seu CEO com quase 4,5 milhões a mais em ações com um grande desconto, aumentando sua participação na empresa para 5,6%. O PayPal cobrou US$1,35 milhão de Thiel por um bloco de ações que valeria US$21 milhões após o IPO, e emprestou o dinheiro a ele. Curiosamente, Thiel usou apenas cerca de US$850 mil desse empréstimo. Os outros US$500 mil, ele retirou da receita do Roth IRA, uma conta de aposentadoria que provavelmente datava de sua época em Nova York.[102] Isso significava que o lucro de US$20 milhões de dólares da sua súbita negociação forçada — além de qualquer valorização futura — seria completamente isento de impostos.

Deixando de lado a ameaça de última hora, o uso da IRA colocou Thiel em uma zona nebulosa jurídica.[103] Era ilegal usar uma conta Roth IRA para comprar ações de uma empresa que você controlava. Thiel não tinha controle legal do PayPal, mas um argumento sólido poderia ter sido feito, afirmando que ele detinha o controle efetivo. Felizmente, para Thiel, levaria mais de uma década antes que alguém percebesse; a essa altura, seus lucros livres de impostos já estariam na casa dos bilhões de dólares.

ENQUANTO O PAYPAL ESTAVA SE PREPARANDO para se apresentar para ir a público, Thiel viajou para Nova York com o CFO Roelof Botha para uma reunião com banqueiros da Morgan Stanley. Era dia 10 de setembro de 2001. A reunião foi um fracasso. O PayPal confundiu os banqueiros — eles queriam saber se era uma empresa de tecnologia ou um banco não licenciado —, e nenhum dos dois homens era especialmente

88 CONTROVERSO

marcante. Thiel era um aspirante a político conservador de 33 anos; Botha era, aos 27 anos, absurdamente jovem e inexperiente para ser CFO de uma empresa pública.

Os banqueiros da Morgan Stanley indicaram que não tinham interesse, e Thiel e Botha pegaram um carro para o Aeroporto Internacional John F. Kennedy na chuva, desanimados. O sentimento de aflição aumentou quando o avião deles, o último voo da United daquele dia, atrasou horas na pista. Por fim, a tripulação ofereceu aos passageiros a opção de desembarcar e tomar um voo matinal, mas Thiel e Botha optaram por sentar, tristes, e esperar enquanto vários passageiros desembarcavam.

Eles chegaram bem cedo em casa, em São Francisco, na manhã do dia seguinte. Horas depois, Thiel soube que um avião da United com destino a São Francisco, saindo do aeroporto de Newark — voo número UA 93 —, havia sido sequestrado e caído em um campo na Pensilvânia. Parecia possível que talvez algumas das pessoas com quem eles estiveram na noite anterior agora estivessem mortas.

O ataque — e a sensação de que ele poderia ter estado entre as vítimas — tornou a ideia de um IPO ainda mais assustadora. Mas Thiel seguiu em frente e, em 28 de setembro, o PayPal apresentou seu prospecto ao SEC. A empresa, que agora era representada pela Salomon Smith Barney e pretendia arrecadar até US$80,5 milhões, não impressionou ninguém. O mercado de ações estava péssimo, não houvera IPOs desde o 11 de Setembro e o PayPal nunca lucrou nada. TERRA PARA PALO ALTO, dizia uma manchete que sugeria que o IPO representava um retorno aos excessos das "ponto com".[104]

Whitman tornou as coisas ainda mais agonizantes, aliciando a empresa com outra oferta — desta vez em cerca de US$900 milhões. Thiel queria aceitar, mas foi indeferido pelo conselho. Durante a turnê do IPO do PayPal, Whitman elaborou outra tática: antecipando as chamadas de vendas do PayPal para os grandes investidores, ela fez uma viagem própria, durante a qual compartilhou sua opinião de que a empresa, que dependia do eBay para grande parte dos seus negócios, estaria condenada enquanto entidade independente. "Meg esteve aqui na semana passada", os banqueiros confessariam, "depreciando vocês."

ZONAS NEBULOSAS   *89*

Nada disso funcionou, e em 14 de fevereiro de 2002, as ações do PayPal começaram a ser negociadas, aumentando de US$13 para cerca de US$20 a ação. O clima de festa no escritório era entusiástico: funcionários beberam cerveja e fumaram charutos no estacionamento. Thiel usou uma coroa e desafiou um grupo de funcionários para dez jogos de xadrez simultâneos. Em Stanford, ele assistia, com um misto de admiração e inveja, os melhores jogadores de xadrez realizarem essa façanha; mas no PayPal, Thiel era o grande mestre. Ele venceu todos os jogos, exceto um.

O IPO foi libertador de uma maneira adicional. Embora ainda não fosse legalmente autorizado a vender suas ações unilateralmente — os executivos estavam sujeitos a um período de bloqueio de seis meses —, tudo o que Thiel precisava era de uma oferta acima do preço das ações da empresa por parte do eBay para vender a coisa toda, e nem precisaria do aval de Moritz. Ele recebeu essa oferta depois de algumas semanas, quando Whitman concordou em pagar cerca de US$1,2 bilhão, um pouco mais do que o valor de mercado da empresa na época. Thiel concordou, mas depois voltou atrás e exigiu mais dinheiro após a notícia do acordo vazar em meados de abril e as ações do PayPal começarem a subir. Whitman ficou furiosa, responsabilizando Thiel pelo vazamento e por não honrar seu acordo. Ela decidiu, então, que não negociaria mais com Thiel, e ordenou que seus representantes encerrassem qualquer tipo de contato.

Ainda assim, Whitman permitiu que o PayPal mantivesse o estande de 9m² que fora alugado para o eBay Live, o encontro anual da empresa para seus vendedores. O PayPal aproveitou ao máximo a oportunidade, alugando um salão de festas no hotel em frente ao Centro de Convenções de Anaheim, onde a conferência foi realizada. O plano era constranger o eBay em seu próprio território. "As pessoas deverão sair do eBay Live gostando mais do PayPal que do eBay", disse David Sacks — o antigo arquiteto do artigo sobre estupro do *Stanford Review* e atual COO da empresa — aos funcionários naquela época.[105]

Na primeira noite da conferência, dia 21 de junho, o PayPal convidou mil participantes para um coquetel, oferecendo para cada um deles, não apenas bebidas gratuitas, mas também uma camiseta com o logotipo do PayPal e a frase "Nova Moeda Mundial" impressa nas costas. A multidão foi muito maior que isso, talvez 2.500 pessoas. A bebedeira correu solta e os participantes foram informados de que o PayPal sortearia nomes no dia seguinte, oferecendo um prêmio de US$250. No entanto, para ser elegível, eles teriam que usar a camiseta na manhã seguinte.

A ideia, disse Bill Onderdonk, era "argumentar visualmente: 'é isso que a comunidade quer'". No dia seguinte, quando Whitman assumiu o palco para fazer sua apresentação, deu de cara com centenas de logotipos do PayPal — cerca de um quarto da plateia estava usando a camiseta. Era como se "os usuários estivessem perguntando para Meg: por que você simplesmente não compra o PayPal?", disse April Kelly, a chefe de atendimento ao cliente da empresa.

E foi exatamente o que aconteceu. No dia seguinte ao discurso de Whitman, Sacks encontrou seu equivalente do eBay, Jeff Jordan.

"Será que tentamos mais uma vez?", perguntou.

Os dois se encontraram novamente em 2 de julho e entraram em um acordo — cerca de US$1,5 bilhão, que seriam pagos em ações do eBay. Sacks e Jordan negociaram até o término do fim de semana seguinte. Eles escolheram o cronograma estrategicamente: os mercados fechariam no dia 4 e os negócios estariam fracos na sexta-feira, 5 de julho, com boa parte de Wall Street tirando o dia de folga. Isso minimizaria as chances de um vazamento. Mais importante ainda, talvez, era o fato de que Thiel estaria no Havaí — incapaz, portanto, de antagonizar Whitman, que, muito convenientemente, estaria em um *ashram* em Los Angeles, completamente inacessível.

Com as relações entre os CEOs tendo se deteriorado, Whitman também preferiu manter distância, permitindo que Jordan negociasse em seu nome. Ambas as diretorias aprovaram o negócio no fim de semana e, no domingo, estava feito: Peter Thiel ficaria muito rico. Ele detinha 4% da empresa após o IPO, o que significava mais de US$50 milhões no seu bolso.

OFICIALMENTE, THIEL FICARIA quieto — pelo menos foi o que ele e Whitman disseram quando se dirigiram à equipe do PayPal na segunda-feira seguinte. A audiência estava cética: os engenheiros apareceram no local de leilão em camisas oxford azuis e calças cáqui, como se fosse um golpe. Mas Thiel os convenceu, prometendo que não haveria demissões — "exceto para a Billpoint", que, segundo sua fala animada, seria fechada.

Quando Whitman apareceu, ela foi simpática, ignorando as roupas dos engenheiros, vestindo um boné de beisebol do PayPal e elogiando Thiel, Sacks e seus funcionários. "Você deve estar muito orgulhoso da empresa que construiu, apesar de, às vezes, colocarmos alguns obstáculos", disse ela.

Depois de tecerem seus comentários, Whitman e Thiel foram ao escritório de Thiel. Quando Whitman se sentou, ela percebeu que havia algo saindo de uma pasta aberta no chão. Parecia, como ela bem observou, uma passagem de avião.

"Você está indo para algum lugar?", perguntou ela.

Thiel respondeu friamente: sim. Ele não planejava ficar no eBay após a aquisição e, com a guerra no Oriente Médio cada vez mais perto de acontecer, Thiel explicou que queria fazer uma viagem para se encontrar com investidores na região.

"Decidi iniciar um fundo hedge", disse ele.

Whitman entendeu a ideia e perguntou: "Peter, você pretende contar à equipe do PayPal?"

Ele olhou para ela intrigado. "Bem pensado, Meg", disse ele. "Bem pensado."

Whitman saiu da reunião presumindo que Thiel seguiria seu conselho. Ele não o fez, e continuou mantendo a impressão, entre os funcionários seniores, de que planejava ficar, mesmo enquanto negociava sua saída do eBay.

Em 3 de outubro, o dia em que o eBay anunciaria que o negócio havia sido fechado, os gerentes seniores se reuniram em uma sala de conferências, esperando o comunicado de imprensa. Eles acreditavam que a nova estrutura seria explicada com o PayPal se unindo ao eBay como subsidiário integral e tendo Peter Thiel como CEO.

Quando o comunicado, por fim, saiu, dizia outra coisa: "Peter Thiel anunciou hoje sua renúncia ao cargo de CEO." Ele seria substituído por um vice-presidente do eBay que já trabalhara como consultor na McKinsey — em outras palavras, o tipo exato de gestor que Thiel treinou seus seguidores a desprezar.

A argumentação de Thiel para negociar sua saída, segundo sua explicação a um funcionário do PayPal, tinha sido financeira. Ele acreditava que o eBay — a empresa para a qual vendera o PayPal e que elogiara publicamente como uma opção ideal — estava supervalorizado. Ele planejava fazer um *hedge* da sua posição no eBay, usando opções de venda — derivativos que permitem aos investidores ganhar dinheiro quando o preço de uma ação cai. Ou seja: ele queria apostar contra seus novos colegas para "otimizar seu fundo hedge", como declarou esse mesmo funcionário. Alguns consideraram a atitude razoável, embora um pouco fria. Outros a enxergaram em termos mais cruéis. Seu CEO idealista não estava apenas desistindo do PayPal; estava desistindo de um sistema de valores que via a criatividade e a inovação como seus fins mais elevados. Qualquer pessoa que se prezasse no Vale do Silício sabia o que significava escolher fundos hedge em vez de tecnologia: ganância.

"Nossos corações partiram", disse o funcionário. Até Levchin, cofundador e um de seus melhores amigos, parecia chocado. "Nenhum de nós fazia a menor ideia."

Mas Thiel não estava apenas protegendo seus próprios interesses financeiros. Ele sentiu, acertadamente, que o seu sucesso no PayPal lhe dera licença para operar em um plano além do Vale do Silício, e ele queria aproveitar essa chance. Naquele período — e até os dias de hoje, em alguns cantos remotos da indústria de tecnologia — Thiel ainda era visto como um tecnólogo. Contudo, a tecnologia era apenas um campo no qual ele esbarrara enquanto uma oportunidade de investimento, mas não um pelo qual tivesse qualquer paixão verdadeira. Esse boom tinha acabado — e havia novos no horizonte.

7

HEDGING

A Sala Leste da Casa Branca estava lotada na época em que George W. Bush saiu, vestindo um terno escuro, uma gravata azul-bebê e seu sorriso característico. Thiel esperara metade do dia por isso — um entre cerca de duzentos executivos de tecnologia que foram convidados pela Casa Branca para conhecer o novo presidente.[106] Bush, com seu MBA de Harvard, se autodenominou como empresário mesmo depois de se tornar governador do Texas, cortejou enfaticamente o Vale do Silício durante e após a sua campanha, contratando Floyd Kvamme, um capitalista de risco da empresa Kleiner Perkins, como seu consultor técnico e científico. Isso representou uma ruptura com a tradição, já que Kvamme não era um cientista[107] — como os ex-presidentes do Conselho de Consultores de Ciência e Tecnologia do Presidente (PCAST).

Bush iniciou referenciando a bolha das "ponto com", observando que "esta administração tem grande confiança no futuro da nossa indústria de tecnologia", embora "o mercado de ações esteja passando uma mensagem um pouco diferente agora". Durante o discurso, que ocorreu apenas dois meses após a sua posse, em março de 2001, Bush prometeu expandir a produção de combustíveis fósseis, reduzir os impostos para empresas e buscar o livre comércio irrestrito. Ele avisou que, se a economia continuasse a vacilar, "os sentimentos protecionistas acerca dos Estados Unidos podem começar a borbulhar na superfície". O empresário-presidente prometeu resistir a eles. "Não devemos tentar construir muros ao redor de nossa nação e nem encorajar outros a fazê-lo", disse ele no palco modesto. "Devemos destruí-los."

Havia um punhado de líderes proeminentes do Vale do Silício interessados em política na época, mas a maioria deles era filiada ao oponente político de Bush, Al Gore, e à sua visão política centrista e tecnocrática da política do Partido Democrata. O resto do Vale do Silício tendia a demonstrar um tipo de libertarianismo que, ao menos publicamente, não expressava política alguma. Isso era representado pelo tecnofuturismo da revista *Wired* — mistura de uma liberdade pessoal saída diretamente da era do Verão do Amor de Haight-Ashbury com o espírito "não se meta comigo" que definira a política californiana desde os dias de David Starr Jordan.

Thiel, então, era atípico naquele espaço, tanto em seu vigor renovado para a política quanto na sua separação de "Democratas de Atari" molengas como Gore. Ele estava imerso no pensamento neoconservador, lendo Carl Schmitt, filósofo conservador (e estudioso do direito nazista) que às vezes é creditado por inspirar a expansão dos poderes executivos sob George W. Bush, e Leo Strauss, professor de ciências políticas judaico-alemão da Universidade de Chicago, que argumentava que o Ocidente perdera o rumo ao abraçar os valores liberais.

Thiel ficou feliz por ter sido convidado para o evento de Bush — ainda que fosse apenas uma oportunidade de foto — e, no ano seguinte, foi consumido pela perspectiva de uma guerra preventiva no Iraque, que Bush vinha defendendo e que ele deixou bem claro aos seus funcionários que era a favor. Isso pareceu muito estranho para a equipe libertária do PayPal, que se perguntava por que seu companheiro de ideologia estava defendendo uma expansão militar. "Aquilo foi muito estranho", disse um deles. "Eu fiquei: 'Do que diabos você está falando, Peter? Você está defendendo o grande governo.'"

Esse foi um dos muitos compromissos ideológicos que Thiel faria, começando por volta de 2002, em função dos vários projetos que vinha tentando emplacar ao mesmo tempo. Esses esforços estavam relacionados entre si, mas também diferiam — cada um exigindo um conjunto ligeiramente distinto de crenças que o forçava a projetar uma imagem levemente diversa, dependendo de quem fosse seu público no momento. Eles eram: um projeto financeiro, cujo objetivo era aumentar a riqueza de Thiel, exigindo que ele adotasse, uma vez ou outra, os gostos e costumes de um magnata de Wall Street; um projeto tecnológico, que tratava de se estabelecer como um poderoso agente no Vale do Silício após o estouro da bolha das "ponto com"; e um projeto político, que envolvia utilizar esses dois fatores — dinheiro e credibilidade tecnológica — para se estabelecer como líder de pensamento e acumular influências em Washington. Os três esforços costumavam acumular tensões entre si — ao abraçar sua identidade como administrador de fundos hedge, Thiel se afastava do Vale do Silício, adotando os equipamentos da riqueza, adquirindo casas fabulosas, carros luxuosos e negócios por vaidade. Mas eles estavam ligados entre si no sentido de que todos envolviam, de uma forma ou de outra, a elevação das controvérsias de Thiel como virtudes a serem celebradas.

WALL STREET MALTRATOU o Vale do Silício depois do estouro da bolha das "ponto com". Estimava-se que 80% das empresas criadas nos poucos anos precedentes declarariam falência; a corrida do ouro que trouxe detentores de MBAs e outras pessoas de toda parte para o oeste para enriquecer na internet estava voltando para casa; até mesmo empresas de tecnologia já estabelecidas, como a Oracle, estavam com dificuldades. Ainda assim, conforme o PayPal emergia como um dos sortudos sobreviventes, Thiel começou a adotar a estética descolada de Wall Street. Quando a empresa abriu o capital em fevereiro de 2002, Thiel comemorou o IPO no melhor estilo nerd, jogando várias partidas simultâneas de xadrez no estacionamento da empresa. Naquele verão, entretanto, ele organizou uma reunião externa da empresa em uma vinícola nas montanhas de Santa Cruz, e membros da equipe sênior, incluindo ele mesmo, vestiram roupas com enchimento, entraram em um ringue e lutaram sumô enquanto os funcionários aplaudiam.[108]

Um ano antes, ele havia bancado o rebelde da tecnologia em uma entrevista para a *Wired*, prometendo pintar o cabelo de azul se o PayPal tivesse lucratividade.[109] (Coisa que nunca aconteceu.) "Peter Thiel não costuma fazer hedge", a revista escreveu em aprovação a um homem que estava prestes a iniciar, literalmente, um fundo hedge. A *Wired* havia se encontrado com Thiel quando ele ainda era CEO do PayPal e vestia roupas informais — uma camiseta para fora da calça e um jeans Levi's desbotado —, perambulando principalmente por Palo Alto, onde morava em um apartamento modesto de um quarto só. Agora, Thiel tinha um guarda-roupa cheio de ternos e uma Ferrari Spyder 360 prata. "Vermelho seria um exagero", disse ele à *New York Times Magazine* em 2005.[110]

No retiro do PayPal, ele recordou as críticas da mídia que se seguiram ao seu pedido de IPO no ano anterior — "Terra para Palo Alto" — e as subverteu. "Gostaria de enviar uma mensagem de Palo Alto para o planeta Terra", disse ele, de acordo com o livro *The PayPal Wars* [sem publicação no Brasil]. "A vida é boa aqui em Palo Alto. Conseguimos aprimorar muitos de seus processos. Venham visitar Palo Alto algum dia para aprender algo novo. Tenho certeza de que acharão um lugar muito melhor do que a Terra."[111]

Pouco tempo depois, Thiel se mudaria para o norte, para São Francisco, onde se instalaria em um condomínio de três quartos no Four Seasons e abriria a Clarium Capital.

Thiel trocaria o condomínio por uma mansão de 930m² no estilo do distrito de Marina, com vista para o Palace of Fine Arts — um monumento de Belas Artes da Exposição Mundial de 1916 — e para a Ponte Golden Gate, que pairava sobre o nevoeiro. A localização, bem na orla do forte de São Francisco — o Presidio —, que fora transformado em parque, evocava, como Thiel às vezes gostava de lembrar às pessoas, um senso de fronteira;[112] o que era adequado, já que São Francisco havia se tornado uma fronteira novamente, devido à bolha.

Ele encheu a casa de arte contemporânea e móveis modernistas — poltronas Parzinger, jogos de jantar Niedermaier —, além de renová-la com a inclusão de uma sala para reuniões, uma sala de estar projetada para acomodar futuros palestrantes, uma sala de jantar configurada para serviços em estilo buffet e um "lounge para dias e noites"[113] no terraço, para realizar festas. Uma coisa que os visitantes notaram era a ausência de itens com valor sentimental. Não havia lembrancinhas, revistas ou fotos de família. "As casas de Thiel", como um visitante observou, referindo-se à mansão em Presidio e a um grande apartamento que Thiel adquirira na cidade de Nova York, "parecem palcos montados e é difícil dizer que alguém realmente mora ali".[114]

Quase tudo que Thiel possuía fora escolhido para ele por um jovem assistente, Andrew McCormack, um entre meia dúzia de ex-funcionários do PayPal que saíram do eBay quase imediatamente para trabalhar para ele. "Andrew o ajudou a escolher seus móveis, e escolheu a cor da sua Ferrari", disse Scott Kester, um designer de restaurantes de Nova York que Thiel contratou para trabalhar em outra propriedade — uma boate de estilo lounge chamada Frisson, que ele usaria para projetar essa nova identidade.

Quando McCormack abordou Kester a respeito da Frisson, ele comentou sobre uma boate no Meatpacking District de Nova York chamada Lotus, que era famosa por seus banheiros mistos, que ele afirmou serem ideais para escapadas noturnas. McCormack pediu para Kester construir algo semelhante para Thiel em São Francisco. A coisa toda parecia surreal para o designer, então ele disse a McCormack que só projetaria o lounge se Thiel lhe desse um apartamento em São Francisco e uma motocicleta Ducati novinha em folha. Para sua surpresa, Thiel concordou. "Não posso acreditar que esse cara esteja falando sério", pensou Kester. Para planejar o menu da Frisson, Thiel contratou Daniel Patterson, o jovem chef mais badalado da cidade; e não poupou despesas na decoração. Havia um enorme mural iluminado, um famoso paisagista e um sistema de som de US$1 milhão. "Era uma quantia obscena de dinheiro para um restaurante", relembrou um dos primeiros garçons.

Quando a Frisson foi inaugurada em 2004, os críticos ficaram impressionados e ligeiramente horrorizados com os excessos. "Desde que Ian Schrager e Phillippe Starck inauguraram o Asia de Cuba, não havia uma fusão tão perspicaz de design, arte, iluminação, som e arquitetura de interiores",[115] escreveu um deles, observando que os banheiros de Kester pareciam feitos "explicitamente para casais atrás de uma rapidinha", repletos de espelhos, artes picantes e atendentes atraentes.

A decisão de misturar jantares finos com o que era claramente um lugar para festas condenaria a Frisson enquanto negócio, mas ela serviu ao seu propósito. Por vários anos, a boate atraiu celebridades — incluindo Lars Ulrich, Robert Redford e Kevin Spacey — e milionários da tecnologia, e era o local de encontros de Thiel. Se quisesse convencer alguém a aceitar um emprego em um dos seus outros empreendimentos, ele convidava a pessoa para a Frisson, pedia uma bebida e um monte dos pratos pequenos e esquisitos de Patterson. Então, ele pegava seu talão de cheques e começava a preenchê-lo teatralmente. "Vou assinar um cheque para você agora", disse ele a um recém-formado. Pense no emprego, ele ofereceu, mas, de qualquer forma, pode ficar com o dinheiro. "Esta", explicou ele, "é uma oportunidade de risco zero."

A mansão, a boate, os ternos, tudo isso era condizente com um mestre do universo, bem como com alguém que não tinha interesse em deixar ninguém, nem mesmo seus amigos mais próximos, influenciar seus pensamentos. Thiel, teoricamente, era heterossexual, e às vezes era visto com mulheres, incluindo uma jovem atraente que a maior parte das pessoas presumia ser sua namorada. Kester acha que Andrew McCormack também a escolhera.

A maioria de seus amigos, porém, sabia que ele simplesmente preferia ficar longe dos assuntos sexuais em geral. Em 2006, Max Levchin confessou que não conseguia se lembrar de uma única vez em que Thiel tivesse mencionado sua vida pessoal. Uma vez — uma vez! — Thiel perguntou sobre a namorada de Levchin. "Fiquei chocado", disse Levchin.[116]

OUTRA VÍTIMA DA era "ponto com" foi o jornalismo impresso, já que dois dos sobreviventes do *boom* tecnológico — Craigslist e Google — estavam começando a obter a receita de publicidade que os magnatas da mídia da década de 1990 achavam que duraria para sempre. Assim, talvez ainda mais curioso do que Thiel abrir uma boate foi ele ter lançado uma chamada *American Thunder.* Era voltada para os fãs da NASCAR, que ele financiou com um investimento de US$10 milhões.[117] Esse lançamento gerou algumas piadinhas: Thiel, escreveu o repórter de mídias do *New York Times*, David Carr, "provavelmente não reconheceria Richard Petty se fosse atropelado por ele".[118] Para tocar o empreendimento, Thiel contratou Aman Verjee, um ex-editor-chefe do *Stanford Review* que ingressou no PayPal pouco antes da venda para o eBay, e Lucas Mast, um analista de 29 anos do Cato Institute que também trabalhara no *Review*. Canalizando seu Dinesh D'Souza interior, Mast, o novo editor da revista, prometeu que a nova publicação "não expressaria nenhum sentido do politicamente correto".

No fim das contas, os fãs de corridas estavam mais interessados nas corridas em si do que em discursos inflamados de dormitórios universitários sobre a importância de se dizer o indizível. A coluna "Real Guys" [Caras de Verdade] da revista não era escrita por um jornalista automotivo, mas sim pelo editor online do *Weekly Standard*, que dedicou sua primeira coluna à ideia de que a ESPN tinha sido "castrada" pelo "sentimentalismo do politicamente correto". A página de receitas, onde uma revista normal teria simplesmente colocado receitas para churrasco, incluía, na sua coluna inaugural, uma discussão antropológica — e quiçá irônica — sobre o porquê de a culinária doméstica ainda deveria ser considerada "coisa de mulher". "Cozinhar todos os dias é uma tarefa que poucos homens realizam, ou mesmo se preocupam em realizar", observava o texto. "Somos muito gratos pelo rumo que as coisas tomaram. Tão gratos que até podemos ajudar com a louça de vez em quando." Nem mesmo uma página cheia de fotos de espectadores seminus nas pistas de corrida — "Distrações ao Lado da Pista" — foi suficiente para convencer os leitores ou anunciantes de que aquilo valeria a pena.

A revista ficou sem dinheiro já no fim do ano e Thiel resolveu acabar com ela. Daniel Patterson duraria apenas mais alguns meses na Frisson, saindo no início de 2005. O restaurante ainda sobreviveria até 2008. Mas se houve fracassos, eles eram fracassos estratégicos que estabeleciam os planos reais de Thiel para fazer dinheiro, e que por sua vez exigiam que ele começasse a agir como o administrador de fundos hedge que almejava se tornar.

A essa altura, a era da informação já havia chegado ao mundo dos fundos hedge, liderado pelo fundo Renaissance Technologies Medallion, que utilizava computadores para fazer milhares de negócios por dia; Thiel, entretanto, se autodenominava como retrô — um investidor "macro global", que podia prever grandes mudanças econômicas e políticas, a exemplo de uma recessão no Brasil ou uma guerra na Península Arábica, e depois apostar com base nessas previsões. Os investidores de fundos macro podiam tentar fazer uma negociação por semana — uma abordagem que se encaixava perfeitamente com a combinação incomum de indecisão e alta tolerância ao risco de Thiel. "A visão de mundo dele é que, se você acertar em algo grande e agir com firmeza e convicção, nada mais importa", disse um dos primeiros funcionários da Clarium.

Isso também combinava com a sua fome de poder: os efeitos quantitativos das negociações sobre o mercado são, na maioria dos casos, difíceis de analisar; como as apostas de investidores de fundos macro tendem a ser altas, envolvendo economias inteiras, eles podem movimentar essas economias e, em casos mais raros, até mesmo destruí-las. Se você, enquanto investidor de fundos macro, apostar dinheiro suficiente em uma recessão, pode causar uma no fim das contas.

Mas a escolha estratégica de Thiel era controversa de outra forma. Naquele período, o investidor de fundos macro mais famoso era o ultraliberal George Soros. Em 2003, Soros, cujo ativismo de esquerda vinha se concentrando principalmente fora dos Estados Unidos, emergiria como o mais importante apoiador financeiro dos esforços para destituir George W. Bush. Ele também era conhecido como o financista que conseguiu prever corretamente — e depois acelerar — a desvalorização da libra esterlina, pegando emprestados bilhões de libras e usando esse dinheiro para comprar outras moedas europeias. "O homem que quebrou o Banco da Inglaterra" mais tarde também anteciparia (e seria responsável por) quebras no Sudeste Asiático, mas também já havia sofrido grandes perdas apostando contra ações de tecnologia no final da década de 1990 e comprando ações de biotecnologia no momento em que o mercado estava em alta.[119]

O pessimismo de Thiel, que gerara tensões com Moritz no PayPal, se tornaria sua arma secreta. A tese de investimentos da Clarium afirmava que o colapso da bolha tecnológica deveria ter levado a uma depressão econômica, a qual só foi impedida por taxas de juros baixas e altos níveis de endividamento por parte dos consumidores norte-americanos. Enquanto isso, os preços do petróleo estavam fadados a subir, impulsionados pela crescente demanda do mundo em desenvolvimento e pela instabilidade no Oriente Médio, o que prejudicaria ainda mais as perspectivas econômicas de longo prazo dos Estados Unidos. Soros tinha apostado contra a Inglaterra e a Ásia; Thiel apostaria contra os Estados Unidos.

Assim como Soros, Thiel se autodenominava um intelectual — a Clarium era "uma combinação de startup, think tank e fundo hedge", como disse Ralph Ho, o diretor de operações.[120] Ho foi vice-presidente do PayPal desde 1999 e fazia parte de um grupo de pessoas leais que Thiel trouxera consigo, o qual incluía Ken Howery, que era o CFO original do PayPal, Nathan Linn, autor da coluna que alertava sobre as "práticas sexuais depravadas" entre homossexuais no *Stanford Review* (e, posteriormente, advogado do PayPal)[121] e Joe Lonsdale, outro ex-aluno do *Review* que foi estagiário no PayPal. Thiel também contratou Kevin Harrington, um estudante de física de Stanford que escreveu para o *Review*, como seu assistente.

Na teoria, os funcionários de Thiel deveriam ajudá-lo a encontrar ideias para negócios e outros investimentos; na prática, todas as grandes decisões eram dele. Os funcionários da Clarium liam, jogavam xadrez e debatiam (tópicos como: se você fosse projetar um país do zero, como ele seria?). Todo mundo passava muito tempo conversando sobre política, mas era importante que sempre fosse sobre políticas de direita. Um funcionário me disse que era comum ouvir sobre negações das mudanças climáticas e ver navegadores de internet abertos no VDARE, um site da direita radical com um longo histórico de publicação de textos escritos por nacionalistas brancos.[122] Havia liberais na Clarium, mas eles compreendiam que era melhor manter suas opiniões guardadas para si. Se Thiel perguntasse — como costumava fazer, durante o jantar — sobre as suas mudanças de opinião, eles sabiam que era mais garantido tentar pensar em algo que fosse enviesado para a direita, não importa quão obscuro fosse o assunto. Se você acreditava que a deterioração do trabalho organizado era ruim para os Estados Unidos, e Thiel de alguma forma conduzisse a conversa nessa direção, era melhor conduzir o assunto de volta para algum assunto de opinião potencialmente comum — o prolongamento da vida, por exemplo. Thiel começou a fazer doações para a Methuselah Foundation, uma organização sem fins lucrativos dedicada à ideia de curar o envelhecimento, e que alegava que a ciência dominante ignorava o tema; alguns funcionários da Clarium, incluindo o próprio Thiel, eram clientes da Alcor Life Extension Foundation, um centro de criogenia.

Em termos de trabalho propriamente dito, bem, não havia muito. Na maioria dos dias, eles saíam por volta das 15h. Investir de fato, quando não era desencorajado, era visto como uma parte relativamente pequena do trabalho. "Eu fazia um investimento a cada dois anos", disse Ajay Royan, que ingressou na empresa em 2003. "Depois apenas observava."

Royan, então com 20 e poucos anos, era o típico contratado da Clarium: tinha credenciais acadêmicas impressionantes, era de direita, e quaisquer outras qualificações tradicionais. Ele se encontrou com Thiel para apresentar a ideia de investimento em uma startup que enviaria kits de refeições veganas pelo correio. Royan não cozinhava, mas era bem ativo nos círculos conservadores de Yale e havia feito alguns investimentos no ensino médio. Essa afinidade compartilhada era suficiente. "Venha para a Clarium e comece a sua startup", ofereceu Thiel. Sua empresa, Yoga Food, não vingou — nenhuma surpresa aí —, mas Royan ficou por ali mesmo.

Esse tipo de indulgência era bem típico de Thiel nessa época, que gastava sem restrições tanto na sua empresa quanto na sua vida pessoal, e para os funcionários as vantagens eram magníficas: os assistentes dos sócios não apenas agendavam as reuniões, mas também administravam suas casas. Todos ganhavam comida de graça, férias e sessões gratuitas com o belo personal trainer de Thiel. "Ele tratava seus funcionários melhor do que qualquer outro chefe que eu já tive na vida", me disse um ex-funcionário.

NO INÍCIO DE 2004, Thiel foi notado pela imprensa financeira. A Clarium administrava US$260 milhões, os retornos eram de 125% e Thiel estrelou uma coluna brilhante da *Barron's*,[123] acompanhada por uma foto sua vestindo calças e camisa brancas. Dada a sua visão de mundo, ele deveria estar vestido de preto, brincou o colunista, que o apresentou como um intelectual que por acaso também era um milionário "ponto com". "Há uma quantidade enorme de fundos buscando estratégias tão parecidas que chega a ser perturbador", a coluna citou Thiel. "Poucas pessoas estão fazendo as perguntas mais significativas."

O PayPal prosperou sob uma abordagem descentralizada e, na Clarium, ele deu aos funcionários ainda mais flexibilidade, criando pequenos laboratórios experimentais e pedindo a uma ou duas pessoas para que estudassem uma ideia de negociação ou administrassem uma pequena reserva de capital. Quem se saísse bem recebia mais; quem se saísse mal era ignorado (embora raramente fosse demitido, pois Thiel parecia abominar conflitos).

Era uma abordagem nada convencional que pode ter se originado tanto na falta de confiança de Thiel enquanto gestor, como em qualquer grande estratégia, entretanto, em 2005, funcionava perfeitamente. Thiel queria apostar na alta dos preços do petróleo, e seus traders encontraram uma maneira perfeita para fazer isso no árido extremo norte do Canadá.[124] A região nunca produziu muito petróleo bruto convencional, mas tinha enormes depósitos de uma forma muito pesada de petróleo, chamada betume, que era misturada ao solo arenoso. Essas areias betuminosas eram conhecidas por conterem muito petróleo, mas, durante a maior parte do século XX, ninguém sabia como separá-las da terra de uma forma barata. Na década de 1950, o governo canadense considerou detonar uma ogiva nuclear de 9 quilotons em Alberta — a primeira das cerca de cem explosões nucleares previstas —, que, pelo menos teoricamente, derreteria o solo e facilitaria a perfuração. Como é de se imaginar, houve muito ceticismo em relação a isso, e o plano foi descartado antes que qualquer arma nuclear fosse utilizada.

No entanto, à medida que o preço do petróleo se aproximava de US$100 o barril, em meados dos anos 2000, o processo custoso de mineração das areias, seguido de seu transporte até uma fábrica em que seriam misturadas com água quente para separar o petróleo, e o envio desse petróleo para uma refinaria — processo tão prejudicial ao meio ambiente que a *National Geographic* o chamaria de "a operação de petróleo mais destrutiva do mundo"[125] —, começou a parecer lucrativo. A Clarium comprou ações de um

104 CONTROVERSO

punhado de empresas de mineração canadenses recém-abertas — incluindo a Western Oil Sands, que possuía participação em uma importante operação de mineração em Alberta, e a OPTI Canada, uma empresa canadense--israelense que desenvolveu um novo processo para extração de betume. As duas empresas dobraram de valor naquele ano — e Thiel parecia um gênio, com retornos de quase 60%.[126]

Ele abraçou sua identidade de livre-pensador renegado, mudando a Clarium do distrito financeiro para um escritório arejado em Presidio, não muito longe da sede da Lucasfilm, a produtora de *Star Wars*. Ele vendeu o condomínio do Four Seasons e se mudou para uma casa próxima ao escritório novo, encorajando toda a empresa a seguir seu exemplo. Ele pagava a qualquer funcionário da Clarium que morasse a menos de 1km do novo escritório um bônus de US$1.000 por mês, além do que já recebiam. Ele descreveu o novo local como parte de uma grande estratégia. A ideia era "manter sua equipe longe de outros gestores financeiros e banqueiros de investimentos que pudessem turvar seu pensamento", explicou a *Bloomberg* em 2006.[127] Nessa época, o fundo já administrava mais de US$2 bilhões e Thiel estava sendo aclamado como o próximo Soros.

À medida que a empresa e a fama de Thiel aumentavam, crescia também o seu próprio conforto. Ele começou a contar para amigos próximos e colegas de trabalho que era gay, socializando em bares ou no terraço de sua casa nova com os rapazes bonitos que contratava — dentre os quais muitos já tinham saído do armário. "Foi a melhor experiência familiar que eu já tive", disse um deles. "Muitos de nós realmente combinavam."

A autorrealização de Thiel compensaria para os investidores no fim das contas. Em agosto de 2007 — quatro meses antes do início da recessão e quase um ano antes de a maioria dos norte-americanos perceber que a economia estava em colapso —, ele enviou uma carta para os investidores declarando que a expansão econômica estava oficialmente encerrada. "Estamos entrando em uma fase pós-Grande Boom que pode ser chamada de Grande Adeus", dizia a carta. Infelizmente, a maioria dos norte-americanos não parecia perceber isso e ainda fazia empréstimos freneticamente, o que significava que haveria uma "dura desalavancagem e uma redução na liquidez" — basicamente, outra forma de dizer "crise financeira".

A ideia tinha sido do próprio Thiel, e era brilhante — mesmo para os seus padrões. A empresa começou a vender dólares e a apostar contra qualquer empresa que estivesse fazendo grandes empréstimos. Os retornos foram à loucura quase que imediatamente, saltando de 5% em novembro para 13% em dezembro e depois para impressionantes 24% em janeiro. O lucro de Thiel no primeiro semestre de 2008, quando a maioria dos fundos hedge perdeu dinheiro, foi de quase 60%; nesse momento, a Clarium administrava US$6,4 bilhões.[128] "Foi inacreditável", disse um analista. "Ele estava negociando como um semideus."

Para comemorar, Thiel alugou o avião particular normalmente utilizado pelo time de basquete Dallas Mavericks para levar a empresa inteira — a essa altura, cerca de 80 pessoas — até Maui para um fim de semana prolongado. Quando o grupo chegou ao Four Seasons, foram informados de que tudo seria pago pela empresa — façam massagens, vão surfar, bebam o quanto quiserem. À noite, os executivos jogavam dinheiro para o alto como se fosse doce. A certa altura, Joe Lonsdale ofereceu US$10 mil a qualquer um que conseguisse vencê-lo na queda de braço; outro sócio assinou um cheque de US$10 mil para um funcionário por uma rodada particularmente boa de karaokê.

DE VOLTA AO PAYPAL, Thiel havia tentado vender a empresa freneticamente, mesmo enquanto crescia a uma velocidade inacreditável, apenas para apostar contra seu próprio posicionamento após a venda para o eBay. Agora, fazia isso novamente, ainda que seus investimentos tivessem atraído muitos elogios. Isso se tornaria um padrão: quando Thiel acertava, ele procurava vender, ou, de alguma forma, proteger suas apostas.

E assim, mesmo enquanto suas conquistas como investidor hedge pessimista eram celebradas — "Tudo aquilo que o capitalista de risco do Vale do Silício Peter Thiel toca parece se transformar em ouro",[129] observou o *New York Post* —, ele estava começando a levar o investimento em startups mais a sério.

Thiel fez isso silenciosamente e, no início, passava a impressão de que comprar ações de empresas de tecnologia era tolice. "É o pior momento para ser um capitalista de risco", disse ele em 2004. Ele se recusou a investir na Tesla Motors, empresa de carros elétricos de Elon Musk, e no YouTube, uma startup de vídeos online cofundada por dois ex-funcionários de nível mais baixo do PayPal, Steve Chen e Chad Hurley.

Mas Thiel fez algumas exceções, especialmente para uma categoria nova e muito badalada de startups de tecnologia que parecia promissora, mesmo naquela sombria indústria do pós-bolha: as redes sociais. Ele fez pequenos investimentos no LinkedIn, site focado em negócios que permitia às pessoas postarem seus currículos online, e no Friendster, que permitia que amigos se monitorassem uns aos outros digitalmente. Mas a jogada mais importante de Thiel envolvia um serviço semelhante, porém direcionado a estudantes universitários.

O Facebook chegou ao seu radar por causa de um jovem empresário chamado Sean Parker. Aos 19 anos, Parker cofundou o Napster, serviço de música que transformou todos os alunos do ensino médio e da faculdade em ladrões de propriedades intelectuais, pois permitia baixar e compartilhar músicas digitais com qualquer pessoa no mundo, gratuitamente. Entre os capitalistas de risco, ele era amplamente visto como perigoso, por causa da sua propensão a quebrar regras, e era exatamente o tipo de pessoa — jovem e agressiva, sem nenhuma consideração aparente pelas normas, ou mesmo pelas leis — pela qual Peter Thiel se deixaria levar.

Depois que o Napster foi processado pela indústria fonográfica até ser extinto, Parker criou a Plaxo — outra proto-rede social, planejada para ajudar as pessoas a gerenciarem seus contatos, mas que funcionava como uma enorme máquina de spam.[130] Depois que você se inscrevia e fornecia seus contatos, o serviço enviava e-mails para os seus amigos incessantemente até que eles também se inscrevessem — resultando em um crescimento semelhante ao do PayPal.

Mike Moritz, que também financiava empresas de redes sociais em demasia, apresentou Thiel a Parker logo após a fundação da Plaxo em 2002, esperando que Thiel investisse nele. Thiel recusou — ao que tudo indicava, ele não estava com disposição para se reconciliar com Moritz —, mas se tornou amigo de Parker de qualquer maneira, e a amizade deles se aprofundou depois que Thiel soube que ele também não se importava tanto assim com o famoso CR do Vale do Silício. Moritz esperava que Parker se sentisse mais humilde depois da sua experiência com o Napster; em vez disso, de acordo com alguns relatos, ele agiu como o CEO celebridade que acreditava ser. No início de 2004, a Plaxo demitiu Parker, em meio a alegações de que ele não aparecia no escritório e que distribuía cocaína para os funcionários. Parker negou as acusações, alegando que foram forjadas para forçar sua saída. Mas o conselho o demitiu mesmo assim.[131]

Parker se aproximou de Thiel pela experiência de se envolver com Moritz, e perguntou o que deveria fazer. Não os processe, disse Thiel. Abra uma empresa. Poucos meses depois, Parker voltou a entrar em contato com uma proposta. Ele conheceu um aluno de graduação em Harvard chamado Mark Zuckerberg, que tinha criado um site que estava virando febre nos campi da Ivy League. Será que Thiel se interessaria em investir?

"VOCÊ SABIA QUE FOI AQUI que eles filmaram *Inferno na Torre?*", o personagem de Parker, interpretado pelo *pop star* Justin Timberlake, pergunta para o personagem de Zuckerberg, interpretado por Jesse Eisenberg, enquanto os dois entram no escritório de Thiel, no filme *A Rede Social*, dirigido por David Fincher. Isso era verdade — *Inferno na Torre* de fato foi filmado no prédio do Bank of America —, embora o resto da reunião tenha ocorrido de forma um pouco diferente da retratada no filme. Reid Hoffman, que era mais próximo de Parker, foi representado como uma espécie de mediador, assim como Matt Cohler, um dos primeiros funcionários do LinkedIn.

Zuckerberg — que vestia uma camiseta cinza, jeans e sandálias Adidas — entrou e passou a maior parte da reunião olhando para a mesa, embora a certa altura tenha aberto a boca para falar para Thiel sobre uma outra ideia na qual vinha trabalhando: um site de compartilhamento de arquivos chamado Wirehog.

"Não — não estou interessado", disse Thiel. Ele queria falar sobre o Facebook.

Parker apresentou o caso. O Facebook exigia que os usuários tivessem uma conta de e-mail vinculada a um pequeno grupo de universidades, começando com Harvard, Columbia, Stanford e Yale. No momento, o Facebook estava estabelecido em dezenas de campi e, a cada vez que um campus novo era adicionado, cerca de 80% dos seus graduandos se inscreviam em uma questão de dias. Mais impressionante ainda era o fato de que esses usuários acessavam a plataforma todos os dias.

A hesitação e o desconforto de Zuckerberg impressionaram Thiel, que viu na indiferença daquele jovem um sinal de inteligência. Eles eram verdadeiras almas gêmeas: Zuckerberg, assim como Thiel, bateu de frente com seus colegas politicamente corretos quando hackeou o diretório online de Harvard para criar o FaceMash. O site mostrava aos usuários duas fotos aleatórias de mulheres do primeiro ano da faculdade, de 18 e 19 anos, e pedia ao usuário para votar em quem era a mais atraente. "Nós conseguimos entrar aqui por causa da nossa aparência? Não.", dizia um banner do site. "Seremos julgados por ela? Sim." (Zuckerberg se desculpou logo após o incidente de 2003, alegando que não pretendia que o site fosse divulgado para além de um pequeno grupo de amigos. "Eu definitivamente compreendo que as minhas intenções podem ser vistas da maneira errada",[132] disse ele ao *Harvard Crimson*.)

"Não estrague isso", disse Thiel a Zuckerberg, no final da reunião.[133] Ele concordou em investir US$500 mil utilizando a receita do Roth IRA, que havia crescido substancialmente graças à venda do PayPal para o eBay. Hoffman conseguiu embolsar US$40 mil.

Poucos meses depois, em dezembro, Thiel deu uma festa na Frisson para comemorar a milionésima inscrição de um estudante universitário no Facebook (e o 25° aniversário de Parker). Pouco tempo depois, Roelof Botha, contratado por Moritz na Sequoia, sugeriu que Zuckerberg viesse apresentar a empresa. Zuckerberg concordou, mas não apareceu. Botha ligou para ele, que chegou ao escritório da Sequoia usando pijamas e alegando ter dormido demais, e então fez a apresentação em PowerPoint que listava as razões para a empresa *não* investir. Em um dos últimos slides, lia-se: "Sean Parker está envolvido." Era um insulto dirigido a Moritz; a Sequoia estava sendo rejeitada por aquela que seria, de longe, a startup de maior sucesso da década.[134]

Embora o investimento de Thiel no Facebook acabasse se transformando em uma participação de 10% na empresa, foi inicialmente estruturado como um empréstimo. Zuckerberg teria que devolver o dinheiro, a menos que conseguisse atingir 1,5 milhão de usuários até o final do ano e reincorporasse a empresa de forma a ficar sediada em Delaware — estado muito favorável aos negócios — e a possuir a propriedade intelectual por trás do serviço.[135] Todos no Vale do Silício sabem que o Facebook tinha uma *cap table* (tabela de capitalização) confusa, o que quer dizer que o seu fundador distribuiu muito da sua participação. Zuckerberg era proprietário da tecnologia por trás do Facebook, mas a empresa, que havia sido criada como uma LLC da Flórida, era propriedade conjunta de Zuckerberg, seu colega de quarto Dustin Moskovitz, e Eduardo Saverin, um colega de classe que foi inicialmente responsável pelos negócios da empresa, mas que foi fazer estágio em um banco de investimento naquele verão em vez de se mudar para Palo Alto para trabalhar no Facebook.

Zuckerberg, sentindo a falta de comprometimento de seu sócio, queria forçar sua saída. Assim, ele e Parker se reincorporaram, dando a Zuckerberg 51% da nova empresa. Saverin acabou ficando com 30%, mas veria sua parte ser diluída à medida que o Facebook fizesse concessões adicionais a Zuckerberg, Parker, Moskovitz e outros dos funcionários mais antigos. Enquanto isso, Zuckerberg ficaria com o direito de nomear três das quatro cadeiras no conselho de administração da empresa. Thiel era o único diretor externo.

A disputa entre Saverin e Zuckerberg — com Parker favorecendo Zuckerberg — virou o conflito central da trama de *A Rede Social*. Mas o que o filme deixou de fora é que esse jogo de participações se assemelhava às negociações de alto risco de Thiel com Moritz nos dias anteriores ao IPO do PayPal, e que Zuckerberg estava seguindo conscientemente o exemplo de Thiel. Ele mesmo reconheceu isso em uma troca de mensagens com Sean Parker em junho de 2004.[136] Parker mencionou a predileção de Thiel por "golpes baixos" durante as negociações e, em seguida, descreveu esses golpes como "atos clássicos de Moritz".

"Aposto que [Thiel] aprendeu isso com Mike", disse Parker.

"Bem, agora eu aprendi com ele e vou fazer o mesmo com Eduardo", respondeu Zuckerberg.

Seria o primeiro de muitos casos em que Thiel se valeria de uma espécie de *soft power*, desencadeando eventos que, em última instância, estavam fora do seu controle, mas que o enriqueceriam e expandiriam suas influências. Ele não *forçou* Zuckerberg a tirar Saverin da jogada, mas, ao fazer o empréstimo, ele o colocou em uma posição na qual teria que reincorporar o Facebook — ou ser confrontado com a perspectiva de ter que devolver US$500 mil. Talvez mais importante ainda foi ele ter criado uma justificativa moral para essas ações com o seu próprio exemplo — a maneira impiedosa pela qual protegeu seus próprios interesses no PayPal, à custa de Musk, Moritz e outros. Os fundadores que resolveram seguir o modelo de Thiel não só passaram a ter permissão para quebrar as regras normais de decência a fim de proteger suas criações — isso passou a ser esperado deles.

8

INCEPTION

O período imediatamente após o 11 de Setembro foi vivido pela maioria dos norte-americanos como um trauma nacional — houve uma recessão, uma guerra impopular e um sentimento de destruição em andamento. As correspondências não eram seguras — alguém conseguiu matar cinco pessoas enviando cartas contaminadas com antraz —, e tampouco as ruas ao redor da capital, onde um sniper estava matando donas de casa e estudantes ao acaso. Embora nenhum desses ataques estivesse relacionado a grupos terroristas islâmicos, o público os enxergou como ligados ao aumento do extremismo religioso que parecia estar por toda parte.

De sua parte, Thiel estava cada vez mais consumido pela ameaça que o terrorismo islâmico — e o próprio Islã — representava, bem como pelas maneiras que ele conseguiria capitalizar naquele momento. Em julho de 2004, ele e Robert Hamerton-Kelly, o capelão conservador de Stanford, organizaram um seminário de seis dias com René Girard, durante o qual Thiel criticou Bush por não ser duro o suficiente com o Islã e reclamou da "mania fundamentalista de direitos civis da União Americana pelas Liberdades Civis".

Os comentários vieram de um ensaio que Thiel escreveu e publicou com base na conferência, na qual ele também argumentou que os Estados Unidos deveriam tentar usar métodos extrajudiciais e extralegais — encontrando, como ele mesmo diz, "uma estrutura política que opere fora dos freios e contrapesos da democracia representativa, conforme descrita nos livros didáticos de ensino médio" — para lidar com o terrorismo. "Em vez das Nações Unidas", escreveu ele, "deveríamos considerar o Echelon, a coordenação secreta dos serviços de inteligência do mundo, como o caminho decisivo para uma *pax Americana* verdadeiramente global."

A referência era de uma rede de inteligência da época da Guerra Fria, na qual os Estados Unidos — junto à Austrália, Canadá, Nova Zelândia e Reino Unido — utilizava satélites para espionar comunicações soviéticas, mas também evocava a Lei Patriótica, a lei antiterrorismo aprovada às pressas pelo Congresso e sancionada por Bush após o 11 de Setembro. Entre outras coisas, ela permitia que agências governamentais acumulassem enormes quantidades de dados — registros telefônicos e eletrônicos de pessoas suspeitas de terrorismo e, como se verificaria, de cidadãos norte-americanos.

O PayPal tinha sido um espaço majoritariamente libertário — nas fantasias mais extremas de Thiel, uma forma de despojar unilateralmente os governos do poder de controlar seus suprimentos de dinheiro. Porém, depois do 11 de Setembro, Thiel já não era mais tão libertário — se é que já o tinha sido. Paulatinamente, ele foi ficando cético em relação à democracia, à imigração e a todas as outras formas de globalização — e estava também, naquele momento, trabalhando em uma nova empresa que se adequasse à sua nova política.

Enquanto Mark Zuckerberg e Sean Parker lançavam sua nova rede social para estudantes universitários na direção de Thiel, outro grupo de jovens estava sentado em uma fileira de mesas a poucos metros da sala de conferências do 43º andar, ao lado do cara do kit de refeições veganas. Thiel deu a eles uma missão bem específica: conferir se Igor, o software que Levchin criou para frustrar os cibercriminosos russos que ameaçaram os negócios do PayPal, também poderia capturar terroristas.

A equipe inicial, que às vezes também trabalhava em um escritório em Palo Alto, consistia de uma mistura de conservadores de Stanford e um programador genial. Stephen Cohen era um graduando, que fora editor do *Review* na primavera anterior, e Joe Lonsdale era um ex-estagiário do PayPal que, dois anos antes de Cohen, fora editor-chefe do *Review*. O membro sênior da equipe, Nathan Gettings, tinha quase 30 anos e trabalhara para Levchin no esforço antifraude do PayPal, ao qual ingressara vindo da Universidade de Illinois.

Thiel chamou o projeto de Palantir, em homenagem às míticas "pedras videntes" élficas de *O Senhor dos Anéis*, que permitiam aos personagens observar eventos longínquos ou o futuro. Foi uma escolha curiosa: embora os *palantiri* de Tolkien sejam poderosos, não são inequivocamente virtuosos. Nos livros, as pedras são utilizadas principalmente por Sauron, o personagem "satânico" que aspira subjugar a Terra Média, para espionar, se comunicar com conspiradores ou manipular outros personagens que não percebem quão perigoso é manusear as pedras.

A ideia de Thiel, como ele mesmo explicou aos seus primeiros funcionários e potenciais parceiros, era explorar o tesouro quase infinito de dados do governo — incluindo registros financeiros e dados de telefones celulares —, e usar a análise de rede para encontrar terroristas. A obviedade de como essa prática era problemática do ponto de vista dos direitos civis não era sequer mencionada; na verdade, até se presumia que isso violaria certas normas de privacidade anteriores ao 11 de Setembro, mas ao mesmo tempo não seria nada grave em um mundo após o evento. "Há todas essas informações sobre as pessoas e nós queremos saber", resumiu uma pessoa que ouviu o discurso de Thiel.

Em 2004, o *Relatório da Comissão do 11 de Setembro* deixou claro que, nos anos que precederam os ataques, as agências de aplicação da lei e de inteligência dos EUA poderiam ter capturado alguns dos sequestradores, ou mesmo interrompido a conspiração, se os agentes tivessem prestado mais atenção às informações que o governo já havia reunido sobre os envolvidos. Pouco antes dos ataques, os Estados Unidos prenderam Zacarias Moussaoui, supostamente um extremista islâmico que tentou aprender a pilotar um Boeing 747, mas não conseguiram conectá-lo à Al Qaeda ou à conspiração em desenvolvimento. A ideia de Thiel era adaptar o antigo sistema Igor e vendê-lo para as agências de espionagem, que já estavam excessivamente zelosas. O FBI utilizou o Igor durante o final dos anos 1990 para encontrar lavadores de dinheiro; por que não vender para a CIA e ver se eles conseguiriam encontrar terroristas?

Gettings construiu um protótipo inicial e começou a apresentá-lo para investidores e clientes em potencial. A resposta foi inconfundível: uma ideia interessante, mas que nunca funcionaria. Por mais que os bancos de dados do PayPal parecessem complexos — abrangendo compradores e vendedores de todo o mundo, alguns com cartões de crédito, outros com contas bancárias —, eles eram simples quando comparados aos bancos de dados labirínticos de inteligência mantidos pela CIA, NSA e Departamento de Defesa.

Ao contrário da prevenção contra fraudes financeiras, o trabalho de inteligência era bem confuso. Consistia de relatórios escritos por analistas humanos, que tinham suas próprias ideias e manias estilísticas. No PayPal, um usuário poderia ser ou um fraudador de cartões de crédito ou um usuário comum do eBay, enquanto que, no mundo da inteligência, os analistas discordavam rotineiramente se uma pessoa representava uma ameaça ou se duas pessoas estavam conectadas uma à outra. Além do mais, dados de inteligência eram armazenados em dezenas de configurações diferentes de software e hardware, muitas das quais eram basicamente incompatíveis. Um analista poderia acessar dados de um *mainframe* da IBM, um banco de dados da Oracle ou uma planilha de Excel em um laptop — tudo ao mesmo tempo. Isso significava que o que quer que Thiel tivesse imaginado exigiria muitos funcionários para limpar e processar tudo o que entrasse no sistema — o que não era lá muito eficiente. E mesmo assim, os dados ainda seriam ambíguos.

Essa pode ter sido a razão — pelo menos no que diz respeito a Gettings, Lonsdale e Cohen —, mas Thiel não se deixou abater. Uma manhã, enquanto vários funcionários trabalhavam, ele dirigiu até o University Club em Palo Alto para ver Alex Karp, conhecido seu da Escola de Direito de Stanford. Karp era algo incomum no Thielverso, que consistia quase inteiramente de conservadores e libertários empenhados. Karp tinha algumas crenças libertárias, mas se considerava um liberal, não um conservador, e pareceria deslocado entre um grupo de aspirantes a Buckley. Antes da faculdade de direito, ele frequentou a Haverford College, uma pequena escola de artes liberais fora da Filadélfia que era basicamente a antítese da Stanford carreirista; e ele detestou a faculdade de direito desde o início. Isso fazia dele um estranho, assim como Thiel, e sua misantropia compartilhada — não suas posições políticas — se tornou a fonte de sua amizade.

Karp e Thiel perderam contato depois da faculdade de direito — Karp foi para a Alemanha estudar na Universidade Goethe, em Frankfurt. (Mais tarde, Karp contaria às pessoas que havia estudado com o grande filósofo da Escola de Frankfurt Jürgen Habermas, embora tenha feito seu doutorado em uma parte diferente da universidade.) Depois de herdar uma quantia modesta de seu avô, ele usou o dinheiro como capital inicial para se reinventar como investidor. Karp pode ter sido um fracasso como filósofo, mas ele era um verdadeiro dínamo como arrecadador de fundos, com seus cabelos rebeldes e um talento inato para brincar com o público. Ele levantou fundos de um punhado de estranhos para algo chamado de Caedmon Group, em homenagem avelho poeta inglês (e também ao nome do meio de Karp).

Karp viveu uma vida boêmia por um tempo em Berlim, e depois voltou para casa. Ele continuou investindo, mas conseguiu um cargo de desenvolvedor em uma organização sem fins lucrativos. Além disso, também retomou seu contato com Thiel, que perguntou se ele poderia ajudar a arrecadar dinheiro para outro fundo — desta vez para investir em startups de tecnologia. Inicialmente, a empreitada não foi fácil. Thiel era um empresário de sucesso, mas não tinha histórico de capital de risco. Karp, então, se apoiou em seu estranho gênio, apresentando Thiel como um companheiro de viagem — peculiar, mas brilhante —, transformando a relativa inexperiência de seu chefe em um ponto positivo. A jogada, que era apresentar Thiel como alguém estranho, porém inteligente, serviria bem para o resto de sua carreira. Mas Thiel, naquele momento, queria mais do que uma ajuda para levantar dinheiro. Ele queria que Karp dirigisse a coisa toda. E Karp aceitou.

Apesar de todas as proezas de Karp enquanto vendedor, os seus primeiros esforços para arrecadar dinheiro para a Palantir foram em grande parte um fracasso. Moritz, naturalmente, negou, assim como a Kleiner Perkins, outra importante empresa do Vale do Silício.[137] Eles tiveram mais sorte em Washington, onde Thiel contou com as conexões que fizera no PayPal e cortejou alguns dos principais arquitetos da abordagem de vigilância intensa que o governo Bush adotou para a Guerra ao Terror. Entre estes, estava John Poindexter, o conselheiro da Casa Branca de Reagan que foi condenado por mentir ao Congresso sobre as vendas secretas de armas ao

Irã. Poindexter recorreu, venceu e ressuscitou sua carreira quando o vice-presidente Dick Cheney o recrutou para participar dos esforços antiterror. Poindexter foi o mentor por trás do empenho do governo Bush conhecido como Total Information Awareness (algo como "Conscientização Total de Informações", em tradução livre), ou TIA, que envolvia a coleta de enormes quantidades de dados para tentar encontrar quaisquer padrões que pudessem sugerir atividades terroristas. Para os defensores das liberdades civis, aquilo era um pesadelo para a privacidade das pessoas, uma vez que equivalia à vigilância de todos os norte-americanos; o programa foi oficialmente encerrado em 2003.

Poindexter achou Thiel e Karp arrogantes,[138] mas gostou da ideia e ficou impressionado com as visualizações apresentadas. O envolvimento de Poindexter enquanto consultor informal ajudou a Palantir a fazer mais contatos em Washington. Thiel e Karp fizeram amizade com George Tenet, o diretor da CIA do governo Bush que havia deixado o cargo recentemente, e recrutou investidores da In-Q-Tel — a empresa de capital de risco da CIA —, que investiram US$2 milhões com base em um esboço de protótipo, em 2005.[139] O único outro grande investidor foi o próprio Thiel — mais uma vez aplicando parte do capital por meio do Roth IRA.

A Palantir acabou abrindo um escritório na antiga sede do Facebook, que ficava na University Avenue, em Palo Alto, e se reformatou com foco na privacidade. A empresa ainda ajudaria o governo a minerar dados — violando, potencialmente, a privacidade dos cidadãos norte-americanos —, mas acrescentou um software para rastrear quais informações estavam sendo acessadas e por quem. O sistema, que passou a ser conhecido como Gotham, criaria um registro toda vez que um analista pesquisasse algo, teoricamente desencorajando o governo de usá-lo para pesquisar detalhes sobre alguém em particular e, no caso de abusos, possibilitando auditorias. Essa foi a estratégia de Karp para abordar as crescentes reações, em nome das liberdades civis, contra o Ato Patriota. Ele foi inflexível para que a Palantir não fosse bem-sucedida sem uma estratégia para proteger as liberdades civis.

Nos anos subsequentes, Thiel sugeriria ter sido favorável à abordagem da privacidade desde o início; a verdade, contudo, era que, a princípio, ele estava cético, e chegou a argumentar que ninguém acreditaria no funcionamento de um produto que alegasse preservar a privacidade. Karp o convenceu, e a documentação da Palantir referente à privacidade se tornaria fundamental para o seu apelo ao público. Karp parecia sincero, mas nunca ficou claro até que ponto os clientes levavam a ideia a sério. Um dos ex--engenheiros da Palantir relembrou reuniões nas quais alguns clientes do governo, imediatamente após ouvirem todo o discurso sobre privacidade, sugeriram tentar utilizar o banco de dados para pesquisar suas ex-namoradas. Os funcionários da Palantir nunca se opunham diretamente a esses pedidos, declarou esse ex-funcionário. Em vez disso, eles lembravam aos clientes que essas pesquisas eram registradas — e então permitiam que procurassem quem quisessem, não importava qual fosse o pretexto.

Os executivos da Palantir ultrapassaram os limites éticos de outras maneiras. Segundo um processo aberto pela i2 — uma concorrente mais bem estabelecida —, em 2006, Shyam Sankar, executivo de desenvolvimento de negócios da Palantir, se passou por fundador de uma empresa de segurança para comprar softwares da concorrente. A Palantir afirmou que nada de impróprio chegou a ocorrer, mas acabou pagando um acordo de US$10 milhões.

Nessa época, Thiel se envolveu em um outro esforço para movimentar vendas. Ele pediu a Joe Lonsdale para trabalhar em uma versão da Palantir que pudesse ser utilizada por fundos hedge para analisar suas carteiras, tendo a Clarium como cliente-teste. Embora a Palantir Finance não tenha realmente funcionado — "foi um desastre", como bem descreveu um executivo sênior —, ela colaborou para o argumento de Karp, direcionado às agências governamentais, de que valia a pena comprar a empresa.

"Você não pode vender para o governo se estiver vendendo apenas para o governo", disse alguém familiarizado com o projeto. "O governo não quer ser a única coisa a manter sua empresa viva. Hesito em dizer que aquilo foi uma farsa, mas a jogada foi bem planejada."

Essa caracterização descreve boa parte do trabalho no início da Palantir. Durante anos, seu software de inteligência foi efetivamente inútil — mais uma demonstração do que um produto real —, mas o governo dos EUA estava tão desesperado para evitar outro 11 de Setembro que se dispunha a alimentar qualquer ideia promissora com algumas mentes obviamente brilhantes por trás. Lentamente, a empresa firmou alguns contratos: a CIA, que financiara a Palantir, começou a testar seu software, assim como algumas outras agências de inteligência. Em meados dos anos 2000, quando grande parte do Vale do Silício ainda estava traumatizada com o estouro da bolha das "ponto com" e as únicas empresas bem-sucedidas eram aquelas que faziam parte de um conjunto de pequenos aplicativos de redes sociais conhecidos como Web 2.0, isso era suficiente. "Por que trabalhar em um aplicativo de compartilhamento de fotos ou em um site que ajuda a manter o controle dos seus favoritos" — Flickr e Digg eram, então, duas das empresas mais importantes da Bay Area — "quando você pode trabalhar em algo que mantém as pessoas seguras?", os recrutadores da Palantir indagariam aos alunos mais promissores.

O NYPD [Departamento de Polícia de Nova York], que vinha operando como uma agência de inteligência no pós-11 de Setembro, também comprou uma licença da Palantir. O acordo seria um fracasso, e o NYPD acabaria por desistir da Palantir, mas também seria o suficiente para chamar a atenção de Jamie Dimon, do JPMorgan Chase, que convidou Karp para apresentar seus serviços ao banco em 2009.

Bebendo com executivos do banco, Karp conseguiu vender não apenas o principal produto de segurança da Palantir, mas também a falida Palantir Finance de Lonsdale. Funcionários sabiam que Karp, que desarmava qualquer um pessoalmente e que costumava comparecer às reuniões em suas roupas de esqui cross-country, era um bom vendedor. Mas a façanha, que resultou em um contrato de US$10 milhões por ano, foi vista como um desafio às leis da física. A equipe comercial da Palantir, encarregada de vender o software da empresa para o setor privado, receberia um novo codinome: *Inception*, por causa do filme de Christopher Nolan [*A Origem*, no Brasil] que trata de espiões corporativos que implantam ideias no subconsciente de seus alvos para manipulá-los.

A Palantir era bacana, e talvez até um pouco perigosa — sensação ilustrada nas camisetas que começaram a circular pelo escritório, e que faziam referência ao seriado *24 Horas*. Em cada episódio do programa, Jack Bauer, um oficial de inteligência duro na queda, que consegue ser torturado como ninguém, tem 24 horas para salvar os EUA de um ataque terrorista desastroso. "Se Jack Bauer fosse dono da Palantir", diziam as camisas, "a série se chamaria *1 Hora*".

Apesar de toda essa arrogância, não estava muito claro se a Palantir vinha fazendo o que afirmava fazer. O lance da Inception não foi muito proveitoso para a JPMorgan, que cortou o uso do software depois que soube que um membro da equipe de segurança da empresa estava usando a Palantir para obter acesso aos dados privados de funcionários, e até mesmo como um pretexto para vigiá-los. Conforme relatado pela *Bloomberg Businessweek*, a Palantir não fez nenhum esforço para impedir esse tipo de abuso.[140] Afinal, o que os clientes da empresa faziam com o software era problema deles.

SE A PALANTIR ERA UM ESFORÇO para remontar a tecnologia de segurança por trás do PayPal e oferecê-la ao governo Bush para a Guerra ao Terror, então a empresa de capital de risco de Thiel, Founders Fund, constituiria um esforço para adaptar aquilo que ele enxergava como a principal lição de administração do PayPal em uma verdadeira filosofia de investimento.

A empresa começou como uma espécie de ramificação da Clarium, inicialmente operando no escritório do outro lado do corredor do fundo hedge de Thiel. Era composta pelos ex-funcionários do PayPal, Luke Nosek e Ken Howery, bem como pelo seu amigo Sean Parker, recém-saído do Facebook em meio a circunstâncias controversas — em meados de 2005, ele foi preso por suspeita de posse de cocaína enquanto alugava uma casa de praia que vinha compartilhando com seu assistente no Facebook. Ele se demitiu, apesar de negar as irregularidades criminais, e nunca foi acusado.[141]

Se as alegações de abuso de drogas — depois de ter sido expulso da Plaxo por Moritz, em meio a circunstâncias igualmente vergonhosas — prejudicaram sua reputação em alguns recantos do Vale, Thiel escolheu ver nessa reputação um recurso, se aproveitando do status de *bad boy* de Parker como uma forma de diferenciar o Founders Fund da Sequoia, que era vista como a principal empresa do Vale. Ele se vangloriou por Parker ter impedido a Sequoia de investir no Facebook[142] "por causa da forma pela qual o maltrataram", e sugeriu que os detratores de Parker não gostavam dele "porque ele era muito bem-sucedido". Isso irritou Moritz. "A narrativa foi muito distorcida, e de propósito", disse ele quando perguntei sobre o quadro que Thiel pintava a respeito do relacionamento de Parker com a Sequoia. "Sean tinha problemas sérios com drogas naquela época, e raramente aparecia para trabalhar. Seus cofundadores queriam que ele saísse de lá, e ele nos deixou sem escolha. É a última coisa que qualquer investidor deseja ter que fazer." Parker respondeu que isso fazia parte de uma "campanha de difamação".[143] Ele não respondeu aos pedidos de comentários a respeito.

Em contraste ao seu retrato da Sequoia, a empresa de Thiel prometeu nunca demitir um fundador, e ele se gabou de que o Founders Fund estava no encalço de "empresas mais arriscadas e inovadoras, que realmente possuam o potencial de mudar o mundo". Era um bom branding — e a imprensa começou a escrever sobre Thiel como um homem ousado, que corria riscos, além de ser o pioneiro de uma nova indústria — o "capital de risco 2.0", como afirmou o *San Francisco Chronicle*.[144]

No mundo privado, entretanto, Thiel podia ser um homem conservador e, às vezes, até friamente maquiavélico. Um de seus primeiros negócios foi com Barney Pell, seu antigo amigo de xadrez de Stanford que havia iniciado um novo mecanismo de pesquisa, o Powerset. Era uma aposta audaciosa — um "assassino do Google" que se encaixava perfeitamente com a marca registrada do Founders Fund de assumir riscos, especialmente porque a Sequoia havia sido uma das primeiras investidoras do Google. Ao divulgar o negócio, Thiel e Parker elogiaram a abordagem amigável ao fundador, e Pell foi citado elogiando o Founders Fund por ser favorável aos interesses dos empreendedores. Dentro de um ano, contudo, a empresa estaria em dificuldades, Pell seria rebaixado de CEO a CTO e Thiel renunciaria ao conselho.

Haveria um abismo semelhante entre o marketing e a realidade do Founders Fund quanto às relações de Thiel com Elon Musk. Enquanto Thiel vinha estabelecendo suas empresas de investimento, Musk resolveu criar um carro elétrico que poderia competir frente a frente com os veículos mais rápidos movidos a gasolina. Contra todas as expectativas, a Tesla Motors foi bem-sucedida, e, em 2006, já estava realizando test drives de um protótipo do seu Roadster, que podia ir de 0 a 95 km/h em menos de 4 segundos.

Até aquele ponto, a empresa havia subsistido quase inteiramente dos lucros de Musk no PayPal, mas com o carro perto da fase de produção, Musk precisava de capital, e perguntou a Thiel se ele estaria interessado em investir. Thiel disse que não — indicando que estava negando, em parte, porque, de acordo com Musk, "ele não acreditava totalmente nas mudanças climáticas". Ao fazer isso e escolher seu próprio viés político à audácia da aposta de Musk (sem falar nas extraordinárias evidências oferecidas pela ciência climática convencional), Thiel perdeu a chance de obter uma fatia substancial de uma empresa que, até o final de 2020, valeria US$800 bilhões. No lugar do Founders Fund, Musk fechou negócio com a VantagePoint Venture Partners, uma empresa pouco conhecida e com reputação de investir em empresas de energia sustentável. A VantagePoint ficou com 9% da Tesla, quando ela abriu seu capital.

Musk tende a levar qualquer reprovação para o lado pessoal, e a rejeição de Thiel parece ter tensionado ainda mais um relacionamento que já estava ligeiramente fragilizado. Musk havia investido na Clarium e no filme *Obrigado por Fumar*, em parte como forma de esconder quaisquer sentimentos ruins sobre o golpe — "Há um ditado que afirma: amigos vêm e vão, mas os inimigos se acumulam", declarou —, mas, em 2007, ele começou a reclamar sobre ter sido apagado da história do PayPal. Alguns anos antes, Thiel financiou a publicação da história da empresa, *The PayPal Wars*, escrita pelo marketeiro e ex-editor do *Stanford Review*, Eric Jackson. Em uma carta para o *Valleywag* — um blog de fofocas sobre a área de tecnologia que chegara recentemente ao Vale do Silício e que vinha criticando Thiel —, Musk chamou Jackson de "um puxa-saco idiota" e reclamou que, no livro, "Peter soava como Mel Gibson em *Coração Valente*, enquanto o meu papel era algo entre o insignificante e a má influência".

Quando a *Fortune* reuniu a Máfia do PayPal para uma sessão de fotos no estilo *O Poderoso Chefão* — inclusive com Thiel estilizado para se parecer com o Don Corleone de Marlon Brando —, Musk não apareceu, citando um compromisso prévio como desculpa. "A filosofia de Peter é muito estranha", disse Musk na época. "Não é algo normal. Ele é controverso do ponto de vista dos investimentos, e pensa demais em singularidade. Essa história toda me anima muito pouco. Eu sou pró-humanidade."

Mas enquanto a economia global vacilava, Musk precisava da ajuda de Thiel. A SpaceX, sua empresa de foguetes, tentou realizar lançamentos em 2006 e 2007, mas os dois protótipos explodiram antes de chegar à órbita. Ele estava ficando sem dinheiro, e começou a apelar para Thiel e para Luke Nosek, do Founders Fund. Thiel não estava interessado, o que levou a uma explosão entre os dois homens, que acabaria se tornando lendária no Thielverso. "Luke realmente arriscou o próprio pescoço nisso", disse Musk. Nosek acabou vencendo a discussão, e Thiel cedeu, investindo US$20 milhões no empreendimento espacial de Musk.

Musk usou o financiamento para manter tudo em ordem após um terceiro foguete da SpaceX explodir em agosto de 2008. "Não deve haver absolutamente nenhuma dúvida de que a SpaceX prevalecerá em alcançar a órbita e apresentar um transporte espacial confiável", disse ele, logo após o lançamento fracassado. "Da minha parte, nunca desistirei, e quero dizer nunca mesmo." Um mês depois, ele conseguiu, e a SpaceX se tornou a primeira empresa com financiamento privado a entrar em órbita.

O lançamento foi um momento crucial para ambos os homens — colocando Musk em um caminho que transformaria sua startup em um grande elemento do jogo aeroespacial e dando a Thiel sua primeira vitória definitiva como investidor. Ele tinha investimentos em duas empreiteiras de defesa de rápido crescimento e uma história que era melhor do que aquela que ele contava sobre seu trabalho como administrador de fundos hedge. Ele não era apenas um investidor controverso, que tinha um saldo na casa dos bilhões; ele assumia seus riscos, apostando nas tecnologias mais extravagantes e nos fundadores mais audaciosos do mercado, ao mesmo tempo em que estendia cada vez mais a sua influência em Washington, D.C.

Essa *persona* definiria sua carreira na década seguinte, ainda que com algumas inconsistências óbvias: como, exatamente, um cara de fundos hedge que apostava efetivamente contra a economia norte-americana podia ser *também* um futurista com visão ampla? Que tipo de libertário vendia tecnologias de espionagem para a CIA? Que tipo de tomador de risco maluco diria não a um investimento inicial na Tesla? Essas contradições, somadas à vaidade de Thiel, o tornavam vulnerável a qualquer um que estivesse determinado a expô-las; e naquele exato momento, a Gawker, uma nova publicação de fofocas, estava tentando fazer exatamente isso.

9

ADEUS, BONS TEMPOS

"Marissa Mayer já namorou Larry Page. Pronto, falamos." Foi assim que, em 2006, a Gawker Media chegou ao Vale do Silício, gritando sobre poder, sexo e hipocrisia.[145] No artigo, que abordava o relacionamento romântico entre Page (cofundador do Google) e Mayer (a principal executiva da empresa), o site conseguiu incluir uma fofoca indecorosa em uma discussão sobre a cobertura subserviente da mídia em relação às indústrias de tecnologia. "O verdadeiro constrangimento é o jornalismo inócuo do Vale do Silício", continuava o novo blog da Gawker direcionado ao Vale do Silício, o *Valleywag*. "Criado em uma dieta de anedotas pré-elaboradas — nossa, você sabia que o Google contratou um chef que viajou com o Grateful Dead? —, ele é incapaz de digerir uma história real." Poucos dias depois, o *Valleywag* escreveu sobre outro suposto caso envolvendo o CEO Eric Schmidt — que era casado —, mais uma vez enquadrando o conteúdo como uma crítica mais ampla da mídia.[146]

Esta tinha sido a fórmula do fundador da Gawker, Nick Denton, desde o início da empresa, que também operava publicações transgressivas na internet cobrindo, entre outras coisas, política, a mídia e Hollywood. A Gawker, como Denton gostava de dizer, publicava histórias que todos sabiam ser verdadeiras, mas tinham medo de escrever. Os blogs da Gawker, incluindo o carro-chefe de mesmo nome, que cobria a mídia de Nova York, bem como *Gizmodo* (tecnologia), *Deadspin* (esportes), *Wonkette* (política) e *Fleshbot* (pornografia), eram sistematicamente abusivos e indecorosos, na linha da coluna de fofocas Page Six, do *New York Post*, ou da *The Sun*.

Mas a Gawker era diferente das publicações de fofoca mais tradicionais, porque não se concentrava exclusivamente em políticos e celebridades. O blog de mídias *Gawker* publicava fofocas sobre os próprios jornalistas, escrevendo acidamente sobre os maiores nomes da indústria. Declarou Adam Gopnik, do *New Yorker*, culpado de "idiotice intelectual";[147] acusou David Carr, do *Times*, de ser "um primata cafeinado";[148] e incitou outro dos seus alvos, Vanessa Grigoriadis, do *New York*, a produzir uma longa crítica intitulada "Everybody Sucks" [Ninguém Presta].[149] Os golpes do blog eram cruéis, mas muitas vezes hilários, e a agitação da imprensa convencional em reação aos seus excessos de sarcasmo só serviu para atrair cada vez mais a atenção dos leitores. Em meados de 2006, a Gawker, sozinha, atraía 9 milhões de visualizações de página por mês.[150]

O *Valleywag* era pequeno, se comparado à *Gawker*, mas era importante para Denton, jornalista formado em Oxford que já havia coberto o Vale do Silício para o *Financial Times*. Em novembro de 2006, ele assumiu pessoalmente as funções de blogueiro no *Valleywag* porque, segundo ele, o Vale do Silício era "o centro do novo mundo, não importa o que aconteça".[151]

Nas mãos de Denton, o *Valleywag* era caracteristicamente perverso e cínico, mas estava certo sobre uma coisa: os jornalistas do Vale do Silício pouco haviam feito para escrutinar a classe emergente das figuras poderosas das indústrias de tecnologia. Parte disso era normal — tradicionalmente, o jornalismo de tecnologias tratava de gadgets, e para obtê-los era preciso acesso, o que implicava súplicas constantes. Repórteres acusados de uma cobertura negativa da Apple eram banidos frequentemente de eventos de lançamento, retirados de listas para avaliar unidades e, o pior de tudo, rejeitados por Steve Jobs, que mantinha relações pessoais próximas com os repórteres que prestavam contas sobre sua empresa perante os investidores e o público. Os jornalistas especializados que cobriam as startups emergentes da internet muitas vezes se consideravam como parte da paisagem tecnológica do Vale do Silício, em vez de meros observadores — envolvendo-se com investimentos em startups ou levantando fundos para as suas empresas de mídia por meio dos próprios CRs que eles cobriam tão ostensivamente.

Tudo isso funcionou muito bem para alguém como Thiel, que era retratado não como um conservador encrenqueiro, mas como alguém peculiar e interessante. Na verdade, ele era um parceiro comercial importante da CIA de George W. Bush e um grande investidor em uma empresa com um contrato aeroespacial de bilhões de dólares, ao mesmo tempo que defendia uma relação extremamente diferente entre os Estados Unidos e o mundo muçulmano. Entretanto, nas mãos da proeminente escritora de tecnologias Kara Swisher, que visitou os escritórios da Clarium em 2007, ele era simplesmente "o capitalista de risco mais interessante do Vale do Silício e, no geral, um grande personagem".[152]

"Eu tenho que dizer, Peter, você tem classe", disse entusiasmada, elogiando o escritório. Mais tarde, na mesma entrevista, declarou: "Adoro a sua atitude positiva."

Denton respeitava Thiel, mas não o adorava. Os dois homens compartilhavam uma visão de mundo libertária e um ceticismo radical perante as instituições de elite — além de uma disposição para atacá-las publicamente. Ele também parecia considerar, por exemplo, a Ivy League e o *New York Times* tão desprezíveis quanto Thiel. E assim como ele, Denton também era extremamente ambicioso, o que poderia explicar parcialmente o fato de ele parecer compreender — de uma maneira que o resto da imprensa simplesmente não conseguia — que Thiel era mais do que um homem rico peculiar: que ele estava construindo uma base de poder.

Denton também era homossexual. Mas, ao contrário de Thiel, ele não fez esforço algum para esconder sua sexualidade. "Talvez por ser gay, eu tenha crescido odiando segredos conhecidos", diria mais tarde.[153] "Normalmente, se alguém é gay, isso é um segredo bem conhecido. Seus amigos sabem, sua família sabe, mas por algum senso equivocado de decência, ninguém fala sobre o assunto. Minha opinião geral é: vamos deixar as coisas bem claras. A verdade vos libertará."

Tudo isso tornava Denton especialmente perigoso para Peter Thiel, que não compartilhava amplamente informações sobre sua sexualidade, que tinha pais e amigos conservadores e que tinha investidores em países do

126 CONTROVERSO

Oriente Médio onde a homossexualidade era um tabu. Thiel passou anos elaborando cuidadosamente diferentes versões de si mesmo e apresentando-as em diferentes círculos. Para a Wall Street, ele era um talentoso e controverso gestor de fundos hedge; para o Vale do Silício, ele era um capitalista de risco preocupado apenas em capacitar jovens idealizadores; para Washington, D.C., ele era o gênio das tecnologias que poderia nos salvar do terrorismo. Todas essas facetas eram invenções — e Nick Denton teria como missão expor cada uma delas.

A COBERTURA INICIAL DE THIEL pelo *Valleywag*, em 2006, foi típica da imprensa de tecnologia. O site ficou maravilhado com suas doações filantrópicas inusitadas e com seu sucesso como investidor. No entanto, depois que Denton chegou ao final do ano, o blog se demonstrou mais cético, referindo-se a Thiel, já em uma de suas primeiras postagens, como um "idealizador agora reformulado como gênio do investimento".

Denton tinha um talento especial para computar quaisquer informações que pudessem prejudicar essa narrativa. Ele publicou a "história alternativa" de Musk sobre o PayPal, e informou aos leitores que seu CR favorito e peculiar, estava diretamente conectado às calúnias homofóbicas que Keith Rabois lançara em Stanford. O *Valleywag* o chamara de "Keith 'Espero que você morra de Aids' Rabois". Denton também mencionou a "fraqueza de Thiel por libertinos", referindo-se ao suposto uso de cocaína de Sean Parker, e zombou da "Gruta", uma casa de festas de dois sócios do Founders Fund.

A Gawker finalmente contrataria um editor em tempo integral para o *Valleywag*, e Denton voltaria a dirigir a empresa de mídia, mas o blog continuaria a criticar e a zombar qualquer pessoa que fizesse parte do Thielverso, além de começar a soltar pistas referentes à sexualidade de Thiel. Em julho de 2007, o novo editor, Owen Thomas, que também era homossexual, fez uma brincadeirinha sobre uma festa "fabulosa" do 4 de Julho na casa de Thiel.[154] Então, em outubro, o site notou que um discurso de Thiel na Universidade do Tennessee, em Chattanooga, não conseguiu atrair um público muito significativo[155] — um furo característico do *Valleywag*. Thomas, então, mencionou que havia uma única mulher à procura de um autógrafo. "Se aquela moça esperava ganhar mais do que apenas um autógrafo de Thiel", escreveu Thomas, "ela teria uma dose dupla de decepção." Depois disso, Thomas retornaria a esse lugar-comum, escrevendo sobre um blogueiro imobiliário que considerava Thiel "encantador": "Bem, digamos que ele seja bonito o bastante", escreveu Thomas. "De qualquer forma, detesto ser um estraga prazeres... mas Thiel já tem dono.[156] Se não fosse o caso, no entanto, você teria uma chance melhor do que aquela garota do Tennessee que queria um autógrafo."

Thomas me disse que se tratavam de piadas internas, já que a sexualidade de Thiel era um segredo conhecido a essa altura. Como Thomas e muitos no mundo das tecnologias e das finanças de São Francisco sabiam, Thiel estava em um relacionamento sério com um homem: Matt Danzeisen, vice-presidente da BlackRock e que morava em Nova York, onde Thiel tinha uma segunda casa. Danzeisen voou para a Califórnia para a festa de Natal da Clarium na casa de Thiel, e Thomas viu o perfil de Thiel no Friendster, que deixava claro o seu interesse por homens. "Não era nem mesmo um segredo conhecido", disse um antigo funcionário de Thiel. "Era só conhecido, mesmo."

Thiel nunca foi de ignorar um adversário em potencial, e começou a pedir aos funcionários para que encontrassem uma maneira de tirar a Gawker Media do pé dele. Uma fonte da Clarium envolvida nessa empreitada me contou que a empresa chegou a entrevistar profissionais de segurança e, a certa altura, contratou uma empresa privada de investigação para vasculhar a vida pessoal e as finanças de Denton — o início de uma campanha de truques sujos digna de políticas de direita radical, que continuaria por, pelo menos, mais uma década. Para a infelicidade de Thiel, os detetives particulares não conseguiram encontrar nada de útil. Denton era, como ele mesmo disse, um livro aberto.

Em dezembro, Thomas explicitou aquilo que vinha sugerindo gentilmente ao longo do ano. GENTE, PETER THIEL É TOTALMENTE GAY, dizia a manchete. A ideia tinha sido de Denton, e ele a mencionou para Thomas como uma possível série a ser relatada pelo *Valleywag*. A tarefa pareceu razoável para Thomas, que achava que ela serviria ao propósito de escancarar o armário. "Vejo toda a suposição de que existe um armário no qual as pessoas estão dentro ou fora como uma materialização problemática da heteronormatividade", disse ele. Nessa perspectiva, esconder a própria homossexualidade perpetua a desigualdade e a discriminação. O tipo de exposição proposta por Denton não era tão incomum na época. Seis meses antes, a revista *Out* incluiu Anderson Cooper e Jodie Foster — celebridades que eram sabidamente homossexuais, mas que nunca explicitaram o fato — em sua capa, sob o título ARMÁRIO DE VIDRO.

Thomas estruturou a publicação como um comentário sobre a intolerância no Vale do Silício. Ele disse que os entusiastas da tecnologia aceitavam todo tipo de pensamento controverso, mas, por razões estranhas e hipócritas, eram recatados em relação ao sexo. Isso constituía um preconceito brando, argumentou. Os CRs não eram abertamente homofóbicos, mas muitas vezes se recusavam a investir em um idealizador gay por medo de que alguma outra contraparte mais conservadora — um investidor em estágio posterior, um cliente, um banqueiro — demonstrasse intolerância. Thiel, enquanto bilionário homossexual e controverso, não precisou se preocupar com esses preconceitos de segunda ordem, e por isso mesmo foi capaz de ser relativamente aberto em relação à sua identidade:

> Quantos CRs gays você conhece? Acho que isso explica muito sobre Thiel: seu desdém pelas convenções, sua busca por subverter as regras estabelecidas. Assim como os judeus imigrantes que criaram Hollywood há um século, um investidor gay não tem como se encaixar no antigo sistema. Isso o libera, portanto, para construir um sistema diferente — e, com sorte, melhor —, que identifique e recompense indivíduos talentosos, permitindo que seu trabalho apareça no mundo. É por isso que eu acho que é importante dizer isso: Peter Thiel, o CR mais inteligente do mundo, é gay. Mais poder para ele.

Thomas não via isso como uma exposição no sentido convencional. Todo mundo que ele conhecia — assim como todos na Clarium — sabia sobre a opção sexual de Thiel. Em vez disso, Thomas insistiu que ele estava transpassando um tabu sensível que outros no Vale respeitavam sem necessidade. Thiel não estava no armário, mas seus colegas haviam optado por colocá-lo no armário de qualquer maneira. "É uma indústria estranhamente conservadora", disse Thomas recentemente, resumindo seu pensamento na época. "Vamos falar sobre isso."

A postagem não foi muito lida — cerca de mil visualizações de página quando publicada pela primeira vez, o que fazia dela um fracasso até mesmo para os padrões de um blog pequeno como o *Valleywag*. Tampouco causou rebuliço na imprensa; as publicações da Gawker especulavam o tempo inteiro sobre a sexualidade de outras figuras públicas, incluindo Anderson Cooper, e exporiam Tim Cook anos antes de ele mesmo se revelar.[157] Um representante de Thiel reclamou com Thomas confidencialmente, mas Thomas me disse que nunca foi acusado de expor Thiel, e presumiu que não havia ressentimentos. Poucos dias depois, ele publicou uma paródia de outro escritor da Gawker sobre o carinho que Thiel nutria por Ayn Rand: PETER THIEL É UM COMPLETO OBJETIVISTA, GENTE. Em uma postagem subsequente, o site se referiu a Thiel como "abertamente objetivista".

Inicialmente, Thiel não deixou sua raiva transparecer na Clarium. Ninguém pensava nele como alguém enrustido, e a empresa estava em uma tal situação que a maioria dos funcionários, que nem sequer sabiam que o chefe estava no armário, tampouco souberam que ele havia saído. Thiel era uma presença regular no *Wall Street Journal* e na *Barron's*; o *Valleywag* era minúsculo, em comparação. No dia seguinte, ninguém comentou sobre o assunto no escritório, e a maioria dos funcionários permaneceu alegremente inconsciente de que algo remotamente desestabilizador havia acontecido.

PORÉM, NO FUNDO, Thiel estava atordoado, especialmente depois de perceber uma nota que Denton havia deixado na seção de comentários no final do artigo. "Só há uma única coisa estranha na sexualidade de Thiel", escreveu Denton. "Por que diabos ele ficou tanto tempo tão paranoico sobre essa descoberta?" Thiel interpretou isso a fundo. Era, a seu ver, uma sugestão velada de que ele era psicologicamente instável.[158] Denton, na opinião de Thiel, não apenas o havia exposto, como o fizera de uma forma que personificava os piores impulsos das elites liberais. O blog deixava implícito que havia algo de errado em querer viver, pelo menos parcialmente, em segredo. E isso lhe parecia cruel e injusto.

130 CONTROVERSO

Ele ficou abalado, e pode ter sido por isso que, no mês de janeiro, Thiel fez algo que pareceu quase inexplicável aos funcionários. Ele reuniu os negociantes da Clarium e informou que estava transferindo o fundo para Nova York. Os funcionários podiam optar por se realocar ou aceitar pacotes de indenização generosos. Thiel disse que o motivo era simples. "Se quiser ser uma estrela de cinema, mude-se para Hollywood", disse ele. "Se quiser ser um político, mude-se para Washington. Se quiser ser um gestor de fundos hedge, mude-se para Nova York."

Vindo especificamente de alguém conhecido por ser controverso, aquilo parecia fraco. Afinal de contas, a firma tinha acabado de se mudar do centro de São Francisco, supostamente para se afastar dos rebanhos de fundos hedge. Agora Thiel afirmava que queria se juntar a eles. O verdadeiro motivo, segundo alguns funcionários passaram a acreditar, era pessoal. "Ele nunca disse isso, mas o verdadeiro motivo era a Gawker", disse um deles. "Ele queria fugir."

Nessa mesma época, Thiel enviou uma carta inflamada aos investidores da Clarium explicando as perspectivas econômicas da empresa. A Clarium fazia isso regularmente, mas sempre sob o crédito de um analista; esta era a primeira vez em que o próprio Thiel escrevia uma carta pessoalmente, e o resultado foi extremo. No ensaio de dez mil palavras, chamado "The Optimistic Thought Experiment" [O Experimento do Pensamento Otimista], Thiel argumentava que o mundo estava caminhando para o fim dos tempos. Os analistas de investimentos têm por hábito empregar metáforas religiosas, falando de um "segundo advento" dos rendimentos dos títulos ou de um "apocalipse" das ações, mas Thiel não estava falando metaforicamente. "Toda a ordem humana", escreveu ele, "pode desmoronar em uma escalada implacável de violência — fome, doenças, guerra e morte... Contra esse futuro, é muito melhor salvar a própria alma imortal e acumular tesouros no céu, na eterna Cidade de Deus, do que acumular uma fortuna passageira na transitória e passageira Cidade dos Homens." Ele defendeu esse caso com argumentos históricos e pelo uso liberal de citações do Livro do Apocalipse.

Thiel destacou que, como os investidores não poderiam esperar lucrar em um futuro no qual tudo desmoronaria, eles continuariam a supervalorizar tudo sistematicamente — levando a bolhas hipotecárias, tecnológicas e financeiras. O título do ensaio fazia referência àquilo que Thiel considerava como a melhor das hipóteses — um futuro "otimista" em que haveria uma reação política contra a globalização, além de uma crise financeira catastrófica. Haveria maneiras de ganhar dinheiro com isso — a Clarium poderia vender ações a descoberto, por exemplo —, mas Thiel deixou essa análise de lado para se concentrar na pior das hipóteses, recomendando oração e arrependimento em vez de uma análise de investimento. "A era entre a globalização e sua alternativa estará próxima — ao menos no sentido de que as escolhas individuais terão uma significância decisiva", concluiu. "Neste ponto, nos opomos à fé reinante em mercados eficientes. Ao contrário dela, a nossa é uma fé que aparentemente ainda não pode ser nomeada."

Amigos viram isso como uma prova do destemor e da originalidade de pensamento de Thiel, o que é um fato. É justo dizer que também se tratava, para uma carta de um investidor, ao equivalente a uma nota de suicídio no setor financeiro. Thiel transmitia para as instituições que tinham lhe confiado US$8 bilhões em meados de 2008, que ele não estava seguro de que seria capaz de preservá-los.

Por volta dessa época, em uma reunião geral, Thiel previu que os mercados "explodiriam" e avisou aos funcionários que os corretores com os quais a Clarium costumava negociar suas ações poderiam ruir. A empresa teria que recorrer imediatamente ao caixa e considerar outras medidas. Um analista sugeriu que comprassem ouro e o enterrassem. "Foi como uma espécie de delírio randiano", disse outro ex-funcionário, relembrando o clima.

O delírio se espalhou pelo Thielverso. Mais ou menos na mesma época, Joe Lonsdale apareceu em Palo Alto e ordenou que um administrador retirasse US$100 mil da conta bancária da empresa. A ideia era ter dinheiro em mãos no caso de um colapso total da economia dos EUA para que os funcionários não morressem de fome. "Tínhamos mil dólares para cada pessoa", disse um funcionário da Palantir. "Eles achavam que o apocalipse realmente estava chegando."

A PREVISÃO INSANA DE THIEL acabou se revelando correta de forma bastante significativa. Em 15 de setembro, a Lehman Brothers, uma instituição de Wall Street que sobreviveu à Guerra Civil, à Grande Depressão e ao 11 de Setembro, mas que vinha subscrevendo loucamente títulos vinculados a empréstimos imobiliários de alto risco, ruiu e precisou entrar com um pedido de proteção contra falência. Mais tarde no mesmo mês, a Washington Mutual, que foi fundada em 1889 e que no início da década se vangloriava de ter se tornado o "WalMart dos Bancos",[159] faliu, causando uma corrida aos bancos.

A partir de então, seguiu-se uma profunda recessão em que cidadãos comuns perderam seus empregos e, estando presos a hipotecas que não podiam pagar, acabaram perdendo suas casas. Os gestores de fundos que previram esse sofrimento e encontraram negócios para explorá-lo, ficaram ridiculamente ricos. O caso mais famoso foi o de John Paulson, que ganhou US$4 bilhões comprando *credit default swaps* (CDS) enquanto o mercado entrava em colapso, o que inspirou o livro *The Greatest Trade Ever* |sem publicação no Brasil], de Gregory Zuckerman. Um obscuro administrador de fundos hedge, Steve Eisman, fez uma aposta semelhante, que ficaria famosa pelo livro *A Jogada do Século*, de Michael Lewis.

Mas Thiel não enriqueceu — precisamente porque ele conseguiu converter sua grande ideia em estratégias de negociação. Não foi falta de imaginação, de acordo com ex-colegas; foi uma falha de gestão. "Era a corte do Rei Sol", disse um dos funcionários mais antigos. "Não estávamos estruturados para encontrar micro-oportunidades", disse outro. "Nós poderíamos ter sido a Jogada do Século. Tivemos algumas dessas mesmas oportunidades. Mas não pudemos tirar vantagem delas."

No PayPal, Thiel permitira que os funcionários operassem com liberdade quase total, e os resultados foram espetaculares. A empresa desenvolveu um algoritmo antifraude inovador, mecanismos de crescimento viral inovadores (se não eticamente duvidosos) e uma engenhosa estratégia de desenvolvimento corporativo que forçou o eBay a comprá-lo — tudo isso em meio a um colapso do setor tecnológico. Isso foi um triunfo do modelo de gestão de não interferência de Thiel. Já na Clarium, seus corretores e analistas foram longe demais. Eles observaram Thiel apresentar uma tese controversa

ADEUS, BONS TEMPOS   *133*

brilhante e, em vez de tentar fazer investimentos com base na sua visão de mundo, acabaram inventando abordagens contrárias à sua abordagem controversa original.

Fontes falavam sobre "pensar demais" e "tentar dar murro em ponta de faca". A Clarium considerou vender a descoberto — estratégia também conhecida como *short* — para os bancos, mas decidiu que não era uma boa ideia, já que eles seriam nacionalizados, o que poderia aumentar o preço das suas ações, espremendo os *shorts*. Thiel acreditava que o governo reinflaria a bolha antes que ela explodisse ainda mais. Antes da falência da Lehman Brothers — que deu início à crise financeira — em meados de setembro de 2008, ele havia investido apenas uma pequena parte de sua carteira em ações negociadas publicamente. De repente, ele decidiu que as ações, que vinham perdendo valor desde outubro do ano anterior, tinham chegado a um limite, e começou a comprar loucamente. Ele colocou US$800 milhões no Google e depois no Yahoo, e US$1 bilhão em uma cesta de ações de bancos — apostando que todos se recuperariam depois que o governo, inevitavelmente, os resgatasse.

Essas jogadas provaram ser o fim da sua carreira como administrador de fundos hedge. O mercado de ações continuou em queda e, no final do ano, Thiel já havia perdido todo o dinheiro que ganhara durante o primeiro semestre. Ele perdeu o grande lucro que poderia ter advindo da sua crença de que o setor financeiro estava entrando em colapso, encerrando o ano com uma queda de cerca de 5%. No momento em que a recuperação veio, Thiel havia mudado de direção novamente e descartado suas ações, perdendo a oportunidade da retomada. As perdas foram ampliadas por uma onda de resgates. Os investidores da previdência e de fundos soberanos começaram a retirar seu dinheiro da Clarium, de modo que, no final do ano, o que era um fundo de US$6 bilhões caiu para US$2 bilhões — e os investidores ainda pediam seu dinheiro de volta.

Podem até ter sido os maus investimentos de Thiel, mas era difícil atribuir esses resgates *exclusivamente* ao desempenho fraco, uma vez que a Clarium tinha se saído melhor do que o mercado de ações e do que a maioria dos fundos hedge. (O S&P 500 perdeu quase 40% do seu valor em 2008, enquanto os fundos hedge perderam, em média, 18%.) Além disso,

Thiel estava certo em relação à recuperação dos preços das ações, que começou em dezembro de 2008 graças à ação da Reserva Federal e das administrações Bush e Obama. Ele só errou o ponto mais baixo do mercado por alguns meses.

Certo ou errado, Thiel passou a acreditar que a verdadeira razão para os resgates em massa fora a Gawker Media. Alguns dos grandes investidores da Clarium, de acordo com ex-funcionários, eram fundos soberanos árabes controlados por governos que consideravam a homossexualidade um crime. Thiel nunca reconheceu isso explicitamente, mas deu uma dica do porquê ter preferido manter sua orientação sexual velada.[160] "Quando falamos em sair do armário, nunca se trata de uma coisa simplesmente factual", declarou, em uma entrevista de 2018. "Nunca é: 'Para a sua informação, Peter [é] gay'. É sempre algo como: 'Peter Thiel é gay e não temos ideia de porque ele não quer que falemos sobre isso. Talvez seja porque seus pais não sabem e ficariam envergonhados. Ou talvez seja porque ele está tentando tirar dinheiro da Arábia Saudita.'"

Além disso, não foi apenas a postagem de Thomas sobre a sexualidade de Thiel que fez com que ele se sentisse um "alvo", para ficar com o termo que ele mesmo utilizou depois.[161] Afiliados da Gawker continuaram a provocá-lo, e a seus associados, ao longo de 2008 e 2009 — sem jamais perder a oportunidade de apontar as falhas da Clarium, alguma hipocrisia de Thiel ou a última infame de Sean Parker. No dia de Martin Luther King de 2008, o *Valleywag* observou, a propósito de nada em particular, uma recente doação de Thiel para a campanha de Ron Paul, que foi ligado a boletins informativos racistas.[162] Em setembro, o blog apontou que a Clarium havia perdido US$900 milhões — mais do que Thiel havia ganhado pelo Facebook até então —, observando que Thiel nem mesmo havia sido questionado sobre essas perdas em uma recente conferência de tecnologia.[163] Quando Thiel voou para Davos, na Suíça, no início de 2009 — uma oportunidade-chave para projetar força para a classe de investidores —, o *Valleywag* se referiu a ele como um "suposto visionário", observando que seu fundo havia encolhido em US$5 bilhões nos seis meses anteriores. Mais tarde, em 2009, afirmou que Thiel estava inflando seu patrimônio líquido.[164]

Ao longo desse período, não estava claro para os membros do Thielverso se a Gawker estava cobrindo ou provocando as falhas de Thiel como investidor, já que não parava de minar a confiança dos investidores em sua empresa e a confiança de Thiel em si mesmo. "Acho que ele estava em uma situação terrível", disse um ex-analista da Clarium, referindo-se às perdas de Thiel em 2008. "Ele errou a mão, e foi difícil de voltar a acertar."

O Vale do Silício também estava perdendo um pouco de sua confiança. Em outubro de 2008, a Sequoia começou a distribuir uma apresentação em PowerPoint encorajando suas empresas a cortar custos e a conservar dinheiro. A apresentação, intitulada "R.I.P. Good Times" [Adeus, Bons Tempos], sinalizava uma rejeição ao manual do *blitzscaling*. Não haveria mais dinheiro suficiente para que as startups comprassem participações de mercado de maneira intransigente; elas teriam que gerar receita. Antes, o Facebook parecia destinado a um IPO; agora isso estava fora de questão. Em vez disso, a empresa levantou US$200 milhões de Yuri Milner, um investidor russo ligado ao Kremlin. Um IPO — e uma maneira de Thiel perceber alguns de seus ganhos no papel com as ações da empresa — ainda estava a anos de distância.

Então, em novembro de 2008, Barack Obama derrotou John McCain tranquilamente em uma eleição que foi vista como um repúdio às políticas de segurança nacional da era Bush. Obama ganhou a indicação democrata, em parte, porque se opôs à guerra do Iraque, mas também graças ao apoio do Vale do Silício. Os esforços da sua campanha nas redes sociais representaram a primeira vez em que qualquer candidato levou o meio a sério. Foram liderados por um dos colegas de classe de Zuckerberg em Harvard, e cofundador do Facebook, Chris Hughes — "O garoto que fez Obama ser eleito presidente", segundo afirmou a *Fast Company*. Alguns chamaram 2008 de a "Eleição do Facebook",[165] e a elite das startups do Vale do Silício contribuiu tanto para a campanha de Obama que o *Atlantic* nomeou a campanha de "a startup mais badalada do ano".[166] Thiel nunca pareceu mais em descompasso com seus colegas do que nesse período.

ESTRANHAMENTE, ELE NÃO parecia insatisfeito; pela primeira vez em anos, ele parecia livre. O fundo hedge — além da pressão de ser coberto pela imprensa de Wall Street e de ter que agradar investidores — o deixou introspectivo. Ele gastou muito dinheiro depois de sair do PayPal, mas fez isso com muito pouco sangue nos olhos, aparentemente adquirindo os aparatos da extrema riqueza sem extrair daí qualquer tipo de satisfação. Agora, tendo perdido grande parte do dinheiro de seus investidores e tendo desistido de tentar esconder seus segredos, ele poderia seguir suas paixões intelectuais e, mais uma vez, assumir o papel de provocador.

Na sua época em Stanford, Thiel gravitou em torno de intelectuais de direita; e agora voltava a fazê-lo, começando com um engenheiro do Google chamado Patri Friedman. Pequeno, bonito e vigoroso, Friedman tinha um mestrado em ciências da computação pela Stanford, que estava colocando em prática ao escrever um software de controle de qualidade para o Google, ao mesmo tempo em que experimentava estilos de vida alternativos e exibicionistas. Ele explorou a arte da sedução, acrobacia, pôquer profissional, dietas paleolíticas, vida comunitária e poliamor — blogando sobre todas essas experiências. "Eu não tinha ideia de como veria a mim mesmo em dez anos", Friedman me disse. "Eu simplesmente pensava: 'Sou um intelectual rebelde. Vou escrever sobre o que estiver a fim.'"

Sua paixão mais constante era o *seasteading* — a ideia de utopias libertárias sobre plataformas flutuantes em águas internacionais, onde as pessoas estariam fora do controle de qualquer governo e seriam livres para experimentar substâncias ilícitas e desfrutar de qualquer outra liberdade atualmente negada pelos duzentos e tantos países do mundo. Ele se juntou a alguns outros tecnoutópicos desajustados para escrever um artigo, publicado online, que explicava a ideologia e a praticidade dos "estilos de vida baseados na água". Abordava os prós e os contras da incineração de fezes humanas, a possibilidade de se utilizar mísseis de cruzeiro baratos fabricados na China para se defender de possíveis ataques de frotas navais hostis, e a promessa de criar uma sociedade livre de impostos.

O blog de Friedman era popular entre os funcionários libertários de Thiel, e ele começou a se corresponder com Jeff Lonsdale, irmão mais novo de Joe, o fundador da Palantir, e com um vice-presidente da Clarium, que o convidou para uma reunião nos escritórios do fundo hedge. Friedman, inicialmente, esperava que isso pudesse levar a um emprego; em vez disso, ele conseguiu um jantar com Thiel. Durante a refeição, Thiel interrogou Friedman sobre seu plano, que envolvia a construção de uma série de maquetes, começando com uma plataforma do tamanho de uma banheira e, a partir daí, subindo até Atlantis.

Thiel gostava de Friedman — que era, como muitos de seus protegidos, homem, jovem, atraente, de linguagem simples e disposto a dizer exatamente tudo o que não era dito na sociedade cortês. Além disso, a ideia do *seasteading* era instintivamente atraente, uma manifestação física da abordagem do PayPal para contornar as leis financeiras. Em vez de lançar uma campanha política clamando por impostos mais baixos para bilionários ou por uma regulamentação menor sobre fornecedores de criogenia, o *seasteading* poderia, pelo menos em teoria, tornar essas políticas reais para então desafiar o governo a encerrá-las. Quando o resto do mundo percebesse o que estava acontecendo, ele raciocinou, seria tarde demais.[167] Havia um último aliciamento: o projeto de Friedman representava uma oportunidade para Thiel se aliar mais a fundo com o movimento conservador, já que Friedman era neto do grande economista libertário Milton Friedman.

"Você deveria sair do Google", disse ele a Friedman no final do jantar, oferecendo US$500 mil para que iniciasse uma organização sem fins lucrativos. Ele prometeu igualar suas doações futuras e indicou que emprestaria seu nome para a arrecadação de fundos. "Daqui a algumas décadas, aqueles que relembrarem o início do século entenderão que o *seasteading* foi um passo óbvio para encorajar o desenvolvimento de modelos mais eficientes e práticos do setor público em todo o mundo", disse Thiel em um comunicado de imprensa no qual anunciava a doação.[168] "Estamos em uma conjuntura fascinante: a natureza dos governos está prestes a mudar em um nível fundamental."

Os críticos viam o *seasteading* como perigoso e reacionário — e também um pouco patético. A fundação do instituto "deveria seguir adiante no folclore da internet para confirmar o sonho de que dois caras com um blog e um amor em comum por Ayn Rand podem desembolsar meio milhão de dólares para perseguir seu sonho, não importa quão fora de ordem ou fora da caixa este possa parecer", observou a *Wired*. A NPR publicou um relatório irônico[169] que começava com um texto promocional: "Cansaço da competitividade e de seguir todas as regras impostas pelo homem? Cansado de não ter a oportunidade de viver em uma cápsula que flutua no oceano?", perguntou o apresentador Mike Pesca. A Gawker zombou de Friedman sem dó nem piedade, vasculhando seu blog confessional e seus *streamings* nas redes sociais em busca dos trechos mais absurdos e fúteis. O UTOPISTA LI-BERTÁRIO PATRI FRIEDMAN QUER SER O PAI DO SEU FILHO, dizia uma manchete em referência ao seu poliamor.

Os funcionários da Clarium esperavam que Thiel ficasse horrorizado com todo esse destaque. "Durante anos, tentamos suprimir as coisas, mas a certa altura ele simplesmente parou de se importar", disse um ex-funcionário, referindo-se aos esforços para reprimir a publicidade negativa. "Ele apenas aceitou tudo aquilo. Não apenas a questão da sexualidade, mas o *seasteading*, sua visão política — tudo." Thiel parecia pronto para "deixar sua excentricidade correr solta", disse essa pessoa.

Ele se lançou mais a fundo em um outro interesse, financiando tecnologias e pesquisas que poderiam possibilitar a vida eterna. Ele continuou financiando a Methuselah Foundation e um *spinoff*, a SENS Research Foundation, que se dedicava a pesquisas contra o envelhecimento. As duas organizações foram criadas por Aubrey de Gray, um acadêmico treinado em Cambridge e dono de uma barba de respeito, que deu uma palestra no TED em 2005 sugerindo que a velhice poderia ser revertida. Thiel doou mais de US$1 milhão em 2007 e 2008 e outros US$2 milhões em 2010.

Em 2008, o Founders Fund investiu cerca de US$500 mil na Halcyon Molecular, uma startup fundada por William Andregg, que começou a empresa junto a seu irmão Michael aos 19 anos, com um plano modesto de desenvolver tecnologias de sequenciamento genômico de baixo custo para curar o envelhecimento. Em 2009, durante sua fase excêntrica, Thiel se encontrou com os Andregg e ficou quase instantaneamente encantado com seu entusiasmo e abordagem. Thiel normalmente não é uma pessoa emotiva, mas essa ocasião foi uma exceção. "Ele literalmente saltitou", lembrou William Andregg. "Ele falou coisas do tipo: 'temos que resolver isso ou vamos todos morrer'. Essa foi a nossa primeira conversa."

Thiel investiria, pessoalmente, US$5 milhões na empresa que prometia a vida eterna, e seria uma presença constante em seus escritórios; o Founders Fund colocaria outros US$5 milhões. "Ele gastava tanto tempo, que nós já estávamos pensando: 'certo, há um limite para o número de conselhos que podemos dar'", disse Andregg. "Precisávamos começar a trabalhar de verdade."

Ele também doou mais de US$1 milhão para o Singularity Institute, uma organização sem fins lucrativos dedicada à pesquisa de computadores superinteligentes que um dia poderiam hospedar nossos cérebros e possibilitar nossa imortalidade em software. Na mesma medida em que essas doações atraíam zombarias, ele parecia aceitá-las. Ele brincou para uma multidão em um evento do Singularity Institute sobre ter financiado De Gray a despeito da objeção de seus pais. "Meus pais, que moram na Bay Area, surtaram", disse ele. "Eles me ligaram e disseram: 'Isso é vergonhoso. O que os vizinhos vão pensar?'"

DURANTE SEUS PRIMEIROS DIAS de fundos hedge, Thiel manteve sua visão política relativamente guardada, mas, depois de sair do armário, ele voltou ao que era. A carta da Clarium aos investidores, datada de maio de 2008, anunciava "um mercado em alta na política", que seria caracterizado por uma ruptura do consenso da "elite globalista". Esses globalistas argumentaram durante décadas que a abertura de fronteiras e o aumento do comércio levariam à prosperidade. Tais diretrizes foram adotadas por Bill Clinton e George W. Bush, mas Thiel viu um ponto de inflexão. Um ano antes, Bush havia tentado aprovar uma ampla reforma migratória, que incluiria uma via para a cidadania de imigrantes não-documentados, intensificaria a fiscalização das fronteiras e incluiria um programa para trabalhadores convidados. Mas os esforços de Bush falharam, algo que Thiel atribuiu a "uma campanha sem precedentes na internet, que já durava meses".

Thiel estava muito mais familiarizado com essa campanha de reforma anti-imigratória do que sua carta revelava. Nos últimos anos, ele vinha cultivando discretamente uma nova safra de políticos nativistas, incluindo

Kris Kobach, o presidente do Partido Republicano no Kansas, que atuou como advogado de um grupo anti-imigração chamado Federation for American Immigration Reform [Federação para a Reforma da Imigração Americana], ou FAIR, que estava processando governos estaduais por permitirem que imigrantes não-documentados pagassem taxas de matrícula em faculdades estaduais. A FAIR era afiliada à NumbersUSA, uma organização sem fins lucrativos da direita radical dedicada à ideia de que os Estados Unidos deveriam reduzir o número total de imigrantes permitidos no país a cada ano. O grupo, que a Southern Poverty Law Center declarou estar ligado a nacionalistas brancos por intermédio de seu fundador,[170] tinha operado por baixo dos panos até a pressão de Bush por uma ampla reforma migratória. A NumbersUSA enviou, automaticamente, faxes em nome de seus apoiadores reclamando dos perigos da imigração descontrolada para os senadores dos EUA. Mais de um milhão de faxes foram entregues dessa forma — e, de fato, foram tantos que a rede telefônica do Senado caiu às vésperas da votação.[171]

Em 2008, o *Valleywag* relatou que Thiel havia feito uma doação de US$1 milhão para o grupo por meio de um intermediário. (Thiel não fez nenhum comentário na época, mas várias fontes familiarizadas com suas atividades políticas me disseram que a doação de fato ocorreu.) Quando o *Valleywag* apontou que isso era inconsistente com os supostos valores libertários de Thiel, sugerindo que ele estava "se afastando da adoção da liberdade", Thiel respondeu aumentando a oferta.[172] No início de 2009, ele e Friedman contribuíram com ensaios para um jornal publicado pelo Cato Institute, o think tank libertário cofundado por Charles Koch. O tema da edição do *Cato Unbound* foi "From Scratch" [Do Zero] — isto é, a ideia de simplesmente criar enclaves libertários sem precisar recorrer à democracia, que Friedman ridicularizou como "ativismo popular". Em vez do voto e da criação de partidos políticos, ele defendia um conceito que viria a ser conhecido como "governança competitiva", no qual libertários comprometidos deixariam seus países e criariam novos,[173] da mesma forma que um empresário que não gosta da cafeteria local poderia ver uma oportunidade de mercado e abrir uma concorrente.

ADEUS, BONS TEMPOS *141*

O ensaio de Thiel, intitulado "The Education of a Libertarian" [A Educação de um Libertário], foi baseado em temas parecidos, mas era mais pontual e parecia calibrado para causar uma reação.[174] "Não acredito mais que liberdade e democracia sejam compatíveis entre si", escreveu, argumentando que os Estados Unidos vinham percorrendo uma trajetória decadente durante boa parte do século anterior. "A década de 1920", prosseguiu, "foi a última década na história americana em que se podia ser genuinamente otimista em relação à política. Desde 1920, o grande aumento de beneficiários da previdência social e a concessão do direito ao voto às mulheres — duas constituintes notoriamente difíceis para libertários — transformaram a noção de 'democracia capitalista' em um oximoro."

Ele argumentou que havia três indicações de esperança — nos quais, não à toa, ele investia — que poderiam permitir à humanidade um retorno à liberdade e à prosperidade, e também romper com a tirania das mulheres eleitoras e dos beneficiários da previdência. Eram elas a internet — em particular o Facebook; o espaço sideral, onde, afirmou, novas tecnologias de foguetes estavam tornando as colônias espaciais mais prováveis; e, é claro, o *seasteading*. Isso seguia a tradição do caráter indecente do *Stanford Review*, mas, ao contrário das postagens mais provocativas que Thiel publicara no jornal da faculdade, esta era de sua autoria.

Nem precisamos dizer que a ideia de que a humanidade deveria celebrar o fato de Peter Thiel querer construir um paraíso fiscal em águas internacionais enquanto lamentava a passagem da 19ª Emenda não levou a nenhuma aclamação universal. "Apoiador do Facebook deseja que as mulheres não tivessem direito ao voto", escreveu Thomas no *Valleywag*, chamando Thiel de "doido".

Thiel postou uma nota de esclarecimento no site do Cato, no qual oferecia uma não-desculpa por seus comentários a respeito das mulheres. "Embora eu não ache que nenhuma classe de pessoas deva ser privada de direitos, tenho pouca esperança de que o voto venha a melhorar as coisas", escreveu ele. Surpreendentemente, essa explicação, embora sutil, acabou funcionando, em parte. George Packer, nos seus relatos outrora rigorosos do pensamento de Thiel na *New Yorker*, relatou que "Thiel não desejava revogar o direito de voto das mulheres — em vez disso, ele queria encontrar uma maneira de contornar a democracia, que era, por sua vez, incompatível com a liberdade", como se isso fosse, de alguma forma, uma desculpa. Não é que Thiel quisesse abolir o voto das mulheres; ele queria, aparentemente, abolir o voto de todos.

De qualquer forma, as opiniões de Thiel sobre o assunto eram irrelevantes, já que, de acordo com o ensaio, ele estava fora da política de vez:

> Eu considero o campo da política muito extremo. É por isso que sou um libertário. A política deixa as pessoas irritadas, destrói relacionamentos e polariza a visão das pessoas: o mundo se transforma em nós contra eles; pessoas boas contra os outros. A política se trata de interferir na vida de outras pessoas sem o seu consentimento. É provavelmente por isso que, no passado, os libertários fizeram muito pouco progresso na esfera política. Eu advogo, portanto, a concentração da energia em outros lugares, em projetos pacíficos que alguns consideram utópicos.

Poucos meses depois, ele disse a um jornal do setor de capital privado que o *Valleywag* era o "equivalente, no Vale do Silício, à Al Qaeda", sugerindo que os funcionários da empresa "deveriam ser descritos como terroristas, e não como escritores ou repórteres".[175] Ele continuou: "Terrorismo é, obviamente, uma analogia carregada, mas ela serve bem no sentido de que você está tentando, tão veemente e gratuitamente, ser mais cruel e sensacionalista do que o outro, como um terrorista se comporta ao tentar se destacar e chocar as pessoas. É uma questão teórica interessante, afinal: se o *Valleywag* desaparecesse, alguma outra coisa o substituiria?"

Thiel trabalharia para responder a essa pergunta durante boa parte da década seguinte, ao mesmo tempo em que expandiria de forma drástica o seu projeto político, ainda que alegasse o contrário. Ele não queria apenas proteger sua imagem, mas também destruir aqueles que procuraram prejudicá-la. Ele não queria apenas interferir nas contratações do governo; ele queria assumi-las. Ele não queria apenas persuadir administradores de faculdades a erradicarem o politicamente correto dos campi; ele queria transformar os temores que circundavam o politicamente correto em uma questão que poderia mudar a eleição norte-americana.

10

O NOVO COMPLEXO MILITAR-INDUSTRIAL

A maioria das histórias da indústria de tecnologia norte-americana começa em setembro de 1957, em um laboratório em Mountain View, Califórnia, quando um grupo dos melhores jovens engenheiros do país, que faziam parte da Shockley Semiconductors, anunciaram suas demissões. "Os Oito Traidores", como ficariam conhecidos, iniciariam a Fairchild Semiconductor. Liderado pelo brilhante físico Robert Noyce, o grupo desenvolveu um processo para gravar transistores — os blocos de construção dos computadores — em um pedaço de vidro. Esse foi o primeiro chip de computador comercialmente viável — o *silício* que deu nome ao Vale do Silício.

O programa Apollo compraria centenas de milhares de chips projetados pela Fairchild, desencadeando um boom econômico por toda a Península de São Francisco que resultaria em computadores pessoais, sites, criptomoedas, smartwatches e, na verdade, todo o capitalismo do século XXI. Os funcionários da Fairchild, uma máfia do PayPal antes da Máfia do PayPal,

144 CONTROVERSO

se espalharam pelo Vale, criando muitas das mais importantes empresas de tecnologia e de capital de risco.

Na imaginação popular — colorida pelos sucessos que surgiram desde então, especialmente os de Steve Jobs —, a história dos Oito Traidores passou a representar o espírito de rebelião que supostamente permearia a indústria de tecnologia. Quando eu estava começando no jornalismo, em meados dos anos 2000, o Vale do Silício era visto, essencialmente, como um movimento contestador. "Devemos tudo aos hippies", como disse o futurista (e ativista da contracultura) Stewart Brand, postulando que o "verdadeiro legado da geração dos anos 1960 é a revolução digital".[176]

Mas o Vale do Silício — o verdadeiro Vale do Silício — nunca se tratou de subverter o complexo militar-industrial. Em sua forma mais pura, ele *era* o próprio complexo militar-industrial. Seus fundadores não estavam tomando LSD: eles eram caretas orgulhosos, com uma política mais próxima de David Starr Jordan do que dos radicais da imaginação de Stewart Brand. O homem que cunhou o termo "oito traidores" (e o chefe contra o qual esses oito homens se rebelaram) foi William Shockley, um físico que trabalhou no radar de bombardeiros B-29 durante a Segunda Guerra Mundial, inventou um novo tipo de transistor e, depois de fechar sua empresa e conseguir um emprego como professor de engenharia elétrica em Stanford, assumiu o posto de Jordan como eugenista do campus. No final dos anos 1960, ele argumentou que, em vez de abordar a desigualdade racial com programas de bem-estar social, os legisladores dos EUA deveriam pagar aos negros afro-americanos para se esterilizarem.

Isso era bastante extremo, embora grande parte da indústria de tecnologia fosse extremamente conservadora e com uma hostilidade especial à contracultura. Os trabalhadores da Fairchild, HP, Intel, entre outras, estavam sendo sustentados graças aos orçamentos de defesa intermináveis da era da Guerra Fria, e estavam gratos por isso. Seus transistores guiavam os mísseis que a esquerda queria desativar. Noyce deixou a Fairchild em 1968 para fundar a Intel, que também começou, em grande parte, como fornecedora para a defesa. Ele enxergava a esquerda como uma força de compensação contra o progresso tecnológico. "Eles queriam destruir as máquinas novas", escreveu Tom Wolfe em um perfil de Noyce, de 1983, para a *Esquire*.[177]

"Eles queriam cancelar o futuro." Isso foi majoritariamente esquecido pelo Vale do Silício no início dos anos 2000, quando a Apple e o Google pregavam o empoderamento individual, e livros como *What the Dormouse Said* [sem publicação no Brasil], de John Markoff, argumentavam que o LSD tinha, de alguma forma espiritual, criado a internet, quando na verdade fora criada por meio do financiamento da DARPA, a Agência de Projetos de Pesquisa Avançada de Defesa.

Thiel via a tecnologia à maneira de Noyce — como fundamental para a ascensão da civilização ocidental e do poder norte-americano. A contracultura, por outro lado, havia interrompido o avanço da tecnologia. Thiel datou o início do declínio americano, segundo seu ensaio escrito para a *National Review*, ao Woodstock, três semanas após o pouso na lua. "Foi quando os hippies tomaram conta do país", escreveu ele.[178] "E quando a verdadeira guerra cultural pelo Progresso foi perdida." O grande inimigo do progresso eram as "intermináveis guerras culturais falsas em torno das políticas identitárias". Na sua cabeça, os valores do multiculturalismo não eram mais uma ameaça apenas para Stanford, como ele argumentara em *The Diversity Myth*. Agora, eles eram uma ameaça à própria hegemonia norte-americana.

Ele passou a acreditar que a solução incluía redirecionar os gastos governamentais para longe de programas sociais e em direção a projetos de tecnologia em grande escala, do tipo que empregou Noyce e seus contemporâneos. "O Estado pode ser bem-sucedido ao impulsionar a ciência; não faz sentido negar isso", afirmou. E prosseguiu: "Não tenho conhecimento de um único líder político nos Estados Unidos, seja democrata ou republicano, que cortaria os gastos com saúde a fim de liberar dinheiro para pesquisas de biotecnologia — ou, no geral, que faria cortes significativos no estado de bem-estar social a fim de liberar dinheiro de verdade para grandes projetos de engenharia."

Esse se tornaria um dos projetos mais importantes de Thiel: levar o complexo militar-industrial de volta ao Vale do Silício, com suas próprias empresas no epicentro.

146 CONTROVERSO

THIEL NÃO APENAS PREVIU a crise imobiliária, como também previu um aumento nos gastos com defesa, que uma carta da Clarium de 2008 havia elogiado como "o único setor importante no qual os EUA desfrutam de vantagens em mão de obra qualificada, tecnologia e vias de comércio". Foi uma leitura perspicaz daquela época. Embora Barack Obama tenha concorrido como um candidato antiguerra, ele se referia principalmente sobre a Guerra do Iraque, em vez da guerra de Bush contra a Al-Qaeda. Na verdade, Obama argumentava que Bush não fizera o suficiente. O país havia "perdido o foco" ao utilizar recursos militares no Iraque quando deveriam ter sido usados para capturar Osama bin Laden. Isso significava investimentos em trabalhos de inteligência e um "aumento" do número de tropas — em 2009, ele enviou 30 mil soldados ao Afeganistão.

A Palantir estava praticamente na melhor posição para tirar vantagem das mudanças nos ventos políticos. Em março de 2009, uma equipe de pesquisa canadense anunciou que havia identificado uma operação de malwares chinesa, que foi chamada de Ghostnet. Os pesquisadores disseram que hackers, provavelmente trabalhando em nome do governo de Pequim, usaram e-mails e sites falsos para instalar softwares que lhes permitissem controlar os computadores operados pelos assessores do Dalai Lama, junto com uma série de outros alvos, incluindo embaixadas, ministérios de relações exteriores, novos mercados, universidades e até mesmo um computador dentro da sede da OTAN. Os pesquisadores divulgaram um relatório que incluía capturas de tela do software da Palantir, mostrando uma rede de conexões como as que o PayPal havia utilizado uma década antes para os fraudadores de cartão de crédito russos.

O papel da empresa na investigação parece ter sido limitado, mas os gráficos de radar e o fato de virem de uma empresa fundada pelas figuras do PayPal avivaram aquilo que de outra forma teria sido uma história abstrata; além disso, esses gráficos, além de uma menção proeminente à Palantir, apareceram em um artigo publicado pelo *New York Times*. O *Times* também notou as conexões com o PayPal, mas não mencionou que na página 51 do relatório da Ghostnet havia uma pequena revelação escondida: a Palantir pagou para participar do feito. Embora qualquer pessoa que lesse o relatório entendesse que o papel da Palantir aparentemente se limitava a gerar os gráficos, os leitores do *Times* ficaram com a impressão de que a Palantir havia sido essencial para a operação.[179] Isso foi parte de um esforço de vários anos para convencer o mundo, e especialmente o Exército dos EUA, de que deveriam descartar seus softwares de análise de dados e dar o dinheiro que gastavam com eles para Peter Thiel.

Não foi uma tarefa fácil, em parte porque o Exército já havia concordado em gastar mais ou menos US$10 bilhões para criar seu próprio sistema, conhecido como DCGS-A (pronuncia-se "d-sigs"), utilizando um grupo de empreiteiros tradicionais da defesa, que incluía Lockheed Martin, Raytheon e Northrop Grumman.[180] Isso significava que conseguir um grande contrato com o Exército era praticamente impossível — isto é, se a Palantir abordasse o problema à moda antiga, o que implicaria em fazer lobby junto aos funcionários do Pentágono e modificar seu software para operar com o sistema existente. Em vez disso, Thiel se valeu de uma variação da abordagem que havia funcionado para o PayPal — gastar grandes quantias de dinheiro para comercializar o serviço diretamente para usuários em potencial, na esperança de criar um efeito de rede que influenciaria o alto-comando da mesma forma que a adoção do PayPal pelos vendedores do eBay persuadiu Meg Whitman a desistir de seu concorrente do PayPal.

A Palantir adaptou essa estratégia visando comandantes de médio escalão do Exército que estivessem abertos a experimentar algo novo, oferecendo versões gratuitas do software para experimentar e fornecendo treinamento gratuito com a ajuda de engenheiros que ajustariam o software para atender às suas necessidades. Um desses comandantes era o coronel Harry Tunnell, que liderou a 5ª Brigada Stryker da 2ª Divisão de Infantaria do Exército.

A carreira de Tunnell não foi nada convencional. Ele serviu no Iraque e foi gravemente ferido em 2003. Sua patrulha sofreu uma emboscada, e ele levou um tiro na perna durante o combate. Tunnell foi salvo por dois soldados que o puxaram para uma vala, sendo posteriormente transportado de avião para um hospital alemão. A experiência, que ele narrou em um livro de 2006[181] enquanto se recuperava e frequentava o Colégio de Guerra Naval, levou-o à conclusão de que as táticas de contrainsurgência dos Estados Unidos, que dependiam do cultivo de aliados locais e da con-

148 CONTROVERSO

quista de "corações e mentes", não eram suficientemente agressivas. Ele começou a defender uma abordagem de "contraguerrilha", que visava procurar insurgentes para assassiná-los. Seu lema para a brigada era cruel: "Atacar e destruir."[182]

A linha-dura de Tunnell e sua disposição para resistir às convenções fizeram dele um alvo perfeito para os engenheiros de software avançados da Palantir — que era como a empresa descrevia seus engenheiros-vendedores —, que se reuniram com ele enquanto sua 5ª Brigada Stryker começava o treinamento para desembarcar no Iraque em 2007. Tunnell perguntou se a Palantir poderia modificar seu software para que ele o utilizasse em campo para encontrar insurgentes. Essa era uma tarefa difícil. Os analistas de inteligência normalmente trabalhavam em computadores velozes e com conexões de alta velocidade à internet para servidores governamentais gigantes; os comandantes de campo, por outro lado, trabalhavam em laptops, muitas vezes sem qualquer tipo de conexão com a internet. "A resposta inicial foi 'não, isso é ridículo — não podemos acompanhar o Exército em campo'", disse alguém que trabalhou no projeto.

No decorrer de alguns meses, no entanto, os engenheiros da Palantir modificaram seu software para permitir que os soldados acessassem o banco de dados offline, adicionando informações à medida que verificavam as casas em busca de insurgentes e carregando os dados modificados assim que voltassem à base e pudessem acessar a internet. O resultado foi que os próprios líderes de esquadrão podiam aproveitar o trabalho uns dos outros, da mesma forma que uma equipe pode colaborar no Google Docs ou no Slack. A Palantir fez esse trabalho gratuitamente e forneceu o software para Tunnell usar no treinamento. Tunnell foi enviado em 2009 e conseguiu convencer o Exército a pagar por uma versão da Palantir para ser utilizada no Afeganistão no início de 2010. Os soldados da brigada afirmariam mais tarde que esse atraso de um mês contribuiu para mais de trinta baixas da unidade, alegação que a Palantir usaria nos próximos anos para vender seus serviços.

A notícia se espalhou no Afeganistão, e várias outras brigadas também conseguiram colocar suas mãos no software, o que lhes permitiu compartilhar inteligência uns com os outros e criar o início dos efeitos de rede no estilo PayPal. Isso chamou a atenção do chefe da inteligência militar no Afeganistão, um major-general chamado Michael Flynn. Assim como Tunnell, Flynn era um crítico da abordagem de contrainsurgência dos Estados Unidos, e vinha defendendo uma campanha mais vigorosa que pudesse fazer uso da inteligência coletada pelos soldados em campo. No início de 2010, os engenheiros avançados da Palantir fizeram uma demonstração a Flynn e ele respondeu fazendo um pedido urgente ao Departamento de Defesa para comprar licenças da Palantir suficientes para todas as tropas no Afeganistão, ao mesmo tempo em que taxava o software de banco de dados existente do Pentágono como inadequado. "Os analistas de inteligência do campo de operações não têm as ferramentas necessárias para analisar integralmente a enorme quantidade de informações disponíveis atualmente", escreveu Flynn. "Essa deficiência se traduz em oportunidades operacionais desperdiçadas e em vidas perdidas."

A liderança militar tentaria ignorar Flynn, mas seus comentários, junto aos de Tunnel, valeriam uma fortuna para a Palantir e para Thiel. Eles encontraram um público receptivo em Duncan Hunter, o representante de San Diego que a Palantir cultivou por meio de um lobista chamado Terry Paul, contratado em 2011, que era próximo do pai de Hunter, Duncan Sr. Depois de deixar o exército, Tunnell reclamou que os seus superiores do Exército procrastinaram suas solicitações por um software melhor, o que levou Hunter a exigir audiências. Flynn continuaria a pressionar o Exército a favor da Palantir enquanto ascendia para se tornar o chefe da Agência de Inteligência de Defesa (DIA) sob a gestão de Obama.

Tunnell e Flynn diferiam das forças armadas em outros campos além do seu amor pela Palantir. Flynn seria forçado a sair da DIA, aparentemente por má administração. O FBI acabaria por investigar os seus contatos com russos nos tempos na DIA e depois de virar lobista.[183] Durante o mesmo período, ele estava fazendo lobby extraoficialmente para a Palantir. Enquanto isso, Tunnell deixaria o exército depois que membros da sua brigada foram acusados de crimes de guerra. Ele nunca foi implicado, mas, depois que se aposentou, um relatório do Exército declarou que sua postura agressiva facilitava que os soldados passassem dos limites. Hunter, o defensor da Palantir no Congresso, acabou acusado por violações de financiamento de campanha, conspiração e fraude eletrônica. Ele se declarou culpado de uma acusação menor e renunciou ao cargo no início de 2020.[184]

Nenhum desses delitos estava diretamente conectado com a Palantir, mas pessoas próximas à empresa reconhecem que eram indicativos do tipo de pessoa com a qual a Palantir cultivava suas relações. "Estávamos encontrando pessoas inconstantes — um pouco excêntricas, um pouco explosivas — para nos aliarmos", disse um ex-executivo da Palantir que trabalhou na iniciativa. Thiel, que havia transformado a prisão por drogas de Sean Parker em um argumento de venda, nunca teve problemas em fazer negócios com uma pequena bagagem ética e não fez nada para desencorajar isso. Em reuniões com os funcionários da Palantir, ele tendia a apresentar o trabalho da empresa em termos ideológicos e revolucionários. "Ele era o nosso guia espiritual rumo à ideia de que o sistema era corrupto", declarou esse mesmo ex-executivo.

Inevitavelmente, a abordagem de base e o desejo de encontrar outros agitadores levaram a Palantir a acordos que, posteriormente, os funcionários considerariam problemáticos. Em 2010, os funcionários começaram a trabalhar com outras duas empresas de segurança, HBGary e Berico, em um contrato de US$2 milhões por mês, para ajudar a criar uma operação de inteligência que encontrasse publicações nocivas nas redes sociais de críticos da Câmara de Comércio.[185] Enquanto trabalhava na proposta, o trio também persuadiu o Bank of America em uma operação semelhante, desta vez voltada para o Wikileaks. A Palantir propôs pressionar jornalistas pró-Wikileaks, incluindo Glenn Greenwald, o vencedor do Prêmio Pulitzer. "São profissionais estabelecidos que possuem uma tendência liberal", dizia um slide de apresentação da Palantir, "mas, no final das contas, a maioria deles, se pressionados, escolherá a preservação profissional em vez da causa".

Por fora, o projeto — que se tornou público quando membros da Anonymous, o grupo de hackers, publicou e-mails do CEO da HBGary em fevereiro de 2011 — era escandaloso. Greenwald escreveu uma coluna devastadora atacando o que ele via como um "eixo do governo e do poder corporativo... desregrado e desenfreado".

Por outro lado, dentro da sede da empresa, em Palo Alto, o incidente era tido menos como um escândalo e mais como um produto infeliz da abordagem de vendas da empresa, que — como tudo no Thielverso — era descentralizada. "Demos muita corda para o pessoal do desenvolvimento de negócios e os pressionamos demais para que fizessem coisas acontecerem", disse um ex-engenheiro. "Era difícil culpar aquelas pessoas por se esforçarem tanto."

Alex Karp se desculpou publicamente, cortou relações com a HBGary e disse aos funcionários que não sabia sobre a proposta de intimidar jornalistas. "O direito à liberdade de expressão e o direito à privacidade são essenciais para uma democracia próspera",[186] disse ele em um comunicado. Ele também anunciou que a Palantir estabeleceria um parâmetro ético para que, no futuro, os funcionários pudessem reportar demandas de trabalho tão perturbadoras quanto essa. Ainda assim, não ficou claro se Karp ou Thiel realmente se arrependiam da proposta de intimidar jornalistas. O ex-engenheiro disse que alguns colaboradores comentavam entre si que os funcionários da Palantir que fizeram parte do plano — incluindo um engenheiro de 26 anos, Matthew Steckman, e um gerente, Eli Bingham — estavam simplesmente fazendo seu trabalho. A Palantir deu uma licença para Steckman, mas ele voltou à empresa e foi promovido posteriormente, tornando-se chefe de operações comerciais e consultor sênior da Karp, antes de sair de vez em 2017. Bingham também foi promovido e colocado no comando da operação de aprendizado de máquina da empresa.

Eles continuaram sendo vistos com bons olhos por Thiel. Mais tarde, Steckman se tornaria diretor de receitas da Anduril, uma empreiteira de defesa semelhante à Palantir e financiada por Thiel. Bingham se tornou vice-presidente de engenharia da Affirm, empresa financeira semelhante ao PayPal, fundada por Levchin e apoiada por Thiel. Eles não seriam os últimos associados de Thiel a serem publicamente repreendidos, porém secretamente recompensados.

Se os funcionários da Palantir haviam sido desencorajados pelo episódio HBGary, seu descontentamento não durou muito. No final de abril, os funcionários começaram a comentar que um dos clientes mais reservados da empresa havia feito algo importante. "Você vai querer assistir ao noticiário nos próximos dois dias", um funcionário se lembra de ter escutado.

NA PRIMEIRA NOITE DE DOMINGO de maio, o presidente Obama apareceu na Sala Leste da Casa Branca para anunciar que os Estados Unidos tinham matado o terrorista mais procurado do mundo. Osama bin Laden estava escondido em um complexo cercado em Abbottabad, no Paquistão, quando uma equipe de SEALs da Marinha dos EUA o encontrou. Falando seriamente, o presidente descreveu uma operação "meticulosa" de coleta de informações liderada pela CIA, que terminou em uma incursão clandestina no início do dia. "Em noites como esta", disse Obama, "podemos dizer às famílias que perderam entes queridos para o terror da Al Qaeda que a justiça foi feita." Nas horas agitadas que se seguiram, a atmosfera na Palantir era de entusiasmo; entre e-mails, fóruns internos e nos próprios escritórios da empresa em Palo Alto e Washington, os funcionários começaram a fazer a pergunta óbvia: *fomos nós?* A resposta daqueles em condições de saber foi "Talvez", embora eles o dissessem de tal forma que praticamente significava sim.

Em *The Finish* [sem publicação no Brasil], um best-seller sobre a caçada a Bin Laden publicado em outubro do ano seguinte, o jornalista Mark Bowden creditou dois avanços tecnológicos que, segundo ele, permitiram que os analistas encontrassem o líder da Al-Qaeda. O primeiro foi o desenvolvimento do drone Predator, que podia circular continuamente a área de uma cidade e dar aos comandantes uma visão detalhada de qualquer um, ou qualquer coisa, que entrasse ou saísse. O segundo, que trabalhou em conjunto com os drones, criando um registro para dar sentido aos movimentos e contatos de um alvo em potencial, foi o programa Total Information Awareness (TIA).

Oficialmente, o conceito de Poindexter havia sido extinto, mas Bowden argumentou que sua abordagem básica conseguiu sobreviver com a ajuda do Vale do Silício. "Uma startup chamada Palantir, por exemplo, surgiu com um programa que cumpria elegantemente o que o TIA se propôs a fazer", escreveu ele. "O software produzido a partir desta fonte improvável ajudaria a transformar as forças especiais norte-americanas em caçadores terrivelmente eficazes."

Falando em uma reunião geral após a entrevista coletiva de Obama, Karp teve o cuidado de não receber crédito — e de *não deixar* de receber o crédito. Ele observou que era de conhecimento público que a Palantir trabalhava com agências de inteligência e que essas agências haviam feito algo espetacular. "Ele deu um sorriso acanhado", disse uma testemunha — outro exemplo da habilidade de vendas de Karp no estilo do filme *A Origem*.

A empresa adotaria essa linha ao falar com a imprensa, se recusando a responder perguntas sobre a caça a Bin Laden, mas avisando aos repórteres, extraoficialmente, de que havia algo ali. Um dos funcionários antigos me disse que a equipe não deveria direcionar ninguém para o livro de Bowden, pois continha informações tornadas confidenciais, mas podiam dizer para as pessoas digitarem "Palantir Bin Laden" no Google, o que os levaria direto para um trecho onde Bowden se referia à empresa como uma "que realmente merece o famoso título de aplicativo matador". Essa pesquisa do Google viria a valer bilhões de dólares na valorização da Palantir — já que os repórteres repetiam a afirmação como se fosse verdade. Uma exceção foi a Gawker,[187] que observou que a Palantir havia utilizado a alegação para impulsionar as vendas e que "não havia ligação comprovada alguma". Anos depois, Sharon Weinberger, jornalista do *New York*, escreveria que "ninguém com quem falei na segurança nacional ou na inteligência acredita que a Palantir tenha desempenhado um papel significativo na descoberta de Bin Laden".

De fato, Bowden foi bem vago sobre o papel exato da Palantir nessa história, e não entrou em quaisquer detalhes reais. O que ela fez efetivamente? Não tanto quanto pareceu prometer, ao que parece. Um ex-analista de inteligência que fez uso do software da Palantir nesses anos declarou que era uma ferramenta extremamente limitada. Embora se acreditasse que ela processava dados brutos de inteligência, essa pessoa diz que, na verdade, servia mais como auxiliar de visualização — uma maneira de criar gráficos mostrando conexões com base em bancos de dados que os militares já haviam criado. Os membros da Palantir argumentariam que estas eram uma descrição injusta e que a empresa forneceu ferramentas de análise valiosas,

154 CONTROVERSO

embora reconhecessem que seu software não era tão automatizado quanto muitos acreditavam na época.

Os analistas descobriam quem queriam atingir, criavam um gráfico de radar no software da Palantir e o encaminhavam aos seus superiores. Isso tinha o seu valor — patrões apreciam gráficos —, mas era preciso gerá-lo de forma mais ou menos manual. "Era apenas a ferramenta utilizada para preparar o relatório final", disse o analista, referindo-se às afirmações sobre as proezas de inteligência da Palantir como "algo totalmente falso". Na realidade, o papel da Palantir no assassinato de Bin Laden teria se limitado a "tirar uma bela foto e, em seguida, fazer uma captura de tela para poder colocá-la no final de um PowerPoint que seria enviado para o comando". Ou seja: exatamente o mesmo uso do caso da Ghostnet.

Mas o papel desempenhado pela Palantir foi mais do que suficiente para Karp. Afinal, os segredinhos da empresa fizeram explodir o interesse da mídia. A combinação da esquisitice de Karp — que, além de manter o nome retirado de O Senhor dos Anéis, se referia ao trabalho para o governo como "proteger o Condado" e chamava os funcionários de hobbits — com o envolvimento perceptível da empresa em operações misteriosas era irresistível. Um artigo da Businessweek chegou a declarar a empresa como "A Arma Secreta da Guerra ao Terror"[188] e incluiu uma descrição — retirada diretamente de um discurso de vendas da empresa — de uma operação impulsionada pela Palantir em que a CIA utilizou o software para impedir um ataque terrorista ao Walt Disney World. Tratava-se apenas de um exemplo hipotético, necessário para proteger "o trabalho delicado de seus clientes".

A ONG União Americana pelas Liberdades Civis resolveu entrar na conversa, alertando que a Palantir estava apoiando "a estratégia equivocada de vasculhar as comunicações e atividades de milhões de pessoas inocentes", e a imprensa produziu conteúdos ameaçadores sobre as perigosas implicações da tecnologia da Palantir, sem saber que, naquele momento, essa tecnologia ainda era um trabalho em desenvolvimento. O Guardian alertou sobre um "esquema sinistro de vigilância cibernética".[189] A Forbes intitulou um de seus perfis, que incluía o rosto sorridente de Karp na capa, de "Conheça o Big Brother".[190] Ele começava com os "boatos" — que, obviamente, haviam sido iniciados por funcionários da Palantir — de que a empresa havia "ajudado a matar Osama bin Laden".

Karp e Thiel pouco fizeram para combater as sugestões de que a sua tecnologia possibilitara ao governo ir além; e, de fato, às vezes eles até as encorajavam, argumentando que um pânico de privacidade poderia ajudar a apoiar a afirmação da Palantir de que se tratava de uma tecnologia de vigilância revolucionária. Se as pessoas achavam aquilo perigoso, ótimo. É por isso que eles lhe deram o nome do olho de Sauron, para começo de conversa. Foi assim que Thiel explicou sua estratégia a um amigo: "Prefiro ser visto como mau do que como incompetente."

E ele tinha razão. Seus clientes em potencial — empresas de serviços financeiros, departamentos de segurança corporativa — não se importavam se a Palantir era boa demais. Na verdade, era melhor mesmo que ela fosse invasiva. Eles queriam tecnologia de nível militar, queriam contratar a empresa que tinha pegado Bin Laden — e Thiel e Karp estavam de prontidão para vender isso a eles. "Parecia que estávamos no topo do mundo naquele momento", disse um funcionário de longa data. "Muitas pessoas começaram a bater à nossa porta." O sucesso da Palantir enriqueceria Thiel consideravelmente, já que o valor da empresa passaria de US$2,5 bilhões em 2011 para US$9 bilhões dois anos depois.

Mas isso também lhe daria algo mais. Por anos, Thiel vinha projetando mais poder do que realmente tinha — publicando seus próprios livros, pagando do próprio bolso para dar conferências, e basicamente pagando por influência onde quer que fosse e como fosse possível. Agora, no entanto, com a ascensão e o sucesso da Palantir, ele de repente passou a ter uma influência real. A Palantir havia se esforçado durante anos para chamar a atenção de generais e políticos; agora, esses mesmos generais é que ligavam para ela. Thiel não era mais apenas um entusiasta de tecnologias; ele era o cara por trás da empresa que provou ter vindo para mudar o jogo no que se refere à segurança nacional — e ele tinha grandes planos sobre o que fazer com essa reputação.

11

O TABU ABSOLUTO

No verão de 2010, encontrei Thiel em uma cafeteria do West Village. Cheguei com uma vaga noção de que poderia traçá-lo para o "How I Did It" (Como Eu Consegui) do *Inc*, no qual empresários de sucesso explicam a estrada sinuosa que precisaram percorrer até a fama e fortuna. Esses artigos eram inevitavelmente bregas, mas pareciam revigorantes em meio à devastação econômica do momento.

Tecnicamente, a Grande Recessão tinha acabado, mas as coisas pareciam de certa forma desesperadoras, pelo menos do meu ponto de vista em Nova York. Eu tinha 28 anos — jovem ainda, mas não tanto. Todos os meus amigos, que em sua maioria tinham diplomas de universidades de prestígio, pareciam estar com dificuldades, passando por separações e contratempos em suas carreiras. Eles estavam pensando em voltar para casa ou tentar a pós-graduação. Nos dezoito meses anteriores, uma empresa de mídia ou parecia prestes a falir ou despedia metade da sua equipe a cada poucas semanas, e eu me peguei receoso — ou talvez fantasiando, era difícil dizer — sobre o dia em que também seria demitido.

Thiel apareceu vestindo uma camisa social azul impecável e se juntou a mim em uma mesa sem pedir nada ou fazer qualquer esforço para ser gentil. Em seguida, começou um discurso improvisado sobre as três bolhas econômicas mais recentes. A primeira, é claro, foi a bolha da tecnologia; então, veio a bolha das hipotecas subprime; por fim, surgiu a bolha na qual nos encontrávamos: "do ensino superior", disse ele.

Ele explicou seu raciocínio, parando em várias ocasiões para usar meu notebook. Os preços das mensalidades estavam disparando e nós pagávamos tarifas cada vez maiores sobre empréstimos estudantis garantidos pelo governo federal, assumindo dívidas também cada vez maiores — dívidas que, a propósito, não poderiam ser liquidadas no caso de falência. Para que servia tudo isso, exatamente? Por que o governo estava subsidiando diplomas inúteis de história da arte que, na verdade, eram apenas graduações em bebedeira e sexo? Por que diabos estávamos dispostos a pagar US$150 mil pelo privilégio de quatro anos de festa?

A bolha do ensino superior não era igual à bolha das hipotecas subprime, afirmou. Era pior. Pelo menos com uma hipoteca subprime você tinha uma casa. Com a faculdade — mesmo uma da Ivy League — você não tinha nada. As pessoas mais inteligentes, disse ele, estavam desistindo e abrindo empresas. Eu saí da entrevista convencido pelo argumento de Thiel, mas também confuso com o que tinha acabado de acontecer. Eu esperava trocas comuns de uma entrevista, mas em vez disso recebi uma longa discussão macroeconômica que parecia destinada a terminar comigo secando lágrimas no meu diploma de ciências humanas.

Esse sentimento é familiar para quem passa muito tempo com Thiel — cujo modo de conversação principal envolve uma série unilateral de refrões que ele repete e refina ao longo do tempo. Pelo menos foi o que eu achei na época. Mas a tese antifaculdade de Thiel era mais do que apenas um refrão — era parte de uma estratégia maior projetada para expandir sua influência muito além dos investimentos e da tecnologia. Ela se desenrolaria em três novos domínios: na política, no direito e, como eu estava prestes a descobrir, na educação — ou melhor, no movimento contra ela. Eu não percebi naquela época, mas tive uma prévia da startup mais ambiciosa de Thiel até então: tentar conquistar todos os jovens insatisfeitos nos EUA.

NAQUELE MÊS DE OUTUBRO, *A Rede Social* estreou nos cinemas. O filme de David Fincher foi baseado no livro *The Accidental Billionaires* [sem publicação no Brasil], que usou documentos publicizados durante a disputa de Zuckerberg com Eduardo Saverin sobre a propriedade do Facebook. Tratava-se, em suma, de um retrato ácido dos impulsos mais covardes do Vale do Silício. Justin Timberlake interpretou Sean Parker como um vigarista ganancioso e festeiro. Jesse Eisenberg foi sensacional como Zuckerberg — indiferente, sociopata e, acima de tudo, solitário. Wallace Langham, mais conhecido por seu papel recorrente como técnico de laboratório no famoso *CSI: Investigação Criminal*, retratou Thiel como um investidor careta enfiado em uma camisa azul.

Como conta o roteiro de Aaron Sorkin, a inspiração que levou ao Facebook surgiu na cabeça de Zuckerberg em um devaneio sexista após uma separação. Então ele o girou em torno de alguma propriedade intelectual de origem duvidosa e acabou produzindo algo que engoliu o tecido social de toda uma geração, substituindo-o por um maldito e triste sinal de "Curtir". De qualquer maneira, foi assim que a maioria dos críticos de cinema viu *A Rede Social*, o que fazia todo o sentido, já que o filme representava, mais ou menos, o que acontecera na vida real. No entanto, essa *não* foi a experiência que os novos tecnólogos dos EUA tiveram com o filme. Eles o viram como um modelo a ser seguido — sendo conduzidos a essa crença por Zuckerberg e, mais ainda, por Thiel.

A estratégia de Thiel era simples: ele não se preocupou em atacar as liberdades que os cineastas tomaram em relação aos fatos; em vez disso, ele focou o que considerava uma interpretação errônea da *mentalidade* de Zuckerberg. De acordo com Thiel, Zuckerberg não fundou o Facebook para se vingar, ou para conseguir garotas, como o filme sugere; ele fundou a empresa pelo puro desejo de construir algo que fizesse a humanidade progredir. Acreditar em algo diferente era cair na armadilha da "mentalidade de 'ganhar ou perder' de Hollywood e do governo", que Thiel afirmava ter orientado a produção. "A única coisa positiva sobre o filme é que vai encorajar muitas pessoas — a despeito das piores intenções dos produtores — a entrarem na indústria de tecnologia", disse ele na época. "Nesse sentido, é uma coisa muito positiva."[191]

160 CONTROVERSO

Alguns dias antes do lançamento do filme, ele iniciou uma campanha de imprensa na TechCrunch Disrupt, uma conferência de tecnologia muito frequentada em São Francisco[192] que era organizada pelo site de notícias *TechCrunch*. No palco, ele criticou o filme, e depois anunciou que faria sua parte para atrair os aspirantes a Zuckerberg para o ramo da tecnologia, assim como os efeitos involuntários dos produtores do filme. "Uma das iniciativas que vamos começar nas próximas semanas é um programa que oferece bolsas de até US$100 mil para até vinte pessoas com menos de 20 anos, para começar algo novo", disse ele. "Muitas das grandes empresas foram fundadas por pessoas muito jovens, e achamos que [deveríamos] encorajar isso."

Thiel já tinha feito algo parecido. Em 2009, o Founders Fund, em parceria com o *TechCrunch*, distribuiu o que ficou conhecido como "Genius Grants for Geeks"[193] [bolsas para gênios geeks, em tradução livre], que concedia US$50 mil a figuras promissoras da tecnologia para investir em uma startup. A ideia tinha sido de Sean Parker — que a considerava como uma forma sorrateira de a empresa encontrar novos investimentos e que a estruturou de tal forma que a empresa ficasse com metade do patrimônio —, mas, um ano depois, Thiel acrescentaria seu próprio toque. O novo programa, chamado "20 Under 20" [que significa vinte pessoas com menos de 20 anos], seria limitado a adolescentes e totalmente filantrópico: eles chamariam os jovens empreendedores de Thiel Fellows, e as bolsas não teriam obrigações de compromissos futuros. Exceto uma: eles teriam que abandonar a escola, assim como Zuckerberg.

O projeto foi redigido na imprensa de tecnologia e pelos blogs libertários que Thiel vinha cultivando. Mas o melhor, até onde Thiel sabia, foi o fato de ele ter sido atacado pela imprensa tradicional. Escrevendo para a *Slate*, Jacob Weisberg, o editor-chefe da revista online e então CEO da empresa de podcasting Pushkin Industries, que por acaso também era formado em Yale e bolsista da Rhodes, acusou Thiel de tentar clonar a si mesmo, "talvez literalmente". Os Thiel Fellows "teriam a oportunidade de imitar seu patrocinador, interrompendo seu desenvolvimento intelectual no início da idade adulta, mantendo um foco limitado a enriquecer o mais cedo possível, evitando, assim, a tentação de ajudar os outros ou contribuir para os avanços das ciências básicas que possibilitaram as grandes fortunas da tecnologia". O ensaio era eloquente e atraiu mais inscrições; Thiel até incluiu trechos dele em um vídeo promocional. A provocação estava funcionando.

EM MARÇO DE 2011, Thiel levou 44 adolescentes e seus pais para São Francisco. Eles estavam lá para apresentar ideias, ouvir palestras, socializar com cerca de cinquenta membros da Máfia do PayPal e competir entre si para ser um dos 24 vencedores. Eles foram selecionados dentre um grupo de cerca de 400 jovens[194] que se inscreveram pela internet, respondendo perguntas como "Como você mudaria o mundo?" e "No que você, e ninguém mais, acredita?"

O público que saudou Thiel quando ele subiu ao púlpito para dar as boas-vindas era mais um reflexo dos seus próprios interesses idiossincráticos e vaidades do que de diversidade cultural. O grupo compartilhava da visão política, dos interesses e das predileções de Thiel. Em seus ensaios, os alunos escreveram sobre o libertarianismo radical, sobre o quanto a faculdade era ridícula ou sobre como seria incrível viver para sempre. Quase todos eram meninos e praticamente cada um deles compartilhava do constrangimento social de Thiel.

"Não temos nada contra a educação", disse Thiel ao grupo. Então, acrescentou: "a boa educação tende a ter um componente autodidático." Aquela bolsa era um "pequeno passo para cada um de vocês, mas um grande passo para a humanidade".

Pouco tempo depois, Thiel enviou as cartas de admissão. "O futuro não se criará sozinho", escreveu ele. "Agora, vamos lá mudar o mundo." Sua fundação divulgou a lista de nomes de 22 homens e duas mulheres que abandonariam algumas das universidades mais respeitadas do país. Eles vinham, como observou o comunicado de imprensa, de lugares como MIT, Harvard e Yale, e havia até mesmo um adolescente do quarto ano concorrendo para um doutorado em neurociência em Stanford, mas que também estava dando uma pausa nos estudos para se arriscar no empreendedorismo. Um jovem de 18 anos queria minerar asteroides; outro, construir seu próprio espectrômetro de massa. Havia um jovem de 17 anos que queria es-

162 CONTROVERSO

tender a expectativa de vida humana em, pelo menos, 300 anos e um de 16 desenvolvendo uma solução alternativa para o Grande Firewall da China.

O comunicado à imprensa também incluiu uma longa biografia do fundador da bolsa de estudos, incluindo um guia para pronunciar o sobrenome de Thiel (o *h* é mudo). Ele deu entrevistas que enfatizavam a qualidade transgressora do projeto. "A educação pode ser a única coisa na qual as pessoas ainda acreditam nos Estados Unidos", disse ele. "É realmente perigoso questioná-la. É o tabu absoluto. É como dizer ao mundo que o Papai Noel não existe."[195]

Thiel contratou uma equipe de filmagem local para acompanhar o primeiro grupo e produzir uma série de documentários de curta-metragem que glorificavam o projeto. Ele foi entrevistado em uma sala escura com iluminação de efeito dramático, e alguns dos bolsistas foram gravados em suas cidades natais enquanto faziam as malas e se despediam dos pais, no melhor estilo reality show. Thiel também fez parceria com uma amiga jornalista, chamada Alexandra Wolfe Schiff — por acaso, a filha de Tom Wolfe —, para escrever um livro sobre o projeto. A ideia era refazer o antigo *Teste do Ácido do Refresco Elétrico*, escrito por Wolfe, mas com Thiel viajando pelo país de ônibus como se fosse um Ken Kesey moderno, pegando os bolsistas e levando-os para o Vale do Silício.

A bolsa de estudos, mais o impulsionamento da mídia, constituíram um elemento central da tentativa de Thiel de mudar a percepção do público. Ele passou o início dos anos 2000 desempenhando um papel que não era dele — o de heterossexual boa vida que gerenciava fundos hedge; agora ele tinha um novo personagem: um investidor ousado, que assumia riscos e era dotado de um desejo ardente de acabar com o sistema.

Com efeito, a imagem de Thiel precisava de uma reformulação. O Founders Fund vinha lutando para atrair novos investidores, em parte porque Thiel ficou conhecido como o cara que presidiu a destruição do fundo hedge mais popular dos EUA. Sim, Thiel havia investido no Facebook, mas ele se recusou a investir significativamente na rodada de 2006 porque considerou muito cara a avaliação da empresa em US$500 milhões. Em 2010, já estava claro que havia sido uma decisão estúpida — "Foi um dos grandes arrependimentos de Peter", disse um ex-investidor do Founders Fund.

Os investimentos mais recentes de Thiel também não pareciam muito prósperos. Ele investiu na SpaceX antes do terceiro foguete de Musk explodir, mas Musk resolveu esperar até *depois* do acidente para anunciar o negócio, como uma forma de sinalizar para a NASA e outros clientes em potencial que ele tinha capital suficiente para manter a empresa funcionando. Foi um marketing excelente para a SpaceX, mas nem tanto para Thiel, que ficou parecendo alguém que acabara de pagar por uma enorme bola de fogo. Pouco depois do fracasso do lançamento, um investidor que estava pensando em apoiar o fundo escreveu um e-mail reclamando que Thiel havia tirado a empresa dos trilhos. "É exatamente por isso que não financiei vocês — por causa de apostas ridículas como essa", disse o investidor.

A reformulação permitiu que Thiel transformasse essa preocupação em um argumento de venda. Em julho de 2011, Thiel e seus colegas postaram um manifesto de 5 mil palavras sobre a desaceleração da inovação tecnológica sob o título "What Happened to the Future?" [O que aconteceu com o futuro?]. Embora escrito por um parceiro do Founders Fund, Bruce Gibney, as ideias ali presentes eram as que Thiel vinha desenvolvendo há anos. Seu slogan comparava os sonhos de ficção científica da juventude de Thiel com os objetivos aparentemente diminutos das empresas de tecnologia mais bem-sucedidas do mundo: "Queríamos carros voadores, mas só ganhamos 140 caracteres." (A referência era ao Twitter, que vinha sendo veiculado na imprensa como um potencial matador do Facebook.)

Os CRs, argumentou Thiel, financiavam ambiciosas empresas de semicondutores, desenvolvedores de medicamentos e empresas de hardware — nomes icônicos como Intel, Genentech, Microsoft e Apple. Agora, eles apoiavam softwares para consumidores toscos, "tecnologias falsas" que resolviam "problemas inventados". Como resultado, os retornos estavam estáveis desde 1999. "O futuro que as pessoas na década de 1960 esperavam ver ainda é o futuro pelo qual esperamos, meio século depois", escreveu Gibney. "Em vez do Capitão Kirk e da USS Enterprise, temos o Negociador da Priceline e um voo barato para a Cidade do Cabo."

O ensaio era de uma retórica excelente — ainda que não descrevesse a carteira de investimentos do Founders Fund, que consistia em grande parte dos tipos de empresas que Thiel criticava e tinha apenas um punhado

164 CONTROVERSO

de firmas que atendiam às suas nobres ambições. O Founders Fund tinha apoiado o Facebook — uma rede social, assim como o Twitter —, bem como o Path, a Gowalla e a Slide, também empresas de redes sociais. Esta última, criada pelo cofundador do PayPal, Max Levchin, era conhecida por algo chamado de SuperPoke, que permitia aos usuários "estapear", "socar" e "apalpar" virtualmente seus amigos do Facebook, e estava tão longe do ideal randiano quanto se poderia imaginar.

Havia uma desconexão semelhante entre a retórica e a realidade na Thiel Fellowship, como os sortudos adolescentes selecionados para a bolsa logo descobririam. O anúncio de Thiel no *TechCrunch* sobre uma grande bolsa de estudos, pela qual duas dúzias de pessoas mudariam suas vidas para aceitar, não tinha sido o produto de algum tipo de reflexão profunda, mas fora concebido em um voo de volta para São Francisco no dia anterior à conferência.[196] E embora Thiel certamente estivesse pensativo em relação aos problemas do ensino superior, o problema que ele de fato estava tentando resolver — como um de seus conselheiros mais próximos viria a reconhecer anos depois em uma entrevista à conservadora revista *City Journal* — era muito mais trivial. Ele tinha colocado as mãos no roteiro de Aaron Sorkin para *A Rede Social*, que os produtores do filme compartilharam com o Facebook, e estava preocupado com a sua representação como um investidor de sangue-frio que dera início a um jogo de poder que o filme sugeria ter levado ao roubo da empresa. É claro que isso era bastante preciso, mas não se encaixava com a nova imagem de intelectual radical de Thiel. "Ele queria embarcar naquilo com boas notícias", disse o ex-codiretor da bolsa de estudos, Michael Gibson.[197] "Fomos à casa dele, entramos no carro e fomos para essa conferência. E durante o voo, estávamos elaborando... bem, como chamamos isso? Quanto dinheiro está envolvido? Quantos anos?"

Gibson e aqueles na órbita de Thiel celebrariam a natureza impulsiva da bolsa como uma prova de que ele estava no limite, tentando superar a Hollywood liberal no ato. Mas para os jovens que virariam suas vidas de cabeça para baixo para participar da bolsa, a falta de preparação era evidente — e, para alguns, desastrosa. Eles chegaram à Califórnia apenas para descobrir que a realização efetiva da bolsa tinha sido, basicamente, uma reflexão tardia, uma vez que Thiel atingira seu objetivo de marketing.

O TABU ABSOLUTO   165

Não havia estrutura alguma além da exigência de que eles não se matriculassem na faculdade e não arrumassem trabalhos em tempo integral. Não havia leituras obrigatórias ou diretrizes comportamentais; não havia aulas, horas de expediente ou professores, exceto os próprios membros da Thiel Foundation que eram responsáveis pelo programa. Eram eles: Jim O'Neill e Jonathan Cain, que faziam parte de uma operação pseudopolítica que Thiel operava dentro da Clarium; Gibson, um doutorando que abandonou o curso e que blogava sobre *seasteading* quando Thiel o contratou para a Clarium; e Danielle Strachman, que criou uma escola charter de ensino fundamental em San Diego, o que fazia dela a única entre os quatro membros com qualquer experiência relevante.

Foi concedida aos bolsistas uma reunião trimestral com Gibson e Strachman, e eles foram convidados para alguns eventos de networking na casa de Thiel. Eles pareciam promissores, mas muitas vezes eram apenas situações desesperadoras com dezenas de jovens disputando para conseguir alguns minutos com o chefe. "Foram as festas mais deprimentes de que uma pessoa poderia participar", disse um ex-participante do programa. "Sempre que alguém falava com ele, havia um interesse por trás." Se os bolsistas dessem sorte, podiam conseguir tomar café da manhã com Thiel, o que envolvia dividir a mesa com outros cinco ou dez empreendedores. Thiel discursaria continuamente, comentando sobre algum problema na política de animais de estimação ou qualquer coisa do tipo, pausando apenas, talvez, para pedir um segundo café da manhã, quando desse uma bebericada 45 minutos depois e percebesse que o seu tinha esfriado.

O cheque de US$100 mil era pago em duas parcelas anuais, o que significava que os bolsistas tinham US$50 mil para viver. Isso era bom, mas não era tanto assim com os valores dos impostos e do aluguel em São Francisco, principalmente para quem nunca precisou gerenciar as próprias despesas. Para facilitar um pouco, a fundação alugou uma casa nos arredores de São Francisco durante o verão e os bolsistas dividiram os quartos — quatro em cada. A partir do outono, contudo, ficaram por conta própria. "Foi algo como: 'Pronto, uma casa para vocês, agora façam sua parte'", disse Thomas Sohmers, que se inscreveu na bolsa pela primeira vez aos 14 anos, em 2010, e foi aceito na terceira turma, dois anos depois.

Havia pontos positivos. Todo o burburinho em torno do programa significava que a Thiel Fellows poderia conseguir, pelo menos, uma reunião com praticamente qualquer investidor ou empresa de tecnologia. Por outro lado, era difícil não ver a coisa toda como algo decepcionante. Um colega declarou que a bolsa de estudos prometia um capitalismo libertário e uma comunidade de apoio que recompensaria a criatividade em vez de manobras maquiavélicas. "O que eu descobri, de maneira cômica, foi que *não era* nada disso", disse ele. Era uma faculdade sem aulas, uma comunidade residencial ou estudantil — em suma, a parte mais enriquecedora da faculdade. Aquilo não era um ataque a um sistema de qualificação; era apenas outra qualificação.

Muitos outros, especialmente os mais jovens, se sentiram simplesmente perdidos. Chegar a São Francisco aos 16 anos, como fez Thomas Sohmers, sem amigos, casa ou chefe e, além disso, receber ordens de tentar abrir uma empresa mais ambiciosa do que o Google, era uma diretiva terrivelmente assustadora. Um mentor de 23 anos foi designado para Sohmers. Outro candidato a mentor, Aron D'Souza, um australiano jovem e bonito, deu uma palestra para os bolsistas em 2011 como especialista em direito de propriedade intelectual, apesar do fato de ter acabado de sair da pós-graduação. Ele tinha doutorado pela Universidade de Melbourne e um diploma de Direito por Oxford, mas para os Thiel Fellows ele não parecia ter qualquer experiência evidente que o qualificasse como um mentor para fundadores de startups — exceto, é claro, ser um homem bonito do qual Thiel parecia gostar.

A bolsa de estudos era frequentemente comparada à Y Combinator, uma incubadora de startups que investiu US$100 mil em empresas em estágio inicial e que era notória por não interferir. Ela apenas obrigava que as empresas cumprissem, a cada duas semanas, o "horário de expediente", o que criava um certo senso de disciplina nos seus criadores e os ajudava a fazer amigos e contatos. A Thiel Fellowship não oferecia nada disso. "Eu ficava pensando 'cá estou eu no Vale do Silício. Não conheço ninguém em Stanford. Não posso simplesmente ir a um bar porque tenho menos de 21 anos. Posso me encontrar com qualquer CEO, mas não preciso disso. Eu só preciso de companhia", disse um dos bolsistas.

Quando os bolsistas reclamavam ou pediam ajuda, a resposta dos funcionários de Thiel era exatamente o que se poderia esperar de um bando de ultralibertários: "Esse é um grande problema para você resolver por meio dos negócios", diziam eles — uma resposta ideologicamente razoável, mas que era totalmente inútil para um adolescente solitário.

Alguns desses jovens sofreram por lá. Ouvi falar de um antigo bolsista que parecia ter lutado contra problemas de saúde mental e dependência de drogas; mas, de acordo com dois bolsistas da época, os administradores demoraram a intervir. Outro bolsista foi discretamente removido do programa, mas somente depois que a polícia apareceu em uma casa que ele dividia com outros bolsistas. Os dois bolsistas disseram que a polícia de São Francisco afirmou estar investigando seu envolvimento com um esquema de pirâmide de criptomoedas.

Muitos bolsistas descreveram se sentir como cidadãos de segunda classe na órbita de Thiel. Eles foram informados de que o Founders Fund, via de regra, não investiria em nenhum dos bolsistas, por medo de que isso criasse uma percepção de favoritismo. Mas as políticas estavam sempre sendo alteradas — um punhado de empresas levantou pequenas quantias —, e o próprio Thiel investiu US$2 milhões na Hello, a fabricante de um despertador e rastreador de sono que custava US$149 e que fora fundada por James Proud, que ingressou no programa aos 19 anos e que, segundo Thiel, "se destacou desde o início".[198] Isso foi muito bom para a startup de Proud, que fecharia as portas em 2017,[199] mas também deixava implícito que qualquer pessoa que não conseguisse arrecadar dinheiro com Thiel apresentava um desempenho inferior. Muitas dessas empresas, por sua vez, teriam dificuldade para levantar seus próprios fundos.

Ao lançar a Thiel Fellowship, Thiel seguiu o exemplo da Halcyon Molecular, a empresa que se comprometeu a resolver o problema do envelhecimento, cofundada por um então adolescente William Andregg. Para o perfil de George Packer no *New Yorker*, em 2011, ele fez com que Packer participasse de uma reunião, na qual pediu para que Andregg, seu irmão e sua equipe começassem a recrutar mais engenheiros. Escreva os nomes das três pessoas mais inteligentes que vocês conhece, disse Thiel, e depois contrate-as.

No entanto, meses após o perfil de Packer ser publicado no artigo de 2011, uma empresa britânica foi mais rápida que a Halcyon e começou a promover pequenas máquinas de sequenciamento de DNA descartáveis, as quais esperava vender por US$900 cada — mais do que os US$100 que a Halcyon pretendia, mas muito menos do que os US$10 mil que custava anteriormente. Andregg tentou mudar de foco, mas Thiel teve que fechar a empresa. Não fazia sentido ter o segundo melhor método de sequenciamento. Em agosto de 2012, Andregg estava tentando encontrar novos empregos para seus funcionários dentro do império de Thiel. Thiel contratou Aaron VanDevender, um doutor em física que havia trabalhado na Halcyon, e fez dele o cientista-chefe do Founders Fund, além de um dos seus principais investidores. No dia em que a empresa anunciou o encerramento das atividades, ele convidou Andregg para ir à sua casa, onde o venceu impiedosamente em uma partida de xadrez, utilizando-a em seguida para dar uma aula de negócios. Ele apontou que, várias rodadas antes de colocar Andregg em xeque-mate, o jovem tinha mais de uma dúzia de possíveis movimentos. "Quando você está se decidindo sobre o que fazer a seguir, deve tomar muito cuidado com seus movimentos, já que pode acabar em uma situação limitadora", disse Thiel, enviando Andregg e seu irmão para o mundo, para descobrirem seu próximo passo.

Andregg abriria outra empresa, a Fathom Radiant, que construiria chips avançados de inteligência artificial para supercomputadores, e pediria a Thiel para investir. Thiel concordou em se encontrar com ele, mas cancelou a reunião no último minuto. Ela nunca foi remarcada. O Founders Fund, concluiu Andregg, havia se tornado "mais voltado para os negócios".

Andregg não guardou rancores em relação a Thiel, mas começou a se arrepender de ter passado o início de sua juventude — talvez os melhores anos da vida de uma pessoa, se você não descobrir a fonte da juventude mais adiante — em um modelo de negócios que, olhando para trás, parecia mal concebido. "Não viva baseado em uma estratégia formulada por você mesmo aos 19 anos", disse ele. "Em retrospecto, isso é até meio óbvio."

Assim como Thiel cortou laços com os Andregg, e também com a empresa do seu amigo de faculdade Barney Pell, quando ambos aparentemente serviram aos seus propósitos, ele também se afastou do Seasteading

Institute, a organização sem fins lucrativos libertária fundada por Patri Friedman que Thiel utilizara para polir sua imagem de intelectual radical. Em 2011, ele deixou o conselho da empresa, e disse a Friedman que ela teria que "se manter por conta própria", e reduziu suas doações. Friedman tentou abrir uma empresa com fins lucrativos que construiria uma cidade privada em Honduras, e Thiel investiu. Mas a empresa enfrentou problemas legais quando a Suprema Corte do país considerou a ideia inconstitucional e fechou a empresa. Ele faliu — tinha dois filhos, estava se divorciando, e vinha pagando a si mesmo um salário de cerca de US$35 mil por ano nos últimos cinco anos. "Foi um esgotamento completo, em todos os sentidos", disse ele. Assim, resolveu voltar para o Google em 2013, pelo dinheiro e pelos benefícios. Ele ficou sem falar com Thiel por anos a fio.

O SUCESSO QUE OS BOLSISTAS tiveram era tão raro que, em 2015, Thiel ficou frustrado com Gibson e Strachman e substituiu os dois por Jack Abraham, um capitalista de risco emergente que compartilhava de sua visão política. Abraham alterou as regras para permitir bolsistas com até 22 anos — 20 parecia bom no Disrupt, mas era muito pouco na prática — e começou a recrutar empreendedores que já haviam levantado capital. Thiel criou um fundo para Gibson e Strachman, o 1517, que investe em empresas fundadas por jovens.

Os bolsistas que não conseguissem fundar startups de sucesso mundial acabariam retirados da rede — deixando de receber e-mails e de ser convidados para o retiro anual dos ex-alunos. Eles passaram a considerar seu tempo com Thiel, não como um exercício intelectual profundo, mas sim, como um deles me disse, "uma jogada superinteligente de relações públicas". Ainda segundo esse ex-bolsista: "Ele gastava US$2 milhões por ano e conseguiu comprar uma respeitabilidade enorme. Sem a bolsa, ele não teria dado o curso."

O *curso* — essa foi a segunda parte da tentativa de Thiel de conquistar a juventude norte-americana. Em março de 2012, o catálogo da Stanford incluiu um curso chamado "CS 183: Startup" no departamento de ciências da computação, listando Thiel como instrutor e prometendo "relatos dos primeiros dias de startups como o PayPal, o Google e o Facebook" e apresentando "empreendedores que fundaram empresas com valor superior a US$1 bilhão e CRs (capitalistas de risco) que investiram em startups como Facebook e Spotify". De alguma forma, depois de passar os últimos dois anos protestando contra faculdades de elite no geral, e de ter escrito um livro, artigos e proferido discursos condenando Stanford, em específico, ele convenceu sua *alma mater* a deixá-lo dar um curso sobre empreendedorismo.

O curso foi um sucesso no campus — atingindo o limite de 250 alunos em questão de dias — e causou rebuliço entre os professores, alguns dos quais ainda se lembravam das travessuras de Thiel enquanto estudante. Mas Stanford não era o público-alvo de Thiel. PETER THIEL, O CRÍTICO DE UNIVERSIDADES, VAI AO CAMPUS, dizia a manchete da Reuters. "Se eu fizer meu trabalho direito", afirmou um porta-voz de Thiel para o noticiário, "este será o último curso que você precisará fazer".[200] Houve muita atenção da mídia, incluindo um segmento do *60 Minutes* e um ensaio do colunista conservador David Brooks, para o *New York Times*.

Ele teve ainda mais sucesso nas redes sociais. Assim que as aulas começaram, transcrições bem detalhadas apareceram na internet, redigidas por um jovem discípulo chamado Blake Masters. Ele era um estudante de direito em Stanford que trabalhou no Founders Fund no semestre anterior, e era um acólito típico de Thiel — bonito, extremamente conservador, prolixo e ambicioso. Ele foi para Stanford para obter seu diploma de graduação em ciências políticas, e trabalhou como assistente no Ministério Público dos EUA. Assim como Thiel, Masters era membro da Sociedade Federalista do campus e um rato de academia. No entanto, dessa primavera em diante, ele se tornaria o Boswell de Thiel, postando versões em prosa detalhadas de cada palestra, com tabelas e gráficos fornecidos por Thiel. As notas viralizaram quase que imediatamente, aparecendo na primeira página do Hacker News — um fórum de tecnologia e empreendedorismo amplamente lido — quase todas as semanas, bem como no Facebook, Twitter, Reddit e em todos os outros lugares em que jovens ambiciosos passaram a se conectar.

A execução de Thiel podia ser incerta — seus discursos prontos soavam ríspidos em texto e cheios de digressões conforme eram proferidos — e a estrutura das aulas um pouco dispersa, especialmente no início, quando Thiel dava conselhos-padrão sobre startups. Em uma aula sobre cultura corporativa, ele simplesmente recomendou que as empresas adotassem a prática. Ele, todavia, conseguiu animar até mesmo essas lições insossas com a participação de amigos e ex-funcionários, incluindo Max Levchin, Reid Hoffman e Marc Andreessen.

À medida que as aulas avançaram, no entanto, Thiel divergiu dos conselhos convencionais e começou a filosofar mais, infundindo seu estilo singular de política apocalíptica nos conselhos de negócios. A 11ª palestra foi sobre segredos; a 13ª, proferida no final de maio, foi sobre a primazia da agência pessoal. Nesta última, chamada "You Are Not a Lottery Ticket" [Você não é um bilhete de loteria], ele argumentou que o mundo havia ido ladeira abaixo desde a época de seu nascimento, quando as pessoas ainda tinham ideias mais bem definidas sobre progresso. Naquela época, progresso significava derrotar os soviéticos e dirigir carros voadores. Desde então, no entanto, o mundo passou a adotar o que ele diagnosticou como "otimismo indeterminado". Isso, afirmou ele, era uma visão de mundo enganosa e perniciosa que assumia muitas facetas, incluindo o aumento dos investimentos em índices, a sensação generalizada de que não há problema em envelhecer e morrer, e até mesmo o trânsito de Los Angeles. O mundo estava uma bagunça, disse Thiel, argumentando que os jovens motivados na plateia — que a essa altura lotavam os corredores e sentavam-se no chão — e as dezenas de milhares de jovens que acompanhavam as palestras online tinham o poder para mudá-lo. Eles poderiam consertar o trânsito de Los Angeles, e até mesmo viver para sempre — e ficar extremamente ricos no decorrer. Tudo parecia possível, desde que eles se libertassem do mundo liberal e politicamente correto da educação superior.

A promessa de um caminho rumo à certeza econômica, riqueza e pós-recessão, juntamente à chance de se vingar das elites, era demais para os jovens conhecedores de tecnologia resistirem. "Há muitas pessoas jovens e ambiciosas que desejam sentir que não há nada de errado em ser ambicioso", disse Louis Anslow, que era um estudante universitário de 20 anos no sul da Inglaterra. Anslow amava o futurismo idealista de Thiel e a sua confiança de que até mesmo a morte poderia ser superada pela ciência.

Além disso, ele também não gostava da faculdade. Então, ele a abandonou e decidiu adotar Thiel como guru.

Começou a escrever para os funcionários e associados de Thiel, oferecendo-se para organizar eventos locais. "Eu estava determinado a me aproximar dele o máximo que conseguisse", afirmou. Finalmente, ele foi convidado para um Thiel Foundation Summit, evento direcionado a aspirantes a bolsistas, bem como para um punhado de encontros subsequentes.

Para Anslow e para outros como ele, as ideias de Thiel não eram apenas perfeitas para o momento; elas também eram perfeitamente apresentadas. Thiel era transgressivo e esotérico, e aqueles em sua rede pareciam ter acesso a segredos indisponíveis para o mundo exterior. Quando, em 2014, um funcionário de Thiel deu a ele uma cópia antecipada do livro *De Zero a Um*, baseado nas palestras de Thiel em Stanford, Anslow me disse que estava repleto de um sentimento de reverência. "Você idolatra esse cara e recebe uma cópia exclusiva desse texto sagrado", disse ele. "Era tudo muito religioso."

Thiel sempre foi um tipo um tanto improvável de líder, mas estabeleceu essas redes baseadas na lealdade durante décadas. Antes da Thiel Fellowship, houve a Máfia do PayPal e, antes disso, aquela pequena equipe de jovens universitários furiosos que ele reuniu para o *Stanford Review*. Mas Thiel já estava operando em escala industrial, preparando pessoas jovens, ambiciosas e com ideias afins — pessoas que, como observou Martin Hellman, de Stanford, "reconheceram-no como líder, e não se oporiam a ele". Ao desistir da faculdade, renunciar à socialização adolescente usual e moldar suas crenças conforme as dele, os estudantes que participavam da Thiel Fellowship e aqueles que, como Anslow, aspiravam a isso, estavam se comprometendo, efetivamente, a trabalhar para Thiel e suas empresas por anos, se não pelo resto de suas carreiras. Anslow afirmou que era como fazer parte de um movimento de massa — movimento este que formaria o núcleo de uma nova máfia muito maior que Thiel implantaria nos negócios e na política.

12

CONSTRUINDO A BASE

No final de 2011, a revista *Details*, a agora extinta "Bíblia metrossexual"[201] — como o *New York Times* a descreveu —, tentou traçar um perfil de Thiel, durante o qual ele se submeteu a uma entrevista enquanto caminhava em Presidio, não muito longe do escritório do Founders Fund.[202] Thiel seguiu com sucesso uma fórmula testada e comprovada, apresentando-se como um investidor extremamente ambicioso — o título: O REI BILIONÁRIO DA TECNOTOPIA. Mas ele travou quando foi questionado sobre sua vida fora do trabalho. "Sabe, acaba sendo... acaba sendo muito, ahm... muito, ahm... são principalmente, ahm, coisas sociais bem simples, bem básicas", balbuciou. Isso continuou por mais cinco linhas até que ele finalmente conseguiu concluir a frase: "Não é nada, ahm... nada demais, nada emocionante."

Talvez fosse difícil entender como um homem que não conseguia formular uma frase coerente sobre seus interesses poderia ser tão carismático e fascinante para toda uma geração de jovens. Mas é claro que os seguidores mais fervorosos de Thiel não eram leitores típicos de revistas mensais; eles eram, majoritariamente, engenheiros que não necessariamente se encaixavam no âmbito social tradicional. Esses aspirantes a empreendedores assistiram ao filme *A Rede Social* mais de uma vez e entenderam a mensagem, reforçada pela Thiel Fellowship, de que misantropos inteligentes poderiam progredir. Não importava se você não conseguisse lidar com Harvard; na verdade, ser rejeitado pelo sistema — ou melhor ainda, rejeitá-lo — poderia torná-lo superior aos seus contemporâneos chatos e obedientes.

Thiel reconheceu que essa atitude era altamente comercializável, impulsionando o Thiel Fellowship para o público por meio de postagens em blogs de sua equipe e de uma série de eventos organizados que serviam principalmente para promover Thiel e seus interesses. Houve happy hours organizados por funcionários da Thiel Foundation e compostos por voluntários; houve também o Thiel Foundation Summit, uma espécie de conferência de liga secundária para aspirantes a bolsistas e pessoas que já haviam se inscrito para a bolsa e sido rejeitadas. E, é claro, havia as redes sociais: para alguém que odiava o meio, Thiel se associava a muitas pessoas, tais como Michael Gibson e Patri Friedman, que o utilizavam constantemente para divulgar suas ideias, fosse em postagens de blogs ou no Twitter.

A mensagem era simples: faculdade e carreirismo tradicional eram, na melhor das hipóteses, inúteis; na pior, eram um exercício intelectual falido que só servia para acumular dívidas. Sua ambição — mudar o mundo e, consequentemente, ser rico — era boa. Tratava-se, basicamente, do Objetivismo, e não era menos atraente para jovens esperançosos do que havia sido quando Thiel lera Ayn Rand na juventude.

Em todos os Estados Unidos e além, adolescentes planejavam se aproximar de Thiel. Eles respondiam e ampliavam as postagens dos blogs que seus representantes publicavam, stalkeavam seu círculo íntimo no Twitter e até adotavam seu linguajar. Um jovem exército de acólitos de Thiel — no qual a maioria simplesmente queria abrir empresas e enriquecer, de preferência com o dinheiro de Thiel — começou a falar como tecnoutopistas ou como pessoas controversas.

Eles tinham uma linguagem própria — muitos se identificavam como "racionalistas" — e um cânone literário característico que incluía Tolkien e Rand, é claro, além de textos enigmáticos que veneravam a tecnologia, dentre eles *Harry Potter and the Methods of Rationality* [sem publicação no Brasil], uma *fan fiction* épica de 600 mil palavras que adapta a história do bruxo de J. K. Rowling ao imaginar que Harry incorpora o método científico à sua magia. Outro favorito: *O Último Anel*, que faz parte do corpus cada vez maior de *fan fictions* inspiradas em *O Senhor dos Anéis*, e que parecia adequado para o fundador da Palantir. No livro, publicado pela primeira vez na Rússia em 1999 e traduzido para o inglês na internet em 2010, os heróis de Tolkien — Gandalf e os elfos — são guerreiros que tentam destruir Mordor porque seu progresso pacífico ameaça o governo feudal deles. "Gandalf é o louco que quer começar uma guerra", disse Thiel à *Details*. "Mordor é uma civilização tecnológica baseada na razão e na ciência. Fora de Mordor, tudo é místico e ambiental; nada funciona."

Um dos livros favoritos de Thiel era *The Sovereign Individual* [sem publicação no Brasil], um livro político arrastado e pouco conhecido — isto é, até Thiel começar a falar dele.[203] O livro, publicado em 1997 por um capitalista de risco chamado James Dale Davidson e um jornalista chamado William Rees-Mogg, é um manifesto ciber-libertário que prevê o fim dos Estados-nações. Reimpresso em 2020 com um prefácio do próprio Thiel, o livro provavelmente influenciou seus comentários mais vorazes a respeito da missão do PayPal de fazer o mesmo na transição dos anos 1990 para os anos 2000. Os autores argumentam que pessoas abastadas deveriam se libertar de suas nacionalidades — e, é claro, da "carga nacionalista dos impostos" e da "exploração dos capitalistas pelos trabalhadores" — por meio da contratação de milícias privadas, garantindo cidadania em países com impostos baixos, ou até mesmo nulos, e desfrutando de um novo paraíso libertário. Tais ideias influenciariam o *seasteading*, é claro, e também um projeto recente financiado por Thiel, chamado Pronomos Capital, que é liderado por Friedman e busca construir "cidades charter" em países em desenvolvimento.

O movimento ascendente de Thiel também tinha um filósofo político de estimação: Curtis Yarvin, que na época era conhecido pelo pseudônimo Mencius Moldbug. Yarvin, como tantos na órbita de Thiel, era um geek prolixo que sofria de indigestão e tinha uma aversão permanente pela esquerda convencional. Ele se formou na Brown e abandonou um programa de doutorado em ciências da computação em Berkeley. Depois de conseguir um emprego em uma startup de tecnologia que se tornou pública durante a bolha das "ponto com", ele se tornou blogueiro em tempo integral, escrevendo sobre teoria política, cultura e raça, inspirando-se em filósofos obscuros dos séculos XIX e XX, bem como em obras características do Thielverso: *Star Wars*, *O Senhor dos Anéis* e *A Nascente*. "Moldbug parece uma imitação autodidata e super confiante de um ensaio de Lewis Lapham", afirmou um ensaio do jornal de esquerda *The Baffler*, referindo-se à famosa prosa densa do ex-editor da *Harper*, "se Lewis Lapham fosse um adolescente fascista e Mestre de D&D".

O blog de Yarvin, *Unqualified Reservations* [Ressalvas sem Reservas, em tradução livre], focava a teoria do "formalismo", que ele mesmo definiu como um projeto para reduzir a violência. Yarvin argumentava que o governo dos Estados Unidos deveria ser substituído por uma estrutura corporativa e um ditador, sendo a democracia "um sistema de governo ineficaz e destrutivo".[204] Os comentários de Thiel sobre a incompatibilidade da democracia e da liberdade no *Cato Unbound* seguiriam de perto a visão de Yarvin, e Patri Friedman recomendaria o *Unqualified Reservations* em um artigo complementar da mesma edição. Durante suas palestras em Stanford, Thiel protestaria contra tomadas de decisão democráticas dentro das empresas. "Startups e idealizadores tendem para um viés ditatorial", disse ele, tratando isso claramente como uma virtude. "É mais tirano do que a ralé porque é assim que deve ser."[205]

Por fim, as opiniões de Yarvin se solidificariam em um desenvolvimento ideológico, a "neorreação", que incluía posições tais como a crença de que a ciência climática era, em grande parte, uma fraude perpetrada pelas elites; que moedas inflacionárias como o dólar norte-americano eram "diabólicas"[206]; e que as diferenças genéticas faziam com que alguns grupos fossem "mais adequados à dominação", enquanto outros (incluindo os africanos, segundo ele) eram "mais adequados à escravidão".[207] Thiel, é claro, aderiu às duas primeiras perspectivas, se não à terceira. Yarvin também tinha pontos de vista sobre o apartheid[208] semelhantes às atribuídas (embora negadas) ao Thiel estudante, e chegou a comparar Nelson Mandela ao atirador em massa norueguês Anders Breivik.[209] O pensamento neorreacionário tinha seu próprio vocabulário: dar a "pílula vermelha" para alguém, por exemplo, significava abrir seus olhos para essa nova visão de mundo. "A Catedral" era a órbita da elite ocupada por funcionários do governo, pela mídia e, acima de tudo, por professores universitários.

Thiel também fazia conexões com outros provocadores da direita radical. Em 2010, ele doou US$100 mil para o recém-formado grupo de conservadores gays, GOProud, tornando-se, de longe, o maior doador dessa causa; ele lançou a iniciativa com uma festa em sua casa, que contou com a presença de Ann Coulter, a comentarista agitadora que fundou um jornal na Universidade Cornell nos mesmos moldes do *Dartmouth Review*, chamado *The Cornell Review*. O GOProud era único entre os grupos políticos homossexuais — e distinto dos Log Cabin Republicans (LCR) mais convencionais —, no sentido de que não se concentrava na defesa dos direitos dos homossexuais.

"Muitos republicanos querem ficar de fora da questão gay", disse ele a um repórter do *Politico* que compareceu ao evento.[210] O convite de Thiel a Coulter, uma amiga próxima, deixou bem claro qual era o ponto. Em 2007, ela se referiu a John Edwards, candidato democrata à indicação presidencial de 2008, como "bicha", durante um discurso na Conservative Political Action Conference (CPAC) — uma piada, segundo declarou à multidão na casa de Thiel. Durante seus comentários, ela expressou oposição ao casamento gay e arriscou uma piada racista enquanto contestava a noção de que os gays norte-americanos eram um grupo oprimido. Ela riu: "Os negros devem estar olhando para os gays e dizendo: 'Por que não podemos ser oprimidos assim?'"

AS IDEIAS DE THIEL ERAM TÃO RADICAIS que não se encaixavam facilmente em nenhuma ideologia política. Não havia um partido político para neorreacionários ou para controversos de direita — mas havia um candidato: Ron Paul. O representante do Texas, assim como Thiel (e Yarvin), era simpático ao capitalismo extremo do livre mercado da escola de economia austríaca, bem como das previsões alarmistas generalizadas. Paul também era cético quanto às mudanças climáticas e também tinha um longo histórico como provocador da direita radical.

Do fim da década de 1970 até meados da década de 1990, ele publicou boletins informativos,[211] com nomes como *Ron Paul's Freedom Report* [Relatório da Liberdade de Ron Paul] e *The Ron Paul Survival Report* [Relatório de Sobrevivência de Ron Paul], que, entre outras coisas, se referiam

178 CONTROVERSO

ao Dia de Martin Luther King Jr. como o "nosso dia de Ódio aos Brancos" e afirmava que os distúrbios de 1992 em Los Angeles haviam terminado "quando chegou a hora de os negros pegarem seus cheques da previdência". Quanto à questão da igualdade racial na África do Sul, Paul também se mostrou cético, referindo-se ao fim do apartheid como uma "destruição da civilização" e a maior tragédia que já aconteceu na África subsaariana. Mais tarde, afirmou nunca ter escrito esses boletins informativos, embora fossem frequentemente publicados em seu nome e na primeira pessoa.

A longa campanha presidencial de Paul em 2008 se afastou dessa narrativa para se concentrar na agressividade econômica — ele foi a favor de um retorno ao padrão-ouro e do fim da Reserva Federal dos EUA — e na sua oposição à Guerra do Iraque. Essas ideias o situaram bem à parte do *mainstream* do Partido Republicano, mas eram puro ouro na internet, onde Paul conseguiu recrutar dezenas de milhares de seguidores — em sua maioria eleitores mais jovens atraídos pelas suas mensagens contra a guerra e o sistema — em suas redes sociais. No decorrer da campanha, Paul apareceu lá embaixo nas pesquisas, com apenas um dígito nas porcentagens, mas ganhou consistentemente nas pesquisas online realizadas após os debates, além de conseguir arrecadar milhões de dólares de doadores por meio de arrecadações online que sua campanha chamou de "bombas de dinheiro". Em 16 de dezembro de 2007 — o 234º aniversário do Boston Tea Party —, 57 mil apoiadores de Paul contribuíram com uma média de US$50 cada para ajudá-lo a arrecadar US$6 milhões, um recorde na arrecadação de fundos em um único dia.[212] Paul não recebeu nenhum apoio do partido dominante ou da classe de doadores, mas, uma semana depois, Peter Thiel doou US$2.300. Foi a primeira vez que ele apoiou um candidato à presidência.

A campanha de Paul em 2008 não vingou, mas a Grande Recessão permitiu que sua visibilidade crescesse consideravelmente. Ele preparou comícios do Tea Party e atraiu grandes multidões em campi universitários.[213] Seu livro *Liberty Defined: 50 Essential Ideas That Affect Our Freedom* [sem publicação no Brasil] se tornou um best-seller em 2011. Em suas aparições na mídia, Paul se revelou um gênio em captar e amplificar as obsessões juvenis. Ele pediu o fim dos empréstimos federais para estudantes, que, segundo o seu argumento, tornaram as mensalidades inacessíveis, e empreendeu uma missão insana para legalizar todas as drogas.

Naquela época, alguns democratas liberais estavam se safando ao manifestarem-se a favor do uso medicinal da maconha e das uniões civis. Em maio de 2011, Ron Paul entrou em um palco de debates em Greenville, na Carolina do Sul, e disse a Chris Wallace, da Fox News, que era a favor de se livrar das leis federais que proibiam não apenas a maconha e o casamento gay, como também a cocaína, a heroína e a prostituição. Ele comparou as tentativas de impedir as pessoas de utilizarem substâncias ilícitas à usurpação da liberdade religiosa realizada pelo governo. "É inacreditável querermos liberdade para escolher nosso futuro de uma forma espiritual, mas não quando se trata dos nossos hábitos pessoais", disse Paul, sob aplausos e risos.

"Nunca pensei que a heroína fosse receber aplausos aqui na Carolina do Sul", respondeu Wallace, pasmo.

Em dezembro, com o início das convenções partidárias de Iowa programado para dali a menos de um mês, Paul avançava competitivamente nas pesquisas, além de conseguir arrecadar mais fundos do que todos os outros candidatos, com a exceção do favorito, Mitt Romney. Em meio a essa empolgação, Thiel viu uma oportunidade de influência e, mais importante ainda, de utilizar a fama crescente de Paul para reforçar a sua própria.

Em 12 de dezembro, ele doou US$50 mil para o Revolution PAC, grupo de apoio à candidatura de Paul. Quatro dias depois, em outro aniversário do Tea Party, a campanha de Paul teve mais impulsionamentos com bombas de dinheiro — desta vez, no entanto, os pequenos doadores não foram os únicos a participar. Junto com os US$4 milhões arrecadados pelos apoiadores habituais, Thiel doou US$85 mil a mais para o grupo. Também começou a financiar, silenciosamente, um Super PAC chamado Endorse Liberty, injetando US$2,6 milhões — quantia maior do que qualquer outra levantada por Paul, e por uma boa margem. "Homens e mulheres que desejem liberdade e progresso devem agir", disse Thiel em um comunicado no fim de janeiro de 2012, quando os documentos se tornaram públicos.[214] "E um bom lugar para começar é votando em Ron Paul."

PAUL E as pessoas próximas a ele acharam emocionante a ideia de um bilionário da tecnologia investindo em sua campanha — se não um pouco confusa. Paul não tinha apoiadores importantes no mundo dos negócios — embora isso fosse parte da sua candidatura contra o sistema. Além disso, o Super PAC de Thiel era estranho: não era composto por figuras políticas ou por leais ativistas libertários, mas por um grupo de novatos políticos que incluía Stephen Oskoui, profissional de marketing online formado em Stanford que era amigo de Luke Nosek, do Founders Fund, e Jeffrey Harmon, conhecido como o cara que popularizou o Orabrush, um "limpador de língua" de US$5 que supostamente combatia o mau hálito. Em um período anterior, o Orabrush teria sido vendido principalmente por meio dos infomerciais de TV, mas Harmon, que aprendeu sobre o produto enquanto estudava na Universidade Brigham Young, fez uma série de vídeos no YouTube que apresentavam uma gigante língua falante. ("A maior língua que conseguimos encontrar.") Depois do Orabrush, ele abriria uma agência de publicidade digital com vários dos seus irmãos, promovendo outros produtos inovadores como o Poo-Pourri (um spray antiodor) e o Squatty Potty. ("Os cientistas dizem que este acessório popular para banheiros realmente o ajuda a fazer cocô com mais facilidade.")

A especialidade de Harmon era tornar o estranho e o intragável em algo aceitável — *From Poop to Gold* [Do Cocô ao Ouro, em tradução livre] é o título de um livro sobre sua agência publicitária e também o título de seu podcast —, e ele utilizou o dinheiro de Thiel para vender Paul da mesma forma que vendia seus artigos de toalete. O PAC financiado por Thiel produziu uma série de vídeos de paródia de baixo orçamento sob o letreiro "Fake Politicians Network" [A Rede de Políticos Falsos], apresentando imitadores de outros candidatos, bem como curtas-metragens em estilo documentário que promoviam Paul como um verdadeiro conservador que não cederia aos democratas, aos banqueiros ou à mídia.

Esses vídeos, alguns com duração de dez minutos ou mais, eram incomuns para a época, devido a sua duração e interatividade. Harmon foi pioneiro no uso de uma nova categoria de publicidade do Google que permitia que os profissionais de marketing pagassem para colocar links em seus vídeos. "Tribute to Our Troops", um comercial em estilo documentário, responsabilizou a ação militar dos EUA pelo 11 de Setembro e incluía depoimentos de veteranos que votariam em Paul. Os espectadores podiam clicar e compartilhar o vídeo no Facebook no mesmo instante, o que era uma inovação em anúncios políticos.

No final, não fez muita diferença, em parte porque as campanhas de Thiel e de Paul eram contraditórias. Paul se concentrou em estados com convenções políticas menores, onde era barato fazer campanha e onde voluntários entusiastas poderiam ganhar representantes. Decidiu ignorar a Flórida, em parte porque os três principais mercados de mídia do estado — Tampa, Miami e Orlando — encareciam o processo de campanha. Mas a Flórida foi um dos estados onde o Endorse Liberty se concentrou. Paul foi um fracasso, conseguindo apenas 7% dos votos e ficando em quarto lugar no estado. "Foi estranho", disse Brian Doherty, que acompanhou a campanha como editor da revista *Reason* e é autor de *Ron Paul's Revolution: The Man and the Movement He Inspired* [sem publicação no Brasil]. "Eu adoraria saber como aqueles incompetentes conseguiram tirar milhões de dólares de Thiel."

A campanha de Paul foi confusa de um jeito parecido. Oficialmente, é claro, os Super PACs e as campanhas operavam de forma independente, mas normalmente os líderes do comitê são aliados próximos do candidato, o que garante que eles operem com base no mesmo manual, mesmo que não conversem. "Não tivemos nada disso com Peter", disse Jesse Benton, presidente da campanha de Paul. Nem Benton nem Paul sequer apertaram a mão de Thiel antes da campanha de 2012. "Lemos sobre isso na imprensa", declarou Benton. Naquela época, Benton disse à *Reason* que o Endorse Liberty tinha sido contraproducente. "Não conseguimos enxergar diferença alguma realizada pelo dinheiro gasto por eles"[215], disse, não muito depois de ficar evidente que Paul havia perdido.[216]

O PAC parou de funcionar logo em seguida. "Não há muito o que dizer", disse Harmon. "Peter e eu tivemos um relacionamento muito breve." A questão era que Thiel realmente não se importava muito em ajudar Ron Paul a obter a nomeação republicana. Ele simplesmente encontrou uma maneira relativamente barata de tentar desviar o movimento de Paul, visando incorporá-lo ao seu próprio. Palestrando para jovens ativistas na conferência da Students for Liberty no final de fevereiro,[217] Thiel nem sequer mencionou Paul, concentrando-se inteiramente na sua tese de estagnação tecnológica. Ele reclamou que os aviões de passageiros não estavam ficando mais rápidos e sugeriu que produtos farmacêuticos muito melhores seriam desenvolvidos se o FDA (Food and Drug Administration) parasse de regulamentar a eficácia e a segurança dos medicamentos. Para esclarecer seu argumento, ele sugeriu que os alunos tentassem imaginar como o mundo seria terrível se o FDA obrigasse o jogo popular do Facebook, Farmville, a provar que não causava danos. "Se aplicássemos os padrões da área de biotecnologia aos jogos, a indústria de videogames não existiria", concluiu.

Quando um jornalista perguntou sobre Paul, Thiel mal demonstrou entusiasmo — nem por Paul, nem pela democracia. "Sou meio cético em relação à eficácia da votação",[218] disse ele, antes de dar uma resposta tecnoutopista que parecia saída diretamente do Mencius Moldbug de Yarvin. "Uma das coisas de que eu mais gosto na tecnologia é que, quando ela não é regulamentada, podemos mudar o mundo sem precisar da aprovação de outras pessoas. Na melhor das hipóteses, ela não está sujeita ao controle democrático e nem à maioria, o que muitas vezes me parece avessa às mudanças."

Então, o que diabos ele estava fazendo com Paul? "Estamos apenas tentando construir uma base libertária para o próximo ciclo", explicou ele. "A campanha, mesmo, é para 2016."

O TEMA DA convenção republicana de 2012, realizada no final de agosto em Tampa e postergada um dia e meio pelo furacão Isaac, foi intitulado "A Better Future" [Um Futuro Melhor]. Durante três dias, uma série de palestrantes — incluindo a governadora da Carolina do Sul Nikki Haley, o governador de Nova Jersey Chris Christie e o ator e diretor Clint Eastwood, acompanhado por uma cadeira vazia — tentou estabelecer que a presidência de Obama não cumpriu com as suas promessas e que a percepção de Romney como um empresário plutocrático era errônea. O lutador Hulk Hogan, uma das celebridades mais famosas de Tampa e um recém-convertido de Romney,[219] resolveu abrir o jogo com a Fox News, falando sobre seus empreendimentos comerciais e seu entusiasmo com as eleições. "Os Estados Unidos estão tendo a chance de se reinventar, um pouco como aconteceu comigo", disse ele. "É um novo começo."

Uma ausência notável do processo oficial era Paul, que se recusou a endossar Romney e não teve espaço de fala. Paul perdeu metade dos seus representantes no Maine, estado onde havia ganho quase todos, a despeito de ter ficado em segundo lugar na convenção política estadual depois que um comitê decidiu que houve irregularidades na forma como eles foram selecionados durante a convenção. Um grupo de representantes do Maine saiu da convenção em protesto, enquanto apoiadores gritavam: "Senta, Maine! Senta, Maine!" A campanha de Romney resolveu apaziguar, concordando em adicionar à plataforma do partido o plano de Paul para fiscalizar a Reserva Federal — um incentivo para a base que Thiel estava ajudando a construir —, e produzindo um vídeo de homenagem de quatro minutos que foi reproduzido na terceira noite, pouco antes do filho de Paul, o senador Rand Paul, discursar na convenção.

Tudo isso visava aplacar os milhares de apoiadores de Paul que convergiram em Tampa — grupo que incluía mais de uma centena de pessoas, entre representantes, equipes de campanha e voluntários, além de um bilionário extremamente socialmente deslocado que tinha suas próprias ideias sobre a construção de "um futuro melhor". Depois que Paul suspendeu sua campanha, Rob Morrow, um ex-sócio da Clarium Capital e um dos mediadores políticos de Thiel da época, ligou para Benton, o diretor político de Paul, dizendo que Thiel queria ir para Tampa. Ele pediu a ajuda de Benton para garantir ingressos.

Apesar das eventuais reservas que os consultores de Paul possam ter tido sobre a abordagem de Thiel durante a campanha, eles viram uma oportunidade para aprofundar a relação. Em julho, Paul sinalizou que não enfatizaria a meta de se livrar da Reserva Federal e que se concentraria na causa da "liberdade na internet", ou seja, garantir que as grandes empresas de tecnologia ficassem sujeitas ao mínimo de regulamentação possível. Paul prometeu se opor à neutralidade da rede, o conjunto de regras que impedia grandes empresas de tecnologia de pagar para que seus sites e aplicativos carregassem mais rápido do que os concorrentes, além de se opor aos esforços para regulamentar a coleta de informações privadas por empresas de tecnologia.

Foi uma tentativa descarada de cortejar Thiel e outros em seu círculo, que se estendeu ao CNR (Comitê Nacional Republicano), quando Benton conseguiu todos os passes de acesso para Thiel e Morrow e lhes enviou uma lista de jovens ativistas. Um funcionário de Ron Paul organizou uma reunião entre Thiel e Rand Paul, que deveria assumir a organização do pai e concorrer à presidência em 2016. Embora o tópico oficial fosse o futuro do movimento libertário, a base de Paul entendeu aquilo como uma espécie de entrevista.

A ideia geral, disse alguém familiarizado com os detalhes da reunião, "era que Rand assumisse o comando e expandisse" o movimento. Thiel parecia estar de acordo. "O relacionamento parecia bom", continuou essa pessoa. Em Tampa, Thiel deu uma festa para os voluntários da campanha de Paul, posando para fotos com os jovens representantes.

Depois da derrota de Paul, Thiel voltou seus esforços para o futuro do Partido Republicano. Ele se concentrou em candidatos ultraconservadores da Câmara e do Senado, doando US$1 milhão a um fundo afiliado do Tea Party chamado Club for Growth Action, para ajudar a financiar a tentativa de campanha primária de Ted Cruz. O ex-procurador-geral do estado — que Thiel apoiou nas eleições para procurador-geral do Texas em 2009 com contribuições que contabilizaram mais de US$240 mil — ganhou destaque nacional por ajudar a derrubar a proibição de armas de fogo em Washington, D.C., e por defender o recurso do caso de um prisioneiro mexicano no corredor da morte, que alegava que o estado do Texas violara seus direitos sob a lei internacional.

Cruz, que foi apoiado por Sarah Palin e por outras figuras do Tea Party, ficou em segundo lugar durante a primária contra o tenente governador do estado, um grande favorito com o apoio do partido estadual. Mas ele conseguiu votos suficientes no final de maio para forçar um segundo turno, criando uma campanha frenética que Thiel seguiu financiando, doando mais US$1 milhão por meio do Club for Growth Action, pouco antes das primárias de julho. Cruz venceu por quatorze pontos, naquilo que o *Washington Post* considerou "sem dúvida, a reviravolta deste ciclo no Senado".[220] Ele venceu as eleições gerais tranquilamente — e assim, Peter Thiel emplacou seu primeiro senador. A Gawker, naturalmente, ridicularizou a situação, zombando do apoio de Thiel a um candidato que era categoricamente contra a expansão dos direitos dos homossexuais, observando que aquilo era "tão insano quanto pagar jovens para abandonar a faculdade, curar a morte ou criar uma utopia libertária flutuante".[221]

O apoio de Thiel a Cruz, que também era visto como um candidato a 2016, deveria ter sido uma pista para os conselheiros de Rand Paul de que Thiel poderia ser algo além do libertário hardcore que eles achavam que era. Ron Paul, por exemplo, era contra a pena de morte, e considerava Cruz amigável demais para com o setor de serviços financeiros. "Eles acham que ele defende o livre mercado", disse Paul em 2016.[222] "Ele é propriedade da Goldman Sachs." Em vez disso, a equipe de Paul acreditava que Thiel apoiaria a inevitável corrida eleitoral de Rand em 2016.

Em março de 2013, todavia, com sua ascensão, Rand Paul tentou aumentar o seu charme. O plano era fazer um discurso em um evento convocado pela Câmara de Comércio Hispânica dos Estados Unidos — que, segundo esperavam seus assessores, sinalizaria sua seriedade como candidato nacional. E também transmitiria aos republicanos convencionais o fato de que ele não tinha a bagagem racial do pai. Ao fazer isso, ele acabou perdendo o apoio do seu potencial patrocinador.

Paul começou o discurso se desculpando em espanhol por não ter um bom domínio da língua. Ele se recordou de ter brincado com crianças latinas quando era menino e de ter trabalhado com imigrantes enquanto cortava gramados na adolescência. Contou que, um dia, perguntou a um dos trabalhadores hispânicos quanto ele recebeu, e quando o homem respondeu US$3, Paul achou que ele queria dizer US$3 por hora. Mas a verdade era que aquele era o seu salário diário. Essas experiências, segundo ele, teriam aberto os seus olhos para a forma pela qual os EUA, e em particular o Partido Republicano, haviam decepcionado os imigrantes. "Em algum ponto no decorrer do tempo, os republicanos não conseguiram entender e articular o fato de que os imigrantes são um trunfo para o país, e não uma inconveniência", disse Paul. Ele também propôs uma melhora no sistema de vistos e na segurança das fronteiras, o que, segundo ele, "permitirá a entrada de mais pessoas e nos dará a certeza de que não precisaremos deportar os milhões que já estão aqui". Ele citou Gabriel García Márquez e Pablo

Neruda e pediu uma "nova atitude em relação aos imigrantes, uma que os enxergue como trunfos, e não inconveniências".

O discurso foi mais conciliatório em seu tom do que em suas prescrições políticas. Paul não tinha, como alguns esperavam, defendido a permissão da anistia para imigrantes não-documentados. A esperança era ganhar alguns votos moderados e ao mesmo tempo manter os conservadores mais extremistas satisfeitos. Por volta dessa época, Thiel parou de participar das ligações do comitê de finanças, indicando por meio de um intermediário que apoiaria outro candidato. Uma pessoa familiarizada com a campanha de Paul disse que acreditava que o discurso, mais a resistência de Thiel à expansão da imigração, havia criado um conflito entre os dois. Anos depois, Paul faria piada da situação, afirmando que a estratégia de imigração de Thiel se resumia a um "plano para transformar a Estátua da Liberdade em um sinal digital de 'Pare'." Mais tarde, ele excluiu o tuíte.

Paul se recusou a fazer as pazes com Thiel, supondo que herdaria o movimento jovem que seu pai havia criado, sem saber que nunca realmente o tivera. "Esse tempo todo, eu achei que eles votavam em republicanos libertários", disse o representante do Kentucky e aliado de Paul, Thomas Massie, sobre os aliados de campanha.[223] "Mas depois de um exame de consciência, percebi que, quando eles votaram em Rand, Ron e eu nas primárias, eles não estavam votando em ideias libertárias, mas sim no filho da mãe mais maluco das eleições."

Esse era o gênio político de Thiel, aquilo que ele quis dizer quando declarou estar concentrado em 2016. Ele enxergou o movimento de Ron Paul, não nos termos idealistas da mídia, mas sim como algo útil. Essa base política emergente não era libertária; era neorreacionária, como Thiel. Paul repudiou seus boletins racistas e, no geral, preferiu limpar as partes desagradáveis do seu passado. Mas seus apoiadores preferiam o velho Ron Paul — aquele que falava como um dos antigos colunistas do *Stanford Review* de Thiel; aquele que publicou um boletim informativo declarando que 95% dos homens negros em Washington, D.C. eram criminosos e que dizia sentir "saudades do armário" quando falava a respeito dos direitos dos homossexuais. Eles, assim como Thiel, queriam se vingar da "Catedral". E ele estava pronto para ajudá-los.

13

INTELECTUAL EM PÚBLICO, REACIONÁRIO NO PRIVADO

"Deixe-nos entrar, deixe-nos entrar", gritavam eles. "Sem NSA [Agência de Segurança Nacional], sem estado policial!"

Os manifestantes estavam do lado de fora do auditório, mas seus gritos — que se referiam a alegações de que a Palantir havia violado os direitos civis e a privacidade dos cidadãos norte-americanos — podiam ser ouvidos no palco onde Thiel se sentou. Além das cerca de duas dúzias de manifestantes que apareceram naquela noite de dezembro de 2014 no campus da Universidade da Califórnia, em Berkeley, algumas centenas de alunos encheram um auditório para assistir a um membro do Fórum de Berkeley, um grupo de graduação de relações públicas, entrevistar Thiel sobre seu novo livro, *De Zero a Um: O que aprender sobre empreendedorismo com o Vale do Silício.*

Esses protestos vieram na esteira das manifestações que ocorreram em cidades de todo o país, depois que os júris de Nova York e de St. Louis se recusaram a indiciar os policiais envolvidos nas mortes de Eric Garner e Michael Brown, e Thiel parecia se divertir por estar no meio daquilo. "Uau", disse ele sorrindo maliciosamente. "Isso realmente é Berkeley?"

Um funcionário da universidade apareceu no palco, sugerindo que talvez fosse prudente dar o evento por encerrado. Thiel deu de ombros, jogando as mãos para cima. "Eu acho que deveríamos continuar", declarou.

A multidão aplaudiu e Thiel acenou com a cabeça, acomodando-se em sua cadeira para a próxima pergunta. Mas, segundos depois, um estudante simpatizante que estava dentro do auditório abriu a porta para os manifestantes, que levaram a cantoria até o palco.[224] Em meio ao caos, o microfone de Thiel foi cortado, ele foi rapidamente escoltado para fora e o evento acabou sendo encerrado.

Claramente, o momento foi empolgante para Thiel — provando seu argumento sobre o poder da esquerda ativista —, mas também englobava a precariedade da sua posição. Durante anos, ele bateu na mesma tecla, tentando se valer de provocações para ganhar alguma popularidade. As controvérsias de Thiel eram essenciais para o seu charme, como ele mesmo confirmou quando insistiu em dar continuidade ao evento, a despeito dos protestos. Mas seus flertes com políticas extremistas e práticas de negócios eticamente duvidosas também traziam riscos. Sempre havia uma chance de ele ir longe demais, fosse apoiando algo, ou alguém, verdadeiramente odioso, e ser incapaz — ou, mais provável, devido aos seus impulsos, relutante — de recuar.

No geral, a sua reputação no mundo nunca esteve melhor. Na paródia da indústria de tecnologia da HBO, *Silicon Valley*, que estreou no início daquele ano, ele foi muito bem retratado por Christopher Evan Welch como um investidor alienado, porém brilhante. Em uma cena inicial, o personagem de Thiel — conhecido na série como Peter Gregory, e que compartilha da sua conduta indiferente, seu amor pelo *seasteading* e seu desdém pelas universidades de elite — é manipulado com sucesso por um engenheiro promissor que ameaça voltar para a faculdade. Os escritores da série foram impiedosos com outras figuras da tecnologia, incorporando características do fundador do Google e cofundador da Oracle, Larry Ellison, no personagem vilanesco Gavin Belson — um grande executivo de tecnologia ganancioso, que possui uma mania de perseguição e um conselheiro espiritual em tempo integral —, e zombando vorazmente do investidor e dono da NBA Mark Cuban, cujo duplo fictício é alguém obcecado por seu próprio patrimônio líquido e por um produto de tecnologia fracassado, mas financeiramente lucrativo, que ele mesmo criou na década de 1990. O personagem de Thiel, por outro lado, surge como alguém doce e inocente, mais fora da realidade do que calculista.

Embora a Gawker seguisse crítica como sempre — "Thiel continua espalhando muitas besteiras",[225] reclamou o *Valleywag* no final de 2014, referindo-se ao seu argumento sobre uma desaceleração na inovação —, o resto da imprensa tinha concordado amplamente com a visão de Hollywood sobre o homem. O *Washington Post* o apresentou em uma série de perguntas e respostas com pessoas que estavam "agitando a filantropia", focando seu apoio às pesquisas sobre extensão da vida. "Sempre tive uma sensação muito forte de que a morte era uma coisa terrível", disse ele. "Acho que isso é um tanto incomum."[226] Ele acrescentou que esperava que seus esforços para prolongar a vida humana constituiriam o seu legado.

Naquele momento, a empresa de investimentos de Thiel, Founders Fund, estava injetando dinheiro na tendência mais quente do Vale do Silício: a "economia de compartilhamento", também chamada de "economia compartilhada". O termo descreve uma classe de startups em que pessoas desempregadas, ou que buscam uma renda extra, oferecem serviços profissionais em aplicativos de smartphone — e a empresa de Thiel investiu em boa parte dos peixes grandes. Havia o Lyft, um aplicativo de corridas que substituía os motoristas de táxi por pessoas normais dirigindo seus próprios carros. (O Lyft desenvolveu a ideia; o Uber a copiaria e a tornaria famosa.) O portfólio do Founders Fund também incluía o Airbnb, um serviço de hospedagem que permitia às pessoas alugarem quartos sobressalentes ou casas de férias; o TaskRabbit, no qual "trabalhadores autônomos" se ofereciam para fazer bicos, como lavar roupas ou passear com cachorros; e o Postmates, um serviço semelhante, exceto que os autônomos entregavam comidas gourmet em vez de montar sua mobília.

Embora os aplicativos tivessem alguns críticos, a imprensa se concentrou quase que exclusivamente nas suas promessas. "Isso é poderoso", escreveu o eternamente otimista tribuno da globalização do *New York Times*, Thomas

190 CONTROVERSO

Friedman, prevendo que a economia compartilhada permitiria que trabalhadores não qualificados se adaptassem à economia moderna.[227] A *Wired* focou menos a questão econômica e mais o potencial cultural. "Como o Airbnb e o Lyft finalmente conseguiram fazer os norte-americanos confiarem uns nos outros", proclamava uma reportagem.[228] E argumentava que essas empresas do Vale do Silício tinham o potencial de nos devolver as formas de "interações cordiais e sociáveis que definiam a sociedade pré-industrial".

Mas é claro que o Airbnb e o Lyft também possuíam implicações que iam além da boa vizinhança. Eram projetos concebidos para remodelar os mercados de trabalho, removendo as proteções que os trabalhadores possuíam desde o New Deal — que, até onde Thiel sabia, foi um dos piores desenvolvimentos da história política norte-americana.[229] Os motoristas do Uber e do Lyft, os funcionários do Task Rabbit e do Postmates e os hoteleiros de meio período do Airbnb não eram funcionários e não poderiam sê-lo por definição. Isso significava que as empresas de aplicativos para as quais trabalhavam — empresas de Thiel — não tinham nenhuma obrigação de fornecer plano de saúde ou aposentadoria, e nem de negociar com aqueles que as representavam. Não havia salário mínimo para os trabalhadores, pois eles eram pagos de acordo com a demanda. Além disso, esse novo modelo trabalhista não se limitou à economia de compartilhamento; por toda parte, empresas começaram a privar trabalhadores de seus direitos, deixando de lado os modelos contratuais de trabalho integral em prol de modelos sob demanda. O Airbnb, o Lyft e todo o portfólio de Thiel forneciam uma ideologia para apoiar esse processo de transição.[230] Privar os trabalhadores de seus direitos não se tratava só de ganância corporativa; era *o futuro*.

O NOVO LIVRO DE THIEL, *De Zero a Um*, tentou andar na linha entre a provocação e a aceitação geral. Ele e Blake Masters, agora atuando como seu chefe de gabinete oficial, moldaram suas palestras em Stanford em uma espécie de manifesto inicial um pouco mais brando do que as palestras em si. Eles cortaram a longa história do sacrifício humano, a reflexão sobre os antigos escoceses com seus rituais de sangue e a frase "O Idealizador como Deus". Em vez disso, Thiel enfatizou a questão da competição e sua crença de que as pessoas bem-sucedidas deveriam fazer tudo ao seu alcance para evitá-la, visando obter o domínio do monopólio de um mercado. Ele usou o Google como o arquétipo de uma empresa de tecnologia que, segundo ele, criou um monopólio para si mesma ao eliminar ou evitar confrontos com possíveis concorrentes.

De Zero a Um foi considerado um livro de aeroporto sobre negócios muito bom pela imprensa. "Sim, é um livro de autoajuda para empreendedores, repleto de ideias pouco originais e de uma confiança radiante em um futuro que somente as startups podem construir", observou Derek Thompson, da *Atlantic*, antes de elogiar sua "tese provocativa" como "um engenhoso dispositivo de formulação — polêmico o suficiente para despertar o debate, mas com senso comum o suficiente para fazer um incrementalista reconhecer suas virtudes." Ele continuou: "Em primeiro lugar, os empresários devem procurar dominar um pequeno mercado. Ou seja, devem tentar construir um minimonopólio."

Thiel ficou satisfeito com a reação — ele repentinamente passou a ser bem-vindo na alta sociedade depois de jogar bombas nela desde sua época em Stanford —, mas também decepcionado. Ele esperava que *De Zero a Um* fosse um pouco provocativo, mas os leitores ignoraram amplamente o argumento sobre a estagnação tecnológica, que atribuía o fenômeno aos gastos com direitos, e que Thompson considerou "ignorável". Eles também não pareciam ter notado que ele havia acusado o Google de monopólio. Um capitalista de risco conhecido desafiando uma das maiores e mais amadas gigantes da tecnologia poderia ter induzido uma ação regulatória, estimulado um debate no congresso ou, pelo menos, gerado alguns artigos controversos.

Não. Para a decepção de Thiel, ninguém pediu o desmembramento do Google. Ninguém se preocupou muito em apontar que Thiel, um straussiano orgulhoso e com uma predileção por significados ocultos, poderia ter pretendido algum subtexto. Em vez disso, eles o leram como um autor de autoajuda: o Google é um monopólio, e você também pode se tornar um!

Thiel não corrigiu ninguém publicamente, e seus associados próximos sentiram, ao observá-lo durante 2014 e 2015, que ele estava se segurando, assim como havia feito durante os primeiros dias do seu fundo hedge. William Andregg, o pesquisador que Thiel havia promovido como possível candidato para curar a morte, disse que achou o livro e sua implementação intrigantes — "como se alguém o tivesse diluído", disse ele. Lá estava o crítico fanfarrão do ensino superior — que gostava de dizer que Harvard era, basicamente, uma Studio 54 para a elite e que, na época do PayPal, desprezou tanto os MBAs que os funcionários que trabalhavam para ele escondiam seus diplomas — lançando o seu livro em um evento no grande monumento à ciência da administração que era a Harvard Business School. Lá estava o disruptor, aparecendo em um perfil da *Fortune* que o descrevia como "talvez o principal intelectual público dos Estados Unidos".[231] No perfil, Thiel parecia um pouco envergonhado com o *seasteading*, seu projeto gloriosamente polêmico de criar utopias libertárias flutuantes. Agora, ele falava disso quase como "algo do passado", segundo a *Fortune*.

Em setembro, Thiel apareceu na New York's General Society of Mechanics and Tradesmen para debater com David Graeber, o acadêmico de esquerda que ajudou a inspirar o movimento Occupy Wall Street, e encontrou um ponto em comum. Quando um repórter do *New York Times* perguntou o que Thiel achava de um ensaio publicado pela patrocinadora do evento, *The Baffler*, que destacava o carinho de Thiel por neorreacionários — especialmente Curtis Yarvin —, Thiel deu risada,[232] chamando o artigo intitulado "Mouth-Breathing Machiavellis of a Silicon Reich" [Maquiavéis que Respiram pela Boca de um Reich do Silício] de "vagamente lisonjeiro", mas também de uma "completa teoria da conspiração". Na verdade, Thiel declarou, "não há ninguém sentado planejando o futuro, embora às vezes eu ache que seria melhor se as pessoas o fizessem."

Thiel gostava desse truque em particular — proclamar-se totalmente reabilitado ao mesmo tempo em que sugeria que, talvez, lá no fundo, ele não se comportava tanto quanto aparentava. Em abril de 2015, durante uma sessão de perguntas e respostas com Tyler Cowen — o economista da Universidade George Mason que dirigia uma bolsa chamada Emergent Ventures, fundada com um financiamento inicial de US$1 milhão doado por Thiel —, ele foi questionado por um membro da plateia sobre o ensaio da Cato, no qual aparentemente se manifestava contra o direito ao voto feminino e contra a democracia. "Escrever é sempre uma coisa perigosa", respondeu Thiel, com falsa modéstia, e então passou para um chavão a respeito de como o governo dos EUA não era uma democracia de verdade, já que era dirigido por "essas agências tecnocráticas não eleitas democraticamente".

Ele não chegou a utilizar a expressão "Deep State", que ainda não havia sido evocada no léxico da administração Trump, nem fez qualquer menção a Yarvin, que também defendia uma redução drástica da burocracia federal a fim de concentrar o poder nas mãos de diretores executivos. Mas a crítica teria soado familiar a qualquer pessoa que acompanhasse a direita radical e o movimento neorreacionário. Cowen, que não poupou elogios a Thiel no início do evento, reverenciando-o como "um dos maiores e mais importantes intelectuais públicos do nosso tempo", não contestou a ideia e, em seguida, migrou para uma pergunta sobre a Nova Zelândia. "Superestimada ou subestimada?", perguntou Cowen. Subestimada, respondeu Thiel.

Thiel, que sempre se descreveu como "uma pessoa com acesso a informações privilegiadas, mas também totalmente deslocado",[233] estava em um jogo delicado. Por fora — para o público de Cowen, por exemplo, ou para os anfitriões do *CBS This Morning* —, ele era um formador de opinião promissor cujo passado controverso ficara para trás. Mas, na verdade, ao mesmo tempo em que estava bancando o intelectual público e rindo dos membros da imprensa, Thiel agia secretamente. Ele não apenas *gostava* da Nova Zelândia; ele havia adquirido cidadania no país em segredo. E enquanto enfrentava repórteres durante os lançamentos do seu livro, ele lançou, secretamente, um golpe contra a mídia — um que visava acertar as contas com a Gawker depois de tantos anos de críticas, mas que também enviava uma mensagem a qualquer outro jornalista que tentasse escrever críticas sobre ele.

A CAMPANHA CONTRA A GAWKER foi liderada, pelo menos inicialmente, por um especialista em direitos de propriedade intelectual muito bonito que apareceu misteriosamente em um evento do Thiel Fellows. Em abril de 2011, Aron D'Souza e Thiel se encontraram para jantar em Berlim, onde Thiel participava de uma conferência. D'Souza, que estava matriculado em Oxford na época, viajou até lá para vê-lo. Eles se conheceram, diria D'Souza, por meio de um amigo em comum não nomeado. "Peter atrai esses tipos", escreveu o autor Ryan Holiday a respeito de D'Souza, em seu livro que abordava a questão de Thiel e da Gawker,[234] referindo-se a "um jovem em forma e de origem indiscernível" que aparentemente leu *O Príncipe*, de Maquiavel, aos 13 anos e que era "fascinado pelo poder". Holiday, que vinha sendo convidado para as festas de Thiel, tinha acesso constante a ele — e acabou vindo a enxergá-lo em termos épicos. Em vários pontos do livro, ele compara o capitalista de risco a uma combinação de General Sherman, Conde de Monte Cristo, Andrew Carnegie, John D. Rockefeller e Cornelius Vanderbilt.

D'Souza fora para aquele jantar — oito pratos, seguidos de várias horas em um bar de hotel — com um plano para Thiel se vingar da Gawker. Ele propôs que Thiel o utilizasse como intermediário. D'Souza criaria uma empresa secreta de fachada que financiaria anonimamente ações judiciais contra a Gawker, sobrecarregando-a com litígios até o seu fechamento. Ele pediu US$10 milhões. Por volta das 3h daquela madrugada, Thiel topou o plano.

D'Souza visitou Thiel na Nova Zelândia e em São Francisco, e os dois foram refinando sua abordagem. Eles consideraram subornar funcionários para sabotar as operações da Gawker, espionar e depois tentar constranger Denton e até mesmo grampear a redação. "Havia tantas coisas que ficávamos tentados a fazer, mas não estava claro se aquilo funcionaria melhor ou não", Thiel diria mais tarde. "Portanto, decidimos agir legalmente desde o início, o que é uma grande limitação."[235]

É assim que Thiel retrataria a história, de qualquer maneira, embora outros digam que ele também seguiu táticas que pareciam, no mínimo, eticamente questionáveis. Um exemplo disso ocorreu quando um administrador de sistemas da Gawker recebeu um e-mail de um recrutador da Palantir. O cargo oferecido era muito mais elevado do que o que ele tinha na empresa de mídia, e o engenheiro temia não estar qualificado para tal.

As entrevistas — cinco, no total — foram ficando cada vez mais estranhas. O engenheiro me disse que os executivos da Palantir direcionaram, insistentemente, a conversa para a Gawker. Como funcionavam os seus servidores? Quais fornecedores de segurança eles utilizavam? Quantas pessoas trabalhavam no escritório no período noturno? Qual versão do Linux eles usavam? Ele chegou até a entrevista final, e nunca teve retorno da Palantir. Só mais tarde lhe ocorreu que ele havia divulgado o suficiente para montar uma invasão bem-sucedida. "Era possível atacar um lugar com tudo aquilo", declarou. Depois que Thiel foi exposto, o engenheiro disse aos executivos da Gawker que acreditava ter se tornado, inadvertidamente, uma fonte para uma operação de informação. Houve uma investigação semelhante em um escritório de advocacia do Vale do Silício que alegava representar investidores de capital privado e que tentou entrevistar executivos da Gawker. Mais tarde, a empresa concluiu que, muito provavelmente, isso também havia sido uma tentativa de coleta de informações.

Uma limitação ética importante para Thiel — ao menos na história que ele conta em retrospecto —, era que ele e D'Souza não financiariam alegações de calúnia ou difamação contra a Gawker, embora essas sejam as ações judiciais mais comuns movidas por aqueles insatisfeitos com jornalistas. Thiel diria a amigos que essa escolha viera de um desejo nobre de limitar o escopo da sentença, de forma a não criar um precedente que prejudicasse a liberdade de imprensa; já em outras ocasiões, ele sugeriu ter escolhido o caso, não porque tivesse qualquer lealdade especial à Constituição dos Estados Unidos, mas porque ele podia ser vencido.[236]

Trabalhando por intermédio de D'Souza, ele encarregou Charles Harder, um advogado do entretenimento, de realizar uma operação de pesquisa de oposição maior do que a que havia tentado anos antes, na Clarium. Harder e sua equipe vasculharam as postagens mais desagradáveis da Gawker, procurando pleiteantes em potencial, e conseguiram desenterrar mensagens e declarações públicas do fundador Nick Denton que poderiam ser utilizadas contra ele no tribunal. Em um comunicado à equipe, Denton escreveu que "os alimentos da antiga imprensa marrom são os alimentos da nova imprensa marrom: sexo, crime e, melhor ainda, crimes sexuais".[237] Por fim, investigadores que trabalhavam no esforço financiado por Thiel, ao entrevistarem ex-funcionários, descobriram que a Gawker utilizava estagiários não remunerados, e providenciariam para que esses ex-estagiários não remunerados processassem a empresa.[238]

Harder abriria vários processos contra a Gawker, incluindo o de um homem que alegou ter inventado o e-mail e que foi ridicularizado pelo site, e outro de um jornalista independente que a Gawker sugeriu ter tido "um surto paranoico".[239] O caso mais promissor, no entanto, envolveu Terry Bollea, mais conhecido como o lutador profissional Hulk Hogan.

Em 4 de outubro de 2012, poucos meses depois da célebre virada de Hogan na convenção republicana em Tampa, a Gawker publicou um vídeo de 1,5 minuto de Hogan fazendo sexo com a esposa de um amigo, Heather Clem, sob um título sarcástico: AINDA QUE SÓ POR UM MINUTO, NÃO É ACONSELHÁVEL VER HULK HOGAN FAZENDO SEXO EM UMA CAMA DE DOSSEL, NÃO NO TRABALHO, MAS VOCÊ DEVERIA VER MESMO ASSIM, escreveu o então editor-chefe A. J. Daulerio. A Gawker inicialmente ignorou a exigência de Bollea para retirar o vídeo do ar, na qual Bollea afirmava ter sido filmado sem seu conhecimento ou consentimento, argumentando que o casal era de figuras públicas. (O marido de Clem era um apresentador de rádio em Tampa, cujo nome legal é Bubba the Love Sponge.) Bollea reclamou do vídeo à imprensa, e isso atraiu a atenção de Harder.

Mais tarde, naquele mesmo mês, Harder processou Clem, que Bollea alegava ter gravado o encontro sem o seu consentimento. Em dezembro, ele alterou a acusação, nomeando, além de Clem, Denton e Daulerio. A ação notava o status de Hogan como "doze vezes campeão de luta livre" e pedia US$100 milhões em indenização.

A equipe da Gawker, junto com o resto do mundo, presumiu que a ação judicial de Hogan era algum tipo de atuação, ou pior, uma tentativa de arrancar alguns milhões de dólares de uma empresa de mídia bem capitalizada. Acontece que Bollea vinha tentando abafar outra gravação, em áudio, na qual proferia ofensas racistas, o que era mais prejudicial para ele. ("Eu sou racista, até certo ponto", dizia Hogan na fita. "B*sta de n—— ." Hogan, mais tarde, admitiu os comentários. "Eu disse algo terrível", declarou. "Mas esse não sou eu, não é quem eu sou."[240]) Denton concluiu que o processo de Hogan visava Clem e quaisquer outros responsáveis pelo vazamento, e instruiu seus advogados a iniciarem as negociações com a equipe de Bollea referentes a um acordo.

No início, o lutador parecia disposto, e até mesmo ansioso, para resolver a questão — e, pelo menos em um determinado ponto, havia concordado com um pagamento, de acordo com pessoas que estavam em ambos os lados da disputa. Mas então, assim que o negócio estava para ser fechado, seus advogados desapareceram e só voltaram à mesa de negociações para anunciar que não haveria acordo. Para os funcionários da Gawker, parecia que alguém estava fazendo algum tipo de jogo.

A apólice de seguro de mídias da Gawker não cobria invasão de privacidade, mas o site tinha uma política de responsabilidade geral que o protegia de alegações por danos morais, e, enquanto lutava para que o processo de Bollea fosse arquivado, a empresa também precisou lutar com o seguro de responsabilidade civil, argumentando que, pelo fato de Hogan ter alegado "estresse emocional", o seguro deveria entrar em ação. Mas então, Bollea fez algo inesperado: em dezembro de 2014, ele retirou a acusação de que a Gawker havia lhe causado estresse emocional.

Isso era prejudicial para a Gawker, já que eliminava quaisquer chances de conseguir o seguro. Era também muito estranho. Normalmente, os requerentes não desejam levar um requerido à falência se esperam conseguir dele uma sentença ou acordo, mas Hogan, repentinamente, começou a agir como se a falência da Gawker — e não um pagamento significativo em dinheiro — fosse o seu objetivo. Por que ele tentaria limitar a capacidade da Gawker de ressarci-lo?

Outro mistério: a empresa de Harder tinha poucos casos, mas parecia ter um orçamento ilimitado. Nas aparições no tribunal, os advogados de Bollea ficavam no melhor hotel da cidade. De onde vinha aquele dinheiro? Alguém estava compensando Hogan por insistir naquele processo?

No início de 2015, os repórteres da Gawker começaram a investigar o caso. Eles queriam saber: Hogan estava pagando seus próprios honorários legais? E, se não, quem estava? Os repórteres, então, começaram a montar uma lista dos inimigos do seu empregador.

O LIVRO DE RYAN HOLIDAY menciona de passagem que a Gawker tinha outros inimigos, dentre os quais estava Charles Johnson, uma figura cada vez mais influente associada aos membros da juventude *alt-right* (direita alternativa). O movimento era uma mistura de provocação, tolices e perigo extremo. Os membros do movimento flertavam com o racismo e até com o nazismo — qualquer coisa para provocar uma indignação liberal —, e seus líderes utilizavam as redes sociais para atacar qualquer pessoa que considerassem parte da corrente dominante de centro-esquerda — que incluía figuras do Partido Democrata, ativistas do Black Lives Matter e um certo número de escritores da Gawker. Thiel se declarou indignado com o grupo. "Essas pessoas", disse ele a Holiday. "Não é que elas estejam dispostas a fazer algo em nome da ideologia... A única semelhança entre elas é o niilismo: uma máscara para a falta absoluta de qualquer ideologia." Holiday observou que Johnson também havia processado a Gawker, mas o descreveu como uma das muitas "pessoas que não têm relação alguma com Peter Thiel".

Se isso não era uma mentira, era uma evasão muito cuidadosa. Na verdade, Johnson e Thiel eram próximos há quase uma década e, a essa altura, Johnson era um importante conselheiro político e confidente — e viria a assumir um papel na campanha da Gawker que era, sem dúvida, tão significativo quanto o de D'Souza. Eles se conheceram por volta de 2008, quando Johnson era um calouro universitário de 19 anos, e se aproximaram dois anos depois, em uma conferência organizada pelo conservador Claremont Institute. Como muitos dos discípulos de Thiel, ele era brilhante, combativo, prolixo e descontente com o mundo liberal ao seu redor.

Johnson cresceu na classe média de Milton, em Massachusetts, um subúrbio nos arredores de Boston, e ganhou uma bolsa parcial para frequentar a escola preparatória local. Ele se destacou na Milton Academy, escola da Ivy League que custava US$25 mil por ano. (O preço dobrou desde então.) Não foi uma transição fácil. Ele se considerava um forasteiro entre os filhos e filhas de banqueiros e, talvez como consequência disso, adotou um tipo de conservadorismo intenso e conflituoso familiar a qualquer leitor do *Stanford Review*.

Depois que cinco membros do time de hóquei da escola foram expulsos por se relacionarem sexualmente com uma estudante do segundo ano de 15 anos, Johnson defendeu os jogadores de hóquei em uma assembleia escolar. Ele causou outro miniescândalo quando opinou em um fórum de discussões online a respeito de comentários feitos por Bill Bennett, o antigo chefe de Thiel no Departamento de Educação, que em 2005 havia sugerido que os médicos "abortassem todos os bebês negros neste país". (Bennett argumentou que se tratava de um experimento mental, e não de uma prescrição política.) De maneira improvável, Johnson também fez amizade com Alan Dershowitz, o professor da Escola de Direito de Harvard famoso pela absolvição de O. J. Simpson, depois que Dershowitz foi ao campus para uma palestra.

Depois de se graduar em Milton, ele foi para o Claremont McKenna College, a faculdade de artes liberais nos arredores de Los Angeles, conhecida por formar intelectuais de direita. Lá, ele chamou ainda mais atenção ao criar um blog, o *Claremont Conservative*, e ao adotar a identidade de provocador de direita do campus. Em um incidente no qual um comentário que ele deixou em um fórum online sobre casamento gay foi excluído pelo moderador, ele argumentou que este, um estudante chamado Ross Boomer, era tendencioso por ser gay. Boomer considerou isso como uma tentativa de exposição, já que sua família não sabia sobre sua opção sexual. Quando a *Mother Jones* relatou o incidente, Johnson disse que não sabia que Boomer, que só tinha aberto o jogo para alguns amigos, escondia o fato da família.[241] Seu colega de classe, afirmou ele, "saía por aí sendo gay pelo campus". Anos depois, ele me contou que se arrependia do incidente, e que sentia ter exagerado. Durante esses anos, Johnson também foi mergulhando na vida intelectual conservadora, participando de conferências dedicadas às obras de Strauss e Maquiavel. Foi em uma dessas conferências, realizada no final do seu terceiro ano, que ele teve uma longa conversa com Peter Thiel pela primeira vez. Ao longo de um jantar regado a álcool, eles discutiram sua inimizade compartilhada frente a instituições de elite, especialmente as faculdades liberais.

Thiel e Johnson mantiveram contato depois que Johnson se formou. Ele conseguiu um trabalho regular escrevendo para o *Daily Caller*, o noticiário conservador de Tucker Carlson, e publicou um livro sobre Calvin Coolidge. A essa altura, a popularidade de Johnson estava crescendo nos círculos da direita, a tal ponto que Carlson, o senador Ted Cruz e John Yoo, o ad-

200 CONTROVERSO

vogado que defendeu a tortura em nome da administração Bush durante a Guerra do Iraque, forneceram citações que o endossavam. Por fim, ele fundou seu próprio site, o *GotNews*, uma espécie de Gawker de direita, onde alimentou uma revolta contra Michael Brown,[242] o jovem negro de 18 anos que, mesmo desarmado, foi baleado por um policial em Ferguson, no Missouri, iniciando uma onda de protestos do Black Lives Matter. Johnson autuou a cidade de St. Louis por quaisquer fichas que o tribunal de menores pudesse ter sobre Brown — o pedido foi negado porque, segundo o juiz, não existia registro algum de delitos graves —, e coletou capturas de tela que supostamente mostravam a "lado violento" do rapaz assassinado. Ele alegava possuir fontes que diziam que Brown era membro de uma gangue.

Então, no final de 2014, Johnson relatou que um artigo da *Rolling Stone* descrevendo um suposto estupro coletivo na Universidade da Virgínia era equivocado e sem fundamento. Em dezembro, ele publicou o nome completo da suposta vítima — quebrando um antigo tabu no jornalismo e no cumprimento da lei — junto com uma foto que declarou retratá-la em um comício contra a violência sexual. Johnson pareceu acertar o nome, mas estava errado sobre a foto, que era de outra mulher. Ele se desculpou pela foto.[243]

Isso chamou a atenção da Gawker. O QUE CHUCK JOHNSON É, E POR QUÊ?, indagava uma manchete da Gawker, logo depois da divulgação da suposta vítima, referindo-se a ele como "O Pior Jornalista da Internet". Seis dias depois, o site publicou outra postagem incluindo uma série de "rumores", todos atribuídos a fontes anônimas e negados por Johnson. A postagem visava dar a Johnson um sabor satírico do seu próprio veneno, e incluía uma afirmação de que ele havia defecado no chão do seu dormitório da faculdade, e outra que envolvia zoofilia. "Não há provas de que Chuck Johnson tenha sido encarcerado em 2002 por prender uma ovelha em uma cerca e transar com ela", escreveu J. K. Trotter, da Gawker. "No entanto, Johnson é o tipo de cara de quem pessoas aleatórias inventam e fazem circular rumores sobre ele ter sido encarcerado em 2002 por prender uma ovelha em uma cerca e transar com ela."

Johnson entrou em guerra no Twitter, atacando Trotter e Denton. "Quanto você pagaria para encerrar a carreira de um jornalista extremamente liberal?", perguntou ele a certa altura. Ele ficou obcecado com essa causa — culpando a Gawker pela dissolução do seu casamento e prometendo aos amigos que os destruiria pelo que tinham feito a ele. "Eu os detestava", declarou. Depois que a Gawker levantou fundos de um bilionário conectado a Putin, Viktor Vekselberg, no início de 2016, Johnson desenvolveu uma teoria de que o site estava conectado à inteligência russa.[244] Por volta dessa época, Jeff Giesea, um amigo de longa data de Thiel que havia trabalhado em seu fundo hedge no final dos anos 1990, entrou em contato pelo Twitter e disse a Johnson que ele deveria falar com Peter Thiel.

Na vez seguinte em que eles jantaram na casa de Thiel, em São Francisco, sentados à mesa com Blake Masters e outros funcionários de Thiel, Johnson já tinha entendido tudo. "Você está financiando os processos judiciais contra a Gawker", disse ele, fixando os olhos em Thiel.

"Eu, ahm..." Thiel gaguejou, ficando vermelho como um tomate e enfim confessando, mas pedindo para Johnson manter segredo. Johnson, então, disse que queria entrar na jogada. "Eu sei exatamente o que fazer", afirmou.

Conforme os dois homens se aproximavam um do outro por causa de uma inimizade em comum, eles passaram a conversar e a se encontrar com mais frequência, e Johnson se tornou uma espécie de braço direito na campanha contra a Gawker. Houve jantares e cafés da manhã nas casas de Thiel em Los Angeles e São Francisco, além de telefonemas que chegavam a durar horas. Thiel achava Johnson assustador e divertido. "Charles, você é extremo demais", dizia ele quando Johnson esbravejava, fantasiando sobre a morte de Nick Denton, ou sobre porque Peter deveria transformar a 20 Under 20 [vinte com menos de 20 anos, em tradução livre] em "vinte milhões com menos de 20 anos", ou sobre o quanto desprezava os outros membros do Thielverso.

Johnson podia até adular Thiel, como outros membros de sua corte — chamando-o de "Sensei Thiel" —, mas, ao contrário da maioria dos outros participantes do círculo de Thiel, ele estava mais disposto a insultá-lo diretamente. Johnson dizia a Peter que as empresas de tecnologia eram parasitas — isto é, as empresas que Thiel criara e que todos em seu círculo veneravam. Também dizia que ele só "falava besteira" ao fazer uma determinada afirmação, e o mais estranho era que Thiel não parecia se importar com isso.

Muitos no círculo privado de Thiel temiam que a *persona* online de Johnson prejudicasse Thiel publicamente, mas eles também podiam estar ressentidos pela influência crescente de Johnson. Embora D'Souza ainda estivesse oficialmente encarregado do caso Gawker, Johnson começara a defender uma estratégia mais vigorosa.

No lugar do plano de D'Souza de identificar meticulosamente os casos intocáveis enquanto preservava o sigilo de Thiel a todo custo, Johnson era a favor de uma guerra total. Ele insultava os executivos da Gawker nas redes sociais. Heather Dietrick, então conselheira geral da Gawker, se emocionou durante a negociação de um acordo, observando que, se Bollea levasse a Gawker à falência, muitas pessoas perderiam seus empregos. O apelo falhou e, de alguma forma, a notícia chegou até os ouvidos de Johnson, que tuitou sobre ter ouvido falar que um advogado da Gawker chorou.

Com a bênção de Thiel, Johnson começou a cruzar o país à procura de qualquer pessoa, em qualquer lugar, que tivesse sido prejudicada pela Gawker. Entre elas estava Pax Dickinson, um ex-executivo do *Business Insider* que foi demitido depois que repórteres da Gawker desenterraram seus tuítes criticando o feminismo e a cultura *woke* no geral, muitas vezes de maneira grosseira. Dickinson usou o termo "crioulo" em uma instância, e, em uma recordação sentimental de um ensaio de Thiel, tuitou que "o voto feminino e a liberdade individual são incompatíveis". Outra pessoa potencialmente útil para Johnson foi Hoan Ton-That, um jovem programador web que alçou voo como empreendedor. Quando a Gawker ridicularizou um aplicativo cheio de spams que Ton-That criara, aproveitou também para zombar do seu perfil no Twitter, onde ele se referia a si mesmo como um "anarcotransexual". Ele era, como disse Owen Thomas, "um desenvolvedor de softwares muito de São Francisco". Johnson fez amizade com ele, e também com Mike Cernovich, outro conservador a quem a Gawker chamou a atenção por apoiar o chamado movimento dos Direitos dos Homens. "Parem de ser bichas", tuitou Cernovich certa vez. "Quem se importa com câncer de mama e estupro? Não eu." Cernovich, que adotara posições sobre "date rape" [estupro cometido pelo acompanhante da vítima] semelhantes àquelas expressas por Thiel e David Sacks em *The Diversity Myth*, mais tarde excluiria o tuíte e focaria a política.[245]

Thiel ficou satisfeito o suficiente com o ativismo de Johnson para apoiá-lo financeiramente. Depois que Johnson foi banido do Twitter por sugerir que arrecadaria dinheiro para um projeto que visava "acabar" com DeRay Mckesson, o organizador do Black Lives Matter, ele fundou a WeSearchr, uma empresa de *crowdfunding* que, ao contrário do Kickstarter, se autopromovia como não regulamentada e, como resultado, estava aberta aos conteúdos da direita alternativa. (Johnson me disse que falou metaforicamente em relação a Mckesson; disse que planejava publicar um artigo sobre o ativista.) Nessa época, Thiel deu a ele um cheque entre US$100 mil e US$200 mil. De acordo com Johnson, foi um presente e não um investimento, mas aquilo seria constrangedor para Thiel. Johnson, mais tarde, chamaria a atenção por sugerir no Reddit que o número de judeus mortos no Holocausto não chegava nem perto de seis milhões, e sua empresa de *crowdfunding* ajudaria o site neonazista *Daily Stormer* a arrecadar US$150 mil. Tal como Rabois em 1992, Johnson declarou que ambos os incidentes foram provocações destinadas a testar os limites da liberdade de expressão. Seus comentários no Reddit foram uma performance projetada para determinar se o site censuraria seus usuários; pois seu site de *crowdfunding* estava aberto a todas as ideologias. Ele declarou que nenhum dos dois refletia suas verdadeiras crenças.

Essa *persona* doida incomodou Thiel, mas trouxe uma vantagem. No ano seguinte, Johnson seria a pessoa a levar Thiel para próximo de Donald J. Trump.

THIEL NUNCA ACEITOU COMPLETAMENTE a direita alternativa. "Ele os achava fracassados", disse Johnson, mas também os considerava interessantes — e talvez até potencialmente valiosos. Em 2015, Thiel virou amigo de Marcus Epstein, fundador de um grupo ativista[246] dedicado a se opor à diversidade racial, chamado Youth for Western Civilization, e redator do VDARE, o site de direita radical popular entre funcionários da Clarium Capital em meados dos anos 2000. Epstein também fundou outro grupo, o Robert A. Taft Club, com dois nacionalistas brancos proeminentes, chamados Kevin DeAnna e Richard Spencer. Epstein negou veementemente que sua escrita fosse racista, mas, em uma noite de 2007, enquanto caminhava por Washington, D.C., ele avistou uma mulher negra e começou a insultá-la. Então, aproximou-se dela, cujo nome foi mantido em sigilo pela polícia, e, de acordo com um documento judicial,[247] "proferiu crioula e deu um golpe de karatê na cabeça dessa Sra." Epstein entrou com o chamado apelo de Alford — basicamente admitindo o caso sem admitir o crime.

Em meados de 2016, Thiel jantou com DeAnna, cofundador do Taft Club e colaborador frequente do VDARE. O Southern Poverty Law Center identifica DeAnna como um "arquiteto ideológico" central para o movimento nacionalista branco.[248] Nessa mesma época, Johnson providenciou para que Thiel se encontrasse com Milo Yiannopoulos, o editor de tecnologias do *Breitbart* que ficou famoso por ajudar a impulsionar o movimento Gamergate, que perseguia e assediava várias mulheres nos meios do jornalismo e dos videogames.

Thiel se recusou a se encontrar com Richard Spencer, talvez o membro mais notório desse bando, que chamaria atenção em 2016 ao liderar uma multidão em uma saudação ao estilo Sieg Heil, gritando: "Salve Trump! Salve o nosso povo!"[249] "Peter não é nazista", disse Johnson. "Nazi-curioso, no máximo." Mais tarde, ele me diria que estava sendo simplista, e que quis dizer apenas que os interesses intelectuais de Thiel variavam amplamente. Outro amigo de Thiel ofereceu uma avaliação semelhante, observando que, embora Thiel se reunisse com membros da direita alternativa, essas reuniões raramente progrediam para algo mais profundo. "A direita alternativa estava crescendo", disse essa mesma pessoa. "Não é nenhuma surpresa para mim que ele se encontre com essas pessoas. O que acontece a seguir é muito mais revelador."

Jeff Giesea, um associado próximo de Thiel e um dos primeiros funcionários da Thiel Capital, conhecia Spencer. De acordo com um relatório do *HuffPost*, ele doou US$5 mil para a organização sem fins lucrativos de Spencer, a National Policy Institute. Katie McHugh, uma ex-nacionalista branca que desde então se tornou delatora, também afirmou que Giesea era autor de um guia amplamente divulgado, o "How to Fund the Alt-Right"

[Como Financiar a Direita Alternativa], que listava grupos, incluindo o de Spencer e o *Daily Stormer*, e explicava maneiras de se manter as doações em segredo.[250] Giesea negou ter escrito o guia.

Durante esse mesmo período, Thiel também se aproximou de Curtis Yarvin, que se tornara uma espécie de filósofo da direita alternativa. No final de 2014, John Burnham, o adolescente idealista que fora um dos rostos da Thiel Fellowship três anos antes, entrou em uma disputa comercial com Yarvin sobre a gestão de sua empresa, a Tlon. Uma ação de 2014 movida por Yarvin alegava que ele tentara demitir Burnham a despeito do fato de eles terem participação igualitária na empresa e de Burnham ser o CEO. Ao justificar seu raciocínio no processo legal, Yarvin disse que Burnham prometeu renunciar a qualquer momento, caso solicitado. Ele também observou que Burnham era inexperiente quando a empresa foi fundada, e que "quase não tinha educação superior".

Do ponto de vista da Thiel Fellowship, aquela era uma reclamação estranha. Afinal, não ter educação superior — especialmente para um empresário conectado a Thiel, como era o caso de Burnham — era algo desejável. No entanto, quando Burnham se recusou a renunciar, os investidores de Yarvin, grupo que incluía Thiel e outro capitalista de risco libertário, Balaji Srinivasan, ficaram do lado de Yarvin. Burnham foi removido do escritório da Tlon em outubro. Um mês depois, Yarvin compartilhou planos com Thiel e outros investidores para retificar aquilo que ele chamou de "o desastre de John", retirando a participação de 50% de Burnham na empresa. Por fim, Burnham saiu da empresa, e o processo foi arquivado.

Mas o incidente, que era como um eco da demissão de Eduardo Saverin por parte de Zuckerberg, prejudicaria a reputação de Thiel como alguém que colaborava, acima de tudo, com os direitos dos fundadores. Ele não só tinha sido cúmplice na remoção de um deles, como Burnham também fora um de seus jovens discípulos — alguém que largou a faculdade, e basicamente todo o resto, para perseguir um sonho com o grandioso homem em pessoa. Em troca, parecia que Thiel tinha optado por ficar do lado de Yarvin, um homem que defendia a escravidão. Talvez fosse nisso que Thiel acreditava, então? Será que ele acreditava em alguma coisa?

Thiel quando calouro na Universidade de Stanford, em 1986. Sua inteligência e distanciamento eram notórios entre seus colegas de dormitório. "Ele era um cara muito, muito estranho", disse um deles.

Thiel não consumia muito álcool em Stanford, embora não resistisse a um desafio para uma partida de "xadrez cervejeiro", no qual os jogadores tinham que beber cada vez que perdiam uma peça. Ele ganhava todas.

Thiel e o então CEO do PayPal, Elon Musk, posando para promover as ambições bancárias do PayPal em 2000. Naquele ano, Thiel lideraria um golpe para substituir Musk.

O cofundador do PayPal, Max Levchin, era um programador de 23 anos quando conheceu Thiel no final dos anos 1990. Ao fomentar Levchin, o gênio técnico por trás da empresa, Thiel marcou o início de sua transformação em um poderoso agente das tecnologias.

A amizade de Thiel com Reid Hoffman data de seu segundo ano em Stanford. Hoffman atuou como vice-presidente executivo do PayPal, e mais tarde se tornou uma peça fundamental na Máfia do PayPal.

Thiel viu potencial em seu colega da faculdade de direito Alex Karp, um boêmio de esquerda que seguiu uma breve carreira acadêmica na Alemanha. Quando Karp retornou aos EUA, Thiel usou o gênio peculiar do amigo nos seus esforços de arrecadação de fundos para o Founders Fund antes de torná-lo CEO de sua empresa de vigilância, Palantir.

Steve Bannon, ex-presidente executivo da *Breitbart News*, estrategista-chefe de Trump na Casa Branca e o principal aliado de Thiel dentro do trumpismo.

O senador Josh Hawley, beneficiário da prodigalidade de Thiel, atacou empresas de tecnologia e abraçou alguns dos elementos mais extremos do trumpismo.

Charles Johnson, jornalista, empreendedor e porta de entrada de Thiel para o mundo da *alt-right*.

Em dezembro de 2016, os CEOs de algumas das maiores empresas de tecnologia dos EUA, incluindo Tim Cook da Apple e Jeff Bezos da Amazon, além de Elon Musk e Alex Karp, reuniram-se com Trump a convite de Thiel. "Você é um cara muito especial", disse Trump na ocasião, agradecendo a Thiel por marcar a reunião.

Sean Parker (interpretado por Justin Timberlake) e Mark Zuckerberg (Jesse Eisenberg) esperam para conhecer Thiel na versão de Hollywood para a história do Facebook, *A Rede Social*.

O episódio "The Blood Boy" da série *Silicon Valley*, da HBO, fez pouco caso do interesse de Thiel pela parabiose, uma terapia de extensão de vida que envolve o uso do sangue de doadores mais jovens.

Em 2018, o cofundador do Facebook Mark Zuckerberg foi chamado para prestar depoimento no Congresso dos EUA sobre o compromisso da empresa com a privacidade de seus usuários, além de seu envolvimento com a manipulação das eleições norte-americanas de 2016.

O trabalho da Palantir com a Polícia de Imigração e Alfândega e sua aparente cumplicidade com as políticas de imigração do presidente Trump levaram a protestos em todo o país, inclusive em Nova York em 2019.

Terry Bolea, vulgo Hulk Hogan, vulgo procurador de Thiel na sua campanha para destruir a Gawker Media. Bollea processou a Gawker depois que a empresa publicou uma fita de sexo que, segundo ele, foi gravada sem o seu consentimento. Thiel, que durante anos guardou rancor contra a empresa de Nova York, foi quem arcou secretamente com os honorários legais de Bollea.

Thiel durante seu discurso de apoio a Donald Trump na Convenção Nacional Republicana de 2016.

14

PLANO B

Os locais a chamavam de Plasma Screen House [Casa TV de Plasma]. Foi construída em Queenstown Hill, com vista para um dos lugares mais bonitos do mundo: o Lago Wakatipu, um profundo corpo de água glacial que atravessa o centro da acidentada Ilha Sul da Nova Zelândia. O nome veio da característica que define a casa: uma janela panorâmica de quase 15m de comprimento que, vista de fora, lembra uma televisão de tela plana gigante. Depois que Peter Thiel a comprou, ele acrescentou um cômodo: um quarto do pânico.

Ele teria casas ao redor do mundo — Japão, Brasil, Nova York, São Francisco, Los Angeles —, e viveria bem. Além dos networkings constantes, Thiel festejava. Mas não se tratava daquelas *soirées* desesperadas e cheias de ansiosos aspirantes a empreendedores; eram festas exageradas, com garçons usando "calças sem bunda" e drogas e sexo liberados, de acordo com duas fontes familiarizadas com os eventos.[251] Não ficou claro o quanto Thiel, que ainda namorava Danzeisen, realmente participava das bacanais. Ele tendia a aparecer com uma comitiva de jovens atraentes, antes de desaparecer em alguma sala nos fundos.

208 CONTROVERSO

A casa da Nova Zelândia, assim como um lote de cerca de 200 hectares a cerca de 65km ao norte que ele adquirira mais tarde, não eram planejados para festas; como a sala do pânico deixava implícito, era um plano de fuga. Como muitos em sua rede, Thiel era um pouco sobrevivencialista — termo utilizado para descrever pessoas que acreditavam que o fim do mundo, ou pelo menos da civilização, aconteceria durante sua vida, e então estocavam ouro e armas de fogo, às vezes em abrigos subterrâneos. Isso era, em outras palavras, outro tipo de cobertura, e a Nova Zelândia — distante, anglófona, e com um governo de direita então liderado por um rico estrangeiro e ex-comerciante de câmbio, John Key — era um destino atraente para um bilionário conservador com tendências paranoicas. Thiel buscava mais do que um abrigo; ele queria um país de reserva.[252]

Ele não disse nada a respeito disso publicamente — e, durante a sessão de perguntas e respostas com Tyler Cowen, no qual o tópico Nova Zelândia veio à tona, não fez menção a sua cidadania neozelandesa. Ele estava se tornando um importante fornecedor de softwares para o exército dos EUA e um patrono dos políticos da direita radical que protestavam contra as elites globais — o que podia parecer um tanto inconsistente para pessoas não controversas. Por outro lado, a ideia de abandonar os Estados Unidos pairou pelo Thielverso durante anos. Formou a base de grande parte do trabalho de Thiel no PayPal, que prometera contas bancárias suíças não rastreáveis para todos e uma ampla "erosão do Estado-nação". Fazia parte também da base para o *seasteading*, cujos proponentes esperavam que seus assentamentos flutuantes servissem como paraísos fiscais para seus residentes (bem como bases para as empresas farmacêuticas que fariam experimentos em seres humanos sem supervisão regulatória, entre muitas outras ideias).

Thiel coletou esse conceito do livro *The Sovereign Individual* [sem publicação no Brasil], de 1997. Era uma das suas leituras favoritas, e recomendava que as elites buscassem a cidadania estrangeira e se libertassem dos fardos indevidos da nacionalidade. A influência do trabalho também apareceu em uma palestra do amigo de Thiel, Balaji Srinivasan, um capitalista de risco libertário que investiu ao lado dele na empresa de Curtis Yarvin. Em um evento da Y Combinator para jovens empreendedores em 2013,

Srinivasan traçou uma distinção entre o engajamento democrático — que ele chamou de "voz" — e a secessão ou emigração, chamada de "saída". Ele defendeu que seu público considerasse a última mais a fundo, se libertando dos laços da cidadania tradicional ao abrir empresas que poderiam ser bem-sucedidas em frustrar as regulamentações, ou até mesmo se ausentando completamente de seu país.

Os planos de saída de Thiel começaram a tomar forma em 2010, quando ele começou a se interessar pelo pequeno e relativamente obscuro cenário tecnológico da Nova Zelândia. Naquele ano, o chefão da Máfia do PayPal fez um investimento de US$3 milhões em um fabricante de softwares de contabilidade pouco conhecido, com sede em Wellington.[253] Um simpático jornalista do *Business Insider* apareceu para explicar que Thiel amava a Nova Zelândia e estava "claramente empenhado no longo prazo".[254] O artigo declarava que Thiel estava lançando um fundo de capital de risco na Nova Zelândia, o Valar Ventures, para encontrar mais negócios — tudo parte de um plano para transformar aquele país "na utopia libertária dos seus sonhos". No mês de abril seguinte, ele assinou um cheque de US$800 mil direcionado aos esforços de socorro para aqueles que foram afetados pelo terremoto em Christchurch.[255] Tanto o investimento quanto a doação eram pouco característicos — Thiel raramente colocava dinheiro em softwares comerciais, e quase toda a sua filantropia até então fora explicitamente ideológica. (Se ele tivesse doado para a recuperação de Nova Orleans, devastada pelo furacão Katrina, que matou dez vezes mais pessoas do que o desastre de Christchurch, ele o teria feito em segredo.) No verão de 2011, ele voou para Auckland para palestrar em uma conferência organizada por uma organização sem fins lucrativos apoiada pelo governo e dedicada a estimular o empreendedorismo neozelandês. Seu discurso de quatorze minutos — focado, ironicamente, nos perigos da globalização — foi o carro-chefe do evento.

O interesse de Thiel pelo país e seu setor de tecnologia parece, em retrospecto, menos do que sincero. Apesar da história do *Business Insider*, o Valar não tinha funcionários na Nova Zelândia e era administrado por uma equipe de pessoas leais que incluía Matt Danzeisen, seu namorado de longa data, e Andrew McCormack, o assistente de Thiel que abriu a

Frisson e que agora trabalhava em seu fundo hedge. Naquele momento, Thiel estava secretamente pressionando o governo a lhe dar a cidadania. A Nova Zelândia tem algumas das leis de imigração mais liberais do mundo, permitindo que trabalhadores qualificados ou qualquer pessoa com mais de US$2 milhões em capital de investimento permaneçam indefinidamente. Mas obter a cidadania plena geralmente exigia a intenção de se mudar para o país e uma longa estadia prévia — regras que Thiel não tinha nenhuma intenção de seguir. Assim, ao longo de seis meses, seu advogado fez lobby com o governo, impetuosamente, para que considerasse seu recente histórico de investimentos e filantropia para substituir os requisitos legais. Em vez de passar os 1.350 dias obrigatórios no país, Thiel só ficou 12.

Os funcionários da imigração ficaram surpresos com a audácia desse pedido, mas acabaram aceitando depois que Thiel conversou com o primeiro-ministro Key. Também houve reuniões com figuras importantes do governo, que garantiram o acordo de Thiel para investir em um fundo de capital de risco apoiado pelo governo. Em uma cerimônia secreta, o futuro nacionalista do America First faria o juramento de lealdade à Nova Zelândia em um consulado de Santa Monica, na Califórnia.

Esse foi, efetivamente, o fim da relação de Thiel com o país. O Valar fez apenas mais um investimento na Nova Zelândia e nunca montou operações lá. Thiel acabou exercendo uma cláusula de aquisição de sua participação no fundo do governo. Thiel "desapareceu" de sua nova pátria, diria o *New Zealand Herald*.

Na Nova Zelândia, a decisão de acelerar a cidadania de Thiel foi vista como um escândalo — prova de que o país, efetivamente, vendera um passaporte para um estrangeiro bilionário. Já nos Estados Unidos, a situação foi interpretada apenas como um sinal dos impulsos de sobrevivencialista de Thiel. Os repórteres escreveram histórias imaginando o tipo de abrigo subterrâneo que ele poderia ter começado a construir em seu terreno recém--adquirido. No entanto, quem o conhecia bem suspeitava que o verdadeiro motivo pouco tinha a ver com a perspectiva de uma guerra nuclear, pandemia ou revolução. Aquilo estava relacionado ao que Thiel realmente temia mais do que qualquer coisa: o governo dos EUA.

POR FORA, Thiel nunca fora tão bem-sucedido. Por dentro, no entanto, seu império parecia vulnerável. Em 2014, o capital de risco — e a indústria de tecnologia que ele financiava — estava mudando de uma forma que ameaçava Thiel. Ele construiu sua fortuna, em grande medida, cultivando uma rede de contatos — a Máfia do PayPal — e utilizando seus talentos retóricos e instintos controversos para aumentar sua influência, o que lhe rendeu acesso às startups mais promissoras. Apesar disso, graças às redes sociais, e especialmente ao Twitter, ficou muito mais fácil de encontrar contatos e influências, e Thiel não era mais o único capitalista de risco com um séquito de jovens discípulos. Enquanto isso, investidoras do mercado público, como a Fidelity e a Tiger Global Management, cada vez mais cortejadas pelo potencial de crescimento da nova safra de "unicórnios" do mercado privado, de repente competiam com participações em empresas que normalmente seriam domínio exclusivo dos CRs do Vale do Silício. Em um esforço para conseguir acompanhar o ritmo e não ver suas participações lucrativas nas apostas vencedoras de seus fundos serem reduzidas, os capitalistas de risco começaram a levantar fundos cada vez maiores. Thiel podia jogar esse jogo, até certo ponto — em março de 2014, o Founders Fund levantou US$1 bilhão para o seu quinto fundo —, mas mesmo isso ainda era uma pequena fração dos US$2 trilhões ou mais de que a Fidelity dispunha.

E então, havia a política. Thiel desprezava e temia Obama, que venceu as eleições com base em uma campanha que apelava, em parte, ao tipo de multiculturalismo que Thiel considerava corrosivo. Desde que assumiu o cargo, Obama buscou políticas — incluindo reformas no sistema de saúde e o resgate econômico, que vinha utilizando dinheiro do governo para resgatar bancos e sustentar montadoras de automóveis, ao mesmo tempo em que fornecia cheques de estímulo aos consumidores — que Thiel considerava equivalentes ao comunismo. Ele também planejou o resgate econômico que evitou um quebra, o que contribuiu, por sua vez, para a ruína da Clarium. Para piorar as coisas, o sucesso de Obama parecia particularmente durável — com uma sucessora, Hillary Clinton, pronta para disputar as próximas eleições presidenciais. Mesmo que seu marido tenha sido presidente durante o boom que permitiu que Thiel criasse o PayPal, Clinton parecia ainda mais

212 CONTROVERSO

hostil aos interesses de Thiel do que Obama — e esperava-se que ela levasse a fiscalização antitruste até as empresas de tecnologia e aumentasse as taxas de impostos sobre ganhos de capital. Ele sentia, segundo uma declaração dada em um evento do National Review Institute em 2013,[256] um "movimento articulado da classe alta e dos muito pobres contra o centro", grupo do qual, embora de maneira irreal, ele parecia se considerar parte.

Thiel tinha motivos para levar isso para o lado pessoal. Durante a campanha presidencial de 2012, Mitt Romney revelou que sua aposentadoria individual, ou IRA, tinha mais de US\$100 milhões — uma quantia surpreendente para a maioria dos norte-americanos (e até mesmo para alguns no mundo do capital privado), que se esforçavam para entender como alguém poderia acumular tanto dinheiro, já que o governo limitava as contribuições em até cerca de US\$30 mil por ano. Na época, Steve Rattner, o gestor financeiro que supervisionou o resgate automobilístico do governo Obama, observou que Romney, assim como Rattner, fizera fortuna investindo em capital privado, e parecia ter "forçado a barra até o limite" de maneiras eticamente questionáveis.[257] "Eu perguntei a outros caras do capital privado", Rattner disse à CNN. "Nenhum de nós sabia que isso era sequer possível." A resposta para como Romney conseguiu fazer isso estava na compreensão daquilo que William Cohan, do *Atlantic*, chamou de "alquimia" do capital privado, por meio da qual os investidores geravam retornos enormes com base em pequenas contribuições de capital — desde que escolhessem as empresas certas.[258]

Thiel sabia a respeito do "truque" de Romney, é claro, mas a verdade é que acumulou uma quantia muito maior que ele. E, ao contrário de Romney, que utilizou um IRA tradicional — o que significava que seus saques seriam tributados como renda normal —, Thiel utilizou um Roth IRA, o que significava que ele fazia o mesmo sob limites de contribuição ainda menores: US\$5 mil anuais, naquela época. Isso também significava que ele não pagaria mais impostos. De acordo com quatro fontes familiarizadas com a estrutura de suas finanças, seu Roth IRA vale pelo menos US\$3,5 bilhões, e provavelmente muito mais. Todo esse dinheiro estará isento de impostos quando ele começar a retirá-lo após o seu 65º aniversário, desde que o governo não mude as regras.

Muitos na rede de contatos de Thiel viram isso como um escândalo em formação. O Roths foi criado no final da década de 1990 como parte de um conjunto de cortes de impostos aprovado pelo Congresso Republicano e assinado por Bill Clinton. Como parte da Contract with America, o presidente da Câmara, Newt Gingrich, procurou equilibrar o orçamento enquanto cortava os impostos sobre ganhos de capital. Mas isso exigiu gerar receita em outro lugar — e assim surgiu o Roth IRA, que permitia aos investidores converter um IRA tradicional em um Roth IRA, desde que pagassem o imposto antecipadamente. Foi assim que Thiel, um dos norte-americanos mais ricos da atualidade, acabou com um pé-de-meia gigantesco e livre de impostos.

Os Roths foram celebrados na época em que foram criados, mas caíram sob uma vigilância mais intensa durante o segundo mandato de Obama, quando o presidente propôs repetidamente limitar as contribuições de Roth IRA. Enquanto isso, em 2014, o Government Accountability Office divulgou um relatório anunciando que havia identificado cerca de 314 contribuintes com saldos IRA superiores a US$25 milhões, mencionando especificamente "fundadores de empresas que utilizam IRAs para investir nas ações não negociadas publicamente de suas empresas recém-formadas" — ou seja, pessoas que fizeram exatamente o que Thiel fez no PayPal. O relatório observou que o IRS [Internal Revenue Service, equivalente à Receita Federal dos EUA] planejou investigar essas participações e recomendou que o Congresso aprovasse leis para reprimir esse tipo de prática.[259] Pouco depois, Thiel comentou com um amigo que estava sendo auditado pelas autoridades fiscais dos EUA.

Ele nunca foi penalizado — a auditoria aparentemente nunca encontrou nada ilegal, mas aquilo pareceu deixá-lo paranoico. Teoricamente, investir em startups nas quais você foi o fundador ou um dos principais investidores — como Thiel fez no Facebook e na Palantir — era bom, já que Thiel tinha o cuidado de manter sua participação acionária abaixo de 50%. Mas essa prática era uma zona nebulosa dentro de outra, e todos sabiam que Thiel exercia uma influência enorme sobre essas empresas.

Bastaria uma mudança na maneira pela qual o IRS interpretava as regras em torno do controle de uma empresa para forçá-lo a pagar impostos sobre todos os US$3 bilhões ou mais. Ou um ex-sócio descontente de alguma empresa de investimento poderia chamar a atenção para a extensão da influência exercida por Thiel sobre suas empresas, de uma forma que pudesse soar como controle. "Se ele violasse uma única regra, ou colocasse um dedo na direção errada, o governo podia taxar tudo", disse alguém familiarizado com o acordo.

Isso era bastante assustador, e, de acordo com vários colegas de longa data, a vulnerabilidade de Thiel frente a uma mudança nas políticas tributárias ou a uma mudança na forma pela qual o IRS abordava a fiscalização parecia pairar sobre todos os seus relacionamentos com as pessoas ao seu redor. Era a única questão dominante, segundo uma delas. Outras diziam que ele parecia se preocupar constantemente que algum ex-colega ou amigo se voltasse contra ele e, como resultado disso, ele passou a aliciar ex-parceiros para não fazê-lo — muitas vezes assinando cheques generosos para fundos iniciados por ex-funcionários.

No fundo, ele estava isolado — "profundamente solitário", como afirmou um confidente. Para alguém que baseou sua carreira na força de sua rede de contatos, Thiel tinha poucas amizades ou relacionamentos verdadeiros totalmente separados da sua vida profissional. Seu namorado de longa data, Matt Danzeisen, não era apenas seu parceiro, mas também — como quase todos aqueles próximos a Thiel — seu funcionário. Um membro do Thielverso notou que Danzeisen e Thiel pareciam distantes um do outro quando estavam em público, raramente ficando próximos um do outro ou de mãos dadas.

No dia a dia, as ansiedades de Thiel tiveram pouco impacto direto nas empresas do seu portfólio. Funcionários de nível inferior da Palantir, e até mesmo do Founders Fund, não se importavam com as obsessões políticas de Thiel, se é que pensavam nelas. Mas a natureza do império de Thiel — um império cheio de pessoas que moldaram suas próprias crenças e comportamentos para se assemelharem aos dele, e que viam sua aprovação como central para seu próprio valor e perspectivas futuras — é que seus sentimentos tinham uma maneira de se infiltrar, mesmo quando ele não estava diretamente no controle. Era isso que acontecia na Palantir, que lutava para encontrar uma maneira de justificar sua valorização em alta — como que reagindo ao senso de vulnerabilidade de Thiel. Ao fazer isso, no entanto, ela só aumentou essa sensação de vulnerabilidade.

Ostensivamente, a Palantir era a unicórnio puro-sangue de Thiel — a chave para seu sucesso financeiro a longo prazo, bem como para sua reputação como um futurista brilhante. Sua história era bem conhecida e ela era muito admirada por isso — afinal, segundo se dizia, a sua tecnologia ultrassecreta supostamente rastreara Bin Laden, e seu fundador era o principal intelectual público dos EUA. No final de 2013, a Palantir havia levantado mais de US$100 milhões com uma avaliação de US$9 bilhões, o que a tornava três vezes mais valiosa do que a startup mais quente do momento: a Uber. Alex Karp, o CEO que Thiel escolheu para dirigir a Palantir, estava se tornando uma celebridade do mundo dos negócios por conta própria. No início daquele ano, a *Forbes* publicou um perfil pomposo que o apresentava como uma espécie de *bad boy* do Vale do Silício, um "filósofo divergente" que gostava de ir às boates "obscenas" de Berlim, que insinuava gostar de fumar maconha de vez em quando e que, por acaso, dirigia uma enorme empresa de dados. Havia citações de generais famosos. David Petraeus disse à revista que ele era "a melhor armadilha para quando uma armadilha melhor fosse necessária". O artigo também falava de uma enorme e crescente linha de negócios corporativos. A Palantir estava "emergindo do mundo sombrio dos espiões e operações especiais para tomar de assalto o mundo corporativo dos Estados Unidos", disse a *Forbes*.

Tudo isso chegou como uma surpresa para muitos funcionários da Palantir, que sabiam que o JPMorgan Chase havia praticamente parado de utilizar sua tecnologia. Na verdade, a maioria dos grandes negócios corporativos que Karp e a equipe da Inception haviam fechado estavam ruindo. "Era um terreno muito instável", disse Alfredas Chmieliauskas, que foi contratado pela Palantir em 2013 para ajudar a abrir uma nova linha de negócios na Europa. "Não tínhamos nada", continuou ele. "Era desesperador." Ele não tinha falado publicamente a respeito dos efeitos desse desespero até que o encontrei em sua casa no interior da Espanha — e a história que ele me contou lançaria uma luz sobre um dos capítulos mais curiosos da ascensão de Thiel ao poder: o escândalo da Cambridge Analytica.

216 CONTROVERSO

O contexto que fez com que a Palantir fosse sugada para o esquema da empresa de consultoria britânica para manipular as eleições de 2016 nos EUA foi a razão desse desespero. O principal produto corporativo da Palantir, o Metropolis — originalmente incubado dentro da Clarium Capital —, foi um "desastre", nas palavras de um executivo sênior. Ele foi projetado para ajudar os gestores de fundos hedge a criar modelos baseados em dados, como preços ou relatórios meteorológicos históricos. Para que esse software analisasse hipotecas para o JPMorgan, a empresa precisou modificá-lo extensivamente e enviar um exército de engenheiros em posições avançadas para o banco, simplesmente para preservar o código, agindo mais como consultores do que como desenvolvedores de produtos do Vale do Silício. Personalizar o Metropolis para, digamos, monitorar matérias-primas para a cadeia de suprimentos de uma grande empresa, exigia ainda mais alterações — e nunca parecia corresponder à magia da habilidade de vendas de Karp. "De certa forma, funcionava, mas exigia um esforço muito grande", disse um ex-engenheiro. "Era um pouco como um urso dançarino."

O produto da Palantir para o governo funcionava um pouco melhor, mas a empresa também estava com dificuldades nesse setor, especialmente com os principais tomadores de decisão dentro do Exército dos EUA e da administração Obama. Sim, as agências de inteligência e algumas unidades de forças especiais tinham gostado do software, mas o Exército — maior ramo militar e maior fonte potencial de receitas da Palantir — mostrou pouca inclinação para descartar os empreiteiros que trabalhavam no seu principal software de banco de dados, o DCGS. Com efeito, em uma audiência no Congresso, em 2013, o chefe do Estado-Maior do Exército, Raymond Odierno, explodiu para cima do principal aliado político da Palantir, o representante da Califórnia Duncan Hunter, depois que ele deu a entender que o Exército estava deixando os soldados em campo na mão ao não permitir que eles comprassem o software da Palantir.

"Estou cansado de ouvir pessoas me dizendo que eu não me importo com os nossos soldados", disse o general, erguendo a voz. Ele defendeu o DCGS como uma grande melhoria em relação à tecnologia que ele mesmo utilizou quando foi comandante de divisão durante sua missão no Iraque em 2003, e sugeriu que Hunter não entendia nada a respeito. O encontro, que deixou Hunter atordoado, viralizou nos círculos da defesa — ODIERNO DÁ O QUE FALAR EM AUDIÊNCIA NA CÂMARA, dizia uma manchete do *Army Times*[260] —, e o secretário do Exército, John McHugh, defendeu Odierno, chamando a análise de Hunter de "incorreta".[261]

"A unidade do oficial general se uniu em defesa da causa depois do que aconteceu com Odierno", disse alguém envolvido com o trabalho da Palantir no Pentágono. "Aquilo mudou a dinâmica para sempre." Nos anos que se seguiram, enquanto o Exército se preparava para abrir licitações para uma nova versão do DCGS, que possivelmente valia US$8 bilhões, também começou a sinalizar que planejava contratar um empreiteiro de defesa tradicional para montar um sistema personalizado, em vez de comprar softwares de um fornecedor comercial como a Palantir.

Essa foi uma virada desastrosa para a empresa, que seria impedida até mesmo de apresentar uma oferta no contrato. Ela até tentou pressionar por meio de seus aliados no Congresso, incluindo Hunter, e por meio do amigo de Thiel, Glenn Beck, cuja empresa de mídia exibira um documentário chamado "Armed and Unaccountable",[262] que alegava que a negação do governo em comprar o software da Palantir era uma evidência de corrupção. Esses esforços também não surtiram efeito — e os executivos da Palantir começaram a considerar a possibilidade de desistir da ideia de ser uma grande fornecedora do governo para se reinventar como consultoria. Mas como os capitalistas de risco valorizam mais as empresas de software do que as consultorias, essa jogada — que talvez fosse necessária para salvar a Palantir enquanto empresa em funcionamento — acabaria instantaneamente com uma grande parte dos recursos da empresa — e com o patrimônio líquido de Thiel.

Em 2014, Karp cancelou as atividades comerciais dos EUA, realocando-as na Europa, onde a marca da Palantir e suas deficiências eram menos conhecidas, e ordenou discretamente aos engenheiros-chefes que descartassem o código do Metropolis e montassem um substituto do zero. O plano era focar a comercialização do Gotham — o software que vinham vendendo para agências de inteligência — para as grandes empresas industriais europeias, com base na reputação que a empresa tinha em trabalhos de inteligência e, como sempre, no carisma de Karp e de qualquer pessoa que ele pudesse contratar.

Foi aí que entrou Alfredas Chmieliauskas. Ele era bastante idiossincrático — assim como Karp e tantos outros que fizeram seu caminho até o círculo de Thiel. Nascido na Lituânia comunista, ele se mudou para o Ocidente para cursar faculdade em 1999 e, como Thiel, iniciou um fundo hedge macro em meados dos anos 2000, antes de entrar para a academia e se matricular em um programa de doutorado em economia. Alfredas era politicamente agnóstico, tinha cabelos rebeldes e um profundo desejo de aventura. Ele concluiu rapidamente que o software da Palantir era deficiente, mas acabou abraçando a cultura da empresa, especialmente a identidade misteriosa que ela havia cultivado para promover seu trabalho de inteligência. Ele parecia gostar da ideia de brincar de espião.

O estilo de Karp — seu espírito livre e casual — não funcionou tão bem na Europa, onde os executivos esperavam formalidade dos seus parceiros de negócios, em vez de roupas esportivas, como acontecia nos Estados Unidos. Trabalhando em uma colaboração estreita com Karp, Chmieliauskas disse que fez parte de uma nova abordagem que ficou conhecida dentro da empresa como "Team Rogue" [Time dos Vigaristas]. Grosso modo, significava fazer o que tinha que ser feito, até mesmo ultrapassar limites éticos. É improvável que Thiel soubesse sobre o Team Rogue, mas Chmieliauskas disse que os líderes seniores da Palantir com certeza sabiam; em todo caso, ele estava seguindo uma das regras mais importantes do Thielverso: ignorar as regras quando necessário. As ações da Palantir para justificar sua valoração seguiram o mesmo espírito que animou o PayPal nos seus esforços para se recuperar da crise sob a liderança de Thiel.

Ao licitar um projeto para um grande banco europeu, na esperança de usar a Palantir para encontrar comerciantes que não seguissem o protocolo, a equipe de Chmieliauskas desenvolveu uma ferramenta para que o departamento de TI do banco pudesse ler os e-mails dos funcionários. Isso não fazia parte do serviço original, que envolvia a análise de padrões de transação, e não a coleta de inteligência — mas lhe pareceu uma violação de privacidade em potencial, uma vez que o software da Palantir facilitava bisbilhotar assuntos pessoais, por exemplo quem, no banco, dormia com quem —, mas o cliente adorou. "Estávamos tentando fazer de tudo e mais um pouco", recordou ele. A Palantir conseguiu o negócio — seu primeiro grande negócio na Europa.

Em outras palavras, Chmieliauskas estava avançando rápido e quebrando coisas — coisas maiores do que ele poderia imaginar. Por causa da associação da Palantir com a CIA, os clientes muitas vezes presumiam que a empresa era especializada em contrainteligência, e a Palantir ficava feliz em, pelo menos, tentar agradá-los se houvesse negócios a serem realizados. "Eu trabalhei em negócios muito mais suspeitos antes da Cambridge Analytica", disse ele.

A Cambridge Analytica foi fundada por um britânico aristocrático, Alexander Nix, que Chmieliauskas conheceu em 2013. Apesar do nome aparentemente soberbo, a empresa tinha pouco a ver com a Universidade de Cambridge — na verdade, seu escritório era em Londres —, mas o plano de Nix envolvia comercializar ideias desenvolvidas em Cambridge que compreendiam o uso de dados das pessoas no Facebook para adivinhar o seu tipo de personalidade. Ele levantaria dinheiro com Steve Bannon e a ultraconservadora família Mercer, liderada pelo patriarca Bob, que enriqueceu com um fundo hedge quantitativo, e por sua filha Rebekah. Os Mercer apoiavam o veículo de notícias de Bannon, o *Breitbart*, e tinham investido no argumento de Nix que visava adaptar o conceito do Facebook para uso na política eleitoral, permitindo que campanhas políticas analisassem perfis de redes sociais, antecipassem em quem essas pessoas votariam e veiculassem anúncios que os estimulassem a ir às urnas.

Nix disse que estava se baseando na Palantir, o que imediatamente fez Chmieliauskas, que sabia que o software da Palantir nem sempre correspondia à capacidade de persuasão de Karp, suspeitar que a Cambridge Analytica pudesse ser, basicamente, um golpe. Ainda assim, a admiração de Nix pela Palantir era um bom atrativo, e Chmieliauskas começou a cultivá-lo. Ele disse que fez isso, em parte, por curiosidade e, em parte, porque imaginou que a Cambridge Analytica poderia se tornar sua cliente algum dia. De fato, em 2013 e 2014, as duas empresas discutiram uma parceria, mas os executivos da Palantir acabaram recusando porque, segundo uma porta-voz diria mais tarde, a empresa não queria se envolver com trabalhos políticos.[263]

Mesmo assim, em 2014, Chmieliauskas começou a enviar para Nix sugestões sobre a melhor forma de obter os dados de que a empresa achava que precisava. O Facebook não vendia dados para comerciantes externos, algo que Zuckerberg havia determinado como um princípio enfático — ao menos em parte, já que, provavelmente, ao manter os dados para si, ele era capaz de oferecer aos anunciantes a capacidade exclusiva de direcionar mensagens aos usuários do Facebook. O plano de Nix era comprar ou licenciar dados que dois professores de Cambridge, Michal Kosinski e David Stillwell, coletaram legalmente do Facebook, que permitia a coleta de dados para fins de pesquisa. Mas quando os professores exigiram US$500 mil mais a metade de qualquer lucro que a Cambridge Analytica tivesse, Nix decidiu que não queria pagar.

Chmieliauskas ofereceu uma alternativa: por que simplesmente não criar um aplicativo do Facebook que pudesse extrair dados da rede social ao coletar informações pessoais de qualquer pessoa que o utilizasse, bem como as informações pessoais de todos os amigos do Facebook dessa pessoa? Nos meses seguintes, Nix aceitou a ideia de Chmieliauskas e a colocou em prática. Em vez de comprar os dados de Kosinski, ele pagou outro pesquisador, Alexander Kogan, para criar um aplicativo que coletaria os dados do Facebook de 87 milhões de norte-americanos para, essencialmente, apoiar a campanha de Donald Trump, que se baseariam no uso de anúncios direcionados do Facebook para arrecadar dinheiro e atrair eleitores, gastando cerca de US$100 milhões na plataforma de rede social.[264]

O escândalo da Cambridge Analytica ficaria latente por anos a fio, e só veio à tona depois que alguns delatores da empresa revelaram seus feitos ao *New York Times* e ao jornal *Observer*, de Londres. A revelação de que dados retirados do Facebook poderiam ter ajudado Trump a vencer as eleições gerou protestos, especialmente entre os democratas, que responsabilizaram Zuckerberg pelo ocorrido.

O fundador do Facebook insistiu que sua empresa fora vítima da má conduta da Cambridge Analytica, assim como os norte-americanos que tiveram seus dados roubados, mas o argumento perdeu sua força quando ficou claro que um membro do conselho do Facebook estava conectado ao escândalo. Christopher Wylie, um ex-funcionário da Cambridge Analytica que se tornou delator, disse que viu engenheiros da Palantir nos escritórios da Cambridge Analytica,[265] onde receberam *logins* da Cambridge Analytica e ajudaram a construir aplicativos adicionais, como o quiz de Kogan, para coletar ainda mais dados privados de usuários do Facebook. Se o Facebook fora vítima, em vez de cúmplice voluntário da Cambridge Analytica, por que a consultoria trabalhou com uma empresa controlada pelo mentor de Zuckerberg?

Chmieliauskas acabou sendo demitido, e a Palantir declarou que ele era um funcionário desonesto trabalhando "por conta própria". Isso, segundo ele mesmo me disse, era uma meia-verdade, pois seu trabalho com a Cambridge Analytica havia ocorrido de forma extraoficial e não tinha ido muito longe; no entanto, também era enganoso. Ele era pago para fazer exatamente esse tipo de desenvolvimento de negócios — e, na verdade, a Palantir já havia trabalhado com dados de rede social para outros clientes no passado, e não tinha política alguma contra isso. Sim, ele era um funcionário desonesto, mas realizava esse trabalho em uma capacidade semioficial. "Eles me atiraram aos leões", declarou.

Nada disso resolveria os problemas ocultos da Palantir — e, no início de 2016, as dificuldades da empresa, e, por extensão, de Thiel, foram descobertas pela imprensa. Em 6 de maio, o *BuzzFeed* relatou que uma série de clientes corporativos proeminentes da empresa a estavam demitindo — dentre os quais estavam a American Express, a Coca-Cola e a Nasdaq. Nessa época, Thiel tentava, secretamente, fechar uma venda para a Oracle, a grande provedora de bancos de dados, com Michael Ovitz, o magnata de Hollywood que, por ser amigo tanto de Thiel quanto do cofundador da Oracle, Larry Ellison, fez o papel de cupido.

Houve um almoço entre os três homens e outro investidor, Marc Abramowitz, mas o possível acordo não foi adiante; além disso, com as eleições presidenciais começando a esquentar, Thiel precisava de um candidato que garantisse que a sua riqueza seria protegida, bem como alguém que estivesse aberto a comprar o tipo de software que a Palantir vendia. Nenhuma das opções — Carly Fiorina, Ted Cruz, Rand Paul e o coringa,

Donald Trump — se encaixava muito bem com os ideais reacionários que Thiel vinha cultivando. Mas ele tinha passado a última década construindo um capital social e político junto a uma rede de aliados políticos da direita radical que estavam prontos e mais do que dispostos a ajudá-lo. De repente, ele tinha uma chance para utilizar esse capital.

15

INTERESSADO EM TRUMP

Em sua avaliação inicial da disputa pela indicação republicana para a corrida presidencial de 2016, Thiel apoiou Carly Fiorina, uma conhecida executiva de tecnologias que esteve na capa da edição "Most Powerful Women" da revista *Fortune* em 1998, quando era uma executiva sênior na Lucent Technologies, empresa de equipamentos de telecomunicação fundada a partir da AT&T, e que mais tarde foi CEO da Hewlett-Packard. "Ela era a única que entendia o que era um algoritmo", disse Steve Bannon. "Era sua alma gêmea."

Mas Thiel não ficou totalmente fascinado por Fiorina. Sua carreira empresarial terminou desastrosamente em 2005, depois que ela pressionou a HP a adquirir a Compaq, exatamente quando a indústria de computadores pessoais estava começando a se contrair. A fusão é atualmente considerada por muitos como um dos piores negócios da história moderna, e coincidiu com várias ondas de demissões. Ao todo, quase 30 mil pessoas perderam seus empregos, incluindo Fiorina, que resolveu se reinventar como republicana conservadora tradicional. Isso a colocava bem à esquerda de Thiel em questões como comércio e imigração. "Ele não achou que Carly fosse ganhar", disse um amigo. Apoiá-la "era uma maneira de dizer: 'Não estou do lado de ninguém.'"

Em agosto de 2015, Thiel doou US$2 milhões para o Super PAC de Fiorina, levando a um grande anúncio que, junto com um bom desempenho no debate, ajudou a contribuir para um breve aumento nas pesquisas. Em setembro, Fiorina estava em terceiro lugar, atrás dos dois candidatos orgulhosos: Trump e o neurocirurgião Ben Carson. Ela foi vista, por um breve momento, como a escolha mais provável do sistema do Partido Republicano. Ela atingiu um auge em meados de setembro, logo após Trump ter sido suficientemente abalado por ela ao fazer uma piada sexista para a *Rolling Stone* em relação à sua aparência.[266] "Olha só para esse rosto!", disse ele. "Alguém votaria nisso?"

Mas Fiorina caiu nas pesquisas no final de setembro, depois que Trump atenuou sua misoginia e começou a atacar o histórico de negócios da candidata, que ele chamou de "um desastre". Quando a imprensa fez eco a esses comentários, depois de analisar a fusão da Compaq, Thiel poderia ter sido um bom representante para ajudá-la a responder aos ataques. Afinal, o fraco desempenho de Fiorina ocorreu durante uma crise tecnológica brutal que quase acabou de vez com o PayPal. Thiel poderia ter confirmado tudo, mas não fez nada — recusando-se a doar quaisquer fundos adicionais ou a intervir em nome de Fiorina. Ela ficou com apenas 2% dos votos na convenção partidária de Iowa e 4% na de New Hampshire.

Depois que Fiorina recuou, a disputa rapidamente passou para apenas três candidatos: o governador centrista de Ohio, John Kasich, Trump e Ted Cruz. Thiel e Cruz, é claro, também tinham uma história em comum, que incluía doações em apoio à campanha de Cruz para o Senado em 2012. Thiel admirava Cruz, que personificava algumas das mesmas contradições que existiam na própria relação de Thiel com as instituições de elite. Cruz era, assim como Thiel, uma espécie de populista da Ivy League, que nutriu seu senso da luta de classes entre as elites liberais e os norte-americanos comuns da Universidade de Princeton, e que, também como Thiel, cursou uma das melhores faculdades de direito do país. Em uma entrevista de 2014 para o *Daily Caller*, Thiel elogiou Cruz, comparando-o favoravelmente aos republicanos típicos do Congresso, que ele afirmou terem "um QI um pouco mais baixo do que as pessoas do outro lado".[267] Tudo isso fazia de Cruz a sua próxima escolha natural.

Depois que Fiorina desistiu, em 11 de fevereiro, Thiel e Charles Johnson jantaram em Dallas com Hal Lambert, investidor e presidente de finanças de Cruz. Thiel já havia dito às pessoas que pretendia doar US$1 milhão e lançar seu apoio ao senador do Texas, quem ele esperava consolidar a votação do movimento Never Trump, obteria o apoio dos republicanos convencionais e, em seguida, receberia a indicação. Ao final do jantar, no entanto, Thiel não fez menção alguma de oferecer seu apoio.

"No que você está pensando?", perguntou Johnson enquanto bebiam, depois que Lambert saiu da mesa sem ter firmado qualquer compromisso.

Thiel respondeu que estava pensando sobre os comentários notórios do Presidente Obama em relação aos eleitores brancos da classe trabalhadora. "Você vai para algumas dessas cidades pequenas na Pensilvânia e percebe que, assim como em muitas outras cidades pequenas do Centro-Oeste, os empregos desapareceram há 25 anos, e nada os substituiu", disse Obama em uma arrecadação de fundos em 2008, em São Francisco. "Não é de surpreender, então, que eles estejam amargurados, que se apeguem a armas, religiões ou a uma antipatia por pessoas que não sejam como eles, ou até a sentimentos anti-imigrantes e anti-comércio, como uma forma de justificar suas frustrações."

Surpreendentemente, visto que ele considerava Obama um comunista, Thiel concordou com a análise. Não com a parte sobre apego a armas e religiões, mas com a sensação de que o consenso bipartidário a respeito da globalização havia falhado. Os norte-americanos, disse ele, estavam aborrecidos com o comércio e a imigração, fatores que acreditavam ser responsáveis por torná-los mais pobres — o que, segundo a opinião de Thiel, estava correto. E também estavam desgostosos com a globalização da informação, já que sua cultura vinha sendo cada vez mais definida pelas grandes empresas de internet. Era um reconhecimento significativo, um comentário quase autodepreciativo, por parte de um imigrante empreendedor de tecnologia que fez sua carreira com base na movimentação de dinheiro em fronteiras internacionais. Mas Thiel não se importava.

"A política vai girar em torno da globalização", disse ele a Johnson. "E Trump vai vencer".

Thiel não estava pronto para apoiar Trump publicamente, mas pediu um favor a Johnson: será que ele poderia garantir a Thiel um lugar como representante de Trump na Convenção Nacional Republicana?

Thiel nunca *gostou* particularmente de Trump. Eles eram polos opostos em praticamente todos os sentidos: Trump, o nova-iorquino libidinoso incapaz de manter um monólogo consigo mesmo; Thiel, o cidadão introvertido de três países que avalia e mede cada uma de suas declarações. Na mesma coluna do *Daily Caller* em que ele elogiou a inteligência de Cruz, ele descartou Trump como "uma espécie de sintoma de tudo o que há de errado na cidade de Nova York". Ainda assim, Trump era, em muitos aspectos, a personificação perfeita para o projeto político que Thiel vinha buscando. Como Ron Paul, ele era a favor de uma repressão extrema à imigração ilegal. Sua plataforma de campanha, assim como a de Paul em 2012, incluía o fim da cidadania por nascimento e o fortalecimento das fronteiras. Trump tampouco era avesso a políticas brancas — suas opiniões sobre raça na Nova York das décadas de 1980 e 1990 estavam praticamente alinhadas com os posicionamentos expressos nos boletins de Paul do mesmo período. Acima de tudo — e mais importante —, Trump, como Paul, sabia desempenhar, com perfeição, o papel de "filho da mãe mais maluco das eleições". Ele era o candidato sempre disposto a dizer o indizível — e por isso mesmo Thiel passaria a adorá-lo. "Foi quase como uma conexão espiritual", disse Johnson. "Ele achava que Trump tinha algo de especial."

O magnata do mercado imobiliário lançou sua candidatura como uma repreensão direta à mesma questão que inicialmente tinha animado Thiel em sua evolução política: a grande praga liberal do politicamente correto. "Temos que endireitar nosso país", disse Trump no *Meet the Press*,[268] assim que a campanha pela indicação presidencial republicana começou a caminhar. "Precisamos tornar nossa nação grandiosa novamente, e precisamos de energia e entusiasmo. E esse politicamente correto está simplesmente nos matando enquanto nação. Não se pode dizer nada. Encontrarão algo de errado em qualquer coisa que se diga hoje em dia."

INTERESSADO EM TRUMP *227*

ENQUANTO THIEL SE APROXIMAVA de Trump silenciosamente, também monitorava o andamento do caso da Gawker, que teria um julgamento realizado em apenas algumas semanas. A equipe jurídica de Bollea fez uma pausa. O caso havia sido rejeitado por um juiz federal, e então ele processou a Gawker em um tribunal estadual, o que significava que o julgamento ocorreria na região da Baía de Tampa, onde Bollea morava. A juíza do caso, Pamela Campbell, parecia solidária à causa de Bollea, e não era nem um pouco avessa a um circo midiático.[269] Ela havia representado os pais de Terri Schiavo, que entraram com uma ação para impedir que seu marido removesse o tubo de alimentação depois que os médicos declararam a morte cerebral de Schiavo. Dado o local e o fato de que o júri quase certamente incluiria alguns fãs de Hulk, a equipe jurídica de Bollea parecia certa em argumentar que uma empresa de mídia sádica de Nova York havia injustiçado um herói local.

Os editores da Gawker facilitaram o caso para eles. Durante os depoimentos, o ex-editor da Gawker, A. J. Daulerio, brincou sarcasticamente, afirmando que teria publicado um vídeo sexual envolvendo uma criança, desde que ela tivesse pelo menos 5 anos de idade. Nick Denton soou superficial e sem remorsos ao alegar que, ao publicar o vídeo, a Gawker estava fazendo um elogio a Bollea, pelo fato de "humanizá-lo". Isso levou a um momento dramático do julgamento, no qual um dos advogados de Bollea pediu a Denton para que lesse a descrição do relato da Gawker sobre o ato sexual, que a empresa havia cunhado de "boquete zeloso". "Leia no seu tom mais humanizador",[270] instruiu o advogado de Hogan. Denton obedeceu, lendo o trecho para o tribunal.

A Gawker poderia ter se safado se conseguisse provar que o caso de Bollea fora financiado em segredo, e a empresa estava bem perto de fazê-lo. Em janeiro, David Goldin, um agente de relações públicas de crises contratado pela Gawker, ouviu um boato de um advogado local com conexões em Tampa. A fonte disse que o processo de Terry Bollea estava sendo apoiado por um bilionário cujo filho homossexual havia sido exposto pelo blog.

O editor-executivo da Gawker, John Cook, e o repórter J. K. Trotter vasculharam freneticamente os acervos do site. Eles não conseguiram encontrar nenhum bilionário que se encaixasse em tal descrição, mas encontraram vários candidatos possíveis, dentre os quais o mais provável parecia ser Peter Brant, um gerente de fundos hedge cujo filho, Peter Brant II, era homossexual, e que certa vez escrevera uma carta furiosa depois que a Gawker postou uma série de fotos de paparazzi do então jovem de 18 anos beijando sua mãe, a supermodelo Stephanie Seymour. Outra possibilidade, um pouco menos provável: Peter Thiel. Ele não era o filho homossexual de um bilionário, mas sim um bilionário homossexual que obviamente odiava a Gawker, tendo-a comparado a uma organização terrorista e vislumbrado sua erradicação como "uma questão teórica interessante", em 2009.[271] Quando o julgamento teve início, em março, essa era a extensão das provas, que não estava nem perto de ser suficiente para que as suspeitas fossem a público.

No tribunal, a Gawker não teve a menor chance. A equipe jurídica de Bollea, liderada por Harder, apresentou um argumento que foi ao mesmo tempo sutil e grosseiro. Harder afirmou que, quando Bollea comentara sobre sua vida sexual no passado — gabando-se do comprimento de seu pênis em uma entrevista de rádio e falando abertamente sobre a publicação do vídeo em uma entrevista com o *TMZ* —, ele o fizera como um *personagem*, o Hulkster — um maníaco musculoso e hiper-sexualizado.[272] Sim, talvez Hulk Hogan fosse uma figura midiática, admitiu Harder. No entanto, apontou ele, a Gawker invadira a privacidade do indivíduo que interpretava Hulk Hogan. "O pênis de Terry Bollea não mede 25cm", disse o ex-lutador ao júri, em um dos vários momentos surreais do julgamento.

A parte menos sutil do argumento envolvia um ataque populista a uma empresa de mídias de Nova York. A Gawker, argumentou a equipe de Bollea, era maléfica. Era dirigida por um "rei da pornografia", Denton, que "arruína vidas". Demorou seis horas até o júri dar o golpe final nos forasteiros: a Gawker devia US$115 milhões a Hogan. Outros US$25 milhões foram acrescentados por danos morais, somando uma quantia total de US$140 milhões. Quando soube do veredicto, Thiel se sentiu aliviado, e até mesmo feliz. "Essa foi a coisa mais filantrópica que eu já fiz", começou a dizer aos amigos.

INTERESSADO EM TRUMP   *229*

Nada disso foi comentado publicamente — pelo menos não ainda. Em particular, por outro lado, ele estava se vangloriando, e os boatos corriam soltos. Quando o julgamento estava começando, Dan Abrams, o advogado e empresário de mídia, publicou um post em um blog no qual especulava que "um *hater* da Gawker" estava arcando com os honorários legais de Hogan.[273] Após o julgamento, um membro da equipe de vendas da Gawker relatou que tinha ouvido falar que Thiel estava apoiando o caso da Gawker enquanto conversava com um amigo que participara recentemente de uma festa do Facebook. O estranho, segundo esse funcionário, foi a maneira como ele mencionou isso levianamente, como se todo mundo já soubesse.

A Gawker declarou falência em junho, mas o site seguiu publicando, e Denton anunciou planos de recorrer à decisão. Johnson exortou Thiel a aproveitar sua vantagem, e Harder partiu para o ataque. Já não tão preocupado em ser discreto, ele começou a entrar com processos por difamação em nome de uma série de clientes muito menos complacentes do que Hogan.

Um deles envolvia uma jornalista freelancer chamada Ashley Terrill, que afirmou que um funcionário da Gawker a havia difamado em um artigo que comentava a sua briga com o site de relacionamentos online Tinder. Seu processo foi divulgado, e incluía uma lista de queixas gerais que pareciam ter pouca relação com o caso. Outro era em nome de Shiva Ayyadurai, um empresário que dizia ter inventado o e-mail em 1978, embora a maioria dos historiadores considere que mensagens eletrônicas começaram a ser utilizadas anos antes. Ambos os processos acusavam o editor John Cook, bem como Sam Biddle, um jovem escritor da Gawker que frequentemente criticava os amigos de Thiel e membros da direita alternativa. O segundo processo retratava Biddle como um abusador de narcóticos não confiável, com base em um ensaio pessoal que ele escrevera sobre ansiedade e depressão. Era exatamente o tipo de insinuação que a Gawker tinha aperfeiçoado — só que apontada para um dos seus funcionários mais novos.

Em 9 de maio, a campanha de Trump apresentou sua lista de representantes para as primárias republicanas da Califórnia. Entre os três nomes listados para o 3º Distrito Congressional da Califórnia estava o de Peter Thiel. Isso gerou algumas manchetes confusas que colocaram o apoio de Thiel a Trump no mesmo cenário das suas outras apostas controversas,

230 CONTROVERSO

como o *seasteading* e o 20 Under 20. Mas isso acabou sendo um prelúdio para o que viria a acontecer duas semanas depois, quando Andrew Ross Sorkin, do *New York Times*, publicou uma entrevista com Denton, na qual ele afirmava suspeitar que algum bilionário do Vale do Silício vinha financiando os processos judiciais contra a Gawker. O artigo de Sorkin pode ter levado um dos confidentes de Thiel a finalmente vazar a informação de que ele estava por trás daquilo, porque, no dia seguinte, na *Forbes*, Ryan Mac e Matt Drange deram a notícia de que era Thiel.

Thiel, então, fez sua própria ligação para Sorkin, que publicou a entrevista no dia seguinte. Na coluna de Sorkin, Thiel usou a mesma formulação do dia do julgamento. Detonar uma empresa de mídia pequena por causa das suas reportagens negativas não era um rancor típico de um oligarca — era, segundo ele mesmo insistiu, um serviço público.[274] Ele não estava atacando a imprensa, estava ajudando-a, ao se livrar de um mau elemento. "É precisamente porque eu respeito os jornalistas que não acredito que eles devam se sentir ameaçados por lutar contra a Gawker", disse ele. "Não é exatamente vingança, é mais uma dissuasão específica."

A REAÇÃO À aparição de Thiel como um apoiador de Trump e como arquiteto da conspiração de uma década para destruir uma empresa de mídia foi intensa.[275] "Quando a reação começar para valer e todo mundo na área da tecnologia for odiado, será por causa de vilões de filmes do Bond como esse", tuitou Anil Dash, CEO da empresa de software Glitch. Uma colunista do *Guardian*, Marina Hyde, advertiu, antecipadamente, que o caso seria o presságio de uma nova era em que pessoas poderosas usariam tribunais para intimidar os meios de comunicação. "Mesmo as pessoas mais remotamente tentadas a simpatizar com a alegação imperiosa da 'filantropia' de Thiel deveriam se perguntar se aplicarão a mesma designação quando o próximo bilionário raivoso seguir o exemplo e tentar destruir um meio de comunicação que elas respeitam", escreveu ela. "É certamente possível imaginar, digamos, um Donald Trump derrotado embarcando em um ajuste de contas do tipo. E Thiel acabou de dar o roteiro para ele."

O desdém não era domínio exclusivo dos repórteres. Na conferência anual da Recode, Jeff Bezos disse que achava que processos secretos como os de Thiel deveriam ser ilegais. "A melhor defesa contra um discurso que você não gosta a respeito de si mesmo enquanto figura pública é desenvolver uma casca grossa", disse ele. "Não há como evitá-los."[276]

Agora que as pessoas estavam procurando por elas, as conexões de Thiel com a direita alternativa estavam surgindo. No início daquele ano, ele concordou em palestrar em uma conferência na Turquia, organizada pela Property and Freedom Society, a respeito do tema "monopólio corporativo". Depois de ter sido revelado como o patrocinador do processo contra a Gawker, o Southern Poverty Law Center publicou um artigo observando que tal conferência frequentemente atraía nacionalistas brancos, incluindo Richard Spencer. Thiel desistiu de comparecer no mês seguinte.

Ainda trabalhando nos bastidores, Johnson garantiu que Thiel conseguisse o máximo de credibilidade possível com a controvérsia. Com sua rede de ativistas de direita, ele começou a divulgar mensagens no Twitter agradecendo a Thiel por derrubar a Gawker. A hashtag #ThankYouPeter se espalhou rapidamente e foi listada no Twitter como um *trending topic*. Spencer, Milo Yiannopoulos e Mike Cernovich promoveram a hashtag, convocando seus seguidores a agradecerem a Thiel. Yiannopoulos o comparou ao Batman: "O herói de que o Vale do Silício precisava", escreveu ele em uma postagem do *Breitbart*.[277]

Johnson também usou sua empresa de financiamento coletivo, WeSearchr, para financiar uma campanha que visava descobrir provas de que Denton havia cometido algum crime, de forma que fosse parar na prisão. A página da WeSearchr, que incluía uma ilustração de Denton usando roupas listradas e atrás das grades, conseguiu arrecadar US$50 mil, boa parte por contribuição do próprio Johnson. Como poucas pessoas fora do mundo obscuro das políticas da direita radical sabiam do patrocínio de Thiel à direita alternativa, a imprensa confundiu isso com um levante popular. O jornal *Quillette* — canal que Thiel financiava secretamente, de acordo com Johnson — usou a *hashtag* dos *trendings* como prova de que os "leitores comuns" estavam do lado de Thiel, o que fazia com que a operação de informação de Johnson parecesse orgânica.[278] O *Breitbart* e a *Fortune* publicaram suas próprias versões da mesma afirmação.

As conexões de Johnson e Thiel ainda eram um segredo a essa altura, mas Johnson se sentiu seguro o suficiente para se expor um pouco. Ele deu uma entrevista ao *Daily Caller* de Tucker Carlson, na qual anunciou que estava oferecendo um "gesto de paz". Disse que desistiria do seu próprio processo se Denton publicasse um ensaio de todas as vítimas do sarcasmo do site. "Ele diz que quer um encontro com Peter Thiel?", indagou. "Bem, eu estou pronto para o meu encontro com ele a qualquer momento."[279]

Foi um comentário curioso. Denton não havia mencionado publicamente nada a respeito de um encontro com Thiel. Mas de fato, eles se encontrariam mais tarde naquele mês. A conversa foi organizada por um intermediário, o antigo colega de Thiel no PayPal, Jeremy Stoppelman, que ainda administrava a Yelp e também era amigo de Denton. Ele encorajou os dois a tentarem chegar a um acordo que pouparia ambos da agonia de um processo contínuo. A justificativa para um acordo era óbvia: Denton poderia se salvar financeiramente, fazer Thiel desistir dos processos contra seus escritores e preservar a Gawker de alguma forma. Por ser misericordioso, Thiel usaria seu argumento "filantrópico" sem precisar destruir, de fato, uma empresa de mídia — e sem arriscar uma perda embaraçosa no tribunal de apelação. Todos sairiam ganhando.

Não foi nem de perto o que aconteceu. Durante a reunião, e nos meses subsequentes, Thiel aproveitou a vantagem, deixando claro que não tinha interesse em preservar a Gawker como um negócio ou permitir qualquer resto de dignidade a Denton. Ele queria o fim daquela empresa, e queria Nick Denton financeiramente incapacitado.

"Ouça", disse ele, quando surgiu a possibilidade de um acordo. E prosseguiu, prometendo que iria "acabar com sua publicação".

A essa altura, a Gawker Media já havia entrado com pedido de falência, mas o site, que era seu carro-chefe, continuava publicando. Denton colocou os outros blogs da empresa à venda e planejava apelar ao veredicto da Flórida. Mas a determinação de Thiel abalou a de Denton, levando-o à falência pessoal no início de agosto. Três semanas depois, pouco antes de seu 50° aniversário, ele publicou o último post da Gawker. "Peter

Thiel conseguiu escapar impune do que, de outra forma, seria visto como um ato de vingança mesquinho, ao reformular o debate em seus próprios termos", observou Denton. Ele identificou Thiel como membro de uma nova elite — um grupo de "tecnolordes cheios de lucros de monopólios" que eram "tão sensíveis a críticas quanto qualquer outra classe dominante, mas com a confiança de que podem transformar ou abalar qualquer coisa, do governo à imprensa".

Denton sairia da falência, mas somente após a Gawker retirar todos os apelos e concordar em pagar US$31 milhões a Bollea, além de uma quantia adicional de Denton. Ashley Terrill recebeu US$500 mil, Shiva Ayyadurai recebeu US$750 mil e Johnson, por volta de US$800 mil. Em um blog que descreveu o acordo em novembro, Denton explicou que desistiu dos apelos porque Thiel deixou claro que não desistiria nunca. Dada a intransigência de Thiel e seus recursos infinitos, seria impossível levantar dinheiro para continuar financiando o caso. Era o fim: Thiel havia arruinado, efetivamente, o dono de uma grande empresa de mídia.

O QUE ESTAVA ACONTECENDO COM PETER? Alguns de seus amigos íntimos se perguntavam. De repente, ele parecia puxar briga com todo mundo. Havia sua intransigência com a Gawker, seu apoio a Trump, e suas conexões cada vez mais indiscretas com a direita alternativa. Max Levchin afirmou: "Cada vez que eu lia" sobre o apoio de Peter Thiel a Trump, "eu costumava verificar o calendário para ter certeza de que não era 1º de abril".[280] Outros, especialmente aqueles que conheciam Thiel do mundo dos fundos hedge, ficaram consideravelmente menos chocados. Thiel não parecia um louco, e sim alguém que estava fazendo uma aposta. Talvez soubesse de algo que eles não sabiam.

Naquele verão, eu e Lizette Chapman, da *Bloomberg*, começamos a ligar para amigos e ex-colegas de Thiel para tentar descobrir a respeito da sua abordagem para as eleições de 2016. Informamos que Thiel enxergava sua aposta em Trump como vantajosa e de baixo risco. Thiel já tinha ofendido todos que poderia ofender no Vale do Silício com suas opiniões sobre *seasteading*, direitos das mulheres, imigração e assim por diante. O que

234 CONTROVERSO

mais um posicionamento ardiloso faria com o seu status? Ele era, segundo escrevemos, "o proeminente libertário excêntrico do Vale". No entanto, se Trump ganhasse, ele seria "o libertário excêntrico do presidente dos EUA".

Isso significaria, potencialmente, um acesso mais fácil a contratos para a SpaceX e a Palantir. Também daria ao Facebook uma maneira de se aproximar da Casa Branca, assim como aconteceu com o Google. "Essa foi a minha aposta menos controversa", Thiel brincaria mais tarde.

Claro que Thiel raramente fazia algo sem uma cobertura, e a Palantir, em particular, precisava de um plano B, caso Thiel estivesse errado e Trump perdesse. A empresa ainda estava com dificuldades de vender softwares na Europa e, embora tivesse conseguido levantar mais dinheiro e uma avaliação ainda maior — US\$20 bilhões —, ainda não fizera progresso com o Exército. Thiel estava tão pessimista com as perspectivas da empresa que a avaliação da Palantir pelo Founders Fund foi 40% menor do que o seu valor oficial. Os funcionários da empresa em Washington, D.C., também estavam ficando desesperados. Eles desenvolveram o que ficou conhecido internamente como a "estratégia do cavalo de Troia". A Palantir tentaria fazer as pazes com os superiores do Exército e estabeleceria a empresa como uma subcontratada de quem conseguisse o contrato de US\$8 bilhões do DCGS. Então, de alguma forma, ela acabaria por assumir o contrato inteiro.

Entretanto, no final de junho — apenas um mês depois de Thiel revelar seu apoio ao processo contra a Gawker e decidir apoiar Trump —, sua empresa fez algo tão chocante para o mundo da Defesa quanto o seu ataque à Gawker havia sido para o mundo da mídia. Ele processou o Exército dos EUA. Em uma reclamação legal, os advogados da Palantir, liderados por Hamish Hume, da poderosa firma corporativa Boies Schiller Flexner, argumentaram que o Exército, ao não permitir que a Palantir apresentasse uma proposta para o contrato do seu grande banco de dados de software, violou uma lei de 1994, que foi aprovada para evitar gastos excessivos do governo federal. De acordo com essa lei, aprovada em meio a protestos sobre a suposta compra de assentos sanitários de US\$600 pelo Pentágono, o Exército seria obrigado a considerar produtos comerciais mais baratos sempre que possível, em vez de apenas aqueles ofertados pelos grandes contratantes da Defesa. Ao estabelecer o DCGS como um acordo de consultoria, o Exército tirou da jogada o software da Palantir — um produto comercial, segundo argumentava o processo.

O Exército e a comunidade de Defesa, no geral, ficaram pasmos. Normalmente, os contratantes tentavam seduzir burocratas, e às vezes cruzavam a linha do suborno. A Palantir ainda não tinha feito essa jogada, mas já tinha, sob o comando de Karp, tentado arriscar uma sedução à maneira *geek*. Agora, resolveu lançar um ataque contra um cliente em potencial.

A jogada surpreendeu o Exército, mas não surpreendeu ninguém que acompanhava o Thielverso minimamente de perto. Dois anos antes, a SpaceX — a empresa de foguetes fundada por Elon Musk e financiada por Thiel — havia tentado, com sucesso, o mesmo truque, processando a Força Aérea depois que assinou contrato com um concorrente, a United Launch Alliance (ULA). "Todos disseram: 'Se você processar a NASA, que é um cliente em potencial, eles nunca mais trabalharão com você'", lembrou Musk. "Então, eu pensei, 'Ok, eles definitivamente não trabalharão conosco se *não* os processarmos, então pelo menos há uma chance de eles fazerem isso se os processarmos e ganharmos.' Era uma chance pequena versus nada." Musk combinou o processo com uma aparição perante o Congresso, na qual observou que a ULA estava utilizando motores fabricados na Rússia. A Força Aérea, então, recuou, concordando em garantir que a SpaceX pudesse licitar seus contratos, o que faria com que a avaliação da empresa disparasse.

Agora a Palantir tentava a mesma jogada. A reclamação incluía uma ladainha de depoimentos de comandantes de nível médio que a Palantir vinha cortejando, e citava o comunicado de apoio de Michael Flynn. Além disso, alegava que o Exército havia suprimido relatórios que elogiavam o Gotham, o principal produto governamental da Palantir. A empresa queria que o juiz federal rejeitasse a licitação do DCGS e começasse tudo de novo.

Segundo alguém que trabalhou nele, o processo era um "risco calculado", que também funcionava como uma cobertura em potencial e que apresentava uma chance de vitória para Thiel, independentemente do que acontecesse em novembro. Trump até poderia vencer e prejudicar o Exército; mas, mesmo se perdesse, o processo da Palantir faria o mesmo.

A CONVENÇÃO NACIONAL REPUBLICANA, realizada em meados de julho em Cleveland, foi caracterizada por uma insanidade digna de um reality show, porém condizente com a celebridade televisiva que virara candidato à presidência. Trump ganhou a indicação com folga, mas conseguiu isso em parte por insultar uma parcela da elite republicana. Os vice-campeões, Kasich e Cruz, indicaram que não tinham intenção alguma de endossar o candidato. Além disso, Trump zombou repetidamente do ex-presidente George W. Bush, bem como dos dois indicados anteriores, Mitt Romney ("Um dos piores candidatos, além de um dos mais burros") e John McCain ("Só gosto de pessoas que nunca foram capturadas em uma guerra"). Nenhuma dessas figuras nomeadas anteriormente apareceu.

A comunidade empresarial tradicional também manteve distância de Trump. Nem um único CEO entre as cem maiores empresas dos EUA fez qualquer doação para a sua campanha,[281] e muitos doadores republicanos de longa data se recusaram a apoiá-lo. Alguns, como Meg Whitman, com quem Thiel se envolveu no período em que administrava o eBay, foram abertamente críticos.

O Vale do Silício foi especialmente avesso a Trump. Zuckerberg o criticou no início do ano, embora com o tipo de ambiguidade deliberada que parecia ter absorvido de Thiel. "Em vez de construir muros, podemos ajudar as pessoas a construir pontes", disse ele em abril, referindo-se à proposta de Trump para construir um muro na fronteira EUA-México sem nomear propriamente o candidato. Em junho, o então CEO da Intel, Brian Krzanich, cuja empresa, com sua enorme operação de manufatura nos Estados Unidos, parecia prestes a se beneficiar do nacionalismo econômico de Trump, planejou receber o indicado e outros executivos de tecnologias em sua casa. Porém, quando a notícia do evento vazou, ele resolveu cancelar no último minuto.[282]

Membros da família de Trump preencheram o vazio em Cleveland — seis parentes foram listados como oradores principais — e aquilo que Bannon me descreveria como uma "tremenda mistura" de apoiadores. Entre eles estavam Joe Arpaio, o famoso xerife anti-imigração do Arizona, que recentemente havia sido acusado de desacato ao tribunal por discriminação racial; o modelo de roupas íntimas dos anos 1990, Antonio Sabato Jr.; e Scott Baio, mais conhecido como Chachi, do seriado *Happy Days*.

Na mesma medida em que havia líderes corporativos em Cleveland, eles eram bastante desalinhados — Willie Robertson, fundador do negócio de suprimentos para caça que ficou famoso com *Os Reis dos Patos*; Dana White, o magnata das lutas e do UFC; Phil Ruffin, o proprietário do Circus Circus, em Las Vegas; e Thomas Barrack, o magnata do mercado imobiliário que apresentou Trump a Paul Manafort. Nenhum desses homens parecia apto a liderar o renascimento da manufatura que Trump vinha prometendo. *Essas* pessoas ainda votariam em Hillary Clinton, ou deixariam as eleições de lado. Poucos dias antes da convenção, um grupo de cerca de 150 executivos e investidores de tecnologias bem conhecidos publicou uma carta aberta atacando Trump por sua "raiva, intolerância, medo de novas ideias e novas pessoas, e uma crença fundamental de que o país está fraco e decadente".

A ideia de que os EUA estavam fracos e decadentes era uma que Thiel vinha alimentando há anos. Ele não foi o único CEO no Vale que acreditou na mensagem principal de Trump, mas foi o único disposto a afirmá-lo publicamente. Isso fez do seu apoio algo extremamente valioso, de acordo com fontes internas de Trump, e foi por isso que os organizadores da convenção o convidaram a palestrar. Ele era uma celebridade do mundo dos negócios, mas sem aquele aspecto ligeiramente bajulador que definia tantos no círculo de Trump. "O Trumpworld estava repleto de pessoas que tentavam realizar coisas significativas, mas que não tinham um histórico muito bom no resto do mundo", explicou Bannon. "Havia pouquíssimas pessoas que frequentaram as escolas da Ivy League, que haviam conquistado algo no mercado de capitais ou no mundo corporativo. E ele levou todas essas qualidades para o movimento."

Thiel foi colocado em horário nobre na quinta-feira, na noite em que Trump aceitaria a nomeação formalmente. Ele falaria logo depois de Jerry Falwell Jr. — o presidente da Universidade Liberty que deu a um Trump divorciado duas vezes um impulso importante entre os evangélicos ao endossá-lo no lugar de Ted Cruz, no início do ano — e um pouco antes de Thomas Barrack. O tecnólogo e o empresário imobiliário martelariam

238 CONTROVERSO

a mensagem-chave de Trump: que o sucesso nos negócios, tal como era, o qualificava para ser presidente. Imediatamente após eles, viria Ivanka Trump e, em seguida, o próprio candidato.

Thiel começou seu discurso identificando a si próprio como um "construtor", assim como Trump, antes de fazer um comentário pessoal um tanto incomum. Ele falou sobre seus pais, Klaus e Susanne, que emigraram para a cidade onde ele agora se dirigia à multidão. "Eles me trouxeram aqui com 1 ano de idade", disse ele, a respeito de Cleveland. "Foi aqui que me tornei um norte-americano."

O salão de convenções estava barulhento e Thiel parecia um pouco instável, especialmente no início. Ele ficou no pódio, levemente curvado e exibindo um sorriso cheio de dentes enquanto seu olhar girava roboticamente entre os dois teleprompters. Ele claramente havia ensaiado — ele conseguiu deixar de lado sua disfluência de fala característica, seu uso normalmente intensivo de marcadores discursivos —, mas acabou falando rápido demais, esquecendo de pausar entre as frases, e poucas de suas falas pareciam ter efeito, com exceção de uma brecha sobre os e-mails de Hillary Clinton.

A câmera fez uma panorâmica para a multidão, onde Donald Trump Jr. e sua então esposa, Vanessa, se juntaram a Tiffany Trump em seus assentos. Eles trocaram de lugar, conversando uns com os outros e parecendo ouvir apenas metade da fala de Thiel, que fazia uma acusação acirrada sobre o estado das tecnologias nos Estados Unidos. Para aqueles que prestaram atenção e acompanhavam seus escritos, o tema soaria familiar: os Estados Unidos haviam se perdido em algum momento da década de 1980 e não tinham mais a ambição de fazer o futuro acontecer, disse ele. E Trump seria o homem que traria tudo de volta aos eixos.

"Nosso governo está falido", declarou Thiel. As usinas nucleares norte-americanas ainda usavam disquetes. Alguns caças não funcionavam na chuva. O software do governo era inútil. "É uma decadência impressionante para o país que conseguiu concluir o Projeto Manhattan", disse ele. "Não aceitamos esse tipo de incompetência no Vale do Silício, e não devemos aceitá-la do nosso governo."

Nesse ponto, há cerca de três minutos do início do discurso, ele permitiu que seu sorriso forjado murchasse um pouco, parecendo mais sério, mas também como se realmente começasse a se divertir. A multidão se aquietou quando Thiel observou que, quando menino, "o grande debate era sobre como derrotar a União Soviética". E prosseguiu: "Agora, somos informados de que o grande debate é sobre quem pode usar qual banheiro. Isso é um desvio dos nossos problemas reais. E quem se importa?" Ele disse essas últimas palavras em voz alta, quase com raiva, e conseguiu arrancar sua primeira onda de aplausos. Até os filhos de Trump aplaudiram.

Em seguida, Thiel proferiu a frase de que todos se lembrariam. "É claro", disse ele, "que cada norte-americano tem uma identidade única. Eu tenho orgulho de ser gay. Tenho orgulho de ser republicano. Mas, acima de tudo, tenho orgulho de ser norte-americano." Um coro sutil — "EUA! EUA! EUA!" — começou a ser entoado para um imigrante gay, por membros de um partido que geralmente era hostil a ambas as características. Os Trump estavam de pé, junto a todo o público.

Charles Johnson assistiu ao discurso na seção VIP, junto a Hoan Ton-That, que fora ridicularizado pela Gawker. Eles estavam se tornando amigos e planejavam começar uma empresa com a ajuda de Thiel. Naquela semana, Johnson apresentou Thiel a Ton-That e os homens se aproximaram com a destruição da Gawker.

"Eu lhe daria um beijo se o conhecesse bem o suficiente", disse Ton-That.

Thiel se esquivou um pouco, mas assentiu com entusiasmo. "Sim, sim, sim!", afirmou ele, radiante.

Ele agonizou com aquelas últimas linhas a respeito de sua identidade. "Eu quero que eles saibam que os gays sempre fizeram parte dos Estados Unidos e que é o melhor país para os gays", disse ele a Johnson. Ele nunca havia falado publicamente dessa forma a respeito de sua sexualidade — na verdade, ele nunca havia falado tão diretamente sobre isso nem mesmo com a maioria dos seus amigos. Mas ele queria que "as pessoas me conhecessem por completo". "Ele nunca teve um momento para se assumir, de fato", disse Johnson. "Aquele foi o momento."

A abordagem pessoal foi útil, e conferiu autoridade ao argumento de Thiel de que o politicamente correto estava, de alguma forma, atrapalhando a grandiosidade norte-americana, além de conseguir isolar Trump das críticas de que ele estava simplesmente negociando com a intolerância. A plataforma republicana, sob Trump, apoiou o "casamento tradicional e a família", condenou o caso de 2015 da Suprema Corte, que declarava o casamento gay legal em todos os cinquenta estados, e alegou que direitos legais iguais para norte-americanos transgêneros — que a administração Obama tentara estabelecer com base em uma interpretação da lei educacional de 1972, Título IX — eram parte de um projeto para remodelar os Estados Unidos "para se ajustar ao molde de uma ideologia estranha à história e às tradições dos Estados Unidos". De repente, ficou mais fácil para Trump argumentar que ser contra o politicamente correto não significava apenas uma liberdade para insultar classes protegidas.

Além do mais, o discurso colocou Thiel e suas empresas em uma posição estrategicamente vantajosa — presumindo que Trump pudesse, de alguma forma, desafiar as probabilidades e vencer as eleições. Fora a questão do muro, Trump foi bastante vago a respeito de como, exatamente, planejava governar. Mas o discurso de Thiel acabou fornecendo uma possível estrutura: Trump poderia abraçar os grandes projetos de tecnologia que Thiel vinha defendendo há muito tempo. Construir um muro gigantesco? Sim, claro. Mas os projetos de infraestrutura de Trump poderiam — e deveriam — incluir melhorias nos softwares que o governo utilizava. Washington poderia deitar os olhos no Vale do Silício — especialmente nas partes onde Thiel tivesse algum tipo de participação.

16

A TEORIA DE GOVERNO DE THIEL

"Você foi excelente", disse Trump a Thiel no final da convenção.[283] "Seremos amigos pelo resto da vida."

Essencialmente, porém, o magnata do mercado imobiliário de Nova York parecia um tanto indiferente ao seu patrocinador do Vale do Silício. "Peter está fora da área que Trump admira", disse Bannon. Trump só parecia se importar, de fato, com o dinheiro de Thiel — e a legitimidade que ele havia lhe conferido —, bem como com o potencial de poder usar Thiel como um canal para alcançar outros bilionários da tecnologia.

De sua parte, Thiel também não apreciou instantaneamente a estima de Trump. Após a convenção, Thiel gostou do seu papel de transgressor — ele foi o primeiro homossexual a falar abertamente sobre sua sexualidade no palco da convenção republicana —, mas resistiu quando Bannon e outros membros da campanha tentaram envolvê-lo mais a fundo. Imediatamente após a convenção, Trump alcançou Clinton nas pesquisas, mas logo ficou para trás outra vez. Thiel disse a associados que estava preocupado com a derrota de Trump, e preferiu manter distância.

Então, em uma tarde de sexta-feira no início de outubro, Thiel — e boa parte dos EUA — assistiu a um vídeo vazado, publicado pelo *Washington Post*. Nele, Trump era visto se gabando para o apresentador do *Access Hollywood*, Billy Bush, sobre suas aventuras sexuais, incluindo uma tentativa de dormir com uma apresentadora de TV ao levá-la para comprar móveis. "Eu tentei transar com ela", explicou Trump, que se casara com Melania nove meses antes. "Mas não consegui chegar lá." Ele também se vangloriou por se impor às mulheres. "Eu simplesmente as beijava", disse ele. "Quando você é uma celebridade, elas deixam. Você pode fazer qualquer coisa. Agarre-as pela b*ceta. Você pode fazer o que bem entender."

A opinião consensual era que Trump estava acabado. Mitch McConnell, o líder da maioria no Senado, chamou os comentários de Trump de "repugnantes" e o encorajou a "assumir total responsabilidade pela completa falta de respeito pelas mulheres demonstrada nos seus comentários". Paul Ryan, presidente da Câmara, declarou-se "enojado" e disse que Trump não era mais bem-vindo em um evento que ocorreria no dia seguinte, no estado natal de Ryan. Vários republicanos proeminentes pediram para Trump se afastar e permitir que seu vice-presidente, Mike Pence, assumisse a dianteira.

Thiel foi encorajado por Johnson a assumir um outro ponto de vista. Johnson disse a ele que a pior coisa sobre a fita vazada, de uma perspectiva política, não era o aparente respaldo do assédio sexual, nem o adultério. Era a sedução fracassada — uma jogada "beta", no jargão da direita alternativa. O resto, disse ele, era apenas como os homens heterossexuais falavam entre si; e esses homens teriam mais respeito por Trump, e não menos. "Você deveria dobrar suas apostas", aconselhou.

Para isso, Johnson sugeriu um plano: Thiel deveria fazer uma contribuição significativa para o Comitê de Ação Política de Rebekah Mercer, Make America Number 1. (O PAC era originalmente conhecido como Defeat Crooked Hillary PAC, mas adotou um nome um pouco mais sóbrio porque, como um funcionário disse à *Bloomberg* na época, "Se o chamarmos de 'Defeat Crooked Hillary', será uma violação da FEC [Comissão Eleitoral Federal]."")[284] Uma vez que Mercer era uma patrocinadora de longa data de Steve Bannon e do *Breitbart*, uma doação substancial conferiria a Thiel acesso ao círculo interno de Trump, configurando-o como o salvador da campanha, no caso de Trump conseguir, de alguma forma, emplacar uma vitória.

A doação proposta seria a primeira parte do papel de Johnson na recuperação do candidato encurralado. A segunda envolveria o próximo debate presidencial, em St. Louis. Johnson e a autora conservadora Candice Jackson providenciaram três mulheres que haviam acusado Bill Clinton de assédio sexual ao longo dos anos, junto com uma quarta mulher, Kathy Shelton, para viajar a St. Louis para uma coletiva de imprensa pouco antes do debate.

As três acusadoras — Kathleen Willey, Paula Jones e Juanita Broaddrick — eram nomes conhecidos entre os críticos de Clinton; a história de Shelton era a menos conhecida. Quando ela tinha 12 anos, em 1975, Shelton acusou um homem de 41 anos de estuprá-la. Hillary Clinton, então uma jovem advogada que administrava uma clínica de assistência jurídica, tinha defendido o homem, em parte, alegando que Shelton estivera "emocionalmente instável e com tendência a procurar homens mais velhos".[285] O cliente dela, por fim, se declarou culpado de uma acusação menor.

A empresa de Johnson, WeSearchr, levantou fundos para Shelton viajar até St. Louis, e promoveu sua história no site. Trump apareceu com as mulheres em uma live do Facebook, transmitida pouco antes de ele subir ao palco, e contou a história de Shelton durante o debate, quando pressionado a respeito de seus comentários vulgares. "Kathy Shelton, aquela jovem, está aqui conosco esta noite", disse Trump. "Portanto, não venha me falar sobre palavras."

Na semana seguinte, Thiel sofreu uma última pressão. A revista de notícias queer, *The Advocate*, publicou um ensaio criticando o seu apoio a Trump. "Peter Thiel, o bilionário do Vale do Silício que virou notícia neste verão por endossar Donald Trump na convenção republicana, é um homem que faz sexo com outros homens", escreveu Jim Downs, um autor e professor de estudos norte-americanos na Gettysburg College. "Mas será que ele é mesmo gay?" Downs argumentou que a visão política de Thiel — em particular sua rejeição aos direitos dos transgêneros em seu discurso na convenção — constituía uma traição à cultura gay. Ele retratou o discurso, que Thiel enxergava como o seu momento pessoal de saída

244 CONTROVERSO

do armário, como um revés para a comunidade LGBTQIA+, em vez de um momento de transgressão.

No dia seguinte, alguém próximo a Thiel vazou a notícia de que ele doaria US$1,25 milhão para a campanha eleitoral de Trump, sendo a maior parte destinada ao PAC de Mercer, bem como Johnson recomendara. Algumas semanas depois, ele se explicou em um discurso no National Press Club. "Não concordo com tudo o que Donald Trump disse e fez — e também não acho que os milhões de eleitores dele concordem", disse Thiel. "Estamos votando em Trump porque julgamos que a liderança do nosso país fracassou."

No discurso, ele argumentou que as repreensões liberais, que afirmavam que os comentários de Trump do tipo "Agarre-as pela b*ceta" o tornavam inelegível, é que eram imorais, já que ignoravam as questões mais urgentes do país. Ele também mencionou a coluna da *Advocate*. "A mentira por trás do jargão da 'diversidade' não poderia ser mais evidente", disse. "Se você não se conformar, não será considerado diverso, não importa qual seja sua experiência pessoal." Não era tanto uma defesa de Trump, quanto uma defesa dos defensores de Trump — uma variante dos argumentos que ele vinha apresentando desde os seus dias em Stanford.

Durante uma sessão de perguntas e respostas depois da sua fala, ele sugeriu que a mídia deveria ignorar os ultrajes de Trump e focar o fundamento de suas críticas — levar Trump "a sério, mas não ao pé da letra". Por exemplo, afirmou Thiel, os comentários de Trump a respeito da proibição da imigração muçulmana, ou da construção de uma Grande Muralha da China na fronteira dos EUA com o México, devem ser interpretados de uma forma impressionista. Trump não queria banir os muçulmanos ou construir uma muralha de 1.600km *literalmente* — ele queria, como disse Thiel, "uma política de imigração mais sã e razoável", que "encontrasse o equilíbrio certo entre custos e benefícios". Thiel provavelmente copiou a frase "seriamente, não literalmente"[286] de um artigo da *Atlantic* escrito pela jornalista Salena Zito, que explicava como os eleitores da região central foram capazes de ignorar as constantes prevaricações de Trump. Mas de qualquer maneira, aquilo viralizou. PETER THIEL RESUMIU DONALD TRUMP PERFEITAMENTE EM POUCAS FRASES foi a manchete da CNBC.[287]

O dinheiro e o discurso eram notícias significativas — Trump não se alinhara com quaisquer doadores importantes da tecnologia antes da contribuição de Thiel, o que ajudou a reverter a sensação de que sua campanha estava ruindo —, mas não foi a única maneira pela qual o império de Thiel apoiou o presidente. Mark Zuckerberg, depois de parecer, inicialmente, se opor a Trump, passou a apoiar o candidato à sua própria maneira.

UM SEGREDO — compreendido pelos conservadores que compareceram à cúpula da paz convocada com a ajuda de Thiel, em maio de 2016, em meio a influentes comentaristas de direita e executivos do Facebook, mas que de alguma forma parecia escapar a muitos dos reais executivos da empresa — era que as iniciativas de alguns funcionários liberais do Facebook eram irrelevantes. O Facebook não possuía tendências contra a mídia conservadora; ele *era* a mídia conservadora. Isso porque o feed de notícias da empresa era, basicamente, um concurso de popularidade, e, dentro do Facebook, a ideologia de Trump, que combinava políticas de identidade branca e populismo econômico, era mais popular do que qualquer outra coisa.[288]

"Não creio que o Vale do Silício tenha compreendido", disse David Bozell, um participante da reunião do Facebook. O tratamento que o Google dava às notícias há muito focava organizações de mídia bem estabelecidas, enquanto o Facebook apresentava qualquer artigo do Newsmax ou meme popular de direita, o que era muito mais provável de ser compartilhado do que um artigo do *New York Times* ou um meme de esquerda. O conteúdo de direita recebia a maior parte dos cliques. Os Trending Topics foram um esforço inicial para corrigir isso — para inclinar o Facebook, não contra a direita, mas em direção a fontes de notícias supostamente legítimas. Zuckerberg, no entanto, aparentemente seguindo o conselho de Thiel, optou por interromper a iniciativa e retomar o concurso de popularidade, dando a Donald Trump, um candidato perfeito para memes, uma enorme vantagem.

Trump se aproveitou disso obtendo ajuda de onde quer que surgisse. Isso incluiu, notoriamente, a ajuda do governo russo, que distribuiu materiais hackeados nas redes sociais, alcançando 126 milhões de pessoas por meio de uma rede de contas falsas no Facebook e de grupos que visavam desencorajar os liberais a apoiarem Clinton, ao mesmo tempo em que incitavam os conservadores a votarem em Trump. Incluiu também a Cambridge Analytica, onde Bannon era membro do conselho: após a nomeação de Trump, a empresa forneceu alguns dados dos eleitores para a campanha, utilizados para arrecadar US$80 milhões em julho de 2016.[289] Durante esse período, é possível que algumas dessas informações roubadas do Facebook pela empresa tenham, com a ajuda da Palantir, percorrido um caminho que levou até as listas de doadores da campanha de Trump.

Mas de longe, a assistência mais significativa veio do próprio Facebook. O algoritmo da empresa permitiu uma segmentação que era muito superior a qualquer coisa que a Cambridge Analytica pudesse oferecer. Uma equipe de engenheiros do Facebook incorporados à campanha de Trump treinou o guru digital do candidato, Brad Parscale, para utilizar uma técnica que permitiria aos anunciantes atingir grupos extremamente específicos de eleitores em potencial.[290] Isso incluía grupos pró-Trump — por exemplo, pessoas que visitaram o site da campanha, mas que não fizeram doações —, assim como grupos considerados por Trump como favoráveis a Clinton, incluindo mulheres e negros, que receberam anúncios lembrando-os do fato de que Clinton defendera seu marido das alegações de assédio sexual, e utilizou a formulação racista "superpredadores" em 1996, ao descrever a violência das gangues.[291]

A campanha de Clinton recusou esse tipo de ajuda, decisão que os executivos do Facebook mais tarde sugeriram poder ter lhe custado a eleição. Andrew Bosworth, um aliado próximo de Zuckerberg, elogiaria o trabalho de Parscale em um comunicado como "o ponto alto das campanhas de publicidade digital". "O Facebook foi responsável pela eleição de Donald Trump?", perguntou ele, retoricamente. "Creio que a resposta seja sim."

NA NOITE DA ELEIÇÃO, Thiel deu uma festa na sua mansão de Presidio, em São Francisco, convidando qualquer pessoa conhecida que pudesse ser a favor de Trump. Não foi um grupo muito grande — talvez vinte pessoas, incluindo assistentes de Thiel, alguns universitários bonitos e um punhado de CEOs bem conhecidos. Naval Ravikant, então CEO da AngelList, estava lá, assim como Luke Nosek, o cofundador do PayPal que convenceu Thiel a apoiar a SpaceX de Elon Musk, e Curtis Yarvin, o blogueiro neorreacionário e então CEO da Tlon, empresa na qual Thiel havia investido.

Inicialmente, o clima estava moderado. As cadeiras foram dispostas em várias filas diante de uma TV enorme sintonizada na CNN. Thiel sentou-se na frente, mantendo os olhos na tela enquanto entretinha seus convidados. Ele geralmente era mais favorável às posições mais extremas do candidato no privado do que em público. Sim, ele podia se distanciar dos comentários de Trump sobre o muro enquanto discursava no National Press Club. Mas quando estava entre amigos, como naquele momento, esclarecia: ele podia até não concordar com aquelas prescrições políticas específicas, mas estava muito feliz por Trump falar tão abertamente sobre a imigração. "Adoro o fato de ele falar sobre o assunto", dizia.

Uma sensação de empolgação começou a crescer por volta das 20h, quando as redes de notícias anunciaram que Trump havia vencido na Carolina do Norte e em Ohio em sequência, enquanto abria vantagem em Michigan e Wisconsin, dois estados em que Clinton precisava vencer. A Pensilvânia, estado no qual Clinton deveria vencer com certa facilidade, estava quase empatada. A previsão de Thiel sobre Trump e os eleitores do Centro-Oeste agarrados às suas armas estava se tornando realidade.

"Isso realmente está acontecendo?", alguém perguntou.

Abriram o champanhe e mudaram o canal para a Fox News. Alguém queria saber quão confiante Thiel estava. "Nunca se sabe", respondeu Thiel. "Mas ele tinha todos esses elementos. Ele era tolo o suficiente para chamar toda essa atenção. Mas também era sério o suficiente para realmente fazer acontecer." O clima foi virando celebração, e não só porque o homem havia vencido. Segundo um participante: "A soberba foi: 'Estou tão feliz que todos no Vale do Silício estão descontentes com isso.'"

Thiel começou a receber ligações em um ritmo frenético. O boato que se espalhou entre os presentes era de que um dos pretendentes era John Bolton, o ex-embaixador da ONU e o mais proeminente apoiador público da Guerra do Iraque. Ele entrou em contato para pedir que Thiel o apoiasse a um cargo no Departamento de Estado. (Uma porta-voz de Bolton disse que ele estava no set da Fox News e que não ligou para Thiel na noite da eleição.) Pouco depois disso, Thiel desapareceu.

O grupo seguiu para os escritórios do Founders Fund, que ficavam ali perto, e continuaram bebendo e tentando processar o que acabara de acontecer. Como aquele Peter Thiel — um entusiasta de tecnologias nerd e deslocado — estava sendo cortejado por pessoas como John Bolton? Thiel era, a essa altura pelo menos, uma figura sem rodeios, que havia protestado contra "a era das guerras estúpidas" durante seu discurso na RNC. Seria possível que Bolton, um dos arquitetos daquela época, estivesse homenageando um capitalista de risco e neófito político? Era surreal. O tiro no escuro de Thiel não só valera a pena, como ele já era uma das principais vozes da nova administração — mesmo em assuntos que pareciam distantes da sua área de especialização.

Os assessores de Thiel operavam como se a vitória de Trump fosse a coisa mais natural do mundo. Michael Kratsios, seu jovem chefe da equipe, e Jim O'Neill, presidente da Thiel Foundation, já estava comentando sobre a transição. Thiel seria nomeado membro do comitê executivo em questão de dias, disseram eles, e a campanha de Trump prometera dar a ele um portfólio substancial.

"A conversa", disse alguém que compareceu à festa, "foi basicamente: 'Onde você quer trabalhar?'". Os participantes foram levados a entender que, se quisessem, teriam chances de conseguir um cargo administrativo.

Nunca houve um momento mais emocionante para se estar no Thielverso. Os poucos liberais do círculo interno de Thiel foram relutantemente respeitosos — ei, ele avisou —, enquanto os conservadores estavam nas nuvens. Poucos gostavam, de fato, de Trump, mas a vitória e o envolvimento de Thiel permitiram o vislumbre de possibilidades com a nova presidência. Afinal, Trump era um disruptor e um homem de negócios, o que, pela lógica do Thielverso, o tornava potencialmente melhor do que um político normal, ainda que não se tratasse exatamente do seu tipo de empresário preferido. Quiçá ele pudesse adotar os tipos de políticas com as quais os intelectuais do Vale do Silício fantasiavam.

Eles imaginavam entre quatro a oito anos de políticas tributárias favoráveis às empresas, uma adoção do Vale do Silício por parte do complexo militar-industrial e a desregulamentação do FDA (Food and Drug Administration), um benefício potencial para empresas de biotecnologia apoiadas por capital de risco. Quiçá — e isso era realmente um sonho, mas quem sabe — Trump adotasse criptomoedas como a Bitcoin. Mesmo a posição sinofóbica de Trump não era tão ruim quanto parecia. Uma repressão ao comércio dos EUA poderia prejudicar algumas fábricas no Centro-Oeste, mas poderia ser uma bênção para as empresas de tecnologia que fabricavam internamente, como as de Musk — SpaceX e Tesla Motors —, bem como para empresas de chips como a Intel. Quem diria até onde as políticas voltadas para a tecnologia poderiam se estender? Até os líderes do Vale do Silício que se opuseram a Trump tendiam a ver a posição de influência de Thiel na Casa Branca como algo encorajador.

"Ele é o defensor do lado tecnológico das coisas", disse um membro do Thielverso, resumindo o clima geral. "Essa é a questão sobre ser próximo a Thiel. Se você tiver o apoio dele, Trump fará quase tudo que ele disser." No Founders Fund, esse senso do poder de Thiel era tão pronunciado que os funcionários passaram a se referir a ele por um novo apelido: Shadow President [A Sombra do Presidente].[292]

EM 11 DE NOVEMBRO, Trump anunciou que Thiel participaria do comitê executivo da sua equipe de transição, ao lado de Bannon, que foi nomeado estrategista-chefe, bem como Rebekah Mercer, os filhos de Trump, Jared Kushner, Reince Priebus, entre outros. Bannon se encarregaria de equipar o gabinete de Trump, e o papel de Thiel seria nomear pessoas que poderiam agitar "o estado administrativo" — a sopa de letrinhas de agências que ficavam abaixo do nível do gabinete, incluindo a FTC (Comissão Federal de Comércio), a FCC (Comissão Federal de Comunicações), a SEC (Comissão de Valores Imobiliários), a FDA (Administração de Alimentos e Medicamentos), e grupos muito menores como o OSTP (Escritório de Políticas para Ciência e Tecnologia). Essas agências empregavam dezenas de milhares de pessoas, incluindo centenas de políticos indicados que representavam uma espécie de governo dentro do governo. De acordo com Bannon, o trabalho de Thiel era nomear pessoas que pudessem "acabar com isso".

Como libertário, Thiel parecia apreciar o papel que lhe fora designado. Ele passara sua carreira atacando o poder regulamentador do governo — desde o PayPal e o sonho das contas em bancos suíços, passando por seu ensaio de 2009, no qual atacou a democracia, até sua entrevista de 2015 com Tyler Cowen, quando reclamou sobre "essas agências [que] se tornaram profundamente esclerosadas e não funcionais".

A administração Trump adotaria essa retórica, reclamando sobre um aparato administrativo tão poderoso que até mesmo as palavras "estado profundo" o subestimam, de acordo com Bannon. "Não é profundo, está até na porcaria da sua churrasqueira", disse ele, creditando isso como "a teoria de governo de Peter Thiel".

"Os progressistas entenderam alguma coisa", continuou Bannon. "Eles disseram que às vezes ganhamos e que às vezes perdemos as eleições, mas se expandirmos as funções do governo federal para essas agências do New Deal e, em seguida, para dentro das próprias agências, teremos nosso próprio poder legislativo, nosso próprio poder executivo, nossos próprios tribunais. Isso era tudo o que Peter procurava."

Enquanto Thiel sugeria administradores inclinados a destruir a arquitetura do New Deal e da Grande Sociedade, Trump indicava juízes libertários que queriam derrubar a doutrina de deferência da Chevron. O precedente fora estabelecido em 1984, quando a Suprema Corte decidiu que a Agência de Proteção Ambiental (EPA) da administração Reagan poderia alterar sua interpretação do Clean Air Act, sancionado por Jimmy Carter, para permitir que fosse mais brando com a petrolífera Chevron. A decisão permitiu que as agências federais ajustassem a forma pela qual as leis eram aplicadas, contanto que a sua interpretação fosse razoável — dando uma ampla margem de manobra para indicados políticos. Grupos jurídicos de tendência libertária, como a Federalist Society, protestaram contra isso durante anos. Bannon sugeriu a Thiel, ele próprio um membro antigo da Federalist Society, que seu projeto poderia envolver desfazer o estado administrativo de dentro para fora.

Peter Thiel apareceu na Trump Tower cerca de uma semana após o dia da eleição, pronto para trabalhar. Os funcionários não sabiam exatamente o que achar dele. Eles presumiram que, embora pudesse oferecer corajosamente sugestões para, digamos, o comissário da EPA, ele na verdade estava apenas querendo uma oportunidade de foto, algum tempo cara a cara com o presidente e a chance de apresentar um punhado de ideias políticas de interesse próprio. Afinal, muitos na órbita de Trump eram oportunistas e autopromotores desavergonhados, e os membros da equipe de transição tentavam constantemente abrir caminho para conseguir alguns minutos com o presidente eleito. Curiosamente, no entanto, Thiel nunca pediu para ver Trump.

Isso era estranho — embora não tão estranho quanto a comitiva que Thiel levou consigo. Claro que era comum que membros do comitê executivo aparecessem com um ou dois assessores; Thiel levou meia dúzia. Eram todos jovens e desconcertantemente atraentes; "pareciam modelos masculinos", segundo Bannon. Bannon, então, esvaziou um escritório sujo no 14º andar da Trump Tower, usado por Stephen Miller, Peter Navarro e Curt Ellis — a equipe política de Trump —, para dá-lo a Thiel. Uma mesa comprida foi colocada, e a equipe de galãs instalou seus laptops no melhor estilo Vale do Silício. De novembro a janeiro, eles trabalharam lado a lado, elaborando uma lista de indicações possíveis e trabalhando até tarde da noite, depois que a maior parte do restante da equipe já tinha ido para casa.

Thiel produziu uma lista com 150 nomes para Trump considerar para cargos elevados no governo. Muitos eram ultralibertários ou reacionários; outros eram mais difíceis de categorizar. "As ideias de Peter para interferir no governo eram *excêntricas*", disse Bannon. "E as pessoas achavam que Trump era um disruptor. Elas não faziam ideia do que estava sendo apresentado" por Thiel.

Para o consultor científico de Trump, ele sugeriu William Happer, de Princeton, o mais proeminente cético do país em relação às mudanças climáticas, que assumiu a posição mais controversa possível sobre o assunto. Happer argumentava que o dióxido de carbono não só *não* era prejudicial ao planeta, como na verdade era bom para a Terra, uma vez que as árvores precisam do gás para crescer. Ele comparou "a demonização dos combustíveis fósseis" ao tratamento que Hitler deu aos judeus. Thiel parecia encantado com o físico quando o visitou, mas falhou em perceber que não havia chance alguma de Trump ou sua equipe colocarem um negacionista das mudanças climáticas causadas pelo homem no Senado, não importa quão brilhante achassem que ele fosse. Em 2018, Trump nomeou Happer para um cargo inferior — chefe de tecnologias emergentes no Conselho de Segurança Nacional. "Nunca pensei em Peter como alguém potente nas tecnologias, a menos que você restrinja a definição de tecnologia como uma maneira de lucrar com a internet", Happer me diria mais tarde. Ele deixou a administração Trump em 2019, reclamando de ter sido subestimado por funcionários da Casa Branca que haviam sofrido uma "lavagem cerebral" para acreditar nos perigos das mudanças climáticas.[293]

Thiel tinha outro candidato para o cargo de consultor científico presidencial: David Gelernter, de Yale, um guerreiro contra o politicamente correto cujo livro, *America-Lite: How Imperial Academia Dismantled Our Culture (and Ushered in the Obamacrats)* [sem publicação no Brasil], parecia uma versão do seu *The Diversity Myth* atualizada para os anos 2000. Ele culpava os "intelectuais globalistas pós-religiosos" pela ocupação liberal da academia. Gelernter, de forma mais polêmica, deixou claro que, por globalistas, ele se referia aos judeus, que considerava ingênuos e hostis por natureza. Ele era menos extremista do que Happer quanto às questões científicas, mas também argumentava que o ceticismo em relação às mudanças climáticas era uma das muitas "verdades comuns que qualquer leitor de notícias objetivas e imparciais conhece há anos".

Quando seu nome vazou, a imprensa apontou que Gelernter não era afiliado a nenhuma das principais sociedades científicas — o que poderia ser problemático caso a Casa Branca precisasse enfrentar uma crise do porte de um desastre natural, um derramamento de óleo ou, como o *Washington Post* previu,[294] uma pandemia —, e Bannon até tentou, inicialmente, convencer Thiel a não apresentar Gelernter a Trump. Mas Thiel insistiu. Gelernter era o cientista da computação mais inteligente que ele conhecia, afirmou — e, além disso, acrescentou que Gelernter havia sido atacado pelo Unabomber. Em 1993, pouco depois de publicar um livro sobre a prevalência iminente da realidade virtual, *Mirror Worlds*, ele recebeu um pacote de Ted Kaczynski, o ex-matemático de Berkeley que enviava cartas-bomba para tecnólogos e outros que ele acreditava estarem contribuindo para um futuro distópico. Gelernter ficou gravemente ferido e perdeu parte da mão direita na explosão.

De certa forma, isso fez dele um mártir da tecnologia, algo que impressionou Thiel, embora tenha atrapalhado completamente a conversa com Trump, que se concentrou intensamente nos ferimentos de Gelernter, fazendo-lhe uma série de perguntas sobre a explosão, sua saúde e, de forma mais geral, sobre o Unabomber, antes de dispensá-lo bruscamente. "Você não conseguiu o emprego", disse Trump.

ISSO SE TORNOU UM PADRÃO: Thiel fazia uma nomeação ousada e totalmente ridícula, que era prontamente rejeitada e substituída por alguém mais aceitável. Para a administração da FDA, ele tentou nomear candidatos que compartilhassem sua crença de que o papel principal da FDA — a saber, regulamentar os testes para medicamentos — era desnecessário.

O consenso entre os desenvolvedores de medicamentos, muitos do Vale do Silício, era "não colocar indivíduos em risco", afirmou Zach Weinberg, cofundador da Flatiron Health, uma empresa de pesquisas médicas do Vale do Silício que atualmente pertence à gigante farmacêutica Roche. "A opinião de Peter Thiel é que isso atrasará as coisas. Sua lógica é que, se algumas pessoas se machucarem e isso trouxer progressos, ele está disposto a fazer essa troca."

Um dos aliados de Thiel nessa cruzada, e sua principal escolha para liderar a FDA, foi Balaji Srinivasan, o palestrante de ciência da computação de Stanford e empreendedor de criptomoedas que investiu, ao lado de Thiel, na empresa de Curtis Yarvin, e que compartilhava das suas opiniões a respeito da sabedoria das elites do Vale do Silício de deixar o país. Ele deu uma palestra em 2013 instando os técnicos a deixarem o "cinturão de papel" para "construir uma sociedade de adesão, fora dos Estados Unidos, gerida por tecnologia". Srinivasan também tinha uma espécie de problema com a FDA. Sua opinião, aliás, parecia ser de que ela nem sequer deveria existir.

254 CONTROVERSO

"Para cada talidomida", ele tuitou, "muitos mortos pelo lento processo de aprovação." Ele deletou os tuítes antes de sua entrevista com Trump.

Thiel tinha argumentado algo bem parecido, mas aquele era um posicionamento estranho para um candidato sério a chefiar a FDA, já que a recusa da agência em aprovar a talidomida — um remédio para dormir —, no início dos anos 1960, é considerada uma das grandes histórias de sucesso administrativo. Na Europa, onde um mercado menos regulamentado permitiu que a talidomida fosse prescrita para mulheres grávidas, milhares de bebês nasceram sem membros totalmente formados. O incidente levou o Congresso a exigir que os farmacêuticos provassem que seus medicamentos funcionavam antes de buscar aprovação — basicamente criando o regime regulatório farmacêutico moderno. Mas, em vez de exigir provas de eficácia por meio de ensaios clínicos rigidamente controlados, Srinivasan argumentou que a FDA poderia ser substituída por um banco de dados descentralizado onde médicos e pacientes classificariam suas experiências com terapias experimentais — um "Yelp para medicamentos", como ele o chamava, referindo-se ao serviço de classificação de restaurantes financiado por Thiel.

A outra escolha de Thiel para dirigir a FDA era Jim O'Neill, que dirigiu a Thiel Foundation e desde então trabalhava como investidor na Mithril, a empresa de capital de risco de Ajay Royan. O'Neill era mais cuidadoso do que Srinivasan e tinha experiência real no governo — tendo trabalhado como redator de discursos no Departamento de Educação e no Departamento de Saúde e Serviços Humanos —, mas nunca trabalhara em um cargo de supervisão científica, tendo passado grande parte da sua carreira nas relações públicas. Ele também acreditava em reverter as exigências da FDA sobre a eficácia dos medicamentos.

Bannon levou O'Neill e Srinivasan para conhecer Trump, mas não endossou nenhum dos dois. "Balaji é um gênio", disse ele. "Mas era um pouco demais." Bannon sabia que não era nada realista nomear um cientista da computação que insinuava querer se livrar da FDA — "um homem com dois cérebros" foi como ele caracterizou Srinivasan — para administrar a agência.

Essa atitude estigmatizaria Trump como radical — e não no bom sentido. Bannon prosseguiu: "Não se tratava de uma audiência de confirmação que será vencida nos primeiros cem dias. Lembre-se: somos uma coalizão, e o establishment republicano ficou horrorizado com o que estávamos fazendo. E isso deixou Thiel desconcertado."

EM JANEIRO, o colaborador de longa data de Thiel, Jeff Giesea, deu uma festa para jovens ativistas da direita alternativa que ele apelidou de Deploraball. A referência irônica à crítica que Hillary Clinton fizera aos apoiadores de Trump — um "cesto de deploráveis", disse ela, referindo-se aos membros "racistas, sexistas, homofóbicos, xenófobos e islamofóbicos" do Partido Republicano — deixou claro que era uma festa da posse de Trump para o tipo de personalidade conservadora da mídia que Thiel vinha cultivando. E Thiel, é claro, estaria presente.

Apesar disso — e mesmo enquanto Thiel protestava por uma disrupção máxima dentro da Casa Branca, aliando-se a Bannon e tentando levar libertários agitadores para a administração Trump —, sua rede de contatos começou a se unir. Em dezembro, um dos organizadores do grupo político de Giesea, Tim Gionet, mais conhecido por ser o homem por trás da conta do Twitter Baked Alaska, tuitava, conspiratoriamente, sobre um suposto controle judaico da mídia utilizando a sigla "JQ" — abreviatura da direita alternativa para "A Questão Judaica", que Hitler tentou responder com sua Solução Final, em 1942. Em resposta, Giesea e Mike Cernovich retiraram Gionet da lista de oradores e informaram que ele não era bem-vindo. Eles também expulsaram Richard Spencer após sua saudação pró-Trump *à la* Hitler.

Thiel compareceu à festa, não interagiu muito e foi embora depois de meia hora.[295] Ele era — pelo menos na cabeça dos membros de sua equipe — a Sombra do Presidente há dois meses e tinha pouco a mostrar pelo seu empenho. Dos 150 nomes que ele indicou para cargos administrativos, apenas cerca de uma dúzia havia conseguido os empregos, embora ele tivesse emplacado alguns sucessos para ficar satisfeito. Seu idealizador de fundos hedge de longa data, Kevin Harrington, seria nomeado assistente adjunto do presidente no Conselho de Segurança Nacional, e seu chefe de pessoal, Michael Kratsios, seria o subchefe de tecnologias. Kratsios acabaria sendo promovido a diretor de tecnologias em 2019, a única indicação de Thiel aprovada pelo Senado. Em meados de 2020, ele veria sua área de atuação expandir como subsecretário de Defesa para Pesquisa e Engenharia, o que o colocava no comando do orçamento de P&D do Pentágono durante os últimos meses da presidência de Trump.

Com a exceção de Harrington — que inspira o respeito de muitos associados de longa data de Thiel —, essas pessoas não eram as mais talentosas em seu círculo, nem eram os disruptores geniais que Thiel tentara instalar em posições de destaque. Eles eram, em sua maioria, burocratas inofensivos. Um membro do Never Trump que fazia parte do Thielverso até chegou a teorizar — provavelmente como parte de um exercício fantasioso de pensamento positivo, ou talvez por inveja profissional — que Thiel havia ocupado a Casa Branca com "pessoas inúteis" a fim de minar o presidente.

Bannon e outros membros mais radicais do círculo de Thiel perceberam seu fracasso em instalar mais aliados na Casa Branca de Trump como o fiasco que, de fato, foi. "Ele teve uma chance certeira, conseguiu algumas vitórias e acabou sofrendo mais derrotas", disse Bannon. "Ele falhou porque Trump não era um revolucionário."

Claro que, se Thiel realmente falhou, foi em parte porque lançou seus dados com Bannon, que durou apenas sete meses na Casa Branca. "Eles basicamente se aliaram à direita alternativa", disse outra pessoa que trabalhou na transição, referindo-se a Thiel e Blake Masters, que serviu como seu vice. "Eles escolheram a disrupção em vez da normalidade, e o tiro saiu pela culatra." Nessa perspectiva, os mais moderados no círculo de Trump, liderados por sua filha e genro, acabaram com a revolução que Bannon e Thiel tinham tramado.

Mas Thiel nunca contou com uma revolução. Ele sempre teve um plano B, uma cobertura. E quando a administração Trump teve início — mesmo que Thiel tenha sofrido, ele próprio, um contratempo político —, as peças para a sua próxima jogada já estavam bem estabelecidas.

17

PODER DE DEPORTAÇÃO

Em 14 de dezembro, apenas um mês após Thiel ter se juntado à transição, e um mês antes da posse, ele se sentou perto do centro de uma mesa comprida em uma sala de reuniões no 25º andar da Trump Tower. O presidente eleito estava posicionado, como de costume, bem no centro, e parecia profundamente satisfeito. Seus conselheiros mais próximos estavam lá: Bannon, Pence, Priebus, Kushner, Stephen Miller, Ivanka Trump, além de Eric e Don Jr. Mas as verdadeiras estrelas eram os CEOs das maiores e mais importantes empresas de tecnologia dos Estados Unidos, e seu guia para todos os assuntos relacionados a Trump, Peter Thiel.

Ele se sentou à esquerda de Trump, com Pence do outro lado. À sua esquerda estava Tim Cook, da Apple. Disposto ao redor da mesa, intercalado entre os conselheiros e filhos de Trump, estava um grupo que incluía Sheryl Sandberg, do Facebook, e Jeff Bezos, da Amazon, bem como os CEOs da Microsoft, Cisco, Oracle, Intel e IBM.

"São empresas monstruosas", disse Trump, radiante, imediatamente antes de esbanjar elogios a Thiel. Ele creditou o investidor do Vale do Silício por ter vislumbrado "algo muito antecipadamente — talvez até mesmo antes de nós". Thiel enfiou os braços por baixo da mesa para dar espaço aos ombros largos de Trump, e pareceu se encolher diante do presidente, que, por sua vez, não aceitou aquela postura. Enquanto falava, Trump procurou a mão de Thiel debaixo da mesa, a encontrou e colocou em cima da mesa. "Ele tem sido incrível, excepcional, e recentemente recebeu os maiores aplausos na Convenção Nacional Republicana", disse Trump, esfregando o punho de Thiel afetuosamente. "Eu quero lhe agradecer, cara. Você é um homem muito especial."

Embora achasse esse momento de ternura fraterna bastante constrangedor, Thiel estava emocionado. A reunião no Facebook, no início do ano, tinha sido tensa e exaustiva; agora, contudo, as melhores e mais brilhantes mentes do Vale do Silício foram à Trump Tower para demonstrar sua admiração ao mesmo movimento que haviam ridicularizado. Ele sorriu. Afinal, tinha apostado em Trump quando ninguém mais acreditou nele, e agora, havia ganhado.

Além de bancar o agente poderoso, Thiel também teve sua chance de acertar as contas. A reunião incluiu representantes das maiores empresas norte-americanas de tecnologia em termos de capitalização de mercado. Thiel também convidou representantes de duas empresas menores nas quais tinha participação financeira. À esquerda de Tim Cook estava Elon Musk, cuja empresa automotiva, a Tesla, tinha uma capitalização de mercado que, na época, a situava em cerca de um quinto do tamanho do próximo maior convidado, a Cisco. Do outro lado da mesa estava o CEO de uma empresa ainda menor, Alex Karp.

Karp, é claro, era um dos amigos íntimos de Thiel, administrando uma empresa que Thiel havia fundado e que (embora ainda não fosse de conhecimento público) ainda controlava. Subitamente, Karp também tinha muito a ganhar com Donald Trump. Pouco antes da eleição, um juiz federal havia decidido a favor da Palantir em seu processo contra o Exército. Isso significava que o Exército teria que fazer uma nova licitação de seu contrato, considerando a Palantir e outros fabricantes de softwares comerciais como potenciais candidatos para um trabalho que poderia valer centenas de milhões de dólares.

A ordem do tribunal não significava que o Exército compraria o software da Palantir, apenas que daria uma "boa olhada" nele, como disse Hamish Hume, o advogado da empresa.[296] Agora Karp tinha a oportunidade de fazer um apelo pessoal ao comandante-chefe. Ele prometeu a Trump que sua empresa poderia "ajudar a reforçar a segurança nacional e a reduzir os desperdícios". Quando questionado, Karp afirmou não fazer ideia do motivo de ter sido convidado para a reunião, e que só sabia que Thiel a tinha organizado. "Provavelmente existe uma versão mais longa da qual eu não fui informado, mas eles realizaram um processo de seleção, me convidaram e eu aceitei", afirmou.[297] É claro que Thiel se recusou a convidar qualquer outro contratante da Defesa para a reunião, incluindo aí o principal concorrente de Karp na licitação do acordo do Exército, Raytheon.

MUITO FOI FEITO durante a campanha de 2016 quanto ao abismo que havia entre o Vale do Silício e Trump. O presidente eleito desprezava abertamente a Amazon e seu fundador, Jeff Bezos, por causa do domínio de Bezos sobre o jornal liberal *Washington Post* e das "tendências monopolistas da Amazon, que levaram à destruição das lojas de departamentos e da indústria de varejo", como o próprio Trump afirmou. Durante a campanha, Trump sugeriu repetidamente que sairia em retaliação contra Bezos, realizando ações antitruste em resposta a artigos negativos do *The Post*. Em outras ocasiões, atacou a Apple por produzir telefones na China e alegou que cancelaria um dos programas favoritos das grandes empresas de tecnologia, o visto H1-B. O Facebook e o Google argumentaram que o visto, que concedia residência temporária para trabalhadores qualificados e que é especialmente popular no Vale do Silício, deveria ser *expandido*.

Dada a hostilidade geral de Trump às posições favorecidas pelos fundadores de tecnologias e aos próprios fundadores da área tecnológica, não foi surpresa que quase todos na sala apoiaram Clinton durante a campanha. Dias após a eleição, Larry Page e seu cofundador do Google, Sergey Brin, realizaram uma reunião geral durante a qual Brin disse que considerava a eleição de Trump "profundamente ofensiva" e que era "conflitante com muitos dos nossos valores". Bezos certa vez brincou que adoraria enviar Trump ao espaço sideral.

Os especialistas previram que o tumulto pós-eleitoral colocaria Trump contra todos esses líderes, em sua maioria liberais que favoreciam a globalização, a imigração, a legalização das drogas e os direitos dos homossexuais — e, de fato, os primeiros relatos da reunião, baseados nos cerca de quatro minutos durante os quais a imprensa foi permitida na sala, sugeriram que foi isso que aconteceu. O *Business Insider* publicou uma foto de Sandberg, Page e Bezos fazendo caretas sob o título: ISSO RETRATA PERFEITAMENTE O PRIMEIRO ENCONTRO ENTRE TRUMP E TODOS OS CEOS DA TECNOLOGIA QUE SE OPUSERAM A ELE.

Depois que a imprensa foi enxotada, no entanto, o tom mudou. Sem as câmeras, os CEOs de tecnologias se mostraram solícitos, agradecendo profusamente e repetidamente a Trump pela oportunidade de se reunir, embora Trump continuasse a insultá-los. Trump importunou Bezos quanto à sua propriedade do *Post* e Cook quanto ao balanço patrimonial da Apple. "Tim tem um problema", disse Trump. "Ele tem dinheiro demais." Em determinado ponto, ele se referiu ao grupo como "os maiores liberais da história do mundo".

Os CEOs sorriram durante todo o evento, bajulando Trump, agradando seus assessores e evitando discordâncias individuais. A maioria votou contra Trump; agora, queriam mostrar que podiam trabalhar com ele. "Aqueles caras ficaram impressionados", disse Bannon. "Era como se eles finalmente tivessem sido convidados para almoçar com o principal jogador do time de futebol."

Trump chegou lá pronto para ser interrogado sobre seus comentários a respeito dos vistos H1-B. Em vez disso, os executivos disseram estar dispostos a serem convencidos. "Temos pessoas muito preocupadas com essa questão", disse Chuck Robbins, o CEO da Cisco, referindo-se ao H1-B. "Se você puder falar sobre isso, ajudará a acalmá-las." Esse foi o maior desafio que Trump recebeu durante toda aquela hora, e conseguiu evitá-lo sem qualquer concessão.

PODER DE DEPORTAÇÃO *261*

"Vamos fazer muita coisa com a questão da imigração", disse Trump. "Vamos pegar os vilões" — referência a inúmeras promessas de campanha para deportar milhões de norte-americanos não documentados.[298]

Nenhum dos CEOs se opôs ou tentou investir contra uma outra política que Trump sinalizou levar em consideração: criar um registro para rastrear a entrada de muçulmanos nos Estados Unidos. Em vez disso, tentaram contornar a discussão, implicando que seria bom reprimir imigrantes ilegais, contanto que Trump pudesse fornecer às suas empresas um número suficiente de trabalhadores qualificados. "Devemos separar a segurança da fronteira das pessoas talentosas", disse Cook; ele também sugeriu que os Estados Unidos tentassem cultivar um "monopólio do talento". Thiel, que muitas vezes fizera, particularmente, uma distinção entre imigrantes que adotavam os valores norte-americanos e aqueles que não o faziam, sugeriu que os Estados Unidos adotassem um sistema nos moldes da Nova Zelândia, que utiliza pontuações para facilitar a entrada de imigrantes com alto nível de escolaridade e bons conhecimentos linguísticos e dificultá-la para imigrantes pouco qualificados.

Stephen Miller apoiou a proposta de Thiel de um sistema baseado em pontos, acrescentando que Trump combateria as empresas de terceirização que estivessem abusando de vistos H1-B. Miller chamou a atenção durante a campanha por seu extremismo na questão da imigração. Ele irritou multidões com promessas de construir muralhas altas e amplas, e alguns perfis notaram que, na faculdade, ele escreveu uma série de colunas que quase passavam dos limites na questão racial, incluindo a defesa dos comentários de Bill Bennett sobre o aborto de bebês negros, que ele disse terem sido tirados do contexto.[299] Não só nenhum dos CEOs da tecnologia saiu em defesa dos imigrantes mexicanos que teriam sua entrada negada ou seriam deportados sob esse regime, como todos pareceram impressionados. O presidente do Google, Eric Schmidt, sugeriu um nome para a abordagem de incentivo e castigo de Trump em relação à reforma da imigração. "Chame-a de lei de empregos dos EUA", disse ele.

Havia outras questões preocupantes que esses CEOs poderiam ter levantado junto ao homem prestes a ser o mais poderoso do mundo. Eles poderiam ter questionado suas ameaças de utilizar a lei antitruste para que-

262 CONTROVERSO

brá-los, ou poderiam ter indagado se ele percebia o quanto sua retórica anti-imigrantes era prejudicial para as forças de trabalho de suas empresas. Poderiam ter abordado a promessa de Trump de se retirar do Acordo de Paris, ou os seus planos (sobre os quais ele tuitou pela primeira vez em 2014) de acabar com a neutralidade da rede — revogando uma lei que muitos na sala consideravam fundamental para a internet moderna —, ou as inúmeras maneiras pelas quais Trump pareceu hostil à tecnologia, à ciência e ao futuro durante a campanha.

Mas a sala preferiu ignorar tudo isso, direcionando a conversa para a questão mais característica de Trump: a China. Bezos reclamou que a Amazon passou anos tentando obter uma licença comercial na China, e culpou a proteção do governo ao gigante do comércio eletrônico chinês, o Alibaba. "Assim que você chega perto de obter uma licença, eles mudam as regras", disse ele, acrescentando que as empresas chinesas estavam roubando a propriedade intelectual da sua empresa e se engajando em uma "espionagem econômica". Ele também reclamou das baixas taxas de postagem que os correios dos EUA cobravam dos fabricantes chineses que enviavam mercadorias para o país. Outros CEOs apresentaram queixas semelhantes.

"Aqueles caras entenderam", disse Bannon. "O visto H1-B era um assunto secundário. O problema mesmo era a China. Eles deveriam ser os nossos maiores inimigos, mas estavam, basicamente, criando um caso nacionalista."

Bannon e os outros viram isso como a contribuição mais importante de Thiel para a presidência de Trump: não aquelas indicações de cargos, mas a capacidade de atrair os mais poderosos e respeitados empresários dos EUA para a órbita de Trump — mesmo que, no privado, eles o desprezassem. O jantar de Obama no Vale do Silício em 2011 incluiu grandes críticos, mas não todos eles — e, ao contrário daquele jantar, que levou a um desentendimento entre Obama e Steve Jobs, houve pouca divergência visível.

Essa não era a posição oficial do Vale do Silício, que se colocava como parte de um crescente movimento de resistência, e nem de Trump, que passaria grande parte dos quatro anos seguintes ameaçando tributar, regulamentar ou mesmo desmembrar as grandes empresas de tecnologia. Havia uma palavra para isso, que Thiel adorava: *kayfabe*, termo da luta livre profissional que se refere à maneira como as lutas são roteirizadas pelos produtores de televisão — e ambos os lados interpretam seus papéis com excelência.

Em janeiro, Trump assinou uma ordem executiva suspendendo a entrada de pessoas provindas de sete países predominantemente muçulmanos: Irã, Iraque, Líbia, Somália, Sudão, Síria e Iêmen. A ordem se aplicava a refugiados e — até a Casa Branca mudar de opinião — aos detentores de green cards. Além disso, observava que, quando a imigração desses países fosse retomada, os refugiados perseguidos devido a "uma religião minoritária" teriam prioridade. Trump especificou que, com isso, ele queria dizer que os cristãos teriam mais facilidade para conseguir vistos para os EUA do que os muçulmanos.

Essa foi a prometida interdição muçulmana que Trump havia anunciado durante sua campanha. Ela foi imediatamente rechaçada por liberais e defensores das liberdades civis, que observaram que ela não só parecia ultrapassar os limites da discriminação religiosa, como também colocava aqueles que viviam há anos nos Estados Unidos, mas que, por acaso, viajaram para o exterior em janeiro, em uma posição terrível. Mais de setecentas pessoas que viajaram legalmente para os Estados Unidos, muitas com família no país, foram detidas em aeroportos enquanto as autoridades se preparavam para deportá-las.[300]

No dia seguinte, manifestantes se reuniram nas áreas de desembarques internacionais do Aeroporto Kennedy, em Nova York. Os taxistas entraram em greve, e milhares se reuniram naquela noite quando um juiz federal ordenou que as deportações fossem suspensas. A manifestação de Nova York teve grande cobertura da mídia, e manifestantes começaram a aparecer em outros aeroportos, incluindo em São Francisco, onde Sergey Brin, o cofundador do Google, disse aos repórteres: "Estou aqui porque sou um refugiado."[301] Brin disse que fora "por contra própria", mas o CEO do Google, Sundar Pichai, deixou claro que isso também refletia os valores corporativos do Google. Em um e-mail para a equipe, Pichai afirmou estar "chateado com o impacto dessa ordem, e com quaisquer propostas que pudessem impor restrições sobre os funcionários do Google e suas famílias".[302] Declarações semelhantes foram feitas pela Netflix, Apple e Microsoft.

A resposta corporativa foi elogiada incessantemente pela imprensa de tecnologias de São Francisco, que tinha tendências esquerdistas e propensão a ver os executivos do Vale do Silício como heróis. "O Despertar da Resistência Tecnológica", proclamou a *Wired*. A verdade era mais complicada que isso. Sim, algumas empresas, principalmente o Google, estavam se posicionando em oposição a Trump em resposta ao ativismo de seus funcionários, mas a maioria tentava encontrar um meio-termo, na esperança de evitar antagonizar o presidente.

Isso ficou especialmente evidente entre as empresas sob influência direta de Thiel. Mark Zuckerberg, que cofundara um grupo de lobby pró-imigração, o FWD.us, pareceria um oponente provável à interdição muçulmana, e de fato era — mas sua declaração de oposição foi notavelmente mais branda do que a da maioria de seus pares. Ele escreveu em um post do Facebook que estava "preocupado com o impacto das recentes ordens executivas assinadas pelo presidente Trump", mas também elogiou Trump por ter prometido "arranjar uma solução" para os imigrantes não documentados que chegaram aos Estados Unidos durante a infância — e que receberam status legal sob ordem executiva do presidente Obama. Trump não cumpriu com seu vago compromisso e cancelou o programa naquele mês de setembro. Em sua declaração, Zuckerberg também elogiou Trump por apoiar a inserção de imigrantes altamente qualificados — uma prioridade de negócios para o Facebook. Casey Newton, na época colunista de tecnologia do *Verge*, observou que a postagem do CEO do Facebook "não chega nem a ser uma crítica".[303]

Elon Musk foi mais direto em sua oposição à interdição muçulmana: "essa não é a melhor maneira de lidar com os desafios do país." Ainda assim, Musk conseguiu encontrar interesses comuns com Trump em outras áreas, juntando-se ao seu conselho de assessoria econômica ao lado de um grupo de pesos pesados que incluía Ginni Rometty, da IBM, e Bob Iger, da Disney, bem como um segundo conselho, de manufaturas, junto a Brian Krzanich, da Intel, e ao CEO da General Electric, Jeff Immelt. Ambos os conselhos seriam dissolvidos no final do ano e Musk sairia em meados de 2017, em protesto contra a saída de Trump do Acordo de Paris; na época, todavia, eles foram elogiados pela Casa Branca.

Karp parecia desprezar Trump, tendo-o atacado em uma reunião com funcionários da Palantir nas vésperas da eleição. Ele se gabou de ter recusado a se encontrar com Trump anteriormente, referiu-se à riqueza de Trump como "fictícia" e o descreveu como um "valentão". "Eu não tenho respeito algum por esse cara", afirmou.[304] "Seria difícil inventar alguém menos interessante." Depois do desempenho de Karp na Trump Tower, no entanto, a empresa mudou radicalmente para poder vender para a administração Trump, aproveitando as conexões de Thiel sempre que possível.

Durante os primeiros dias da transição, Thiel instou Trump a demitir Francis Collins, o antigo diretor dos Institutos Nacionais da Saúde (NIH) e um talentoso geneticista que chefiou o Projeto Genoma Humano sob Bill Clinton e George W. Bush, antes de assumir o NIH sob Obama. Thiel estava convencido de que o NIH tinha ficado debilitado e de que precisava de mudanças — e, de acordo com Bannon, indicou Andy Harris, um congressista republicano e ex-anestesista de um distrito extremamente conservador da costa oriental de Maryland, para o cargo. Harris era defensor ferrenho de Trump e membro do House Freedom Caucus, que chamou a atenção no início de 2016 quando, naquilo que normalmente teria sido uma votação rotineira, ele foi um dos oito republicanos a se oporem a nomear uma agência dos correios em homenagem a Maya Angelou, poetisa e ativista dos direitos civis. Uma das artistas negras mais célebres da história norte-americana havia sido, segundo ele, uma simpatizante do comunismo. Harris conseguiria adquirir renome durante a presidência de Trump, votando "presente" em uma resolução que condenava o QAnon, opondo-se às recomendações de ficar em casa devido à COVID e ao que chamou de "culto às máscaras", e apoiando os esforços de Trump para anular os resultados das eleições de 2020. Ele também era um antigo defensor da reforma do NIH, propondo que o Congresso obrigasse a agência a fazer mais doações para pesquisadores jovens — uma das causas favoritas de Thiel.

Bannon resistiu a esse plano. A perspectiva de demitir um geneticista condecorado com mais de vinte anos de serviço governamental e substituí-lo por um agitador da direita radical conhecido por travar uma guerra cultural com o serviço de Correios dos EUA era demais, até mesmo para ele.

266 CONTROVERSO

Mas ele concordou em pedir a Collins para que fosse a Nova York no início de janeiro para uma entrevista de emprego.

De acordo com documentos divulgados posteriormente pela administração Trump, a verificação de Collins incluiu uma entrevista na Trump Tower, além de um almoço com Thiel e Blake Masters.[305] Em um e-mail complementar após o almoço, Collins concordou que Thiel tinha razão ao dizer que alguns aspectos do NIH estavam desatualizados e mencionou interesse em aprender mais sobre a Palantir. Ele disse que se reuniria com Shyam Sankar, o principal executivo de desenvolvimento comercial da Palantir.

Em retrospecto, isso parece ter sido o início de uma estratégia de vendas muito bem-sucedida. Collins seria nomeado novamente e, no ano seguinte, o NIH daria à Palantir um contrato de US$7 milhões para ajudá-lo a manter o controle dos dados de pesquisa que coletava. E haveria muitos outros contratos.

THIEL TENTOU CRIAR alguma distância entre ele e Trump quanto à questão da política de imigração. Em uma entrevista, na qual elogiou até mesmo algumas das qualidades mais questionáveis do presidente — sua proximidade com Vladimir Putin, os conflitos de interesse desenfreados dentro de seus negócios e até mesmo o seu corte de cabelo —, Thiel observou que os planos de Trump para criar um registro muçulmano eram uma impossibilidade, pelo menos na Palantir. "Não faríamos isso", disse ele a Maureen Dowd, do *New York Times*.[306]

Mas o homem que agora criticava o registro muçulmano era um dos principais apoiadores do mais proeminente defensor do plano, Kris Kobach. O secretário de estado do Kansas conhecia Thiel há mais de uma década, quando ele ainda era advogado da Federation for American Immigration Reform [Federação para a Reforma da Imigração Americana], um grupo anti-imigração afiliado à Numbers-USA, organização sem fins lucrativos de extrema direita para a qual Thiel fizera doações em meados dos anos 2000.

Thiel e Kobach ficaram amigos durante esse período — no qual Kobach chamou a atenção, entre outras coisas, ao processar o estado da Califórnia

PODER DE DEPORTAÇÃO 267

para impedir que imigrantes não documentados frequentassem as faculdades estaduais com taxas de matrícula estaduais, ou ao defender cidades que procuravam impedir que imigrantes não documentados conseguissem moradia. Uma pessoa familiarizada com a operação política de Thiel estima que ele tenha canalizado pelo menos US$5 milhões para as campanhas políticas de Kobach e as causas por ele defendidas entre 2005 e 2020. Pouco depois da eleição de 2016, Kobach foi fotografado entrando no clube de golfe de Trump, em Nova Jersey, carregando um "plano estratégico para [os] primeiros 365 dias" que incluía um plano para restabelecer um banco de dados da era do 11 de Setembro visando rastrear "estrangeiros de áreas de alto risco" e perguntar a imigrantes em potencial o que eles achavam da Sharia. Os apoiadores de Trump defenderam a proposta, apontando que tais registros foram utilizados em nipo-americanos durante a Segunda Guerra Mundial.[307]

Além disso, a Palantir já negociava com as agências que Trump procuraria colocar em serviço como parte da sua repressão à imigração. Durante a campanha, Trump se gabou de ter uma enorme "força de deportação", em um esforço de policiamento que contaria com a Polícia de Imigração e Alfândega dos EUA (ICE), com a qual a Palantir já tinha um contrato de US$41 milhões, graças a um acordo assinado com a agência desde 2014.

Em fevereiro, a Casa Branca anunciou mudanças em suas políticas que resultariam em um aumento drástico de deportações e operações. Anteriormente, o governo Obama havia instruído a ICE a se concentrar na deportação de imigrantes sem documentos que também eram vistos como uma ameaça — por exemplo, aqueles que pertenciam a uma gangue ou que haviam sido condenados por um crime violento. Imigrantes condenados por delitos menores geralmente eram deixados em paz. Trump mudou isso, ordenando que a ICE deportasse qualquer pessoa acusada de um crime, por menor que fosse,[308] e acabando com a política do "pegar e soltar", na qual os agentes de imigração permitiam que pessoas pegas cruzando a fronteira fossem liberadas enquanto pediam asilo para os Estados Unidos. A nova instrução era para colocar esses indivíduos em centros de detenção ou enviá-los para o México enquanto esperavam. Os memorandos observavam que pais que cruzassem a fronteira com crianças poderiam ser deportados, ainda que seus filhos continuassem detidos nos Estados Unidos.

A despeito das afirmações de Thiel, a Palantir teve um papel importante na aplicação desse plano. Os registros públicos mostravam que a empresa havia criado um banco de dados[309] — não muito diferente daqueles criados por ela para os serviços militares e de inteligência —, denominado FALCON, que foi projetado para ajudar os agentes a capturar contrabandistas e outros criminosos transfronteiriços. A empresa também ajudou a criar secretamente um segundo banco de dados, o Analytical Framework for Intelligence, que gerava pontuações de risco individuais, utilizadas pela agência de Alfândega e Proteção de Fronteiras para avaliar viajantes e imigrantes.

Essas divulgações — somadas ao apoio de Thiel a Trump — geraram uma profunda indignação, inicialmente dentro do Vale do Silício, e depois fora dele. Em janeiro, o Tech Workers Coalition, um grupo ativista, encenou uma marcha em frente à sede da Palantir para protestar contra o trabalho realizado pela empresa junto a Trump. Dois meses depois, quando a história do FALCON estourou, um grupo de manifestantes apareceu na casa de Thiel em São Francisco, carregando cartazes que diziam: PALANTIR: ACORDE! VOCÊ É CÚMPLICE. PARE DE CRIAR SOFTWARES PARA MORDOR e PETER THIEL É UM VAMPIRO.[310] Esses seriam os primeiros de muitos protestos ao longo dos próximos quatro anos, e serviriam para solidificar a ligação entre a Palantir e algumas das políticas mais polêmicas da era Trump.

O apoio da Palantir à administração Trump ainda era indireto, mas Thiel não estava acima de vincular diretamente seus interesses comerciais com essas políticas polêmicas de Trump. Em 2017, Charles Johnson convenceu Thiel a investir em um novo empreendimento que ele estava desenvolvendo com Hoan Ton-That, o entusiasta anti-Gawker que conhecera Thiel na RNC. Chamava-se Clearview — e a ideia, como Johnson explicou a Thiel, era bem simples: ele e Ton-That escreveram um software para navegar por perfis do Facebook, bem como de outras redes sociais, para, em seguida, baixar todas as fotos que os usuários já tivessem postado e armazenar uma cópia junto ao nome dessa pessoa. Eles, então, ofereceriam esse banco de dados para departamentos de polícia e outras forças de segurança pública,

PODER DE DEPORTAÇÃO   269

juntamente com um algoritmo de reconhecimento facial. Ao trabalharem em conjunto, essas ferramentas permitiriam à polícia tirar uma foto de um culpado não identificado, carregá-la no software e obter um nome. Os dois homens recrutariam Richard Schwartz, um ex-agente político republicano da cidade de Nova York, para ser cofundador e presidente, com Ton-That operando como CEO. Johnson, que receberia um terço do patrimônio da empresa, não tinha nenhuma função operacional formal. Seu trabalho envolveria arrecadar dinheiro para a empresa e ajudar a cadastrar clientes.

Johnson se gabou de que o software seria ideal para a repressão à imigração de Trump. "Criar algoritmos para identificar todos os imigrantes ilegais para os esquadrões de deportação" foi como ele definiu a empreitada em um post no Facebook. "Foi uma piada", diria mais tarde. "Mas se tornou real." De fato, o Clearview acabaria por assinar um contrato que daria ao ICE acesso à sua tecnologia — e teria apoio de Thiel. Depois de ouvir a proposta de Johnson, ele forneceu US$200 mil em capital inicial para a empreitada.

O CONFORTO DE THIEL COM TRUMP e sua proximidade com figuras como Johnson e Bannon foram o suficiente para afastar alguns de seus amigos mais próximos. Alguns dos seus confidentes de longa data simplesmente pararam de falar com ele. Outros apenas evitaram falar de política perto de Peter, tentando manter suas opiniões sobre Trump separadas de seu trabalho como tecnologista.

Thiel nunca foi de receber críticas muito bem, o que impossibilitava criticá-lo publicamente se você quisesse seu dinheiro. Mas um punhado de seus confidentes resolveu dar esse passo. Pouco depois do dia das eleições, Geoff Lewis, o sócio do Founders Fund que liderou o investimento da empresa na Lyft, escreveu uma postagem em um blog atacando Trump e desferindo vários golpes velados em seu próprio chefe. "Se levarmos Trump a sério", escreveu — aludindo à sugestão de Thiel de que Trump fosse levado "a sério, mas não de forma literal" — "pode ser que não seja seguro escrever um post como este daqui a um ano... Se alguns dos rumores mais assustadores que circulam já forem verdadeiros, então eu enfrentarei retaliação por escrever

270 CONTROVERSO

essas palavras agora." Lewis observou que esperava que lhe provassem o contrário, mas acrescentou que, "do que pude ver até agora, um mundo em que o presidente Trump faça algum sentido não é o mundo que eu quero legar para os meus netos". Mais tarde, ele editou o post para remover as referências críticas a Thiel, bem como a frase sobre os seus netos.[311]

Em 2015, Thiel aceitou um cargo de meio período na Y Combinator, uma aceleradora de estágio inicial que às vezes era comparada à Thiel Fellowship. Desde então, a YC — como era conhecida — expandiu-se para incluir investimentos de capital de risco, substituindo o Founders Fund como a empresa mais quente do momento no Vale do Silício. A empresa era, assim como o Founders Fund, comprometida com empreendedores e com o controle empresarial — e obcecada por empresas ambiciosas. Enquanto o manifesto do Founders Fund mencionava aviões velozes, a YC financiou um, o Boom Supersonic, junto a uma empresa de energia de fusão, uma empresa de carros autônomos, e mais empresas de biotecnologia em estágio inicial do que qualquer outro investidor.

Thiel era próximo de Sam Altman, o jovem presidente da YC. Altman, que apoiou Hillary Clinton em 2016, considerava Thiel um mentor e chegou a defendê-lo antes da eleição, prometendo não "despedir alguém por apoiar um candidato importante do partido". Entretanto, no outono seguinte, a empresa removeu, discretamente, o nome de Thiel da sua lista de sócios, modificando a postagem do blog que dava as boas-vindas a ele. "Edição: Peter Thiel não é mais afiliado à Y Combinator", dizia um informe. Embora Altman nunca tenha oferecido qualquer explicação pública, a mudança foi tida amplamente como um repúdio à visão política de Thiel.

A reação foi mais forte em outros pontos do Thielverso. Louis Anslow, que um dia idolatrou Thiel, sonhara em receber um termo de compromisso dele. Mas mudou de opinião. Anslow propôs uma espécie de Máfia anti--PayPal, instando outros futuristas com mentalidade de startup a recusarem qualquer capital das empresas de Thiel, como parte de um novo movimento, o #NeverThiel. "Meu sonho agora é receber um termo de compromisso dele e mandar ele IR PRO INFERNO", escreveu em um blog. Ele comparou o apoio de Thiel a Trump com o de Henry Ford a Adolf Hitler, e o ódio compartilhado de Thiel e Trump pelo politicamente correto com o antissemitismo compartilhado de Ford e Hitler. Não era nada sutil, mas retratava um novo tipo de resistência mais rigorosa por parte da indústria tecnológica diante da influência de Thiel.

Já teve uma época em que a Thiel Fellows certamente teria sua ligação retornada caso tentasse conseguir uma reunião com algum capitalista de risco ou parceiro de negócios em potencial. Já em 2017, as ligações demoravam para chegar. "Eu tenho uma frase pronta para falar sobre isso", disse um ex-bolsista de antes de 2016 que conseguiu iniciar uma empresa de tecnologia bem-sucedida, quando lhe perguntei sobre a possível reação negativa às ligações de Thiel com Trump e a direita alternativa. "Eu sempre digo que 'eu fiz parte da Thiel Fellowship quando Thiel ainda era uma figura do ramo da tecnologia, e não política.' E as pessoas parecem entender."

Ele também disse que sempre achou as histórias sobre a frieza de Thiel pouco convincentes — isto é, até a eleição. "Isso definitivamente mudou a forma como eu olhava para ele", declarou. "Foi a primeira vez que achei que aquela ideia de supervilão tinha alguma credibilidade." Outros optaram por ver a aposta de Thiel em Trump como uma questão puramente de poder. Segundo um proeminente empreendedor de software do Vale do Silício, ele simplesmente deve ter percebido: "Posso pagar US$1 milhão para ter um cargo no gabinete presidencial."

Foi assim que a maior parte do Vale do Silício processou o apoio de Thiel a uma estrela de televisão reacionária: cinicamente. Eles preferiram ignorar a sua aproximação com a direita alternativa e as formas pelas quais os tópicos da supremacia branca trumpista se entrelaçavam com os próprios sentimentos de Thiel em relação aos imigrantes. Talvez esses fossem os compromissos morais necessários a serem feitos por qualquer verdadeiro disruptor — em nada diferentes do *growth hacking* do PayPal, das violações de privacidade do Facebook ou das mentiras que Thiel e seus colegas contaram ao longo de suas carreiras para apressar a chegada do futuro. "Não importa tanto se você concorda ou não com isso, mas ele estava certo", disse o ex-Thiel Fellow Austin Russell, atualmente CEO da Luminar, que fabrica sensores para carros autônomos. "Se você realmente quer mudar o mundo, precisa conseguir um lugar à mesa."

272 CONTROVERSO

Talvez para acalmar seus amigos, Thiel procurou colocar alguma distância entre ele e Trump, justificando seu apoio como uma questão prática de se aliar ao vencedor mais provável — assim como fizera Austin Russell. "Apoiar Trump foi uma das coisas menos controversas que eu já fiz", ele costumava dizer, observando que, afinal, metade do país concordava com ele.[312] Ele era mais franco quando não estava em público. Em um jantar para a Thiel Foundation, um investidor de longa data das suas empresas disse a um grupo de fundadores que seu chefe apoiara Trump como uma forma de imprimir um ataque visceral às instituições de elite que ele sempre havia desprezado. "Ele queria ver Roma queimar", afirmou esse investidor.

ROMA COMEÇOU A QUEIMAR no final do verão, quando Bannon tentou garantir a nomeação de Thiel para o Conselho Consultivo de Inteligência da Casa Branca. O cargo era de meio período, mas prestigioso: seus antecessores incluíam o ex-senador Chuck Hagel, o ex-conselheiro de Segurança Nacional Brent Scowcroft e o ex-presidente do Estado-Maior Conjunto (JCS), William Crowe. O trabalho, que ele teria dividido com Safra Catz, da Oracle — um dos poucos outros proeminentes apoiadores de Trump na indústria de tecnologia —, também traria um grande potencial de influência, dando a Thiel uma plataforma para defender investimentos maiores em softwares análogos aos do Vale do Silício, o que provavelmente ajudaria a Palantir e poderia ser uma chance para eliminar os concorrentes da empresa.

Mas então veio o comício Unite the Right [Una a Direita], em Charlottesville, o assassinato de uma protestante, Heather Heyer, por um supremacista branco, e, na sequência, o comentário de Trump de que havia "pessoas muito boas em ambos os lados". Bannon deixou o cargo dias depois, algo que foi interpretado como uma reprovação do lugar da direita alternativa dentro da administração. E isso cortou a conexão mais importante de Thiel com a Casa Branca.

Thiel começou a hesitar, preocupado em relação a como a posição proposta impactaria suas empresas — certamente haveria acusações de corrupção quando a Palantir conseguisse o seu próximo contrato. Ele disse a um

PODER DE DEPORTAÇÃO 273

confidente que estava preocupado com o que isso poderia significar para a sua vida pessoal e sua privacidade. Em algum momento naquele outono, ele informou à Casa Branca que estava desistindo da disputa pelo Conselho Consultivo de Inteligência. Então, naquele outubro, Thiel completou 50 anos. Para alguém que passou a vida toda com medo da morte, o marco não era totalmente bem-vindo, mas ele e seu parceiro de longa data, Matt Danzeisen, convidaram amigos para ir a Viena, na Áustria, e comemorar juntos, de qualquer maneira. Quando os convidados apareceram, foram informados de que não haviam sido chamados para uma festa de aniversário, mas para um casamento. Thiel estava se casando.

De fora, era fácil confundir esse afastamento de Thiel da administração Trump como um recuo. Ele não queria mais estar na posição de ter que defender a polêmica política de imigração do presidente, ou enfrentar o escrutínio enquanto a investigação de Robert Mueller sobre a Rússia se intensificava. Ele estava sossegando, pelo menos socialmente, e ele e Danzeisen estavam pensando em ter filhos. Mas embora estivesse se ausentando da vida pública, ele não estava abandonando os ramos da política ou da tecnologia. Em vez disso, estava embarcando em uma campanha para solidificar sua influência em Washington e garantir que suas empresas se beneficiariam dela. As coisas estavam ficando feias na administração Trump, mas aqueles seriam os quatro anos mais lucrativos da carreira de Peter Thiel.

18

LISTA DO MAL

No início de 2019, eu desci a Sunset Boulevard até uma torre de escritórios toda de vidro, não muito longe dos clubes pitorescos da West Hollywood. A sala da Thiel Capital, no 11º andar do edifício, era novinha em folha — cheia de móveis de meados do século passado que pareciam caros e desprovida de qualquer sinal de vida, o que batia com as descrições das casas de Thiel. Fazia um silêncio completo e a maioria dos escritórios parecia estar vazia. Um assistente apareceu, me levou até uma sala de conferências toda de vidro que tinha uma vista deslumbrante do cânion e me serviu um expresso em um belíssimo pires. Poucos minutos depois, Thiel entrou, vestindo uma camisa polo de colarinho aberto, calças jeans e um sorriso. A conversa foi extraoficial e durou pouco mais de uma hora, terminando abruptamente no momento em que Thiel simplesmente se levantou e saiu, e eu, sem jeito, fiquei tentando entender se alguém voltaria para me levar até a porta, ou se apenas deveria ir embora por conta própria. Foi uma saída estranha — não exatamente rude, mas como se ele simplesmente tivesse ficado sem o que dizer e não tivesse considerado se despedir.

Durante a entrevista, tentei arrancar dele uma visão do futuro — o que viria depois de Trump? Também tentei descobrir por que ele parecia ter algo contra o Google. As hostilidades explícitas começaram em 2012, quando Thiel dava aulas em Stanford. Durante uma das palestras, ele fez uma observação a respeito do monopólio do Google nas pesquisas de internet e, em seguida, afirmou que se apresentava como uma empresa de tecnologia de propósitos diversos a fim de evitar as investigações do Departamento de Justiça dos EUA e outros reguladores antitruste. Essa apresentação, disse Thiel, era uma mentira; os negócios do Google com carros autônomos, redes sociais e tudo o mais só existiam porque "a política exige que o dinheiro seja distribuído".

Na época, a maioria das pessoas que ouviram ou leram a declaração de Thiel presumiram que ele estava fazendo uma observação interessante, talvez até mesmo um elogio. Mas não era exatamente o caso. Em 2001, Thiel utilizou a ameaça de vigilância antitruste durante a luta do PayPal contra o eBay, e então, em 2011, o mesmo executivo que trabalhara no caso, Vince Sollitto, apareceu no Havaí para fazer uma apresentação na Conferência dos Procuradores Gerais do Oeste em nome de outra empresa afiliada a Thiel, a Yelp. O CEO da empresa, Jeremy Stoppelman, foi engenheiro júnior na X.com. Apesar de ter sido contratado por Elon Musk, ele sobreviveu ao golpe. Então, depois que a empresa foi vendida, e depois de passar um ano na escola de administração, ele apareceu nos escritórios da Clarium para um estágio. Em vez de colocar Stoppelman para trabalhar, Thiel o encaminhou para Levchin, que havia fundado uma incubadora de empresas; foi aí que Stoppelman teve a ideia de criar um site onde cidadãos comuns avaliariam restaurantes e outros negócios.[313]

A Yelp estava prosperando — até que o Google resolveu copiar a ideia, lançando um clone chamado Places, que aparecia ao lado dos resultados de pesquisa da empresa relacionados a restaurantes e outros negócios. Em sua apresentação de 2011, Sollitto observou que o Places estava suprimindo avaliações da Yelp, basicamente roubando seu conteúdo e, em seguida, utilizando esse conteúdo para conquistar a movimentação (e a receita) do seu concorrente: o comportamento clássico de um monopólio ilegal.

O Google interrompeu a prática, mas naquele outono, Stoppelman apareceu perante o Comitê Judiciário do Senado. Segundo ele, o Google estava se envolvendo em práticas competitivas desleais e deveria ser impedido de usar seu poder de mercado para assumir o controle de outras partes da internet. "O dia de hoje representa uma rara oportunidade para o governo proteger a inovação", disse Stoppelman. "Permitir que um mecanismo de pesquisas com participação monopolista de mercado explore e estenda seu domínio prejudica toda e qualquer atividade empresarial."

Em julho de 2012, alguns meses depois de ter atacado o Google em Stanford, Thiel deveria aparecer no palco com o presidente do Google, Eric Schmidt, em uma conferência em Aspen, no Colorado, naquilo que foi anunciado como um debate sobre o futuro da tecnologia. Schmidt foi o primeiro a falar, elogiando a presença da indústria de tecnologia, e especialmente a do Google, no mundo em desenvolvimento. "Durante a nossa existência, passaremos de um número muito pequeno de pessoas com acesso às informações do mundo para praticamente todas as pessoas do mundo tendo acesso a essas informações no seu próprio idioma", disse ele.[314]

Thiel, que usava uma jaqueta esporte sobre uma camisa com dois botões abertos, cerrou os dentes e abriu um sorriso. "Eric, você faz um trabalho fantástico como propagandista do Google", disse ele, lançando sua versão da história que via a indústria de tecnologia estagnada para inovações. "Obviamente, existem empresas individuais que se saem muito bem, especialmente se elas possuírem monopólios de nível mundial, como é o caso do Google com as pesquisas."

"Monopólios legais", corrigiu o moderador, Adam Lashinsky.

"Eles só são legais quando não tentam amarrar e oprimir outras empresas, estendendo seu poder monopolizador de forma injusta", respondeu Thiel, sem sorrir. "É claro que é legal ter um monopólio, desde que você não abuse dele."

Schmidt riu, dizendo que consideraria aquilo como um elogio, mas os disparos de Thiel continuaram pela meia hora seguinte. Ele disse que Schmidt e seus colegas "gostam mais de computadores do que de pessoas, em muitos casos" e, em seguida, sugeriu que Schmidt havia assumido inadequadamente o crédito pela Primavera Árabe, a onda de fervor revolucionário que estava varrendo o Oriente Médio. "O fato é que o preço dos alimentos subiu de 30% a 50% no ano passado, e você basicamente tinha pessoas que tinham mais fome... você tinha pessoas desesperadas que ficaram mais famintas do que assustadas, e que acabaram se revoltando", disse Thiel. "Então, Eric saiu por aí dizendo: 'Elas que comam iPhones.'"

Por fim, Thiel concentrou suas reclamações no balanço patrimonial do Google, que mostrava que a empresa tinha US$30 bilhões em caixa, mas não tinha ideias boas sobre o que fazer com esse dinheiro. "A coisa mais intelectualmente honesta a se fazer seria dizer que o Google não é mais uma empresa de tecnologia", disse ele. "Está mais para um banco que gera enormes fluxos de caixa a cada ano que passa, mas que não pode emitir um dividendo, já que, no dia em que pegar esses US$30 bilhões para devolvê--los, admitirá que não é mais uma empresa de tecnologia."

Meia década depois, o Google não era apenas uma ameaça para a Yelp, como também se transformou em um conglomerado em expansão que competia por verbas publicitárias com o Facebook e parecia prestes a disputar contratos de alta tecnologia da Defesa, que, de outra forma, poderiam ir para a Palantir. De fato, ele representava, de uma forma ou de outra, uma ameaça para quase todas as empresas do portfólio de Thiel.

O Google também era particularmente vulnerável. A proximidade de Schmidt com Barack Obama e, mais tarde, Hillary Clinton — ele foi infamemente fotografado na festa de Clinton na noite da eleição usando um crachá de funcionário —, colocava-o às avessas com Trump, que ficou reclamando durante a campanha sobre o Google filtrar os resultados negativos de Clinton.[315] Isso também serviu como um substituto prático para as transgressões das grandes empresas de tecnologia que eram mais desconfortáveis para Thiel reconhecer. Como o Facebook, ele havia coletado quantidades maciças de dados, muitas vezes de clientes que podem não ter percebido que estavam sendo vigiados; como o Facebook, ele tinha, efetivamente, dado aos anunciantes acesso a esses dados; e, também como o Facebook, ele havia sido manipulado por trolls russos (por meio do YouTube).

Após a eleição de Trump, Thiel começou a dizer para qualquer um que quisesse ouvir que, embora o público — em especial os liberais ressentidos com as eleições de 2016 — estivesse concentrando sua raiva no Facebook, a verdadeira grande empresa maligna de tecnologia não era o Facebook. A empresa de Zuckerberg "recebeu mais críticas do que merecia".[316] Se alguém merecia regulamentação, sugeriu ele, não era Zuckerberg, era seu principal rival. Enquanto isso, nos bastidores, ele fazia mais do que apenas falar.

A CAMPANHA SE INTENSIFICOU depois que ele deixou a Casa Branca de Trump em 2017, sendo instituída da mesma maneira que muitas das empresas e projetos políticos de Thiel haviam sido, desde os seus tempos de faculdade: com uma guerra cultural. O Google estava, não muito diferente de Stanford, repleto de idealistas esquerdistas devotados à grandiosa missão da empresa — "Organizar as informações do mundo e torná-las universalmente acessíveis e proveitosas" — e à sua política vagamente progressista que prometia "não ser maligna".

No entanto, o Google também tinha um contingente conservador — jovens universitários que se sentiram atraídos pela empresa em ascensão porque ela pagava bem, oferecia uma boa segurança no emprego e tinha a reputação de contratar os melhores engenheiros. Muitos deles eram bem versados na mistura de evangelho da prosperidade com políticas libertárias de Peter Thiel. Eles assistiram ao filme *A Rede Social*, leram *De Zero a Um* e aplaudiram Ron Paul, Donald Trump e a destruição da Gawker.

Em julho de 2017, James Damore, um engenheiro do Google de 28 anos, proveniente dos subúrbios de Chicago, distribuiu um comunicado argumentando que a empresa vinha discriminando sistematicamente certos funcionários. Esse tipo de reclamação era comum naquela empresa idealista, na qual os funcionários gastavam 20% de suas horas em projetos pessoais sob uma atmosfera pseudoacadêmica, publicando suas opiniões sobre quase todo tipo de assunto nas listas de discussão da empresa. Mas enquanto a maioria da equipe do Google acreditava que a empresa discriminava minorias e mulheres — fatos que foram confirmados por estatísticas de diversidade, que mostraram que homens brancos e asiáticos representavam uma parcela desproporcional da equipe —, Damore, que, como Thiel, também jogou xadrez quando era jovem, e que recentemente havia ingressado no Movimento dos Direitos dos Homens,[317] passou a acreditar que o Google estava, de fato, discriminando funcionários conservadores. Ele assistira a um documentário chamado *The Red Pill*, no qual uma autointitulada feminista questiona suas crenças — o título do filme utilizava o termo preferido de Curtis Yarvin para definir esclarecimento. Assistiu também às palestras de Jordan Peterson, o polêmico psicólogo canadense e autor de autoajuda que investe regularmente contra ações afirmativas.

As ideias de Peterson persuadiram Damore, que escreveu que os gerentes do Google vinham "humilhando" os conservadores "até se calarem" quanto à possibilidade de que talvez as mulheres estivessem sub-representadas no Google, não por causa da discriminação, mas porque tinham menos interesse em programação do que os homens. Isso fazia sentido para Damore, já que elas pareciam ser mais extrovertidas e neuróticas, características que ele afirmava serem incompatíveis com um bom programador. Essa lógica distorcida foi desmascarada pelos funcionários do Google, que expuseram o comunicado no início de agosto.

O Google demitiu Damore, que foi à imprensa. "Eles me traíram",[319] disse ele à Bloomberg TV, alegando que havia feito o comunicado circular de boa-fé e que estava sendo punido injustamente, acusação que a rede de contatos de Thiel ficou feliz em amplificar. Eric Weinstein, diretor administrativo da Thiel Capital, postou um tuíte sugerindo que o Google, ao demitir Damore, estava "ensinando minha filha que o caminho para a liberdade financeira não consistia em programar, mas em reclamar para o departamento de RH". Ele assinou, "obrigado antecipadamente, um pai". Apesar do título de Weinstein, seu papel mais proeminente hoje é ser apresentador de um podcast, *The Portal*, no qual entrevista pessoas controversas, incluindo o próprio Thiel. Ele também lidera um grupo de personalidades do YouTube, incluindo Peterson, dedicado a reclamar do politicamente correto, que ele apelidou de Intellectual Dark Web.

Jeff Giesea, um amigo de Thiel de Stanford que se tornou ativista da direita alternativa, escreveu uma série de tuítes defendendo Damore com uma hashtag emprestada diretamente das lamentações de Thiel de meados dos anos 1990 contra o multiculturalismo. "Vamos fazer mais pessoas falarem sobre o comunicado do Google", escreveu Giesea. "Hashtag: #DiversityMyth." Ele excluiu os tuítes mais tarde.

A tarefa de auxiliar Damore foi assumida por Charles Johnson, que criou um fundo para uma defesa legal em seu nome no WeSearchr — seu site de financiamento coletivo que fora criado com o apoio de Thiel —, reclamando que "a esquerda radical tem instigado multidões raivosas a humilhar publicamente, intimidar e levar os independentes, libertários, conservadores e simples controversos a serem demitidos de seus empregos". Ele conseguiu levantar US$60 mil. Ele também providenciou para que Damore se encontrasse com Thiel e Harmeet Dhillon, um proeminente advogado trabalhista e presidente do Partido Republicano na Califórnia. Na mesma época, Thiel também convidou um grupo de funcionários conservadores insatisfeitos com o Google para a sua casa. Johnson serviu como anfitrião do grupo.

No mês de janeiro seguinte, Damore e outro ex-engenheiro apresentaram uma ação coletiva contra o Google, alegando que a empresa havia discriminado homens brancos e conservadores. O processo sugeria que as iniciativas de diversidade da empresa, que incluíam discussões sobre os privilégios de homens brancos e elogios a departamentos em que mais de 50% dos funcionários eram mulheres, constituíam uma violação das leis antidiscriminação.

Johnson, que insistia para que Thiel encontrasse outro veículo para um ataque legal no estilo Gawker, encorajou-o a pagar os honorários legais de Damore, mas Thiel se recusou. "Não sei porque ele não nos apoiou", me disse Damore. Pode ter sido, em parte, porque Thiel tinha planos maiores, que estavam se desenrolando, naquele exato momento, em um prédio do governo situado em Jefferson City, Missouri.

Em novembro, enquanto Damore planejava seu processo judicial, um ex-aluno do *Stanford Review* chamado Josh Hawley anunciou que, como procurador-geral do estado do Missouri, abriria uma investigação antitruste para o mecanismo de busca dominante, citando a coleção de dados privados da empresa. "Nenhuma entidade na história coletou tantas informações sobre consumidores individuais quanto o Google", disse Hawley.[320] Os comentários poderiam ser facilmente aplicados ao Facebook ou à Palantir, mas Hawley não os estava considerando no momento. "Não devemos simplesmente aceitar a palavra desses gigantes corporativos de que eles têm os melhores interesses em mente." Ele prometeu investigar a forma pela qual os mecanismos de pesquisa utilizavam o conteúdo dos sites concorrentes para, em seguida, influenciar seus resultados para prejudicá-los — ecoando as reclamações que a Yelp fizera anos antes e que se tornaram, desde então, uma linha de ataque popular entre aqueles que eram favoráveis a ações antitruste.

O processo de Hawley foi ridicularizado no Vale do Silício. Ele acabara de anunciar que estava considerando se candidatar ao Senado e, aos 37 anos, já era visto como um oportunista inexperiente. Mas ele conhecia Peter Thiel — e Thiel tinha grandes planos para ele. Hawley frequentou Stanford uma década depois de Thiel e chegou a escrever para o *Review*. Quando, em 2015, ele anunciou sua candidatura a procurador-geral, Thiel doou US$300 mil para a sua causa — uma quantia alta para uma disputa durante a qual Hawley conseguiu levantar US$4 milhões em dois anos. Em 9 de novembro de 2017, Thiel fez duas doações para Hawley que, juntas, totalizaram o máximo federal, US$2.700 cada, para as suas candidaturas às eleições primárias e gerais. Quatro dias depois, Hawley anunciou seu processo judicial.

Hawley viria a negar que as doações de Thiel influenciaram sua ação. Mas a equipe do Google enxergou um ataque coordenado apoiado por Thiel, que, afinal, fazia parte do conselho do principal concorrente do Google, o Facebook.

NO MÊS DE JANEIRO SEGUINTE, Thiel apareceu em Stanford para um bate-papo no palco com seu velho amigo, Reid Hoffman.[321] Os dois homens vinham se desentendendo por causa de Trump — Hoffman e sua esposa, Michelle Yee, se opunham fortemente ao presidente, e evitaram se socializar com Thiel após a eleição —, mas já tinham feito as pazes. Durante o evento, que foi mediado por outro amigo de Thiel, o historiador conservador Niall Ferguson, Thiel discutiu com Hoffman a respeito da necessidade de as redes sociais tentarem controlar o fluxo de desinformações — algo que Hoffman considerava sensato; Thiel discordou, e retomou seu ataque à "propaganda" do Google. Ele também sugeriu que a inteligência artificial, que o Google considerava como uma competência principal, era "comunista". "Trata-se de big data, ou seja, grandes governos controlando todos os dados, sabendo mais sobre você do que você mesmo", disse ele. "O partido comunista chinês adora IA e detesta criptografia."

Mais tarde, quando Ferguson perguntou a Thiel sobre a perspectiva de antitruste no evento hipotético de os democratas retomarem o controle da Casa Branca, Thiel respondeu distorcendo a pergunta. E se Trump fosse atrás das empresas de tecnologia?

> THIEL: O que mais me impressiona e preocupa é o quanto as grandes empresas de tecnologia jogam mal o jogo político... O fator que talvez seja idealista, estúpido, ou apenas errado, é que o Vale do Silício é um estado de um partido só. Ele está todo concentrado em um partido — e é aí que entramos em apuros, politicamente, na nossa sociedade, quando todos estão de um lado só... Você disse que a regulamentação pode vir da esquerda. Só que, a esta altura, pode muito bem partir dos Republicanos. E realmente entramos em apuros quando os republicanos quiserem nos regulamentar.

> FERGUSON: E como eles fariam isso? Não consigo imaginar os republicanos realizando uma grande ação antitruste.

> THIEL: Sabe, há muitas... — deixa para lá, não vou dar ideias a eles.

Essa modéstia hipotética não fazia transparecer o papel que Thiel estava desempenhando na ofensiva republicana às empresas de tecnologia, e especialmente ao Google. Assim como esteve no centro do levante populista para o qual ele mesmo havia alertado cerca de dez anos antes, como gestor de fundos hedge — financiando-o secretamente —, Thiel estava no centro da campanha de regulamentação das empresas de tecnologia. A referência ao estado de um só partido aludia às queixas expressas por Damore e amplificadas por Johnson e outros na órbita de Thiel — mas também era, para qualquer um que observasse atentamente, um aviso: entre na onda de Trump ou receba uma visita da Comissão Federal de Comércio (FTC).

Algumas semanas depois, Thiel retomou sua guerra cultural. Ele começou a contar para amigos — que, por sua vez, vazariam a informação para a imprensa[318] — que se afastaria da indústria tecnológica. Ele se sentia

confuso em relação ao papel da internet na polarização da sociedade norte-
-americana e em como ela havia reduzido, sistematicamente, a privacidade
de todos. Como consequência, decidiu retirar-se, trocando o Vale do Silício
por uma casa nas colinas acima da Sunset Strip, onde também realocaria a
Thiel Capital e sua fundação. Ele vendeu a casa em Presidio, que simboliza-
va suas ambições enquanto administrador de fundos hedge e tecnologista.

Essas mudanças eram puro *kayfabe*. Thiel sempre viajou muito — tinha
mais de uma dúzia de casas em cinco continentes, a de Hollywood era sua
desde 2012, e sua casa em São Francisco continuaria sendo sua. Ele não
realocaria o Founders Fund, seu veículo de investimentos mais importante,
e os funcionários diriam, após a mudança, que era como se ele nunca tivesse
efetivamente partido. Ele passava a mesma quantidade de tempo no escritório. Mas a mudança dava a ele uma desculpa: o homem que construiu o
Vale do Silício havia se tornado seu maior crítico — ainda que essa crítica
não chegasse ao ponto de ele deixar o conselho do Facebook ou se distanciar da Palantir. Poucos notaram a inconsistência.

Às vezes, ele conectava sua mudança com o aumento dos preços do mercado imobiliário na Bay Area[322] — reclamando que, como um capitalista
de risco, a maior parte do seu capital de investimento ia para "senhorios
de favelas urbanas" na forma de aluguéis comerciais e dos altos salários
exigidos pelos funcionários para cobrir seus custos de habitação —, mas
suas reclamações eram principalmente políticas, mimetizando as farpas que
ele soltava quando era estudante de Stanford, e eram lançadas diretamente
contra a mídia conservadora. Ele costumava dizer que o Vale do Silício
era tão ideologicamente opressor que se assemelhava à Coreia do Norte.
Era cheio de trabalhadores muito inteligentes que sofreram "lavagem cerebral"[323] e acabaram sendo levados ao politicamente correto, o que Thiel
diagnosticou como o problema mais importante da sociedade norte-americana. Seus críticos de esquerda[324] apontariam para a hipocrisia óbvia: um
homem que vingativamente destruiu um meio de comunicação liberal por
escrever coisas de que não gostava reclamava da opressão dos liberais — enquanto na Fox, no *Breitbart* e entre os comentaristas da direita alternativa
e do Intellectual Dark Web, ele era um portador da verdade, até mesmo um
herói. "Quando as pessoas estão unanimemente de um lado só, isso não

significa que elas descobriram a verdade, e sim que estão vivendo em uma espécie de lugar totalitário", disse Thiel à âncora do Fox Business, Maria Bartiromo.[325] "O Vale do Silício deixou de ser um espaço liberal para se tornar unipartidário."

THIEL PODE NÃO TER SIDO exatamente bem-sucedido em seus esforços para colocar amigos, companheiros de jornada e pessoas leais em geral em posições de poder dentro da administração Trump — mas ele tampouco falhou completamente. Além de Kevin Harrington e Michael Kratsios, Trae Stephens, um sócio do Founders Fund e ex-funcionário da Palantir que alguém próximo a Thiel descreveu como uma "miniatura do Peter", foi designado para o Pentágono durante a transição. Thiel ajudou a instalar Michael Anton, um amigo e conservador agitador — um que escreveu um ensaio chamado "Flight 93 Election", creditado por ajudar a levar alguns republicanos moderados à causa pró-Trump ao comparar Hillary Clinton aos terroristas do 11 de Setembro —, no Conselho de Segurança Nacional. Justin Mikolay, um ex-marqueteiro da Palantir que já havia servido na Marinha, ingressou no Departamento de Defesa como redator de discursos e estrategista de comunicações para o Secretário de Defesa Jim Mattis.

O próprio Mattis aderiu ao ethos disruptivo que Thiel, Alex Karp e outros próximos à empresa vinham pregando há uma década, e ele não foi o único. Seu quadro superior de funcionários[326] também incluía um chefe de gabinete e um consultor sênior — Anthony DeMartino e Sally Donnelly — que trabalharam para a Palantir como consultores. No início de 2017, Thiel e Stephens visitaram o Pentágono e pediram aos funcionários de lá para que considerassem uma reestruturação do governo em torno dos computadores e facilitassem que as empresas do Vale do Silício negociassem com eles. "Existe cometer erros e existe o erro de não cometer erros", disse Thiel em seu discurso. "E isso é um grande erro." Era o "agir rápido e quebrar coisas" da nova era.

Possivelmente, a Palantir tinha um aliado ainda mais importante no Conselho Nacional de Segurança — ainda que por pouco tempo. Era

Michael Flynn, o agressivo tenente-general que, depois de ser forçado a deixar as forças armadas sob a gestão Obama, se remodelou como palestrante global, russófilo e defensor do movimento Make America Great Again [Torne a América Ótima Novamente]. Antes dessa transformação, é claro, ele havia sido o primeiro oficial de alto nível a convocar publicamente o Exército a adotar a Palantir. Flynn renunciou ao cargo de Conselheiro de Segurança Nacional depois de apenas três semanas, quando se descobriu que ele havia mentido a respeito das conversas que tivera com o embaixador russo antes de assumir o cargo. Ele foi substituído por H. R. McMaster, que era diferente de Flynn em muitos aspectos — um institucionalista e militar de carreira que nunca votou em uma eleição. Mas McMaster, que se destacou durante a primeira Guerra do Golfo e a contrainsurgência do Iraque, tinha uma coisa em comum com seu antecessor: ele também era um usuário entusiasta e defensor da Palantir.

Claro, é possível que a nomeação de oficiais militares solidários ao tipo de disrupção da Palantir não tivesse nada a ver com Thiel — essas ideias ganharam popularidade nos círculos do governo mesmo durante a administração Obama, e em entrevistas os executivos da Palantir insistiram que não se beneficiaram de qualquer tratamento preferencial. "É completamente ridículo", me disse Karp. "É preciso dez anos para construir esse tipo de negócio." Mas as nomeações de Trump tiveram como consequência a disseminação de conselheiros em sua administração que viam a Palantir de maneira extremamente favorável. O Exército realizou um concurso entre a Palantir e a Raytheon, que era a contratante original do DCGS: ambas as empresas construiriam um protótipo de sistema e o apresentariam a um grupo de soldados. Era exatamente o tipo de concurso que a Palantir havia solicitado em uma ação judicial alguns anos antes.

O Exército parecia cético em relação à empresa; agora, no entanto, os funcionários encarregados do DCGS de repente pareciam muito solícitos. Alguns internos da Palantir se indagaram se eles realmente foram convencidos dos seus méritos — de fato, o software da Palantir havia melhorado muito na última década — ou se houve pressão política. De qualquer forma, no início de 2019, o Exército anunciou que a Palantir havia vencido em definitivo: a empresa obteria o maior contrato de sua história — no valor de

US$800 milhões ou mais. A vitória trouxe um novo ímpeto, com a empresa subitamente saindo à procura de mais trabalhos para o Pentágono, valendo centenas de milhões de dólares a mais.

A Palantir não era a única maneira de Thiel lucrar com a presidência de Trump. A Anduril, uma startup contratada pela Defesa em um esquema semelhante ao da Palantir (e ainda por cima com um nome retirado de *O Senhor dos Anéis* — Anduril é a espada de Aragorn, cujo nome significa "Chama do Oeste", na língua élfica), foi fundada por Trae Stephens e Palmer Luckey, um amigo próximo de Johnson, cuja empresa anterior, a Oculus, recebeu dinheiro do Founders Fund e foi vendida para o Facebook. A empresa, que um membro do Thielverso descreveu como "a próxima iteração do projeto de Peter com a Palantir", acrescentou outros três cofundadores — dois dos quais já haviam trabalhado na Palantir — e levantou rapidamente US$17,5 milhões da empresa de capital de risco de Thiel. Assim como a Palantir havia se adaptado a uma nova oportunidade política — os norte-americanos, ainda se recuperando dos ataques do 11 de Setembro, de repente se sentiam abertos à vigilância digital e à mineração de dados —, a Anduril estava desenvolvendo hardwares e softwares para a fronteira dos Estados Unidos com o mesmo furor de Trump em "construir o muro", algo que Thiel afirmou que não deveria ser entendido ao pé da letra, mas que ele estava feliz em apoiar financeiramente visando obter lucros. O equipamento, começando com tecnologias que ajudariam a policiar a fronteira dos EUA, teria um preço comercial, e não contratual — assim como os foguetes da SpaceX e o software da Palantir.

A Palantir, é claro, tinha contado com o patrocínio da CIA durante os seus primeiros anos; já no caso da Anduril, a agência governamental que mantinha as luzes acesas era a Alfândega e Proteção de Fronteiras (CBP), que estava repleta de fundos recém-autorizados pelo Presidente Trump para melhorar a segurança na fronteira, deportar imigrantes sem documentos e, de forma mais controversa, separar crianças imigrantes de seus pais. Na prática, o governo geralmente liberava famílias com crianças antes da data de seus julgamentos, ou as detinha como um todo. No entanto, uma nova política de "tolerância zero", anunciada em abril de 2018, exigia que os agentes separassem pais acusados criminalmente — que seriam deportados

— de seus filhos. Isso foi inicialmente projetado como uma dissuasão extremamente cruel. "Se você não quer ser separado dos seus filhos, não os traga ao cruzar a fronteira ilegalmente", disse o procurador-geral Jeff Sessions. "Não é culpa nossa se alguém fizer isso."

Até Trump voltar atrás, em junho, essa política levou à separação e detenção forçada de milhares de crianças, incluindo crianças pequenas e bebês, em 2017 e 2018, o que gerou protestos por parte de diversos defensores da saúde pública, que alertaram sobre o trauma inevitável que o governo estava infligindo a essas crianças.[327] Em junho, uma gravação de áudio de oito minutos foi publicada,[328] na qual crianças pequenas podiam ser ouvidas chamando desesperadamente por seus pais[329] — "Mami, Papa" — enquanto os agentes da fronteira faziam piadas. "Ora, ora, temos uma orquestra aqui", disse um agente. "Só está faltando um maestro."

Thiel nunca condenou essa política, e muitos de seus conselheiros políticos mais próximos a elogiaram. Ann Coulter, amiga de longa data de Thiel, sugeriu à Fox News que os bebês chorando eram "atores juvenis". Kobach disse que as jaulas nas quais os detidos extremamente jovens foram fotografados haviam sido criadas exclusivamente para a "segurança das crianças". E as empresas de Thiel ficaram satisfeitas em receber dinheiro do CBP. Em 2018, de acordo com documentos divulgados pelo grupo de defesa Mijente,[330] a Anduril fechou contratos no valor de US$5 milhões para fornecer equipamentos como parte de uma "muralha virtual" que envolvia câmeras baratas e outros sensores, combinados com inteligência artificial avançada.[331] O grupo também divulgou um documento mostrando que o software da Palantir fora utilizado pelos agentes para localizar os pais de crianças desacompanhadas nos Estados Unidos, visando a sua eventual prisão e deportação.

Os protestos contra a empresa se intensificaram em 2019. A Palantir, como muitas outras empresas do Vale do Silício, utilizava o repositório de software online GitHub — uma espécie de rede social para programadores, na qual engenheiros compartilham programas de software escritos por eles e resolvem problemas técnicos. Em maio, dezenas de membros da Tech Workers Coalition postaram a mesma mensagem[332] na página GitHub da Palantir: "A ICE usa o software da Palantir para deportar famílias de crianças migrantes." Dois meses depois, manifestantes apareceram em uma loja da Amazon Books em Nova York, exigindo que a empresa, que oferecia serviços de computação em nuvem para a empresa de mineração de dados de Thiel, cortasse relações com ela.[333] A Palantir ficaria perto do topo da "Evil List" [Lista do Mal] da Slate. À esquerda, a Palantir — e Thiel, por extensão — se tornou uma substituta do autoritarismo da direita radical e das bizarrices do Vale do Silício. Seu nome aparecia regularmente no *Chapo Trap House*, o podcast político esquerdista e insano. O *Majority Report* de Sam Seder tinha uma piada recorrente na qual o falecido comediante Michael Brooks fazia uma imitação de Thiel como uma figura malévola e estereotipadamente gay — uma tentativa de provocá-lo pelo caso da Gawker.

Durante o verão, as reclamações sobre a Palantir se espalharam pelo seu corpo de funcionários, que distribuíram uma petição exigindo que a empresa doasse os lucros de seu trabalho com a ICE para instituições de caridade. Quando Karp se recusou, alguns se demitiram, frustrados. "É uma sensação muito ruim", me disse um ex-engenheiro. Ele e vários outros funcionários se comprometeram confidencialmente em doar todo o dinheiro ganho com a venda de ações para a RAICES, uma organização com sede no Texas que fornece serviços jurídicos para ajudar imigrantes a lutar contra suas deportações. "Parece dinheiro sujo." Era exatamente isso o que Thiel queria: uma guerra cultural completa no Vale do Silício — uma com a qual ele lucraria pelo resto do mandato de Trump.

EM JULHO DE 2019, Thiel voou para Washington para aparecer na noite de estreia da National Conservatism Conference [Conferência do Conservadorismo Nacional]. Tratava-se de uma nova reunião para um novo tipo de conservadorismo, abrangendo, segundo explicaram os organizadores da conferência, os movimentos populistas e nacionalistas que surgiram nos Estados Unidos e na Europa. Esse "conservadorismo nacional" era uma tentativa de expandir o trumpismo — de encontrar um "trumpismo para além de Trump", como Thiel falou para alguns amigos e colegas. Era um afastamento da política libertária que prevalecia desde a ascensão de Barry Goldwater e em direção a uma visão que Thiel vinha promovendo pelo menos desde suas cartas reacionárias a investidores e seu cultivo de figuras como Curtis Yarvin: uma política de fronteiras fechadas, mercantilismo e industrialismo populista.

O Thielverso foi bem representado na conferência nacionalista. Yarvin estava na plateia, assim como Jeff Giesea. A lista de palestrantes incluía Josh Hawley, então senador júnior do Missouri, que faria um discurso de abertura, além de Michael Anton e J. D. Vance, um ex-diretor administrativo da Mithril que desde então se reformulou como autor populista com o livro *Era uma Vez um Sonho: A história de uma família da classe operária e da crise da sociedade americana*. Até John Bolton estava no programa.

Obviamente, Thiel era a atração principal, e o previsível foco de sua fala foi o seu monopólio favorito. O Google, segundo Thiel, estava construindo "o computador de *Guerra nas Estrelas*". Isso abriu uma brecha para ele lançar seu chavão usual sobre a estagnação tecnológica: pode até haver um computador que saiba de tudo, mas nós não temos uma dobra espacial — sequer temos o Concorde! Evidentemente, *Guerra nas Estrelas*, na visão de Thiel, era uma série comunista — um universo sem fronteiras nacionais ou capitalismo —, e o Google era, segundo sua linha de raciocínio, uma empresa comunista, que se via acima e além do alcance dos Estados Unidos. (Havia uma ironia nessa crítica: Thiel muitas vezes procurou colocar seus próprios interesses acima e além do alcance dos Estados Unidos, nutrindo, de fato, toda uma ideologia em torno disso.) Então, Thiel sugeriu, sem oferecer quaisquer evidências, que o projeto de inteligência artificial do Google fora "completamente infiltrado" por agentes de inteligência chineses. E foi daí para pior.

Um ano antes, sob pressão dos funcionários, o Google cancelou um contrato com o Departamento de Defesa que solicitava ajuda para os militares processarem imagens de drones. Os manifestantes sugeriram que a tecnologia do Google poderia ser usada para assassinatos seletivos e, sob pressão, o CEO Sundar Pichai foi persuadido pelo seu argumento. Na mesma época, o Google vinha desenvolvendo um plano para criar um mecanismo de busca em chinês. O projeto Dragonfly,[334] como foi chamado, exigia que o Google censurasse conteúdos sobre tópicos que pudessem constranger o Partido Comunista e teria permitido que Beijing rastreasse usuários do Google na

China. A empresa continuou tentando criar um mecanismo de busca chinês mesmo depois de desistir do programa militar dos EUA, e Thiel queria saber o porquê. Por que o Google estava sendo mais amigável com os militares chineses do que com os norte-americanos?, ele se perguntou. Ao que ele mesmo deu uma resposta conveniente: o Google era um "traidor". Um auditório cheio de populistas nacionalistas explodiu em aplausos. "Essas perguntas precisam ser feitas a nível federal pelos Estados Unidos", disse ele. "Eles precisam ser questionados pelo FBI, pela CIA. E, eu não tenho certeza de como dizer isso, mas eu gostaria que fossem questionados de uma maneira não tão gentil assim."

Thiel realizou a palestra no seu estilo tipicamente discursivo — ou seja, bem mal. Ele atravessou suas próprias piadas, gaguejou e se perdeu nas conclusões. O público, todavia, mesmo na parte de trás, junto aos meus colegas adeptos de "fake news" — foi assim que um dos organizadores nos descreveu lá do palco —, ficou extasiado. O capitalista de risco mais famoso do mundo não estava só atacando uma indústria que ele mesmo construiu, como também sugeriu que o seu principal rival comercial precisava ser investigado — quiçá em uma investigação incisiva — pelo governo federal.

Mesmo circundando alguns dos temas favoritos de Thiel e direcionado ao seu objeto usual de desprezo, o discurso era um afastamento radical da retórica que ele adotara enquanto "intelectual público". Naturalmente, Johnson teve um papel nisso, tendo ajudado a organizar para que Thiel repetisse o discurso no dia seguinte no programa de Tucker Carlson na Fox News, sabendo que Trump era um espectador leal. Thiel estava suado e desconfortável, mas a mensagem foi transmitida. Ele não apenas acusou o Google de traição, como também sugeriu que havia "uma ampla base de funcionários do Google ideologicamente hiperesquerdistas, meio *woke*" e, acrescentou ainda, "antiamericanos".

Na manhã seguinte, Trump fez exatamente o que Johnson esperava: "Um cara sensacional e brilhante, que conhece o assunto melhor do que ninguém!", tuitou ele, referindo-se a Thiel.

Aquilo não deu em nada — o Secretário do Tesouro Steven Mnuchin disse rapidamente que pesquisou a respeito no Google e não encontrou nada preocupante. Mas os comentários certamente não prejudicaram as chances da Palantir, que competia por dezenas de outros contratos do governo e cujos representantes ficaram felizes em repetir a alegação de Thiel. Joe Lonsdale, antigo funcionário da Clarium Capital de Thiel e cofundador da Palantir, foi à CNBC.[335] "Peter e eu construímos uma empresa patriota", disse ele. "E o Google claramente não é uma empresa patriota."

Poucos meses depois, a Palantir assumiu o trabalho do Google no Projeto Maven — um negócio que valeria US$40 milhões por ano. Isso aconteceu apesar do fato de a Palantir ter uma experiência limitada no tipo de software de reconhecimento de imagem de última geração que o Maven utilizaria para identificar alvos — e apesar das preocupações de um funcionário do governo, expressas em um memorando anônimo enviado a militares e relatado pela primeira vez pelo *New York Times*, de que a empresa teria recebido tratamento preferencial na conclusão do contrato.[336]

Não importa: o Maven se tornou um novo produto da Palantir, e uma forma de aprofundar ainda mais a dependência dos militares para com a empresa de Thiel. Anduril, o mais recente membro do portfólio de defesa de Thiel, também recebeu uma parte do contrato do Maven. Para a Palantir, ainda haveria mais um grande negócio a ser anunciado em dezembro, o qual valeria cerca de US$440 milhões ao longo de vários anos. Havia US$10 milhões do novo braço militar de Trump, a Força Espacial, e US$80 milhões da Marinha. Além disso, a Palantir ignorou as objeções de seus próprios funcionários e de ativistas da imigração, renovando seu contrato com a ICE por mais US$50 milhões. Afinal, uma das regras do Thielverso dizia que era melhor ser visto como mau do que como incompetente.

19

RUMO AO TATAME

O relacionamento nunca foi perfeito. Zuckerberg considerou Thiel com cautela quase desde o início, e Thiel nunca abraçou inteiramente o papel ou a filosofia do Facebook, ainda que tenha sido a aposta mais bem-sucedida da sua carreira. Para um homem que às vezes ficava obcecado com o poder destrutivo da imitação e da competição, de querer o que os outros querem; para um homem que protestava contra os perigos de um mundo com cada vez menos fronteiras; para um homem que reclamava que os melhores e mais brilhantes de sua geração estavam perdendo tempo com empresas de software insignificantes — o que, exatamente, era o Facebook? Era uma rede social de dois bilhões de pessoas, construída sobre a premissa de transcender fronteiras nacionais, na qual os usuários competiam uns com os outros para ver de quem era a *selfie* com biquinho, ou os pés descalços em uma prancha de surf, ou o café da manhã que ganharia mais curtidas. Era tudo aquilo que Peter Thiel vinha alertando. E foi o que o tornou um homem rico.

Thiel tampouco parecia acreditar totalmente na concepção de Zuckerberg de uma empresa como uma força que acabaria por agrupar grande parte da internet. Ele havia pedido a Zuckerberg para que considerasse a venda da empresa[337] após o Yahoo! oferecer US$1 bilhão, e começou a vender ações pouco depois de sua recusa categórica — "8h30 parece uma hora tão boa quanto qualquer outra para recusar US$1 bilhão", disse ele em uma reunião do conselho matinal, evitando qualquer debate.[338]

Quando a empresa finalmente abriu o capital em 2012, Thiel era um dos maiores vendedores de suas ações, descarregando imediatamente cerca de 17 milhões de ações por mais ou menos US$38 dólares cada, somando US$640 milhões — ecoando sua saída repentina do PayPal para fazer investimentos em fundos hedge. A maioria das IPOs é vendida a investidores por um preço ligeiramente abaixo do seu valor de mercado, o que permite que aqueles que concordam em comprar antes da IPO obtenham um lucro modesto em troca de sua aposta antecipada e faz com que a empresa passe uma boa impressão na imprensa financeira. Mas a IPO do Facebook nunca "estourou", por assim dizer. À medida que os internos — incluindo Thiel — vendiam suas ações, o valor delas despencava, chegando, a menos de US$20 nos meses subsequentes.

O problema, mais do que a própria percepção de que os internos não acreditavam na empresa, era a fidelidade do Facebook ao seu site original. O Facebook.com foi onde a empresa ganhou quase todo o seu dinheiro, mas a ascensão dos smartphones fez com que a navegação por desktops se tornasse cada vez menos comum, especialmente entre os jovens, o que ameaçava a receita da empresa. Era muito mais difícil mostrar diversos anúncios em telas pequenas. "Sem uma ideia revolucionária", previu a *MIT Technology Review* pouco depois da IPO,[339] "a empresa quebrará". Dois fundos de pensão, incluindo um grupo de professores do Arkansas, entraram com uma ação coletiva, alegando que Zuckerberg, Thiel, Sheryl Sandberg e os banqueiros do Facebook minimizaram as dificuldades do Facebook em smartphones quando venderam as ações durante a IPO. O Facebook acabou tendo que pagar US$35 milhões para encerrar o processo. "Foi um verão terrível", disse um ex-funcionário do Facebook. "As pessoas falavam sobre nós como se fôssemos virar uma ação com cotação muito baixa."

Para animar a equipe deprimida, a empresa organizou uma série de reuniões motivacionais para todos. O chefe de parcerias, um ex-executivo da Amazon chamado Dan Rose, corajosamente lembrou aos funcionários que o preço das ações da varejista online havia despencado durante o estouro da bolha das "ponto com" antes de voltar aos eixos. Ele recomendou que ignorassem os burburinhos e confiassem que a empresa estava no caminho certo. "O mundo não sabe disso, mas nós sabemos o que estamos fazendo", afirmou Rose.[340]

Também houve uma palestra menos motivacional. Alguém no departamento de comunicações teve a brilhante ideia de que o investidor mais antigo da empresa — um homem que sobrevivera à bolha das "ponto com" — poderia ter algo encorajador a dizer.

Mas Peter Thiel, infelizmente, não quis cooperar. "Minha geração recebeu promessas de colônias na lua", disse ele, depois de ser apresentado por Zuckerberg. "Em vez disso, temos o Facebook."

Os funcionários se entreolharam com espanto. Thiel — o grande intelectual público dos Estados Unidos, o Poderoso Chefão do Vale do Silício — acabara de dizer a uma das empresas mais bem-sucedidas da última década que eles meio que, mais ou menos... não prestavam. Eles tinham ouvido a velha frase do Founders Fund — "Nos prometeram carros voadores e, em vez disso, recebemos 140 caracteres" —, que era até engraçada, já que criticava o Twitter, concorrente do Facebook que ninguém na empresa levava a sério. "Um carro alegórico que caiu em uma mina de ouro", segundo uma definição de Zuckerberg.[341] Mas Thiel acabara de adaptar sua frase para insultar o próprio Facebook. Já existira um discurso não motivacional antes?

O que Thiel queria dizer era que, na ordem das coisas, o Facebook era basicamente irrelevante — não se tratava de uma tecnologia capaz de mudar ou inovar o mundo, mas apenas de outra rede social. Portanto, disse ele, não valia a pena se estressar. Isso também passaria, e a equipe deveria deixar as críticas da imprensa e dos investidores de lado; os riscos, afinal, eram pequenos.

Mas não foi essa a mensagem que os funcionários do Facebook ouviram. Alguns já haviam perguntado, nos fóruns internos que a empresa mantinha para perguntas e comentários dos funcionários, se um homem que defendia que o direito ao voto das mulheres era um atraso para a causa da liberdade deveria estar no conselho. E agora ele afirmava que o que eles estavam fazendo era inútil.

Os comentários de Thiel também podiam ser interpretados como uma espécie de *mea culpa*. Ele tendia a descrever a estagnação tecnológica como o resultado inevitável da obsessão dos liberais com suas identidades raciais, étnicas e de gênero, o que acabava excluindo todas as boas ideias. Mas é claro que ele também vinha colocando lenha na fogueira das guerras culturais ao longo de toda a sua carreira. Ele apostara dinheiro na estagnação vendendo a descoberto na economia dos EUA e investindo nas areias betuminosas canadenses, em vez de investir todo o seu capital em startups norte-americanas. E claramente dera capital a Mark Zuckerberg. A estagnação, assim como o Facebook, pode ter sido ruim para os EUA, mas foi ótima para Peter Thiel.

Como parte da IPO, os internos do Facebook tiveram que concordar em esperar noventa dias depois que as ações começaram a ser negociadas para vender suas participações. Esses noventa dias terminaram em 16 de agosto, e Thiel vendeu a maior parte do restante de suas ações por cerca de US$20 cada, abocanhando mais US$400 milhões. Foi um péssimo timing, como se constataria em seguida. As ações do Facebook seriam negociadas em torno de US$300 cada, no final de março de 2021. Incrivelmente, Thiel não usava o serviço que o tornara rico e não parecia ser capaz de elogiá-lo publicamente. Não era preciso conhecê-lo tão bem para entender que ele se sentia ambivalente em relação a um investimento que seus colegas enxergavam como um dos melhores na história do capital de risco.

O ENGRAÇADO — pelo menos para os funcionários do Facebook que eram próximos o suficiente do conselho para entender essa dinâmica — é que Zuckerberg nunca o puniu por isso. Claro que Thiel foi efetivamente banido como palestrante em futuras reuniões gerais, e sempre que seu nome aparecia na imprensa, suas opiniões a respeito das mulheres tornavam a aparecer nos fóruns internos da empresa. Mas Zuckerberg o manteve por perto, e inclusive parecia levar seus conselhos mais a sério.

Essa decisão foi, em parte, estratégica — ter alguém com a política de Thiel por perto protegia Zuckerberg da ira conservadora —, mas também foi temperamental. Na estrutura do Facebook, que Thiel ajudou a estabelecer, Zuckerberg possuía um poder quase absoluto. O fundador do Facebook controlava a maioria do patrimônio, podia demitir o conselho à vontade e era uma celebridade no mundo dos negócios — o que significava que, sempre que dizia algo no Facebook, estaria cercado por executivos que competiriam entre si para ver quem concordava com mais fervor. "É como lidar com a corte de um rei", disse alguém próximo a ele. "Havia facções e interesses diferentes, mas essas pessoas não desafiavam o rei, de fato. E assim fica muito difícil para a pessoa que está no centro obter conselhos sem floreios."

Isso, é claro, também era um problema no Thielverso; os próprios subordinados de Thiel às vezes utilizavam a metáfora do cortesão para descrever suas relações com o patrão. Mas quando Zuckerberg e Thiel conversavam, era de rei para rei. Thiel se sentia atraído pela evidente falta de preocupação de Zuckerberg em relação ao que os outros pensavam; Zuckerberg considerava essa mesma qualidade atraente em Thiel. Os conselhos dele podiam até ser rudes, mas eram sempre verdadeiros.

Ainda assim, de alguma forma, nem sempre ficou claro onde estava a lealdade de Thiel, especialmente depois de ele se desfazer da maior parte de suas ações no Facebook. Quando recebeu os analistas conservadores após o alvoroço dos Trending Topics, por exemplo, ele não se incomodou em mencionar[342] a ninguém no Facebook que estava tentando conseguir um papel de importante influenciador na política conservadora e que estava cortejando a direita alternativa. Essa omissão fez com que a reunião dos Trending Topics parecesse menos um esforço para usar seus contatos em prol do Facebook e mais uma tentativa de usar o Facebook para reforçar a própria posição de Thiel entre as figuras midiáticas conservadoras.

Várias semanas após o endosso de Thiel a Trump na Convenção Nacional do Partido Republicano, e um dia antes de uma reunião do conselho do Facebook, um outro membro do conselho — o CEO da Netflix, Reed Hastings — lhe enviou um e-mail sugerindo que tal endosso poderia desqualificá-lo para continuar atuando. "Estou muito perplexo com o seu endosso a Trump para presidente, para mim, isso passou de um 'julgamento diferente', para um 'mau julgamento'", escreveu Hastings. "Certa diversidade de pontos de vista é saudável, mas um julgamento catastrófico (na minha opinião) não é o que ninguém procura em um membro do conselho."

Zuckerberg ignorou as tensões até o mês de agosto seguinte, quando alguém vazou o e-mail de Hastings para o *New York Times*. O artigo de Nick Wingfield, que saiu no exato momento em que Thiel encorajava a inquietação no Google, observava, como dizia a manchete, que AS GUERRAS CULTURAIS CHEGARAM AO VALE DO SILÍCIO, e tentava situar a demissão de Damore do Google em um contexto mais amplo, apontando para outras duas disputas políticas proeminentes no Facebook.[343] Uma era a demissão de Palmer Luckey, o fundador da Oculus, uma empresa de realidade virtual que Zuckerberg pagou mais de US$2 bilhões para adquirir dois anos antes. Zuckerberg dispensou Luckey no início de 2017, após ele ter sido exposto como doador de um comitê de ação política pró-Trump que foi criado por membros de um fórum do Reddit para ativistas da direita alternativa, chamado The Donald. A outra era o e-mail que Hastings enviara a Thiel, que o *Times* publicou na íntegra. Um tópico comum foi o amigo de Thiel, Charles Johnson, que tinha apoiado Damore, que por sua vez era próximo de Luckey e tinha uma cópia do e-mail de Hastings.

Zuckerberg suspeitou que Thiel pudesse ter algo a ver com o artigo e pediu a ele uma lista de pessoas com quem havia compartilhado o e-mail de Hastings, seguindo com um pedido para que considerasse sair do conselho. Thiel se recusou. "Não vou renunciar", disse ele a Zuckerberg. "Você terá que me demitir." O fundador do Facebook recuou, permitindo que Thiel ficasse. Hastings deixaria o conselho em 2019.

Pouco depois de seu confronto com Zuckerberg, Thiel tomou um drinque com Johnson na sua casa em São Francisco, e contou a respeito da conversa. "Charles, você e eu temos um relacionamento estranho", disse Thiel, sorrindo por detrás de um par de óculos escuros. "Mark me perguntou para quem eu enviei aquele e-mail. O único nome que eu não mencionei foi o seu."

Os planos de Johnson para um aplicativo de reconhecimento facial chamado Clearview, no qual Thiel investiu, também eram hostis ao Facebook.

Hoan Ton-That havia desenvolvido um software para extrair milhões de fotos da rede social (bem como do Twitter, Instagram e alguns outros). O Facebook, que desencorajava as pessoas a entrarem no site sob pseudônimos, foi particularmente útil para a startup, uma vez que seria fácil de combinar cada foto com o nome completo da pessoa, o que o tornava perfeito para realizar a visão de Johnson de um amplo registro do rosto de cara norte-americano do país.

Usar essas fotos e oferecê-las à polícia como um grande banco de dados de investigação criminal pode parecer repulsivo para alguns — e, de acordo com o Facebook, era uma violação dos termos de serviço da empresa, que proibiam a raspagem de dados —, mas Johnson sabia que aquilo provavelmente era legal, já que as fotos de perfil do Facebook estavam disponíveis publicamente na internet. Fazer sua coleta não era muito diferente daquilo que o Google chamava de "indexação" de sites, que envolvia a criação de uma cópia de cada site e o armazenamento dessas informações em seus próprios servidores. Além disso, como ele explicou a Thiel, isso teria o feliz efeito colateral de expor Mark Zuckerberg como a fraude que Johnson acreditava que ele era. Zuckerberg vinha encorajando os usuários a compartilhar o máximo possível de informações pessoais, garantindo que eles sempre seriam capazes de controlar o que compartilhavam na rede e a maneira como essas informações eram utilizadas. E o Clearview mostrou que esse não era exatamente o caso. Uma foto que alguém postasse publicamente no Facebook — talvez de quando estava no colégio ou na faculdade — agora fazia parte de um enorme banco de dados para aplicação da lei. Essa foto poderia ser usada, anos depois, por um governo ou departamento de polícia que tentasse resolver um crime — ou, talvez, para deportar um trabalhador não documentado. Johnson disse a Thiel que essa realidade poderia tornar as pessoas menos dispostas a compartilhar fotos, algo que, a longo prazo, poderia "destruir" o Facebook.

Apesar do conflito óbvio com as obrigações de Thiel no Facebook, ele fez um pequeno investimento na empresa, prometendo fazer um investimento subsequente por meio do Founders Fund. No entanto, depois que um repórter do *New York Times* começou a pesquisar sobre o Clearview em novembro de 2019, Thiel resolveu se distanciar de Johnson e da empresa. Johnson planejava comparecer à festa de natal do Founders Fund como convidado de Cyan Banister, sócia da empresa, até que Thiel ligou de última hora e pediu para que ele não comparecesse. O Founders Fund também dispensaria o investimento e Banister deixaria a empresa para ingressar em um fundo de capital de risco em estágio inicial. Quando o *Times* publicou seu artigo, o porta-voz de Thiel afirmou ter doado "US$200 mil para um jovem e talentoso fundador, que dois anos depois se converteriam em ações do Clearview AI". O cheque teria sido a "única contribuição" de Thiel. O papel de Johnson na empresa e seu relacionamento com Thiel não foram mencionados.

Zuckerberg pode não ter percebido a profundidade da conexão de Thiel com a Clearview, mas, de qualquer forma, ele nunca puniu Thiel — nem pela Clearview, nem pelo suposto envolvimento da Palantir com o escândalo da Cambridge Analytica, nem, em última análise, pelos vazamentos da mídia.

Quando o Project Veritas, que criava vídeos para expor supostas tendências de esquerda em mídias e tecnologias, produziu um relatório que pretendia mostrar que o Facebook tinha suprimido conteúdos conservadores no início de 2019, a empresa demitiu um contratante que apareceu em frente às câmeras alegando que ela violara suas políticas empregatícias. Mas não tomou atitude alguma contra Thiel, que havia feito uma doação de US$10 mil ao fundador do Project Veritas, James O'Keefe, anos antes.[344]

Em abril de 2019, Reed Hastings e Erskine Bowles, o ex-oficial da administração Clinton que mais de uma vez apoiou os esforços para frear o poder de Zuckerberg, renunciou ao conselho do Facebook. No mês de março seguinte, Ken Chenault, ex-CEO da American Express e outro membro do conselho a levantar preocupações sobre a relutância do Facebook em impedir o fluxo de desinformações, fez o mesmo.[345] Zuckerberg substituiu esses críticos por amigos e parceiros de negócios, incluindo o fundador do Dropbox Drew Houston, de 37 anos, e Peggy Alford, uma executiva do PayPal que trabalhara em sua organização filantrópica com fins lucrativos, a Chan Zuckerberg Initiative. No início de 2020, os únicos membros do conselho cujo cargo datava de antes de 2019, à exceção de Zuckerberg e Sheryl Sandberg, eram o aliado de Thiel, Marc Andreessen, e o próprio Thiel.

ZUCKERBERG PROVAVELMENTE TAMBÉM tolerou a deslealdade de Thiel porque ele era politicamente vulnerável. Se Trump vencera em 2016 porque os eleitores norte-americanos se voltaram contra a globalização, poucas empresas estavam mais expostas a esses ventos inconstantes do que o Facebook. A questão não era apenas a base de usuários da empresa, ou a defesa de Zuckerberg pela imigração, ou os comentários vagamente anti-Trump que o CEO do Facebook fizera durante a campanha, a respeito de construir pontes "em vez de construir muralhas". Mas também que Zuckerberg era, indiscutivelmente, culpado por aquele mesmo tipo de comportamento "traiçoeiro" do qual Thiel acusou o Google.

O Facebook, assim como o Google, foi proibido na China — a cujo governo Thiel se opôs veementemente —, mas durante anos Zuckerberg vinha cortejando os líderes chineses, especialmente Xi Jinping, o secretário-geral do Partido Comunista que assumiu poderes quase ditatoriais. Zuckerberg aprendeu mandarim sozinho e, enquanto acolhia um importante oficial do partido, exibiu cópias do livro de Xi,[346] dizendo que estava presenteando exemplares aos seus funcionários. Já no ano seguinte, no momento em que a retórica anti-China de Trump o impulsionava para o front do campo republicano, Zuckerberg atacava Xi diretamente. Durante um jantar na Casa Branca com o líder chinês — bem como com o presidente Obama, Tim Cook, da Apple, e Satya Nadella, da Microsoft —, Zuckerberg, cuja esposa, Priscilla, estava grávida na época, pediu a Xi que desse a seu filho ainda não nascido um nome chinês honorário.[347] Xi se recusou.

Zuckerberg se desdobrou em 2016 para evitar ser visto como anticonservador, mas estava ficando cada vez mais óbvio que os conservadores o manipularam para ajudar Trump a ganhar a eleição. Durante a campanha, o Facebook permitiu que várias histórias falsas, a maioria delas contra os democratas, viralizassem em sua plataforma. Ele também fez vista grossa aos propagandistas russos que disseminaram boatos pró-Trump.[348] Após a eleição, Zuckerberg tratou a indignação frente aos fracassos da sua empresa como algo secundário, chamando a ideia de que as fake news no Facebook pudessem ter influenciado a eleição de "uma ideia insana". Então, ele saiu em uma excursão de ônibus por todo o país no início de 2017 visando reabilitar sua imagem, inclusive dando voltas em uma pista de NASCAR na Carolina do Norte com Dale Earnhardt Jr. — "Isso é divertido", disse ele.[349] "Posso ver porque tantas pessoas adoram."

Durante o tour, ele foi questionado por um estudante de uma faculdade tradicionalmente negra a respeito do que ele fazia, pessoalmente, para encorajar a diversidade. Ele respondeu elogiando Thiel. "Temos um membro no conselho que também é conselheiro da administração Trump",[350] disse ele, aludindo a um homem que escrevera um livro inteiro sobre os perigos da veneração da diversidade. "Acho uma loucura que as pessoas digam que não deveríamos ter alguém no nosso conselho só por ser republicano. Acho que precisamos ter todo tipo de diversidade se desejamos progredir enquanto sociedade."

Ao mesmo tempo, Trump, que havia se apoiado em Zuckerberg para garantir que o Facebook permanecesse equilibrado a favor dos conservadores, manteve a pressão. A empresa "sempre foi anti-Trump", tuitou o presidente em setembro, comparando a rede social com as "fake news" do *New York Times* e do *Washington Post*. Bannon sugeriu que a Casa Branca poderia ir mais longe, regulamentando o Facebook e o Google como serviços públicos — basicamente controlando os preços dos anúncios e garantindo que as empresas não distorcessem conteúdos ideologicamente (isto é, contra os conservadores); Trump voltaria a essa ameaça ao longo de sua presidência.

Quando a campanha de 2020 começou para valer, Trump convidou um grupo de influenciadores de redes sociais — incluindo aqueles que promoveram o QAnon, uma teoria da conspiração pseudorreligiosa de direita que via o presidente como messias — para o Social Media Summit, onde alegou que as empresas de tecnologia, incluindo o Facebook, estavam censurando seus apoiadores. Ele prometeu usar seu poder como presidente para protegê-los.

Mesmo diante dessa represália da Casa Branca, Zuckerberg tinha motivos para acreditar que os democratas representavam uma ameaça maior ao Facebook do que Trump. No final de abril de 2019, havia vinte candidatos declarados para a nomeação do Partido Democrata, incluindo vários líderes que pareciam especialmente ansiosos para controlar o Facebook. Em maio, Kamala Harris, a senadora da Califórnia que antes era tida como amigável à indústria de tecnologias, disse à CNN que o Facebook era "essencialmente um serviço público que não foi regulamentado e, no que me diz respeito, isso precisa acabar".[351] Bernie Sanders havia prometido uma "legislação antitruste vigorosa neste país", dando destaque ao Facebook.[352] "Lidamos com isso todos os dias", afirmou. "Eles determinam com quem podemos nos comunicar. Eles detêm um poder incrível — sobre a economia, sobre a vida política neste país —, e de uma forma extremamente perigosa."

Por mais radicais que essas ideias pudessem parecer durante a gestão Obama, nenhum desses candidatos foi o mais agressivo para com o Facebook no campo presidencial. Esse título foi para a senadora Elizabeth Warren, do Massachusetts, que divulgou um plano detalhado no início do ano, exigindo a dissolução do Facebook. Ela prometeu designá-lo como um serviço público e, em seguida, forçá-lo a se desfazer do Instagram e do WhatsApp, os serviços de compartilhamento de imagens e mensagens adquiridos, respectivamente, em 2012 e 2014, e que juntos foram responsáveis por grande parte do crescimento da empresa.

Zuckerberg levou esses avisos a sério. Em uma reunião com funcionários, vários meses depois, ele advertiu que a presidência de Warren seria "péssima para nós".[353] "Se ela for eleita presidenta, aposto que teremos um desafio jurídico", disse ele. "Mas vejam, no final das contas, se alguém for tentar ameaçar algo tão existencial, nós vamos para o tatame e lutamos." Zuckerberg já estava se preparando para essa luta, e Thiel estava disponível para ajudar.

ELE SE DELEITOU com a atenção dada a seu discurso na conferência nacionalista, publicando um artigo no *New York Times* que repetia o argumento: BOM PARA O GOOGLE, RUIM PARA OS ESTADOS UNIDOS era o título. Ele tinha grandes planos para 2020 — falava de iniciar uma empresa de mídia conservadora ou, talvez, escrever outro livro. Mas era cada vez mais difícil ignorar o desastre que se desenrolava durante o fim da presidência de

Trump. Então, Thiel fez o que sempre fazia quando uma aposta sua parecia estar em vias de falhar: ele caiu fora.

Thiel se sentiu confiante o suficiente, pouco antes das eleições intermediárias de 2018, para proclamar a presidência de Trump[354] como "relativamente bem-sucedida", além de chamar a insinuação de um conluio russo de "teoria da conspiração" e — enquanto lutava para manter uma expressão séria — responder a uma pergunta sobre a propensão de Trump às mentiras descrevendo essas mesmas mentiras como meros "exageros da verdade". E embora as eleições intermediárias tenham ido bem o suficiente para Thiel — um de seus candidatos favoritos, Hawley, fora eleito para o Senado —, elas foram um desastre para o governo Trump, com os democratas retomando a Câmara. O novo Congresso inicialmente resistiu aos apelos para o impeachment de Trump, mesmo depois que o conselheiro especial Robert Mueller sugeriu que ele recebera ajuda de agentes russos em 2016, e depois tentara suprimir e minimizar a investigação. Mas então, o mês setembro de 2019 trouxe a notícia do telefonema "perfeito" de Trump com o presidente ucraniano, no qual pedia para que ele investigasse um oponente político — e os democratas finalmente agiram.

Thiel passou 2019 e o início de 2020 praticamente escondido, aparecendo em público apenas algumas vezes e sempre perante audiências amigáveis. Ele se encontrou regularmente com conservadores proeminentes, mas sempre em sua casa, onde podia evitar de ser visto e não precisava atuar. Na verdade, ele não precisava nem mesmo se vestir. Em certa ocasião, Thiel recebeu um grupo que incluía Matt Gaetz, o representante da Flórida, vestindo apenas uma camiseta e cuecas. "Estranho", escreveu Gaetz mais tarde.[355] "Mas tudo bem!" Outro visitante que recebeu esse tratamento foi Wilbur Ross, então Secretário do Trabalho dos Estados Unidos. "Aquele era um traje nada ortodoxo", comentaria Ross, de 87 anos, com um colega após a reunião.

Ainda que seus convidados, especialmente aqueles recém-chegados de D.C., pudessem ter considerado suas escolhas de vestimenta um tanto estranhas, eles foram igualmente atingidos pelo modo de conversa idiossincrático de Thiel. Ele não parecia querer nada — apenas falar. O pessoal de D.C. interpretou isso como indiferença, embora na verdade possa ter sido apenas satisfação. Thiel estava, segundo seus amigos, curtindo uma nova fase da vida: a felicidade doméstica. Ele e Danzeisen recentemente haviam se tornado pais de uma menina nascida de uma barriga de aluguel.

Apesar da reclusão, Thiel ainda era influente; em outubro de 2019, ele viajou para Washington para se encontrar com Zuckerberg e Trump. O CEO do Facebook estava na cidade para depor sobre o seu plano de criar uma nova moeda digital, a Libra, que os críticos alertaram que um dia poderia substituir o dólar como moeda de reserva mundial. Desde o fim da Segunda Guerra Mundial, os governos estrangeiros compraram e mantiveram grandes quantidades de dólares, o que significa que os Estados Unidos podem efetivamente tomar emprestado quantias quase ilimitadas de dinheiro, além de poderem excluir nações vistas como rebeldes do sistema financeiro global. Se as pessoas começassem a guardar seu dinheiro em moedas digitais como a Libra, no entanto, esses empréstimos poderiam ficar mais caros para os EUA e o sistema financeiro global ficaria fora do controle norte-americano. Isso, é claro, era exatamente o que Thiel havia se proposto a fazer no PayPal, quando falou sobre dar a qualquer pessoa sua própria conta bancária virtual na Suíça.

A outra tarefa de Zuckerberg era lidar com as crescentes críticas dos democratas a respeito da aparente disposição do Facebook em amplificar as mentiras do presidente. No início do mês, a campanha de Trump veiculou anúncios que alegavam que o ex-vice-presidente Biden pressionou o governo da Ucrânia a encerrar uma investigação sobre os negócios de seu filho, Hunter Biden. Isso era mentira. A CNN se recusou a exibir os anúncios,[356] mas o Facebook permitiu, mencionando uma política de não verificação da veracidade das falas proferidas por figuras políticas. A senadora Warren chamou a atenção de Zuckerberg, descrevendo o Facebook como uma "máquina de desinformação com fins lucrativos". Ela afirmou que ele "já havia ajudado a eleger Donald Trump uma vez, por negligência" e que, ao não verificar a veracidade dos anúncios, estava novamente colocando seus lucros acima de qualquer senso de dever cívico.

Zuckerberg respondeu com um discurso na Universidade de Georgetown. "Eu sei que muitas pessoas discordam, mas, no geral, não acho que seja correto que uma empresa privada censure políticos ou no-

306 CONTROVERSO

tícias em uma democracia", disse ele, citando a "Carta de uma Prisão em Birmingham", do Dr. Martin Luther King Jr., os protestos nos campi à época do Vietnã e a sua própria oposição à Guerra do Iraque, que ele insinuou ter sido a razão pela qual iniciou o Facebook. A influência de Thiel foi evidente tanto no estilo — Zuckerberg utilizou, repetidamente, a palavra *voz* com o significado de "participação democrática", uma formulação que Thiel e seus amigos costumavam usar em discussões sobre *seasteading* — quanto no fundamento. A política que Zuckerberg articulava era exatamente a que Thiel e Trump queriam.

Durante a visita de Zuckerberg a Washington, Thiel e Danzeisen se encontraram com Zuckerberg e Priscilla Chan, bem como com Jared Kushner e Ivanka Trump, para jantar na Casa Branca com o presidente e a primeira-dama. Os detalhes exatos da conversa eram segredo — mas Thiel contaria mais tarde a um confidente que Zuckerberg chegara a um acordo com Kushner durante a refeição. O Facebook, prometeu ele, evitaria a verificação dos fatos em discursos políticos — permitindo, assim, que a campanha de Trump declarasse o que bem entendesse. Se a promessa fosse cumprida, a administração Trump dispensaria quaisquer regulamentações mais severas.

Depois do jantar, Zuckerberg adotou uma abordagem mais direta para com sites conservadores. No final de outubro, o Facebook lançou um aplicativo de notícias que exibia o que a empresa chamou de canais de "reportagens densas e bem informadas". Na lista de publicações recomendadas estava o *Breitbart*, o site de Bannon, embora tivesse se promovido como aliado da direita alternativa[357] e já tivesse incluído uma seção dedicada a "crimes cometidos por negros". O Facebook também pareceu se esforçar para ajudar o *Daily Wire*, uma versão mais jovem e descolada do *Breitbart*, que viria a se tornar uma das maiores publicações da plataforma.[358] O Facebook há muito se via como um governo próprio; agora, com o aval de Trump, o site passaria a divulgar aquilo que uma pessoa do círculo de Thiel que falou com ele a respeito da reunião chamou de "conservadorismo sancionado pelo estado".

Zuckerberg negou que houvesse qualquer acordo,[359] afirmando que era uma ideia "extremamente ridícula", embora relatos do *BuzzFeed*, do

Bloomberg e de outros canais sugerissem que membros da equipe de políticas do Facebook tenham realmente intervido para proteger sites conservadores de serem punidos pela violação das regras da empresa contra a desinformação.[360] (A empresa negou diversos pedidos de comentários a respeito do assunto.) Durante o resto da campanha, o Facebook foi mais suave com Trump do que com seus pares. O Twitter omitiu uma postagem de Trump, destinada aos manifestantes do Black Lives Matter, que parecia citar com admiração uma ameaça utilizada, entre outras pessoas, pelo segregacionista do Alabama George Wallace: "Quando começa a roubalheira, começa também o tiroteio." O Facebook permitiu que a citação circulasse, e Zuckerberg explicou que, embora discordasse do presidente: "eu acredito que as pessoas deveriam ser capazes de ver isso com os próprios olhos, porque, em última análise, a responsabilização daqueles que estão em posições de poder só pode acontecer se o seu discurso for examinado abertamente." Ele continuou a manter contato regular com Jared Kushner, e Thiel continuou a enfatizar, pública e privadamente, que o Facebook era menos pior do que seus concorrentes.

No início de março de 2020, o plano parecia funcionar. As campanhas de Elizabeth Warren e Kamala Harris fracassaram, Bernie Sanders se destruiu e Joe Biden, que Thiel considerava fraco, parecia prestes a ganhar a indicação. Trump era tido, especialmente entre conservadores, como propenso a ser reeleito, e a influência de Thiel na direita estava mais evidente do que nunca. Seria necessário algo totalmente inesperado — até mesmo apocalíptico — para desfazer o plano que ele havia colocado em ação no Facebook, quatro anos antes. Tudo estava funcionando.

20

DE VOLTA PARA O FUTURO

No momento em que os cidadãos norte-americanos estavam começando a perceber que o coronavírus vinha se espalhando rapidamente e que a vida seria profundamente diferente por tempo indeterminado, Peter Thiel deixou Los Angeles. A teoria era que ele tinha ido para a Nova Zelândia — para a casa de Plasma com sua sala do pânico, ou talvez para um bunker na fazenda da Ilha Sul que ele comprara. A Nova Zelândia parecia cumprir com sua reputação de destino ideal para o apocalipse. O país entrou cedo em *lockdown* e fechou suas fronteiras para não-cidadãos, sofrendo apenas 25 mortes pelo coronavírus até o final de 2020.

Mas Thiel nunca chegou à Nova Zelândia — e, na verdade, basicamente ignorava sua recém-adotada pátria desde o final de 2017, quando compareceu à exposição artística *The Founder's Paradox*, de Simon Denny, que explorava a mitologia dos fundadores da tecnologia como figuras divinas que o Vale do Silício, e especialmente Thiel, haviam promovido. A plataforma idiossincrática de Denny para a exposição foram os jogos de tabuleiro — e ele adaptou vários favoritos bem conhecidos,[361] incluindo Operando e Jogo da Vida, bem como alguns jogos populares no Thielverso, incluindo

310 CONTROVERSO

Colonizadores de Catan e Descent: Lendas da Escuridão, um jogo de tabuleiro no estilo de D&D. A vida foi reimaginada como uma série de escolhas para um jovem graduado de Stanford, envolvendo ou atividades socialmente conscientes, como pagar seus impostos, ou libertárias, como fugir para um paraíso fiscal. No *spinoff* de *Descent* criado por Denny — Ascent: Above the Nation State [Ascent: Acima do Estado-Nação] —, a imagem de Thiel aparecia em uma estatueta de plástico, o "herói controverso",[362] lutando contra um dragão intitulado "democracia", um leão chamado de "eleições justas" e um ogro com o nome de "política monetária". "É, ahm, de verdade, um trabalho fenomenal e muito bem detalhado", Thiel comentou com um participante.[363]

O seu terreno gigantesco permaneceu intocado e não foi desenvolvido. Não havia nenhum *bunker* — e o repórter do *Herald*, Matt Nippert, que deu a notícia a respeito da cidadania de Thiel, começou a suspeitar de que este havia desistido da ideia logo após a eleição de Trump. "Era uma cobertura", ele me disse, concluindo que Thiel estava preocupado com as alterações dos democratas nas políticas tributárias dos EUA. No entanto, depois que Trump venceu — e o governo de direita do Partido Nacional da Nova Zelândia foi substituído pelo Partido Trabalhista de esquerda, sob Jacinda Ardern, em 2017 —, ele perdeu o visitante.

Em vez disso, Thiel se escondeu em sua propriedade em Maui. Ele pagou US$27 milhões em 2011 — um recorde, naquela época[364] — por uma casa com vista para o oceano e cerca de 420m² de área habitável. Era localizada em um trecho subdesenvolvido da ilha, com um muro alto de pedra separando Thiel da única estrada da região. O outro lado tinha uma piscina e cerca de 0,7 hectare, quase todo de frente para a praia.

Tratava-se, em suma, de um lugar perfeito para observar o caos dos meses seguintes. A partir de meados de março, Nova York e a maior parte das outras grandes cidades dos EUA fecharam quase totalmente. Os noticiários exibiam, sombriamente, hospitais que pareciam zonas de guerra, com corpos empilhados em caminhões refrigerados e enfermeiras usando sacos de lixo em vez de aventais cirúrgicos devido à falta de equipamentos de proteção individual. No auge do surto inicial, em meados de abril, mais de 2.200 pessoas morriam todos os dias, só nos Estados Unidos.

No fim, os lockdowns valeriam a pena. O número de casos e mortes caiu e, no início de maio, parecia razoável começar a pensar na reabertura. Sim, 70 mil norte-americanos já tinham morrido até ali, mas os surtos mais graves foram suprimidos e um senso de normalidade parecia dentro do alcance, desde que o distanciamento social e as diretrizes para o uso de máscaras fossem respeitadas e as autoridades mantivessem certos setores da economia, como bares e restaurantes, fechados e restringissem eventos internos. Obviamente, isso soa como uma doce ilusão olhando em retrospecto, mas parecia possível que os trabalhadores pudessem começar a retornar aos escritórios ainda naquele verão. Setembro parecia uma aposta certa para a reabertura das escolas.

Durante esse período de cauteloso otimismo, eu soube por intermediários que Thiel considerava falar comigo oficialmente a respeito do coronavírus. Ele via o vírus como uma vindicação, o que fazia certo sentido: um colapso repentino das economias ao redor do mundo fora impulsionado por uma improvável calamidade diretamente relacionada à globalização. Ele previra uma versão disso doze anos antes, nos ensaios furiosos que publicara enquanto gestor de fundos hedge. Quando escreveu "The Optimistic Thought Experiment" [O Experimento do Pensamento Otimista], a ansiedade de Thiel em relação a um apocalipse pareceu risível para seus colegas, além de desconfortavelmente esquisita para alguns de seus funcionários. Ele era um gestor de fundos hedge bem-sucedido, com bilhões de dólares em ganhos de capital, mas que falava como um pastor revivalista sobre os perigos das próprias forças que o levaram à riqueza — a ascensão da indústria tecnológica, a explosão do comércio, a livre circulação de informações por intermédio das fronteiras. Mas quem estava rindo agora? Não os tipos "cosmopolitas", como Thiel os descrevera, que consideravam "esse tipo de conversa histérica sobre o fim do mundo... como domínio exclusivo de pessoas estúpidas, perversas ou insanas (embora, em sua maioria, fossem apenas estúpidas)". Thiel foi criticado por sua postura linha-dura quanto à imigração, e ridicularizado como um sobrevivencialista quando adquiriu sua cidadania da Nova Zelândia. Agora, Trump estava sendo criticado por *não* fechar a fronteira dos EUA para a Europa quando a havia fechado para a China, e os cidadãos norte-americanos estavam acumulando papel higiênico e trocando dicas sobre onde obter os melhores grãos secos.

Dez anos antes, a Thiel Fellowship fora considerada imprudente. Mas Thiel tinha convencido apenas vinte alunos por ano a deixarem de ir para Harvard. Agora, Harvard estava sendo forçada a fechar todo o seu campus — substituindo, efetivamente, uma educação de renome mundial que custava US$50 mil, mais US$25 mil para hospedagem e alimentação, por um monte de aulas via Zoom que ainda custavam US$50 mil. A opinião de Thiel, de que a universidade era um mecanismo custoso que só reforçava as distinções de classe, parecia muito mais razoável do que em 2010, e parecia possível acreditar que a "bolha" da educação sobre a qual me alertara pudesse estourar a qualquer momento. Não vinte alunos, mas *20%* dos novos calouros de Harvard optaram por pular o ano escolar de 2020-2021. Alguns deles nunca mais voltariam, e muitas faculdades menores e com menos prestígio, que já passavam por dificuldades, enfrentaram graves problemas financeiros. A impressão era de que todo o setor da educação poderia ruir a qualquer momento, exatamente como Thiel previra.

Mesmo os esforços infrutíferos de Thiel para enviar a administração Trump na direção da direita alternativa pareciam, de repente, um pouco mais sensatos. Balaji Srinivasan, seu candidato à FDA, considerado "louco" até pelo conselheiro mais maluco de Trump, Steve Bannon, alertou sobre os perigos de uma pandemia em janeiro, quando a maioria dos especialistas do governo aconselhava manter a calma. A intuição de Thiel de que as agências de saúde do governo eram escleróticas e precisavam sofrer algum tipo de interferência também pareciam mais acertadas depois que os Centros de Controle de Doenças insistiram em desenvolver um teste mais complicado e, em última instância, falho,[365] e que a FDA se recusou a aprovar o teste mais simples que o resto do mundo usou. Isso deixou os Estados Unidos cerca de seis semanas atrasado em relação à Coreia do Sul, que conseguiu controlar o surto no país rapidamente.

E então, havia o Vale do Silício. Trabalhadores de fábricas foram demitidos, restaurantes fecharam, shoppings foram abandonados — mas o mundo que Peter Thiel habitava estava em plena expansão. Todas as previsões sobre as maneiras pelas quais a tecnologia subsumiria vários aspectos das nossas vidas — "Softwares estão devorando o mundo",[366] como disse o capitalista de risco Marc Andreessen — estavam, de repente, e com força, se tornando realidade. Todas as escolas primárias e secundárias nos Estados Unidos de repente precisavam de uma conta Zoom, e todas as crianças precisavam de um tablet. As vendas da Amazon — de qualquer coisa, desde bandanas a quebra-cabeças de 1.000 peças — aumentaram tão drasticamente que a empresa teve que fazer a triagem dos seus prazos de entrega. Empresas lutaram para se inscrever no Slack, e nós fizemos piada sobre ter "zerado" a Netflix. As redes sociais online podem até ser um intermediário para uma vida social real, mas, de repente, eram tudo o que tínhamos. "O techlash acabou", bradou Srinivasan no Twitter.

O surto tecnológico foi um fenômeno financeiro e também cultural. Depois de cair vertiginosamente após os lockdowns em março, o índice S&P 500 se recuperou e, na verdade, até subiu para o ano em julho. Quase todos esses lucros se deveram ao punhado de big techs que passaram a dominar o índice. A Amazon subiu 71%, a Apple 51% e o Facebook 31%. O patrimônio líquido de Zuckerberg ultrapassaria US$100 bilhões no mês seguinte. Tudo isso com a taxa de desemprego acima de 10%.

Thiel também estava enriquecendo ainda mais. A repentina adesão ao comércio eletrônico foi ótima para a Amazon, é claro, mas também o foi para a Stripe, uma empresa de processamento de pagamentos na qual Thiel tinha uma participação significativa, e que subira US$600 milhões em uma avaliação de US$36 bilhões. Uma pessoa próxima de Thiel estimou que sua participação na Stripe valia cerca de US$1,5 bilhão antes de novembro, quando a Stripe teria, supostamente, começado um novo ciclo, desta vez com uma avaliação de cerca de US$100 bilhões. O Airbnb resistia ao colapso repentino da indústria de viagens melhor do que o resto do setor hoteleiro tradicional, e se preparava para abrir o capital com uma avaliação que se dizia girar em torno de US$35 bilhões. Quando isso de fato aconteceu, em dezembro, o seu valor de mercado era de US$87 bilhões; em março de 2021, já tinha subido para US$110 bilhões. O Founders Fund conseguiu 5% disso.

Enquanto isso, a aposta de décadas de Thiel no complexo militar-industrial parecia melhor do que nunca. A Anduril, startup construída com base na promessa de Trump de fortalecer a segurança das fronteiras e fundada pelo amigo de Johnson, Palmer Luckey, levantou US$200 milhões em julho, dobrando sua avaliação para US$2 bilhões. A SpaceX se tornou a primeira empresa privada a colocar humanos em órbita, lançando com sucesso dois astronautas da NASA, Bob Behnken e Doug Hurley, e acoplando-os à Estação Espacial Internacional. Trump, sedento por qualquer notícia não relacionada à pandemia, viajou com Mike Pence para assistir ao lançamento em Cabo Canaveral, na Flórida. "É incrível — a tecnologia, o poder", disse Trump algumas horas após o lançamento, referindo-se a Musk como "uma das nossas grandes mentes". Pouco depois, o Departamento de Defesa anunciaria que a SpaceX ganhara outro contrato de lançamento, valendo mais de US$300 milhões, e a avaliação da empresa subiria para US$74 bilhões — com o Founders Fund se beneficiando também da sua inevitável oferta pública.

Além desses ganhos, muito do patrimônio líquido de Thiel ainda estava ligado à Palantir, empresa que estava em uma posição quase exclusiva de lucratividade com o coronavírus, e da qual ele detinha um pouco menos de um quinto do patrimônio, pessoalmente e por meio de suas firmas de investimento. O vírus era um problema para médicos, virólogos e epidemiólogos resolverem, mas a curto prazo era um problema de dados. Enquanto os cientistas corriam para criar uma vacina, os governos e grandes sistemas hospitalares tinham que descobrir onde os focos estavam aparecendo para poder alocar os suprimentos adequadamente. O software da Palantir, reescrito após a tentativa da empresa de conseguir negócios na Europa, estava sendo utilizado para gerenciar algumas cadeias de suprimentos de assistência médica; a partir do início de março, no entanto, a empresa transferiu todos os seus funcionários de pesquisa e desenvolvimento para trabalhar em problemas relacionados à COVID, acrescentando novas funções que permitiriam, por exemplo, que clientes corporativos acessassem facilmente os dados do governo sobre casos e números de hospitalizações para, em seguida, incorporá-los às suas projeções de vendas. Para os departamentos de saúde do governo, que lutavam para encontrar qualquer coisa que pudesse ajudar a reforçar suas cadeias de suprimentos e modelagem, o software foi uma escolha natural e foi utilizado para distribuir ventiladores e equipamentos de proteção individual. Em uma questão de meses, o impulso resultou em mais de uma centena de novos negócios com clientes, incluindo dezenas de agências de saúde pública.

"Nossa empresa foi forjada e renovada pelas crises", me disse Shyam Sankar, o representante de Karp, em uma entrevista, relatando uma série de catástrofes: o 11 de Setembro, a razão de ser da Palantir, seguida pela crise financeira, a ascensão dos ciberataques e o trabalho da Palantir em auxiliar os militares no combate ao Estado Islâmico. "A pandemia, de certa forma, é a versão mais recente disso."

Além de sua experiência em gestão de crises, a empresa de Thiel tinha um segundo poder provavelmente ainda mais importante: extrair grandes somas de dinheiro do governo dos EUA e, especialmente, do governo de Donald Trump. No início de maio, o Departamento de Saúde e Serviços Humanos — que já havia concedido um contrato à Palantir depois de Thiel e Sankar se encontrarem com o diretor do Instituto Nacional de Saúde (NIH), Francis Collins — concedeu outros dois contratos, no valor de US$25 milhões,[367] para projetar um novo sistema de software que seria utilizado pela Força-Tarefa da Casa Branca contra o Coronavírus para monitorar casos, dados hospitalares, suprimentos de equipamentos de proteção individual e locais de teste. As negociações foram classificadas como "aquisições de emergência", o que significa que foram concedidas sem licitações para concorrentes.

A sensação de que a administração Trump dera um papel para um aliado político em um assunto tão crucial e — dada a propensão de Trump de minimizar a gravidade da pandemia — politicamente sensível aumentou em julho quando, conforme os casos aumentavam no sul dos Estados Unidos, a administração ordenou que os hospitais parassem de se reportar ao Centro de Controle e Prevenção de Doenças (CDC), que supervisionava a coleta de dados e disponibilizava esses dados publicamente, para enviá-los ao novo sistema HHS. Vários legisladores e um ex-diretor do CDC[368] acusaram Trump de fazer a mudança para esconder a gravidade da pandemia do público. "Em vez de fortalecer o sistema de dados de saúde pública para aprimorar os relatórios hospitalares, a administração optou por entregar os dados a uma entidade comercial infundada, reportando-se a indicados políticos, e não cientistas especializados", tuitou o ex-diretor Tom Frieden. "Pessoas nos estados do Arizona, Texas, Carolina do Sul, Flórida e em outros lugares já estão pagando o preço por isso."

A Casa Branca rejeitou as acusações de má gestão e, depois de tirar brevemente os dados do CDC do ar, permitiu que a agência voltasse a divulgá-los. A Palantir, por sua vez, negou que o contrato de licitação recebido tivesse a ver com qualquer tratamento preferencial. Em entrevistas, representantes da empresa enfatizaram que o envolvimento de Thiel foi insignificante, de qualquer maneira. "É muito interessante", disse Sankar. "Se olharmos para a Palantir pré-Trump, ela sempre era descrita como a Palantir de Alex Karp, o que de fato era. E então, depois de Trump, é como se um botão fosse apertado e ela repentinamente virou a 'Palantir de Peter Thiel'. Mas eu acho que isso está mais relacionado a uma percepção externa do que à realidade interna."

Em certo sentido, isso era verdade — os funcionários da Palantir raramente viam Thiel —, mas era também profundamente enganoso. No final de junho, a Palantir anunciou que havia nomeado uma mulher para o conselho, um passo necessário caso a empresa pretendesse abrir seu capital, uma vez que a lei da Califórnia exige que empresas públicas tenham pelo menos um membro do sexo feminino no conselho. Os rumores diziam que a empresa estava cortejando Condoleezza Rice, mas a Palantir nomeou Alexandra Wolfe Schiff, amiga de longa data de Thiel e autora de um livro lisonjeiro sobre a Thiel Fellowship. Ela seria uma de seis membros do conselho (de um total de sete) a ter laços estreitos com Thiel. (Em novembro, Adam Ross, um ex-editor-chefe do *Stanford Review*, deixaria o conselho, sendo substituído em janeiro por Lauren Friedman, uma diretora administrativa da Accenture que não possuía laços diretos com Thiel.)

Para quem conhecia bem Thiel, a nomeação de Wolfe Schiff pareceu particularmente descarada. Wolfe Schiff, que mora em Nova York, costumava ficar na casa de Thiel durante visitas à Costa Oeste e, em meados da década de 2000, antes que Thiel se assumisse totalmente, ela fingiu ser sua namorada em Davos, de acordo com o jornalista Felix Salmon.[369] Logo após o anúncio, um associado enviou uma mensagem para Thiel perguntando se a nomeação de Wolfe Schiff era uma brincadeira. Afinal de contas, apresentar Wolfe Schiff como a primeira mulher no conselho de administração da Palantir era o equivalente a mandar os agentes do politicamente correto irem à merda. A resposta de Thiel: um emoji piscando com a língua de fora.

DE VOLTA PARA O FUTURO   *317*

COMO TODO MUNDO, Thiel passou a pandemia preocupado — especialmente quanto ao futuro do seu investimento mais importante. Em alguns dias, ele parecia certo de que Trump teria sucesso; que a mensagem do presidente sobre "lei e ordem", em referência a Nixon, venceria a guinada do Partido Democrata para a esquerda na questão das políticas raciais. Já em outros, ele estava convencido de que o coronavírus e a subsequente recessão tornariam Trump inelegível.

Era difícil ser imparcial. Thiel previra uma crise global que acabaria com a economia mundial, e se posicionara para lucrar com esse caos, assim como o fizera com a crise financeira, preparando-se para lucrar com as consequências. No entanto, como em 2008, quando encorajou secretamente as forças disruptivas — enviando cartas moderadas aos investidores da Clarium alertando sobre os perigos do populismo anti-imigração ao mesmo tempo em que financiava secretamente esse mesmo movimento —, ele também ajudou a plantar as sementes do caos que se seguiu à propagação da COVID-19. Ele ajudou Trump a sobrepujar os republicanos que temiam que seu narcisismo e suas tendências autoritárias fossem desastrosos em uma crise, e ajudou a criar e a proteger o Facebook, que agora facilitava a disseminação de desinformações que encorajavam os cidadãos a evitar o uso de máscaras, a fazer tratamentos não comprovados e potencialmente prejudiciais, como a hidroxicloroquina antimalárica e até mesmo alvejantes industriais. Se a presidência de Trump fracassasse, seria também um fracasso de Thiel.

Ele começou a contar para amigos que estava pensando em comprar um imóvel na Suíça, e que poderia se mudar para lá caso Trump perdesse, supostamente visando proteger seu IRA de quaisquer mudanças políticas do governo Biden, que ele achava que tentaria terminar o que Obama havia começado. O pedido de IPO da Palantir, em setembro de 2020, fazia parte desse raciocínio — um sinal tão claro quanto qualquer outro, segundo vários dos seus associados, de que Thiel esperava sacar o máximo possível antes que os impostos sobre ganhos de capital pudessem ser aumentados, ou as regras sobre os IRAs revisadas. Ele passou duas décadas acumulando bilhões em ativos isentos de impostos. E não tinha a intenção de começar a pagá-los agora.

318 CONTROVERSO

Em conversas com amigos, ele costumava se referir à Casa Branca de Trump como "o *S. S. Minnow*" — o infeliz barco de pesca encalhado do seriado *Ilha dos Birutas*. É claro que, nessa analogia, Trump era o capitão. Thiel disse a um amigo em uma mensagem de texto que havia "vários Gilligans". Em outra metáfora náutica, Thiel afirmou que as alterações na campanha de Trump eram o equivalente a "reorganizar as espreguiçadeiras do *Titanic*".

Por fim, os funcionários de Thiel vazaram essas provocações para a imprensa, esperando criar um distanciamento entre seu chefe e o já debilitado candidato republicano. Depois que o *Daily Beast* e o *Wall Street Journal* relataram que ele vinha falando mal do presidente, muitos presumiram que ele estava abordando a resposta de Trump ao coronavírus como uma denúncia à sua presidência, e que talvez Thiel adotaria uma política mais centrista. Mas isso não era verdade. Thiel concordava com Trump que as preocupações sobre a COVID eram exageradas, dizendo aos amigos que considerava os lockdowns "insanos" e demasiado amplos.

O círculo íntimo de Thiel também não estava ficando mais moderado — no máximo, eles pareciam desapontados pelo fato de Trump ter se cercado de centristas e não ter pressionado pela extrema direita que Bannon e outros haviam prometido inicialmente. Depois de Neil Gorsuch da Suprema Corte de Trump apoiar os liberais e moderados pela decisão de que trabalhadores gays e transgêneros mereciam a proteção de seus direitos civis, Blake Masters, o conselheiro de Thiel e coautor do livro *De Zero a Um*, reclamou que o partido traíra os conservadores. Ele escreveu, sarcasticamente, que o objetivo do Partido Republicano parecia ser, entre outras coisas, o de "proteger o patrimônio privado, os impostos baixos e a pornografia gratuita".

Masters, que se mudou para o Arizona, estava flertando com a possibilidade de montar um desafio para a campanha de reeleição da senadora republicana Martha McSally nas primárias, depois de afirmar que ela não tinha sido suficientemente leal a Trump.[370] Ele decidiu não fazer isso, mas Thiel estava apoiando uma candidatura semelhante no Kansas, onde Kris Kobach — que ajudou a criar as propostas de imigração mais radicais de Trump (e que também tinha um histórico de oposição aos direitos dos homossexuais)[371] — estava concorrendo ao Senado como candidato trumpista contra Roger Marshall, um republicano moderado.

Thiel doou US$2,1 milhões para Kobach, se tornando seu principal patrocinador. Isso incluiu duas doações totalizando US$1,25 milhão em julho, pouco antes das primárias republicanas. Embora Thiel tenha doado US$5.600 diretamente para a campanha de Kobach em 2019, ele havia transferido essas doações por meio de um comitê de ação política recém-criado, o Free Forever PAC, que prometia "proteger nossas fronteiras, estabelecer a política migratória do America First, cuidar dos nossos veteranos, acabar com as guerras sem fim e criar uma economia que funcione para os trabalhadores norte-americanos".

Além de seus habituais posicionamentos nativistas, ao buscar a nomeação, Kobach espalhou as provocações conspiratórias a respeito do coronavírus. Em uma entrevista realizada uma semana antes das primárias — e duas semanas depois de receber seu último cheque do PAC de Thiel —, Kobach disse a um entrevistador que acreditava que os hospitais e médicos estavam exagerando quanto à gravidade da pandemia para prejudicar Trump, registrando mortes acidentais, como acidentes de carro, como se fossem mortes por COVID. "Eu acredito que os números estejam sendo forjados", disse ele.[372] No dia das primárias, ele perdeu para Marshall por quatorze pontos.

OS ESPECIALISTAS PEDIRAM por uma reabertura gradual da economia, junto à contínua necessidade de distanciamento social e do uso de máscaras. Trump descartou tudo isso como postura política, insistindo, em vários momentos, que o terrível vírus estava sendo destruído pelo seu governo, ou que, na verdade, ele não era pior do que uma gripe, ou as duas coisas. Ele depreciou o uso de máscaras como algo "politicamente correto" e elogiou remédios não comprovados e pensamentos mágicos. Na mente de Trump, pelo menos, os Estados Unidos estavam continuamente "na reta final". Ele desencorajou os governadores estaduais a testarem pacientes (e a registrarem casos) e, seis meses antes de as vacinas serem disponibilizadas, insistiu em realizar comícios em lugares fechados com milhares de participantes sem máscaras.

320 CONTROVERSO

Grande parte dos Estados Unidos reabriu ao mesmo tempo, com a rede de contatos de Thiel comemorando a falta de cautela. Keith Rabois, o velho amigo de Thiel de Stanford, tuitou sem parar sobre os benefícios profiláticos da hidroxicloroquina, ainda que estudos após estudos mostrassem que não ajudava a prevenir casos ou mortes de COVID. A resposta de Rabois a isso foi a frase que os indicados de Thiel à FDA usavam: ele culpou a burocracia dos testes de medicamentos. "Estudos clínicos randomizados controlados são uma péssima ideia", tuitou. Quando Weinberg, o executivo da Roche, discutiu com ele, Rabois respondeu: "Obviamente, alguém está com inveja do meu sucesso."

Musk usou sua plataforma para minimizar a gravidade da doença, elogiar a hidroxicloroquina e pedir por uma reabertura completa da economia — algo de seu interesse particular, já que a Tesla estava enfrentando um acúmulo substancial de pedidos. "LIBERTEM A AMÉRICA AGORA", ele tuitou. Mais ou menos uma semana depois, ele ignorou uma ordem de lockdown municipal e reabriu a fábrica da Tesla em Fremont, Califórnia.[373] O resultado seria cruel: de acordo com dados de saúde pública divulgados como parte de uma solicitação de transparência de informações, entre maio e dezembro, houve cerca de 440 casos entre trabalhadores da Tesla em Fremont.

Como se tivessem dado um sinal, o número de casos começou a aumentar novamente. Houve uma segunda onda que atingiu o Cinturão do Sol no final de maio, com Texas e Flórida registrando milhares de mortes em uma questão de semanas; então, com a aproximação das eleições, uma terceira onda surgiu, começando no Centro-Oeste e se espalhando para o resto do país em dezembro. No ápice, mais de 4.000 norte-americanos morriam por dia. A essa altura, os contatos de Thiel se calaram em relação à pandemia e voltaram a tuitar sobre criptomoedas, a hediondez do movimento Black Lives Matter e a censura, por parte das redes sociais, das histórias que ligavam Hunter, filho do candidato democrata à presidência, Joe Biden, à corrupção.

A administração Trump, cuja resposta ao coronavírus passou a ficar sob a influência de um radiologista afiliado à Hoover Institution chamado Scott Atlas, desistiu de vez de tentar impedir a pandemia. Trump elogiou a imunidade de rebanho como uma boa estratégia — ou seja, permitir que o vírus infecte uma porção considerável da população para que a imunidade amplamente adquirida proteja a sociedade como um todo —, chamando-a, erroneamente, de "mentalidade de rebanho". Em outubro, o próprio presidente contraiu COVID, foi para o hospital e depois deu de ombros, descartando o vírus potencialmente mortal como "resfriado"[374] quando foi relatado que seu filho, Barron, também havia contraído o vírus. Mark Meadows, chefe de gabinete de Trump, apareceu na CNN para questionar a utilidade do uso de máscaras e outras medidas básicas recomendadas pelos médicos. "Não vamos controlar a pandemia", disse Meadows, comparando-a com uma gripe.[375]

ENQUANTO O PAÍS cambaleava, Thiel estava ocupado sacando seu dinheiro. Em 25 de agosto, quando o país ultrapassou 175 mil mortes, a Palantir apresentou seu formulário S-1 à Comissão de Valores Mobiliários — anunciando sua intenção de abrir o capital. Karp vinha dizendo há meses que pensava em seguir Thiel e sair do Vale do Silício — e agora, ele revelou seu destino: Denver. O S-1 também incluía uma carta informal criticando sua antiga base de operações. "Nossa empresa foi fundada no Vale do Silício", escreveu Karp. "Mas parecemos compartilhar cada vez menos os valores e compromissos do setor de tecnologia." E prosseguia:

> Os projetos de software realizados junto às agências de Defesa e Inteligência da nossa nação, cuja missão é nos manter em segurança, se tornaram polêmicos, enquanto empresas construídas com dinheiro proveniente de publicidade são cada vez mais comuns. Para muitas empresas de consumo online, nossos pensamentos, inclinações, comportamentos e hábitos de navegação são o próprio produto à venda. Os slogans e marketing de muitas das maiores empresas de tecnologia do Vale tentam obscurecer esse simples fato. As maiores empresas de consumo online do mundo nunca tiveram um acesso tão amplo aos aspectos mais íntimos das nossas vidas. E o avanço de suas tecnologias ultrapassou o desenvolvimento das formas de controle político capazes de governar a sua aplicação.

Isso era uma acusação contundente do Vale do Silício, e especialmente do Facebook, proferida pelo CEO de uma empresa fundada pelo patrocinador mais antigo e significativo do Facebook — e também remontava a uma visão do Vale que sempre interessou a Thiel: o conservadorismo de colarinho branco do complexo militar-industrial.

Também era, pelo menos para mim, um tanto familiar — meses antes, Charles Johnson havia me enviado um memorando semelhante sobre a Clearview. "As empresas do Vale do Silício dizem que querem melhorar o mundo, mas priorizam seus grandes lucros com anúncios à democracia e segurança", escreveu. No Vale do Silício, continuou ele, "eles pegam seus dados privados e vendem para os anunciantes". Por outro lado, "o Google odeia os militares". Depois que a declaração apareceu, Johnson me ligou. "Parece com tudo aquilo que eu escrevi", afirmou, observando que enviara os mesmos apontamentos para Thiel.

A declaração da Palantir não era apenas ideológica — ela apresentava um retrato de uma empresa que estava lucrando com a pandemia e, de forma mais ampla, com a era Trump. As ostentações de Sankar sobre prosperar em uma crise eram bastante precisas. A Palantir arrecadou US$466 milhões em receita em 2016; no primeiro semestre de 2020, ela já tinha gerado mais que isso. O Exército dos EUA era responsável por cerca de US$79 milhões — mais de 15% da receita total —, e outros contratos governamentais, incluindo o acordo com o Maven e o trabalho da empresa com serviços para o ICE e o HHS acrescentaria dezenas de milhões a mais.

Sim, a Palantir estava arrecadando quantias enormes de dinheiro — US$165 milhões durante esse período —, e suas perdas foram diminuindo. Essas perdas nem sequer importavam para Thiel, que se posicionara para lucrar consideravelmente com a oferta pública, independentemente do destino da Palantir a longo prazo. O S-1 apresentava um emaranhado de empresas de capital de risco, veículos de investimento e entidades conectadas a ele de diferentes formas. Ele possuía ações por meio de vários fundos da Rivendell, o nome estava vinculado ao seu IRA, e também pela Mithril, pelo Founders Fund, pela Clarium, pela PT Ventures, pelo STS Holdings, entre outros.

Isso somava cerca de 20% do valor da empresa, mas Thiel, há muito um fã de ditaduras, arranjou uma forma de dar a si mesmo um controle muito maior do que isso inicialmente poderia implicar. Além de um conselho de diretores leal ao seu fundador, a Palantir havia criado uma nova categoria de ações que controlava pouco menos de 50% do poder de voto. Essas ações seriam mantidas em um fundo controlado por três homens: Karp, Stephen Cohen e Thiel — e, a qualquer momento, Thiel poderia optar por utilizar algumas de suas outras ações para aumentar essa porcentagem, o que lhe daria o controle efetivo. Incrivelmente, eles manteriam esse nível de controle mesmo se vendessem grande parte de suas ações, algo que Thiel planejava fazer imediatamente.[376]

As ações abriram a US$10 cada, o que fazia com que a Palantir valesse cerca de US$20 bilhões. Thiel começou a fazer saques imediatamente, vendendo, pessoalmente, ações no valor de mais de US$250 milhões e, em seguida, cerca de US$20 milhões ou mais por meio do Founders Fund. O país podia estar em crise e o seu projeto político desmoronando — mas ele estava indo bem.

NA VERDADE, MAIS DO QUE BEM. O país estava em um mar de incertezas conforme os votos eram contados durante a primeira semana de novembro e ia ficando cada vez mais claro — menos para Trump e muitos membros do Thielverso — que Trump havia perdido, que a pandemia estava se agravando e que o presidente não tinha o menor interesse em fazer qualquer coisa para retardar sua propagação ou fornecer auxílio aos trabalhadores durante a transição Biden.

Enquanto Trump e seus associados espalhavam desinformações sobre uma suposta fraude eleitoral, alegando que a eleição havia sido roubada por um punhado de cidades corruptas com população de maioria negra, Thiel ficou em silêncio. Mas o Thielverso fervilhou com relatos sobre votos secretamente não computados em estados-chave indecisos e com um senso geral de que a verdade — que Joe Biden, o candidato apoiado por uma maioria decisiva de norte-americanos, tinha vencido a eleição — era, de alguma forma, duvidosa. Eric Weinstein, um funcionário de Thiel e podcaster da Intellectual Dark Web, tuitou vídeos de um suposto informante dos correios (distribuídos pelo jornalista conservador e provocador James O'Keefe, mais um que, certa vez, pôde chamar Thiel de benfeitor). Ele advertia que Trump estava sendo "eliminado" pela mídia sem um julgamento justo. Blake Masters, que se preparava para outra possível candidatura ao Senado, contando com o apoio de Thiel, escreveu tuítes obscuros a respeito das urnas de votação Dominion utilizadas no Arizona, aproveitando uma teoria da conspiração que alegava que a fabricante de urnas eletrônicas havia, de alguma forma, alterado os votos das pessoas e afirmando, sem qualquer tipo de evidência, que pessoas mortas haviam votado em Milwaukee e Detroit. Todas essas afirmações se revelaram falsas.

Curtis Yarvin, o intelectual neorreacionário e amigo de longa data de Thiel, foi mais longe ainda. Ele publicou um ensaio no qual afirmava que os eleitores de "comunidades urbanas" tinham — por meio de uma mistura de manipulação por parte dos organizadores e fraude eleitoral — roubado a eleição a favor de Biden,[377] ou "Joe da China", que era como ele chamava o presidente eleito, referindo-se à sua suposta deferência a Beijing. Em seguida, Yarvin sugeriu que os republicanos executassem aquilo que chamou de "golpe legal" para "roubar a eleição de volta", fazendo com que as legislaturas estaduais controladas pelos republicanos invalidassem a votação para que, em seguida, Trump pudesse invocar poderes de emergência, ignorando qualquer interferência do Congresso ou do Judiciário e utilizando a Guarda Nacional para fazer valer suas ordens. Por fim, argumentou Yarvin, Trump poderia "liquidar as poderosas, prestigiosas e/ou abastadas instituições do antigo regime, dentro e *fora* do governo formal", algo que, segundo ele, seria seguido pela conquista de "uma visão utópica singular".

Talvez tenha sido uma piada ou um experimento mental — admitiu Yarvin, com certo pesar, que Trump era muito incompetente e fraco para conseguir e, para seu crédito, ele disse que não estava defendendo um expurgo como o de Stalin. Mas aquilo foi um eco quase perfeito do velho experimento mental de Thiel: uma derrota eleitoral deliberada, seguida por um golpe militar. Yarvin disse que tudo daria certo e que estava torcendo por Biden de qualquer maneira. A derrota de Trump faria o trumpismo prosperar — como Thiel já esperava. Ele previu uma restituição em

2024. "A história da América Vermelha fica muito mais simples e fácil de vender", escreveu.

Em meio à incerteza e o aumento das mortes, o preço das ações da Palantir começou a subir graças a uma coleção de novos contratos relacionados à COVID, incluindo um anunciado recentemente para ajudar o Departamento de Saúde e Serviços Humanos a monitorar as vacinas. No início de janeiro, ela valia mais de US$40 bilhões. Uma manchete daquele outono resumiu tudo de forma sucinta: A PALANTIR DE PETER THIEL ESTÁ DISPARANDO CONFORME AS PERSPECTIVAS DE TRUMP DIMINUEM.[378] Thiel deu tiros no escuro durante toda a sua carreira, lucrando com o seu sucesso improvável apenas para, em seguida, evitá-los antes que as coisas dessem errado. Agora fizera o mesmo com um presidente dos EUA.

A ADMINISTRAÇÃO TRUMP, TODAVIA, ainda não tinha acabado — e embora Thiel tivesse se afastado com sucesso da política trumpista para se concentrar nos negócios, a influência do Thielverso ainda era profundamente sentida em Washington.

Thiel permaneceu, discretamente, sendo um apoiador de Trump, como seus aliados e funcionários eventualmente acabaram compreendendo, ainda que não o declarasse em voz alta. A natureza do Thielverso — no qual os bajuladores competiam entre si para agradá-lo, agindo de forma independente na esperança de garantir algum patrocínio — significava que, mesmo se ele desaparecesse por tempo indefinido dentro de um bunker, eles garantiriam que as políticas de identidade branca cultivadas desde sua época de faculdade continuariam. A ideologia de Thiel não é particularmente coerente, mas, na medida em que havia uma ideologia, ela afirmava que um país menos democrático, purificado de suas ilusões e devoções multiculturais, levaria, de alguma forma, ao progresso econômico e tecnológico. Um crítico poderia chamar isso de fascista; Thiel chamou de "voltar para o futuro".[379]

Já há algum tempo, seu candidato preferido para 2024 era Josh Hawley, o senador populista do Missouri e aliado obstinado de Trump. Hawley compartilhava da visão política de Ted Cruz e tinha qualificações intelec-

326 CONTROVERSO

tuais semelhantes, mas era uma década mais jovem do que ele, dotado de um maxilar bem definido, um físico esguio e uma voz intensa. Na National Conservatism Conference [Conferência do Conservadorismo Nacional], em que Thiel atacou a cumplicidade do Google para com a China, Hawley escolheu como alvo aquilo que chamou de "o consenso cosmopolita". Ele usou esse tropo antissemita repetidamente para se referir a um grupo de líderes empresariais e presidentes de universidades que, segundo ele, não eram leais os Estados Unidos, mas ao seu próprio projeto elitista. Quando grupos judeus recomendaram que ele pedisse desculpas pela referência, Hawley viu uma oportunidade de marcar pontos contra o politicamente correto, tuitando que "a polícia da linguagem liberal perdeu a cabeça".

O apoiador de Thiel no Senado estava tão comprometido em reivindicar o manto do "Torne a América Ótima Novamente" (MAGA) de Trump que continuou a implicar que ele ainda poderia ganhar a eleição mesmo depois da contagem dos votos ter sido encerrada. No final de dezembro — mesmo depois de não surgir evidência alguma de que a Dominion tivesse alterado os votos na Geórgia, Arizona e Michigan, e ainda que estivesse ficando cada vez mais claro que aquelas histórias sobre democratas mortos indo às urnas em Milwaukee e Detroit eram fantasiosas —, Hawley anunciou que se oporia à certificação da eleição no Congresso, que ocorreria no dia 6 de janeiro, transformando o que normalmente é uma formalidade em um momento dramático. Alguns dias depois, Cruz fez um anúncio semelhante, junto a outros dez senadores republicanos.

Trump, que estava tentando pressionar o vice-presidente Mike Pence a interromper a certificação, encorajou seus apoiadores a se reunirem em Washington naquele dia. Milhares apareceram — saídos diretamente do QAnon e de grupos do "Stop the Steal" vinculados à direita alternativa, formados e cultivados no Facebook. Eles estavam com raiva, e alguns estavam armados para o combate. Por volta do meio-dia, quando o Congresso se preparava para votar, Trump estimulou ainda mais os manifestantes com seu discurso agressivo. Ele agradeceu aos senadores e outros por manterem a ordem, e incitou a multidão a marchar para o Capitólio. "Lutem pra valer", disse Trump. "Se não lutarem pra valer não terão mais um país." Ao entrar no Capitólio, Hawley saudou os manifestantes com o punho erguido.

Nas horas que se seguiram, a experiência mental de Yarvin — e, em certo sentido, duas décadas de "Thielismo" — tornou-se, repentina e brutalmente, literal. Uma multidão violenta gritando "Traição, traição" e "Enforquem Mike Pence" invadiu as câmaras do Congresso, tentando encerrar a certificação da eleição e garantir que Trump permanecesse como presidente. Eles atacaram violentamente jornalistas e a Polícia do Capitólio, incluindo o policial Brian Sicknick.[380] Mais tarde, ele acabou morrendo devido aos ferimentos, e dois de seus colegas se suicidaram dias após a insurreição. Quatro manifestantes morreram.

De certa forma, essa tentativa fracassada de derrubar a democracia norte-americana pouco tinha que ver com Thiel, que esteve quieto ao longo de quase todo o ano de 2020. No entanto, assim como pusera em movimento, anos antes, eventos que tornariam inevitável o roubo dos dados de usuários pela Cambridge Analytica em 2014, ou a conivência do Facebook com o fluxo de desinformações pró-Trump durante a campanha de 2016, ele também havia plantado muitas das sementes que levaram àquela insurreição fracassada. Em 11 de janeiro, com a carreira de Hawley aparentemente arruinada, conforme os republicanos moderados começavam a falar abertamente sobre a "grande mentira" perpetrada por ele e por outros,[381] o *Axios* publicou um pequeno artigo: O QUE PETER THIEL NÃO ENTENDEU SOBRE DONALD TRUMP.[382] Ele responsabilizava Thiel por ter "ajudado a estabelecer e, em seguida, cimentar um ponto de vista pelo qual até mesmo as declarações mais escandalosas de Trump seriam tomadas de outra forma, que não a literal". Naquele mês, com o projeto político de Peter Thiel aparentemente em ruínas, a capitalização de mercado da Palantir chegaria a US$68 bilhões.

EPÍLOGO

VOCÊ VIVERÁ PARA SEMPRE

A pesar da ampla influência de Thiel — das dezenas de empresas com as quais se associou, dos bilhões de dólares que ganhou e do papel que desempenhou na ascensão da extrema direita —, muitas pessoas ainda o conhecem por uma coisa: seus flertes com um novo campo da biologia experimental conhecido como parabiose.

O termo descreve a união cirúrgica de dois corpos para que seus sistemas circulatórios se fundam, criando, efetivamente, gêmeos siameses sintéticos. Com base em experimentos conduzidos na década de 1970, nos quais ratos mais velhos foram ligados a outros mais jovens, cientistas e entusiastas do combate ao envelhecimento especularam que esse procedimento medonho poderia ser a chave para interromper o processo de envelhecimento e, talvez, a própria morte. Ele representa, pelo menos para os seus adeptos, uma possível fonte da juventude.

Um estudo de 2016 com camundongos[383] ajudou a despertar uma onda de interesse pela perspectiva de adaptar essa ideia a seres humanos por meio da transfusão de sangue de pacientes mais jovens para mais velhos, o que supostamente os rejuvenesceria. Era, em outras palavras, uma espécie de vampirismo. "Estou pesquisando sobre a parabiose, que considero muito interessante", disse Thiel em uma entrevista publicada naquele ano.[384] Ele sugeriu que havia considerado injetar sangue jovem como parte de seu próprio regime de saúde, mas observou que ainda não o fizera.

O interesse de Thiel na parabiose levou a todo tipo de especulação — e a muito sarcasmo. A Gawker ouviu um boato de que ele estava pagando US$40 mil para obter infusões trimestrais de um jovem de 18 anos.[385] No ano seguinte, a série *Silicon Valley* da HBO dedicou um episódio inteiro ao assunto, fazendo com que o maligno personagem corporativo do programa, Gavin Belson, recebesse transfusões de um robusto "menino do sangue" — ou, como Belson o descreveu, "meu associado de transfusão". (O ator que interpretava o personagem de Thiel morreu durante a primeira temporada da série, e algumas das peculiaridades de Thiel acabaram sendo transferidas para Belson.)

No final de 2018, durante sua última entrevista com um importante veículo de comunicação dos EUA antes da pandemia — na conferência anual DealBook, do *New York Times* —, Thiel abordou o tema. O apresentador da conferência, o colunista financeiro Andrew Ross Sorkin, começou fazendo uma pergunta sobre pesquisas de longevidade em geral. Então, parou no meio de uma frase e trouxe os boatos à tona. "Aliás, é verdade ou mentira?"

Thiel sorriu, balançando a mão. "Nem sei o que dizer sobre isso", começou. "Mas gostaria de dizer, publicamente, que não sou um vampiro."

O estudo com ratos, de 2016, de fato tinha uma conexão com Thiel. Tinha sido financiado pela SENS, a organização sem fins lucrativos fundada por Aubrey de Grey e apoiada por Thiel. O laboratório, que eu visitei no início de 2020 pouco antes do lockdown, era funcional, se não sofisticado — um prédio comercial de um andar só, próximo a um cruzamento de uma rodovia nos arredores de Mountain View, na Califórnia. Aubrey de Grey tinha uma barba no estilo de Rip Van Winkle e trabalhava em um escritório apertado perto do laboratório, com uma estante de livros lotada e uma bicicleta encostada na parede. Ele creditou Thiel por ter semeado uma geração inteira de adeptos à sua causa. O Thielverso, ele me disse, era composto de "pessoas que cresceram entendendo que o envelhecimento é um problema médico que estávamos muito longe de resolver. Eles nunca precisaram ser persuadidos."

Thiel declarou que vê o trabalho da SENS como parte de seu legado mais importante, e que está no centro de sua fé religiosa. "A única parte da visão cristã em que eu acredito, mais do que em qualquer outra coisa", disse ele em uma entrevista de 2015 com o teólogo N. T. Wright, "é aquela que afirma que a morte é ruim, errada e que não devemos aceitá-la. Devemos enfrentá-la de todas as formas possíveis." No final de 2019, a organização recrutou um novo CEO, James O'Neill, funcionário de longa data nas empresas de Thiel (e uma das suas sugestões para administrar a FDA). Na época da minha visita, a SENS desfrutava de certo sucesso, tendo transformado vários projetos de pesquisa em empresas em estágio inicial e atraído uma série de novos doadores, incluindo Vitalik Buterin, o criador da tecnologia por trás da criptomoeda Ethereum que fora, anos antes, um bolsista da Thiel Fellowship.

O próprio Thiel, entretanto, não estava entre esses contribuidores recentes. Sua última doação para a SENS ocorreu em 2016. De Grey também mencionou que, apesar de falar sobre o trabalho da SENS na imprensa com certa frequência, Thiel nunca visitou o laboratório da organização, localizado a apenas 13km do escritório da Palantir, em Palo Alto. Isso me fez indagar se a ideia de Thiel de viver para sempre era sincera. Ele realmente queria curar a morte? Ou isso era apenas uma narrativa útil para ajudá-lo a afirmar sua identidade de controverso — uma peça no tabuleiro de xadrez que ele descartaria assim que tivesse a oportunidade?

Ficou difícil não questionar a sinceridade de Thiel quanto à tormenta da mortalidade humana nos meses que se seguiram, durante os quais ele permaneceu em silêncio enquanto Trump dava de ombros para uma crise humanitária sem precedentes na história norte-americana recente. Como alguém tão dedicado ao prolongamento da vida conseguia não se comover com tantas mortes evitáveis? No final de março, mais de 550 mil norte-americanos já haviam morrido de COVID, o que tornou a pandemia mais mortal do que a soma das vítimas dos EUA na Primeira e na Segunda Guerras Mundiais. Os Estados Unidos apresentam uma das piores taxas de mortalidade per capita do mundo. Como esses números sombrios não o levaram a romper com Trump, ou, pelo menos, gastar seu dinheiro de forma mais ambiciosa, tentando ajudar de alguma forma? Como a sua doação mais ambiciosa de 2020 pôde ter ido para o comitê de ação política de um dos nativistas mais proeminentes dos Estados Unidos, Kris Kobach?

É claro que tentei indagá-lo a respeito disso. Mas a entrevista prometida nunca se concretizou, e como o número de casos de COVID-19 voltou a disparar, o representante de Thiel parou de responder aos meus e-mails. Em vez disso, Thiel falou com o *Die Weltwoche*, um jornal suíço cujo editor, Roger Köppel, é membro do Partido Popular Suíço, o partido nacional-conservador daquele país. Em entrevista com Köppel, Thiel caracterizou a doença como uma patologia mental, em vez de física.[386] "Vejo isso como um indicador psicológico que as pessoas conhecem, lá no fundo: não há como voltar ao velho normal", declarou.

Ele prosseguiu, afirmando: "A COVID-19 criou uma mudança. Costumava haver essa sensação de que o futuro estava sendo travado de alguma forma. As mudanças que deveriam ter ocorrido há muito tempo não ocorreram porque houve resistência. Mas agora o futuro está livre." Ao que parecia, ele estava aceitando a pandemia como uma chance de redefinir a sociedade de acordo com seus ideais e planos.

Ele também não rompeu com Trump, como seus funcionários levaram a imprensa a acreditar. "Ainda o apoio", disse a respeito de Trump, descrevendo o então candidato Biden como "uma versão ligeiramente mais jovem e senil de Pétain", o chefe de estado fantoche da França ocupada pelos nazistas. Thiel acreditava que Biden venderia os Estados Unidos à China, assim como o marechal Pétain vendera os franceses à Alemanha. Para Trump e sua resposta "pragmática", por outro lado, ele não tinha nada além de elogios. Segundo ele, Trump "não aderiu aos especialistas extremistas da saúde que clamaram por uma paralisação total".

Thiel permaneceu fiel a Trump até o fim e, no último dia de sua presidência, ajudou a garantir absolvição para Anthony Levandowski, um engenheiro de carros autônomos que foi condenado a dezoito meses de prisão depois de admitir ter roubado propriedade intelectual do Google. Essa foi uma última pressionada contra seus inimigos de longa data no Google, e um sinal de que, embora Thiel estivesse calado, ele não tinha abandonado suas crenças extremistas.

"Ele não voltou atrás no republicanismo", disse Steve Bannon no final de janeiro, três semanas após a insurreição. "Ele é 100% MAGA."

O CONTRASTE ENTRE a aversão à morte professado por Thiel e sua aparente indiferença às centenas de milhares de mortes por COVID constitui um dos muitos exemplos que encontrei ao escrever este livro em que as crenças mais profundas de Thiel parecem entrar em conflito com suas ações maquiavélicas. Essas inconsistências terem passado praticamente despercebidas e Thiel ser considerado um livre-pensador controverso em vez de um agente calculista são provas da sua facilidade singular para o marketing pessoal. Ele é uma criação própria, um verdadeiro Oz do Vale do Silício, que, por meio de networking e da sua capacidade narrativa, construiu uma imagem tão atraente que acabou obscurecendo o homem por trás dela. Isso o torna a mais pura figura norte-americana — mesmo que as exigências de planejamento tributário possam, em algum momento, permitir que a Alemanha ou a Nova Zelândia (ou alguma futura nação *seastead* ainda não construída) venham a reivindicá-lo.

A mitologia de Thiel contém uma boa parcela de verdade: ele criou empresas que definiram a nossa cultura e economia no último quarto de século. A indústria que Thiel ajudou a construir é responsável por trilhões de dólares em geração de riquezas e centenas de milhares de empregos. Ele tem sido o raro futurista que realmente conseguiu acelerar o futuro — e, pelo menos por isso, ele merece certo respeito.

Ainda assim, isso é apenas metade da história, já que Thiel também contribuiu para uma virada reacionária na nossa política e sociedade que deixou os Estados Unidos em uma posição muito mais incerta do que a que ele encontrou quando abriu seu próprio negócio em meados da década de 1990. Ele é um crítico das Big Techs que fez mais para aumentar o alcance do domínio delas do que qualquer outra pessoa viva. É um autoproclamado defensor da privacidade que fundou uma das maiores empresas de vigilância do mundo. Um defensor da meritocracia e da diversidade intelectual que se cercou de uma autoproclamada máfia de legalistas. Um paladino da liberdade de expressão que detonou um grande meio de comunicação dos EUA em segredo. "Ele é um niilista, mas um niilista muito inteligente", disse Matt Stoller, o ativista antimonopolista e autor de *Goliath: The 100-year war between monopoly power and democracy*. "Ele é puro poder — é a lei da selva. 'Sou um predador, e os predadores vencem.'" Essa, mais do que tudo, pode ser a lição que os seguidores de Thiel aprenderam — o verdadeiro significado de "agir rápido e quebrar coisas".

Por enquanto, Thiel se retirou da vida pública. Ele virou pai e sua família está crescendo — enquanto este livro ia para a gráfica, na primavera de 2021, havia rumores no Thielverso de que ele e Danzeisen estavam com um segundo filho —, e a paternidade pode subverter até mesmo os planos mais ambiciosos de alguém. Dada a obsessão de Thiel com sua própria mortalidade, essa mudança pode ser ainda mais pronunciada. Afinal, a paternidade oferece a chance de um legado vivo, literalmente uma vida após a morte. Muitos de nós consideraríamos ter um filho e criá-lo bem como um investimento muito melhor na eternidade do que as descobertas mais inovadoras com cirurgias de camundongos. Amigos relataram um amolecimento; Thiel parece mais tranquilo, talvez até mais feliz. Isso pode ser uma projeção — um dos talentos de Thiel é apresentar uma tela na qual os outros podem projetar suas próprias ideias —, mas provavelmente não é.

Além do mais, o seu legado está garantido, mesmo que ele se retirasse completamente. Seus acólitos são os formadores de opinião de maior destaque a emanar do Vale do Silício. Elon Musk pode manipular mercados inteiros com um único tuíte — gerando downloads em massa do app Signal de troca segura de mensagens, ou ajudando a convencer os investidores do Reddit a comprarem ações da varejista GameStop, que estava perdendo dinheiro. Keith Rabois, satélite original do Thielverso, é sócio do Founders Fund e tem ecoado, diariamente, a mensagem de Thiel de que a Bay Area deve ser abandonada por qualquer pessoa com dinheiro ou ambição. Rabois comprou uma casa em Miami Beach em dezembro, reclamando dos altos impostos da Califórnia e das suas restrições pela COVID-19. Thiel também se mudou, adquirindo duas propriedades em Miami Beach no final de 2020, um bom local para ele, já que a Flórida, ao contrário da Califórnia, não tributa ganhos de capital, e não está muito longe daquele que é, de fato, o quartel-general do Partido Republicano, o Clube Mar-a-Lago de Donald Trump. O Founders Fund também está abrindo um escritório no sul da Flórida.

Enquanto isso, Max Levchin, cofundador do PayPal, quer acabar com cartões de crédito e algoritmos de classificações de crédito com sua empresa Affirm, que se tornou pública em janeiro de 2021, no valor de cerca de US$25 bilhões. Outra disruptora financeira no portfólio de Thiel, a Stripe, está tentando substituir as redes de pagamento atuais com seu próprio sistema de pagamentos de alta tecnologia, exatamente como Thiel imaginou décadas atrás. A Stripe é uma das empresas privadas mais valiosas do mundo, e seu cofundador, Patrick Collison, é um centro de poder por si só, promovendo uma visão thieliana do progresso tecnológico por meio de sua própria editora de livros, a Stripe Press. Além de seu portfólio, Thiel também semeou dezenas de fundos administrados por pupilos — investidores como Sam Altman, William Eden e Sarah Cone —, muitas vezes recebendo uma participação substancial em seus bônus de desempenho futuro, garantindo que ele desfrute de retornos melhores do que investidores normais. Ele também contratou uma nova geração de agitadores, incluindo Delian Asparouhov e Mike Solana, que assumiram a missão de espalhar o evangelho de Thiel sobre o futuro e os perigos dos "grupos woke".

Além disso, o impacto de Thiel é sentido até mesmo entre fundadores que nunca o conheceram. Assim como Steve Jobs inspirou uma geração de visionários de produtos de hábitos monásticos, Thiel inspirou uma geração de tecnocontroversos que aspiram a níveis semelhantes de sucesso e poder e que, como os colunistas mais experientes do *Stanford Review* dos anos 1980, sabem entregar (ou insinuar) prontamente falas sexistas e racistas para mostrar sua independência de pensamento. Como disse um jovem fundador de tecnologias no final de novembro de 2020, após aconselhar milhares de seguidores no Twitter a não "contratar uma garota gostosa" no início da vida de uma empresa, já que ela naturalmente distrairia o CEO macho de seu trabalho: "QI é real, sexo biológico é real, d0minação, Hayek/Friedman vencerão, mais 4 anos para DJT."

Além da indústria tecnológica, as perspectivas políticas de Thiel eram muito menos terríveis do que pareciam imediatamente após 6 de janeiro. Hawley desafiou seus críticos — incluindo o ex-senador John Danforth, seu mentor político, que chamou o apoio a Hawley de "o maior erro que já cometi na vida".[387] Ele se recusou a pedir desculpas e aproveitou para usar a controvérsia a seu favor. Quando a Simon & Schuster cancelou seu próximo livro, *The Tyranny of Big Tech*, Hawley encontrou uma nova editora, Regnery, e saiu em uma turnê publicitária na qual se retratou como vítima de uma "agenda cultural de cancelamento" diante de milhões de norte-americanos.[388] O livro se tornou um best-seller do *New York Times*.

Hawley afirmou que não concorrerá à presidência em 2024, embora ainda tenha muito tempo para mudar de ideia. Ted Cruz provavelmente permanecerá uma força na política republicana e também pode vir a concorrer à presidência, e há ainda outros políticos amigos de Thiel esperando nos bastidores, entre eles o apresentador da Fox News, Tucker Carlson.

E ainda há o senado dos Estados Unidos, para o qual Thiel tem grandes planos para 2022; ele já tem dois candidatos: seu coautor e assessor de longa data, Blake Masters, e J. D. Vance, o autor de *Era uma Vez um Sonho* e ex-sócio da Mithril, que falou na Conferência do Conservadorismo Nacional com Thiel e é visto como um possível candidato a substituir Rob Portman, o senador moderado de Ohio. Em março, um novo Super PAC, Protect Ohio Values, anunciou que Thiel prometeu US$10 milhões em apoio à candidatura de Vance ao senado. Os membros da família Mercer, apoiadores de longa data do *Breitbart* e da Cambridge Analytica, e aliados de Thiel, também foram anunciados como doadores. Na época, duas pessoas no círculo Thiel me disseram que esperavam que ele fizesse uma doação semelhante para Masters caso ele se candidatasse; no mês seguinte, a *Politico* relatou que ele faria exatamente isso, contribuindo com US$10 milhões para uma organização recém-formada, o PAC Saving Arizona.

Masters é um trumpista dedicado que visitou o muro da fronteira logo após o anúncio da doação de Thiel. "Obviamente, isso funciona", disse ele em um vídeo postado no Twitter. Vance, por outro lado, se opôs a Trump em 2016, mas abandonou suas crenças, aparecendo no podcast de Sebastian Gorka para alertar sobre os perigos do plano universal de cuidados infantis de Biden, e inclusive tuitou o que parecia ser uma apologia codificada ao QAnon. Ele se encontrou com o ex-presidente no Mar-a-Lago, durante a primavera.[389] Thiel foi seu acompanhante.

Se ambos ganharem, Masters e Vance estarão entre os quatro senadores dos EUA a dever, em parte, os seus assentos à generosidade de Peter Thiel. Só que Masters e Vance são diferentes de Hawley e Cruz, porque não devem apenas a Thiel. Eles são, como dois membros do Thielverso me apontaram, extensões dele. Masters, no momento em que este livro foi para a gráfica, era COO da Thiel Capital e presidente da Thiel Foundation; Vance, é claro, é um ex-funcionário de Thiel e conta com ele como um investidor da sua empresa de capital de risco.

Embora seja difícil imaginar que Thiel venha a exercer a mesma influência na administração Biden que teve na Casa Branca de Trump, é ainda mais difícil imaginar que não terá nenhuma. Na primavera de 2021, Johnson me disse que fez as pazes com Thiel, que superou qualquer receio que tinha em relação à Clearview e fez um investimento inicial na empresa mais recente de Johnson, a Traitwell. Essa startup de sequenciamento genético possui projetos dignos de contratos militares, seguindo o modelo pioneiro de Thiel na Palantir, posteriormente utilizado pela Anduril e pela Clearview. Johnson também mencionou que teve, recentemente, uma compreensão nova e surpreendente sobre a política. O homem que ajudou Thiel a nutrir a direita alternativa era agora, segundo ele próprio, um apoiador de Joe Biden. Ele elogiou as nomeações da Defesa e da Inteligência do presidente democrata, bem como seu plano de criar uma agência semelhante à DARPA focada no financiamento de novas tecnologias da área da saúde. Biden, disse ele, tinha as qualidades para ser um ótimo presidente.

Apesar dessa conversão, Thiel tinha outros contatos próximos à administração Biden. Avril Haines, assessora da campanha de 2020 e, a partir de janeiro, a nova Diretora de Inteligência Nacional, atuou como consultora da Palantir. Uma divulgação mostrou que, pouco antes de ingressar na equipe de Biden, ela trabalhou para o contratante da Defesa de Thiel, que lhe pagou US$180 mil em taxas, entre julho de 2017 e junho de 2020. Enquanto isso, um dos doadores mais prolíficos durante a eleição de 2020 foi Reid Hoffman, que gastou cerca de US$7 milhões do próprio bolso e arrecadou mais alguns milhões para ajudar Biden e os democratas. Thiel e Hoffman podem ter suas divergências, mas continuam próximos. Os relacionamentos forjados pela Máfia do PayPal continuarão gerando frutos por anos a fio, senão décadas.

EM 2005, quando Thiel ainda estava testando uma nova identidade como mestre do universo, Steve Jobs fez um discurso de formatura em sua *alma mater*. Até hoje, o discurso de Jobs na Universidade de Stanford é reverenciado, tanto como uma janela para a psique do fundador da Apple quanto como uma destilação da rebeldia do Vale do Silício nas décadas de 1990 e 2000. Todo mundo no ramo da tecnologia o assistiu pelo menos uma vez; muitos o sabem quase de cor.

"Verdade seja dita, eu nunca me formei na faculdade", começou Jobs. "Isso é o mais perto que cheguei de uma formatura da faculdade." Depois de explicar sua decisão de abandonar a Reed College no início dos anos 1970 antes de começar a Apple, Jobs revelou que havia sido diagnosticado com câncer no pâncreas e que estava meditando sobre sua própria morte. Ele disse que passou a ver a mortalidade como um presente — "a melhor invenção da vida". "Lembrar de que em breve estarei morto é a melhor ferramenta que encontrei para me ajudar a fazer as grandes escolhas da vida", prosseguiu Jobs. "Porque quase tudo — todas as expectativas externas, todo o orgulho, todo o medo da vergonha e do fracasso —, tudo isso desaparece diante da morte, restando apenas que é verdadeiramente importante." E continuou: "Você já está nu. Não há razão para não seguir o seu coração."

Thiel conheceu Jobs um ano depois — um breve encontro em um casamento, durante o qual Jobs não pareceu interessado em nenhum tipo de envolvimento com ele.[390] Thiel, no entanto, parecia ter o discurso de formatura de Jobs em mente onze anos depois, em maio de 2016, quando subiu a um púlpito na Hamilton College, no norte do estado de Nova York, para proferir seu próprio discurso. Aquilo veio em um momento decisivo, tanto de sua vida quanto de sua carreira — ele acabara de se tornar um representante de Trump, e estava a poucos dias de ser exposto como o arquiteto da destruição da Gawker —, e ele aproveitou o discurso para tentar enterrar o sistema de valores New Age de Jobs, ao mesmo tempo em que oferecia um novo tipo de mito fundador para uma nova indústria tecnológica.

O cofundador da Apple iniciou o seu discurso declarando a si próprio como alguém desqualificado por nunca ter se formado na faculdade; Thiel iniciou com uma falsa modéstia semelhante: "Vocês estão prestes a começar a trabalhar", disse ele. "Eu não trabalho para ninguém há 21 anos."

Então, ele contou a história da *sua* decisão de abandonar, não a faculdade, mas o mundo do direito corporativo. Jobs explicou que sua decisão de deixar a faculdade foi por uma motivação financeira — ele estava desperdiçando a poupança dos pais em uma educação cujos valores lhe pareciam questionáveis. Thiel, por outro lado, largou seu emprego bem remunerado como forma de se rebelar contra o sistema. "Caminhos e tradições familiares são clichês", disse ele, se referindo ao início da sua vida de conformismo carreirista.

Jobs havia citado o slogan do catálogo de esquerda *Whole Earth Catalog*: "Continue faminto. Continue tolo." Thiel citou o grande poeta modernista (e fascista) Ezra Pound: "Faça o novo." Então, sem mencionar Jobs, Thiel passou a atacar as duas máximas que o discurso do fundador da Apple havia ativado. Jobs disse aos formandos para que seguissem seus corações. Thiel disse o contrário. "*Não* seja fiel a si mesmo", rebateu. "Você precisa se disciplinar, cultivando, cuidando, mas não seguindo a si mesmo cegamente."

Thiel, então, passou ao conselho que Jobs dera sobre a morte. "A melhor maneira de seguir esse conselho é fazendo exatamente o oposto do que ele diz", afirmou. "Viva cada dia como se fosse viver para sempre." Adotar essa visão de mundo "significa que você deve tratar as pessoas ao seu redor como se elas também fossem existir por muito tempo", disse ele. "Você obterá os melhores retornos na vida ao investir o seu tempo na construção de amizades e relacionamentos duradouros."

Sua intenção era perfeitamente adequada — uma inversão controversa que gesticulava diretamente para os seus interesses no prolongamento da vida. Também sugeria uma consciência do longo alcance da sua própria influência. Thiel tinha se cercado de apoiadores e admiradores que o protegeram e o enriqueceram. Eles — a Máfia do PayPal, o Thielverso e o próprio Vale do Silício, em toda sua hipocrisia, ganância e, sim, em seu esplendor — fazem parte do seu legado.

E ainda assim, trata-se de um legado que parece um pouco superficial. Thiel conseguiu disseminar suas ideias reacionárias e concentrar grandes quantias de dinheiro, mas talvez fique eternamente isolado em sua própria maneira controversa — uma ideologia que, no final das contas, é inerentemente isoladora. Isso faz do seu discurso em Hamilton algo surpreendente, visto que aborda o tema da amizade. Em suas negociações, Thiel tende a tratar relações interpessoais em termos explicitamente transacionais, um fato que a sua própria escolha de palavras evidencia: tratar bem as pessoas não é um propósito em si, mas algo que se faz na expectativa de "retornos". A implicação, evidentemente, é que não precisamos tratar bem as pessoas se acharmos que não precisaremos lidar com elas novamente. Pelo que pude perceber nas minhas reportagens para este livro, a vida de Thiel tem sido repleta de relacionamentos importantes, mas poucos parecem transcender o dinheiro ou o poder. Indo contra o seu próprio conselho, ele construiu um universo no qual o sucesso, segundo a sua definição, depende de uma vontade — ou melhor, de uma necessidade — de cortar laços e seguir em frente sozinho.

AGRADECIMENTOS

Este livro se originou de quinze anos de reportagens sobre o mundo dos empreendedores, investidores e startups do Vale do Silício. Foi Jane Berentson quem me deu a minha primeira oportunidade no jornalismo como verificador de fatos na *Inc.*, e me convenceu de que escrever sobre negócios não precisava ser algo enfadonho. Ela se tornou uma mentora, uma amiga e, às vezes, uma mãe substituta. Eu também não seria o jornalista que sou sem Katherine Stirling (minha editora na *Vanity Fair*) e David Lidsky (na *Fast Company*), que se tornaram dois dos meus melhores amigos, além de me ensinarem a ser um escritor melhor.

Estou convencido de que não há melhor lugar no mundo para praticar o jornalismo agora do que na Bloomberg, onde meus chefes generosamente me concederam o tempo e o apoio necessários para concluir este projeto. Sou especialmente grato a Brad Stone, Jim Aley, Joel Weber, Kristin Powers e Reto Gregori — bem como aos meus colegas incrivelmente talentosos, em especial Josh Green, Ashlee Vance, Josh Brustein, Emily Chang, Sarah Frier, Austin Carr, Mark Bergen, Mark Milian, Caroline Winter e Alex Shoukas, por terem contribuído com ideias, fontes e, às vezes, piadas para o produto final.

A elaboração e a estrutura originais deste livro surgiram de uma série de conversas com o agente Ethan Bassoff, na Ross Yoon. Sem as edições e conselhos de Ethan no início, este projeto nunca teria acontecido. Também

342 AGRADECIMENTOS

devo agradecimentos a Dara Kaye e Howard Yoon, que suponho algum dia também representarão os meus filhos.

Eu não poderia ter encontrado parceiros melhores na Penguin Press. Muito obrigado a Ann Godoff, Scott Moyers, Liz Calamari, Danielle Plafsky, Shina Patel e, especialmente, à minha editora, Emily Cunningham. Emily foi diligente e incisiva em suas edições, abordando este projeto com bom humor, inteligência e humildade. Na medida em que este livro fizer sucesso, será principalmente por causa dela.

Jana Kasperkevic forneceu pesquisas e checagem de fatos e foi minha companheira constante desde o início. Kelsey Kudak foi minha brilhante guia na verificação de fatos. Kaula Nhongo contribuiu me enviando relatórios de Swakopmund. Diana Suryakusuma fez a curadoria das imagens. David Lidsky foi meu instrutor ao longo do processo, fez uma leitura inicial crucial e me forneceu anotações sobre algumas das seções mais preocupantes. Brad Stone me deu horas de incentivo e compaixão, bem como uma leitura inicial de valor inestimável. Burt Helm e Jill Schwartzman me proporcionaram amizade e suporte emocional.

As informações deste livro vieram de relações com centenas de fontes diferentes. A maioria das pessoas que atendeu ao telefone, respondeu meus e-mails ou se encontrou comigo pessoalmente, correu riscos substanciais e com poucos benefícios óbvios, tanto pessoal quanto profissionalmente. Sua generosidade de espírito e coragem me comoverão para todo o sempre. Obrigado por valorizarem o jornalismo e por confiarem em mim.

Também tive a ajuda de pesquisadores de várias instituições e organizações sem fins lucrativos. Isso inclui o departamento de Coleções Especiais da Biblioteca de Stanford, os Arquivos da Case Western Reserve University e a série de história oral *Western Mining in the Twentieth Century*, mantida na Universidade da Califórnia, em Berkeley. O Internet Archive, o Center for Responsive Politics do OpenSecrets.org e o Nonprofit Explorer do ProPublica foram recursos que usei diariamente, e os considero como elementos essenciais para o jornalista moderno.

Muitos repórteres cobriram o universo de Thiel extensivamente, e o trabalho deles informa o meu. Enquanto ainda era estudante de graduação em Stanford, Andrew Granato escreveu um relato completo do papel de

Thiel no *Stanford Review*, que serviu como ponto de partida para a minha própria pesquisa sobre o *Review*. Andrew conseguiu acessar e-mails por meio de uma solicitação de registros públicos a respeito do relacionamento de Thiel com o Instituto Nacional de Saúde, que basearam os meus relatos. Matt Nippert, do *New Zealand Herald*, divulgou a história da cidadania de Thiel na Nova Zelândia, e generosamente compartilhou documentos e ideias comigo. O livro de Corey Pein, *Live Work Work Work Die*, ajudou a sugerir alguns dos temas deste. Também devorei tudo de Lizette Chapman, Will Alden, Deepa Seetharaman, Ryan Mac, Jeff Bercovici, Brian Doherty e George Packer. Todos eles estão na minha lista de inveja perpétua.

Este livro estará para sempre ligado a dois eventos: o nascimento do meu filho Leon, que apareceu no dia em que o mundo se despedaçou, em março de 2020, e a morte do meu irmão Jackson Turner, que nos deixou alguns meses depois. Jackson tinha 37 anos, um ano mais jovem do que eu na época. Ele foi uma inspiração para mim e para muitas outras pessoas. Penso nele todos os dias.

Ao olhar para esses últimos anos, especialmente 2020, não sei como eu teria sobrevivido sem o amor e o apoio dos meus amigos e familiares — especialmente meu pai e minha mãe, minha madrasta Laurie e meu irmão Casey, que, junto com a minha cunhada Chelsea, me proporcionou um futon muito confortável em Oakland por semanas a fio, enquanto eu fazia minhas viagens de reportagens.

Minha primeira leitora, agora e sempre, é Christine, que me apoiou de diversas maneiras e me mostrou, por meio de seu amor, sua força e seu exemplo, o jornalista e a pessoa que eu aspiro a ser. Ter me casado com ela sempre será a melhor coisa que já me aconteceu.

Nossos três pequenos, Alice, Solly e Leon, ainda não são leitores, mas serão muito em breve, e espero que possam absorver bem estas palavras em um futuro próximo: eu amo vocês. Devo a vocês muitas histórias.

NOTAS

INTRODUÇÃO

1 Erin Griffith e Dan Primack, "The Age of Unicorns", *Fortune*, 22 de janeiro de 2015, https://fortune.com/2015/01/22/the-age-of-unicorns/.

2 "The 'Anti-Business' President Who's Been Good for Business", *Bloomberg Businessweek*, 13 de junho de 2016, https://www.bloomberg.com/features/2016-obama-anti-business-president/.

3 Drudge, página arquivada de 9 de maio de 2016, http://www.drudgereportarchives.com/data/2016/05/09/20160509_144805.htm.

4 "Facebook Accused of Political Bias", Fox News, 10 de maio de 2016, vídeo, https://video.foxnews.com/v/4886941905001/#sp=show-clips.

5 Mark Zuckerberg, "A Letter to Our Daughter", Facebook, 1º de dezembro de 2015, https://www.facebook.com/notes/mark-zuckerberg/a-letter-to-our-daughter/10153375081581634?fref=nf.

6 Glynnis MacNicol, "Here's the Real Reason Glenn Beck and Fox News Are Parting Ways", *Business Insider*, 6 de abril de 2011, https://www.businessinsider.com/glenn-beck-fox-news-fired-ratings-2011-4.

7 Nicholas Thompson e Fred Vogelstein, "Inside the Two Years That Shook Facebook — and the World", *Wired*, 12 de fevereiro de 2018, https://www.wired.com/story/inside-facebook-mark-zuckerberg-2-years-of-hell/.

8 Craig Silverman, "This Analysis Shows How Viral Fake Election News Stories Outperformed Real News on Facebook", *BuzzFeed*, 16 de novembro de 2016, https://www.buzzfeednews.com/article/craigsilverman/viral-fake-election-news-outperformed-real-news-on-facebook.

9 Siobhan Hughes, "Mark Zuckerberg: Facebook Made Mistakes on 'Fake News,' Privacy", *The Wall Street Journal*, 9 de abril de 2018, https://www.wsj.com/articles/mark-zuckerberg-facebook-made-mistakes-on-fake-news-privacy-1523289089.

346 **NOTAS**

10 Joshua Green and Sasha Issenberg, "Inside the Trump Bunker, with Days to Go", *Bloomberg Businessweek*, 27 de outubro de 2016, https://www.bloomberg.com/news/articles/2016-10-27/inside-the-trump-bunker-with-12-days-to-go.

11 Amy Mitchell et al., "Americans Who Mainly Get Their News on Social Media Are Less Engaged, Less Knowledgeable", Pew Research Center, 30 de julho de 2020, https://www.journalism.org/2020/07/30/americans-who-mainly-get-their-news-on--social-media-are-less-engaged-less-knowledgeable/.

12 Kaushik Viswanath, "How Uber and Airbnb Created a Parasite Economy", *Marker*, 14 de setembro de 2020, https://marker.medium.com/uber-and-airbnb-are-parasites-but-they-dont-have-to-be-36909355ac3b; Paris Martineau, "Inside Airbnb's 'Guerilla War' Against Local Governments", *Wired*, 20 de março de 2019, https://www.wired.com/story/inside-airbnbs-guerrilla-war-against-local-governments/; Mike Isaac, "How Uber Deceives the Authorities Worldwide", *The New York Times*, 3 de março de 2017, https://www.nytimes.com/2017/03/03/technology/uber--greyball-program-evade-authorities.html.

13 Peter Thiel e Blake Masters, *De Zero a Um* (Objetiva; 1ª edição, 23 de outubro de 2014).

14 Blake Masters (@bgmasters), "Zero to One has now sold more than 1.25 million copies worldwide!", Twitter, 31 de janeiro de 2016, https://twitter.com/bgmasters/status/693909418321141760.

15 Maureen Dowd, "Peter Thiel, Trump's Tech Pal, Explains Himself", *The New York Times*, 11 de janeiro de 2017, https://www.nytimes.com/2017/01/11/fashion/peter--thiel-donald-trump-silicon-valley-technology-gawker.html.

16 Max Chafkin, "Entrepreneur of the Year, 2007: Elon Musk", *Inc.*, 1º de dezembro de 2007, https://www.inc.com/magazine/20071201/entrepreneur-of-the-year-elon--musk.html.

CAPÍTULO 1: DANE-SE O MUNDO

17 "Community Profile", Community, Foster City website, acesso em 20 de janeiro de 2021, https://www.fostercity.org/sites/default/files/fileattachments/community_development/page/3211/final-snapshot-030812-02-community-profile.pdf.

18 William Robbins, "Brilliant Computer Student Dies from Gun Wound", *The New York Times*, 18 de agosto de 1980, https://timesmachine.nytimes.com/timesmachine/1980/08/18/111169520.html.

19 Mary Kilpatrick, "Cleveland Blamed 1966 Hough Riots on Outsiders — and It Wasn't True", *Cleveland.com*, 3 de junho de 2020, https://www.cleveland.com/metro/2020/06/cleveland-blamed-1966-hough-riots-on-outsiders-and-it-wasnt-true.html.

20 George Packer, "No Death, No Taxes", *The New Yorker,* 21 de novembro de 2011, https://www.newyorker.com/magazine/2011/11/28/no-death-no-taxes; George Packer, *The Unwinding: An Inner History of the New America* (New York: Farrar, Straus e Giroux, 2013).

21 Roger Moody, *The Gulliver File: Mines, People, and Land: A Global Battleground* (London: Minewatch, 1993), 665.

NOTAS 347

22 Greg Dropkin e David Clark, *Past Exposure: Revealing Health and Environmental Risks of Rössing Uranium* (London: Namibia Support Committee, 1992).

23 Packer, *The Unwinding*, 120.

24 Packer, *The Unwinding*, 121–22.

CAPÍTULO 2: UM MENINO MUITO, MUITO ESTRANHO

25 David Starr Jordan, "Graduates Listen to Final Words of Advice from President Jordan", *Stanford Daily*, 22 de maio de 1907, https://archives.stanforddaily.com/1907/05/22?page=7&section=MODSMD_ARTICLE15#article; Corey Pein, *Live Work Work Work Die: A Journey into the Savage Heart of Silicon Valley* (New York: Metropolitan Books, 2018), 202.

26 John Makin, "The Godfather of Reaganomics", *The Washington Post*, 5 de junho de 1988, https://www.washingtonpost.com/archive/entertainment/books/1988/06/05/the-godfather-of-reaganomics/9fae6dbf-a702-4897-8f9b-c5e2b6837b4f/.

27 Jeffrey Golden, "Hoover's Publicity Spurs Discussion of Academic Quality", *Stanford Daily*, 18 de novembro de 1981, 1, https://archives.stanforddaily.com/1981/11/18?page=1.

28 Leon Lindsay, "Liberal-Conservative Debate at Stanford's Hoover Institute", *The Christian Science Monitor*, 28 de junho de 1983, https://www.csmonitor.com/1983/0628/062846.html.

29 Julie Lythcott-Haims, "My Conversation with Peter Thiel about Apartheid... and Its Unfolding Aftermath", Medium, 2 de novembro de 2016, https://medium.com/indian-thoughts/my-conversation-with-peter-thiel-about-apartheid-and-its-aftermath-3fdf4249b08d.

30 Jacob Heilbrunn, "Apologists without Remorse", *The American Prospect*, 19 de dezembro de 2001, prospect.org/world/apologists-without-remorse.

31 Thomas Hays, "Chapel Dean Remembers South African Home", *Stanford Daily*, 4 de dezembro de 1985, 14, https://archives.stanforddaily.com/1985/12/04?page=14&section=MODSMD_ARTICLE33.

32 "Peter Thiel on Rene Girard", ImitatioVideo, 4 de janeiro de 2021, https://www.youtube.com/watch?v=esk7W9Jowtc.

33 "Reid Hoffman e Peter Thiel Share the Secrets of Breaking into Tech's Most Exclusive Network", *Forbes*, 2 de maio de 2012, https://www.forbes.com/forbes/2012/0521/midas-list-reid-hoffman-peter-thiel-inside-the-club.html#6ee83d3c6a46.

34 Richard Feloni, "Before Billionaire LinkedIn Founder Reid Hoffman Met Peter Thiel in College, the 'Pinko Commie' Had Heard of the 'Libertarian Wacko'— Now, They've Been Friends for 30 Years", *Business Insider*, 21 de novembro de 2017, https://www.businessinsider.com/linkedin-founder-reid-hoffman-friendship-with-peter-thiel-2017-11.

35 "ASSU Elections Handbook", *Stanford Daily*, 9 de abril de 1987, 1, https://archives.stanforddaily.com/1987/04/09?page=1.

36 Joseph Green, "El Salvador Trip Controversial", *Stanford Review*, 9 de junho de 1987.

348 NOTAS

37 Chris DeRosa, "Radical Politics Creates Western Culture Dispute", *Stanford Review*, 9 de junho de 1987.

38 O curso sobre penteados para negros, que teve início em 1992, quando ele estava matriculado na Escola de Direito de Stanford, seria de particular interesse para Thiel. Três anos mais tarde, ele e o coautor David Sacks citaram extensivamente o plano de estudos do curso, reclamando que se tratava de "uma paródia do multiculturalismo", retratando-a como um sintoma dos efeitos perniciosos da tolerância racial. Peter Thiel e David Sacks, *The Diversity Myth: Multiculturalism and the Politics of Intolerance at Stanford* (Washington, D.C.: Independent Institute, 1995).

39 Barbara Vobejda, "Bennett Assails New Stanford Program", *The Washington Post*, 19 de abril de 1988, https://www.washingtonpost.com/archive/politics/1988/04/19/bennett-assails-new-stanford-program/68ca775f-f95c-499b-9e1d-cfc219d8b7ea/.

40 Reid Hoffman, "Escape the Competition", *Masters of Scale*, podcast, 8 de novembro de 2017, https://mastersofscale.com/peter-thiel-escape-the-competition/.

41 Jennifer Kabbany, "Peter Thiel Predicts 'Reformation' of Higher Education in Speech to Student Journalists", *The College Fix*, 1 de dezembro de 2018, https://www.thecollegefix.com/peter-thiel-predicts-reformation-of-higher-education-in-speech-to-student-journalists/.

CAPÍTULO 3: ESPERO QUE VOCÊ MORRA

42 Alan Bloom, *The Closing of the American Mind* (New York: Simon & Schuster, 2012), 68-81, 208-14.

43 Chuck Lane, "Crying Out in Ignorance", *Harvard Crimson*, 7 de junho de 1982, https://www.thecrimson.com/article/1982/6/7/crying-out-in-ignorance-pbwhat-did/; Keeney Jones, "Dis Sho' Ain't No Jive, Bro", *Dartmouth Review*, 15 de março de 1982, https://journeys.dartmouth.edu/lesttheoldtraditionsfail/dis-sho-aint-no-jive-bro/; Dylan Matthews, "Dinesh D'Souza, America's Greatest Conservative Troll, Explained", *Vox*, 31 de maio de 2018, https://www.vox.com/2014/10/8/6936717/dinesh-dsouza-explained; Matthew Zeitlin, "Tim Geithner Asked Dinesh D'Souza 'How It Felt to Be Such a Dick'", *BuzzFeed*, 11 de maio de 2014, https://www.buzzfeednews.com/article/matthewzeitlin/tim-geithner-asked-dinesh-dsouza-how-it-felt-to-be-such-a-di; Dudley Clendinen, "Conservative Paper Stirs Dartmouth", *The New York Times*, 13 de outubro de 1981, https://www.nytimes.com/1981/10/13/us/conservative-paper-stirs-dartmouth.html; David Corn, "Remember How Dinesh D'Souza Outed Gay Classmates — and Thought It Was Awesome?", *Mother Jones*, 24 de janeiro de 2014, https://www.motherjones.com/politics/2014/01/dinesh-dsouza-indictmentdartmouth-outed-gay-classmates/.

44 "Critical Monthly Rouses Princeton", *The New York Times*, 19 de abril de 1984, 52, https://www.nytimes.com/1984/04/29/nyregion/critical-monthly-rouses-princeton.html.

45 Thiel e Sacks, *The Diversity Myth*.

46 Victor F. Zonana e Dan Morain, "Holocaust Image: AIDS Toll in S.F.: City Under Siege", *The Los Angeles Times*, 22 de agosto de 1988, https://www.latimes.com/archives/la-xpm-1988-08-22-mn-551-story.html.

NOTAS *349*

47 Tom Bethell, "Festive Foolery", *Stanford Review*, 9 de junho de 1987, 5.

48 John Abbot, "Relentless Revolution: Homophobiaphobia Paralyzes Stanford", *Stanford Review*, 19 de novembro de 1989; Nathan Linn, "'Homophobia'— the Big Lie", *Stanford Review*, 9 de março de 1992, 10.

49 "New Light Shed on Otero Epithet Case; Officials, Students Clarify Circumstances", *Stanford Daily*, 5 de fevereiro de 1992, 1, https://archives.stanforddaily.com/1992/02/05?page=1&section=MODSMD_ARTICLE4; Thiel e Sacks, *The Diversity Myth*, 169.

50 June Cohen, "Rabois' Comments on 'Faggots' Derided Across University", *Stanford Daily,* 6 de fevereiro de 1992, 1, https://archives.stanforddaily.com/1992/02/06?page=1&section=MODSMD_ARTICLE5.

51 David Sacks, "From Statutory Rape to Statutory Red Tape", *Stanford Review*, 21 de janeiro de 1982.

52 Angie Chuang, "Thomas Sentenced to Service, $1,000 Fine", *Stanford Daily*, 31 de janeiro de 1992, https://archives.stanforddaily.com/1992/01/31?page=1&section=MODSMD_ARTICLE4.

53 Mike Newman, "Safe Sex: Simple Rules to Avoid Charges of Sexual Assault", *Stanford Review*, 21 de janeiro de 1992, 8.

54 Mike Ehrman e Keith Rabois, "You Absolutely Know You Go to Stanford When…", *Stanford Review*, 21 de janeiro de 1982.

55 David Lat, "In Defense of Ryan Bounds", *Above the Law*, 20 de julho de 2018, https://abovethelaw.com/2018/07/in-defense-of-ryan-bounds/.

56 Hoffman, "Escape the Competition".

57 Thiel e Masters, *De Zero a Um*, 119.

58 Thiel e Sacks, *The Diversity Myth*, 145-46.

59 Julia Carrie Wong, "Peter Thiel, Who Gave $1.25 Million to Trump, Has Called Date Rape 'Belated Regret'", *The Guardian*, 21 de outubro de 2016, https://www.theguardian.com/technology/2016/oct/21/peter-thiel-support-donald-trump-date-rape-book; Ryan Mac e Matt Drange, "Donald Trump Supporter Peter Thiel Apologizes for Past Book Comments on Rape", *Forbes*, 25 de outubro de 2016; Kara Swisher, "Zenefits CEO David Sacks Apologizes for Parts of a 1996 Book He Co-wrote with Peter Thiel That Called Date Rape 'Belated Regret'", *Recode*, 24 de outubro de 2016, https://www.vox.com/2016/10/24/13395798/zenefits-ceo-david-sacks-apologizes-1996-book-co-wrote-peter-thiel-date-rape-belated-regret; Andrew Granato, "How Peter Thiel and the Stanford Review Built a Silicon Valley Empire", *Stanford Politics*, 27 de novembro de 2017, https://stanfordpolitics.org/2017/11/27/peter-thiel-cover-story/.

60 David Sacks e Peter Thiel, "Happy Indigenous People's Day", *The Wall Street Journal*, 5 de outubro de 1995.

61 Lizzy Ratner, "Olin Foundation, Right-Wing Tank, Snuffing Itself", *The New York Observer*, 9 de maio de 2005, https://observer.com/2005/05/olin-foundation-right-wing-tank-snuffing-itself/.

350 NOTAS

62 "Independent Institute", SourceWatch by Center for Media and Democracy, último acesso em 20 de janeiro de 2020, https://www.sourcewatch.org/index.php/Independent_Institute.

CAPÍTULO 4: ÍNDICE DE DOMINAÇÃO MUNDIAL

63 James Collins, "High Stakes Winners", *Time*, 19 de fevereiro de 1996, http://content.time.com/time/subscriber/printout/0,8816,984131,00.html.

64 John Quain, "Nothing but Netscape", *Fast Company*, 31 de outubro de 1996, https://www.fastcompany.com/27743/nothing-netscape.

65 John Wilson, *The Myth of Political Correctness* (Durham, NC: Duke University Press, 1995), 7.

66 T. J. Babbitt, "Ailing Review Sings 'Song of Myself'", *Stanford Daily*, 12 de fevereiro de 1998, https://archives.stanforddaily.com/1998/02/12?page=5&section=MODS-MD_ARTICLE16.

67 David Sacks e Peter Thiel, "The IMF's Big Wealth Transfer", *The Wall Street Journal*, 12 de março de 1998, https://www.independent.org/news/article.asp?id=45.

68 David Sacks and Peter Thiel, "Internet Shakes Up Complacent Press", *The San Francisco Chronicle*, 10 de março de 1998, https://www.independent.org/news/article.asp?id=60.

69 Detalhes sobre a estrutura inicial do fundo e as perdas foram revelados por uma ação judicial de 2006 movida por Amisil Holdings, um dos seus primeiros investidores, em um tribunal estadual de São Francisco.

70 Michael Lewis, *The New New Thing* (New York: W. W. Norton, 2000).

71 John Carney, "Netscape Founder Jim Clark's $125M Divorce", *Dealbreaker*, 13 de novembro de 2006, https://dealbreaker.com/2006/11/netscape-founder-jim-clarks-125m-divorce.

72 Sarah Lacy, "I Almost Lost My Leg to a Crazy Guy with a Geiger Counter", *Pando-Daily*, 17 de agosto de 2017, https://pando.com/2017/08/17/i-almost-lost-my-leg-crazy-guy-geiger-counter-max-levchin-and-other-valley-icons-share-their-stories-luck/.

73 Max Levchin, entrevistado por Jason Calacanis, *This Week in Startups*, 4-6, https://www.youtube.com/watch?v=e48aSjtg1ds.

74 Max Levchin, "A Fireside Chat with Max Levchin", *Pando-Daily*, 17 de julho de 2004, 50:00-54:00, https://www.youtube.com/watch?v=wYSFoml6CtY.

75 Steve Bodow, "The Money Shot", *Wired*, 1º de setembro de 2001, https://www.wired.com/2001/09/paypal/. Thiel nunca mencionou lavagem de dinheiro, especificamente, mas o uso de contas bancárias anônimas quase certamente levava à lavagem de dinheiro e outros crimes.

76 Eric Jackson, *The PayPal Wars: Battles with eBay, the Media, the Mafia, and the Rest of Planet Earth* (Los Angeles: World Ahead Publishing, 2004), 25.

77 Blake Masters, "Peter Thiel's CS183: Startup — Class 5 Notes Essay", Blakemasters.com, 20 de abril de 2012, https://blakemasters.com/post/21437840885/peter-thiels-cs183-startup-class-5-notes-essay.

NOTAS *351*

78 Mark Gimein, "High Tech's New 'It Guy': Elon Musk Is Poised to Become Silicon Valley's Next Big Thing", *Ottawa Citizen*, 23 de agosto de 1999, D1.

79 Max Chafkin, "Entrepreneur of the Year, 2007: Elon Musk", *Inc.*, 1° de dezembro de 2007, https://www.inc.com/magazine/20071201/entrepreneur-of-the-year-elon--musk.html.

80 Craig Tolliver, "X.com Opens Its Virtual Doors", *CBS MarketWatch*, 10 de dezembro de 1999, https://web.archive.org/web/20000301165053/http://www.x.com/external_CBS_interview.htm.

81 Jackson, *The PayPal Wars*, 57–61.

82 Jackson, *The PayPal Wars*, 19.

83 Clendinen, "Conservative Paper Stirs Dartmouth".

84 Bodow, "Money Shot".

CAPÍTULO 5: UMA ATITUDE HEDIONDA

85 Jason Sapsford, "PayPal Sees Torrid Growth with Money-Sending Service", *The Wall Street Journal*, 16 de fevereiro de 2000, https://www.wsj.com/articles/SB950653184492190214; William Trombley, "Reagan Library Strains Link between Stanford and Hoover Institution", *Los Angeles Times*, 8 de março de 1987, https://www.latimes.com/archives/la-xpm-1987-03-08-mn-13662-story.html.

86 "Elon Musk: How I Wrecked an Uninsured McLaren F1", entrevista realizada por Sarah Lacy, *PandoDaily*, 15 de julho de 2012, https://www.youtube.com/watch?v=mOI8GWoMF4M.

87 Maureen Dowd, "Peter Thiel, Trump's Tech Pal, Explains Himself", *The New York Times*, 11 de janeiro de 2020, https://www.nytimes.com/2017/01/11/fashion/peter--thiel-donald-trump-silicon-valley-technology-gawker.html.

88 Catherine Tymkiw, "Bleak Friday on Wall Streak", *CNNMoney*, 14 de abril de 2000, https://money.cnn.com/2000/04/14/markets/markets_newyork/.

89 Izabella Kaminska, "From the Annals of Disruptive Digital Currencies Past", *Financial Times*, 4 de novembro de 2014.

90 Jackson, *The PayPal Wars*, 108.

91 Jackson, *The PayPal Wars*, 159-60.

CAPÍTULO 6: ZONAS NEBULOSAS

92 Julia Belluz, "The Vape Company Juul Said It Doesn't Target Teens. Its Early Ads Tell a Different Story", *Vox*, 25 de janeiro de 2019, https://www.vox.com/2019/1/25/18194953/vape-juul-e-cigarette-marketing.

93 Max Chafkin e Julie Verhage, "Robinhood Thinks Bitcoin Belongs in Your Retirement Plan", *Bloomberg Businessweek*, 8 de fevereiro de 2018, https://www.bloomberg.com/news/features/2018-02-08/brokerage-app-robinhood-thinks-bitcoin-belongs-in-your-retirement-plan?sref=4ZgkJ7cZ.

94 Os captchas originais pediam aos usuários para que lessem letras levemente distorcidas; as versões mais recentes utilizam imagens.

352 NOTAS

95 Paul Cox, "PayPal and FBI Team Up to Combat Wire Fraud", *The Wall Street Journal*, 22 de junho de 2001, https://www.wsj.com/articles/B992639123888198275.

96 Brad Stone, "Busting the Web Bandits", *Newsweek*, 15 de julho de 2001, https://www.newsweek.com/busting-web-bandits-154463.

97 Greg Sandoval, "Investigations into PlayStation 2 Sales Mount", *CNET*, 2 de março de 2002, https://www.cnet.com/news/investigations-into-playstation-2-sales-mount/.

98 Cox, "PayPal and FBI Team Up".

99 Matt Richtel, "PayPal and New York in Accord on Gambling", *The New York Times*, 22 de agosto de 2002, https://www.nytimes.com/2002/08/22/business/technology-paypal-and-new-york-in-accord-on-gambling.html; Dylan McCullagh, "PayPal Settles over Gambling Transfers", *CNET*, 2 de agosto de 2004, https://www.cnet.com/news/paypal-settles-over-gambling-transfers/.

100 Jackson, *The PayPal Wars*, 205.

101 As participações de propriedade aqui foram estimadas com base no pedido S-1 original do PayPal, de setembro de 2001, logo após a concessão das ações. As concessões dariam a Thiel uma participação acionária de 4,6% na época do IPO, que ocorreu no mês de fevereiro seguinte. A participação de Musk seria reduzida para 12%.

102 Os detalhes de como Thiel estruturou a compra foram divulgados como um anexo em um registro na SEC antes que o PayPal se tornasse público. PayPal Inc., "Registration Statement", registrada em 28 de setembro de 2001, anexo 10.9, https://www.sec.gov/Archives/edgar/data/0001103415/000091205701533855/0000912057-01-533855-index.html.

103 Deborah Jacobs, "How Facebook Billionaires Dodge Mega Millions in Taxes", *Forbes*, 20 de março de 2012, https://www.forbes.com/sites/deborahljacobs/2012/03/20/how-facebook-billionaires-dodge-mega-millions-in-taxes/#6a53c50c58f3.

104 Jackson, *The Paypal Wars*, 225.

105 Jackson, *The PayPal Wars*, 270.

CAPÍTULO 7: HEDGING

106 "Moneyline News Hour", CNN, 28 de março de 2001, 18h30 ET, https://web.archive.org/web/20021103202734/http://www.cnn.com/TRANSCRIPTS/0103/28/mlld.00.html.

107 Bush mais tarde indicaria John Marburger, um físico, como chefe do Escritório de Políticas Científicas e Tecnológicas.

108 Jackson, *The PayPal Wars*, 293.

109 Budow, "Money Shot".

110 Gary Rivlin, "If You Can Make It in Silicon Valley, You Can Make It... in Silicon Valley Again", *The New York Times*, 5 de junho de 2005, https://www.nytimes.com/2005/06/05/magazine/if-you-can-make-it-in-silicon-valley-you-can-make-it-in-silicon.html.

111 Jackson, *The PayPal Wars*, 295.

NOTAS *353*

112 Jonathan Miles, "The Billionaire King of Techtopia", *Details*, setembro de 2011.

113 Sarah Lynch, "Decorati + PayPal: From Start-Up to Finish", *California Home+Design*, 17 de março de 2011, https://web.archive.org/web/20140919063020/https://www.californiahomedesign.com/trending/2011/03/17/decorati-paypal-start-finish/.

114 Deepak Gopiath, "Macro Man", *Bloomberg Markets*, janeiro de 2007, 39-50.

115 "Restaurant Review: Frisson, San Francisco", *Vinography*, setembro de 2004, http://www.vinography.com/archives/2004/09/restaurant_review_frisson_san.html.

116 Gopiath, "Macro Man".

117 Karen Breslau, "The NASCAR Lifestyle", *Newsweek*, 16 de maio de 2004, https://www.newsweek.com/nascar-lifestyle-128331.

118 David Carr, "Where the Reader and the Rubber Meet the Road", *The New York Times,* 5 de maio de 2005, https://www.nytimes.com/2004/05/05/sports/auto-racing-where-the-reader-and-the-rubber-meet-the-road.html.

119 Gregory Zuckerman, "How the Soros Funds Lost Game of Chicken Against Tech Stocks", *The Wall Street Journal*, 22 de maio de 2000, https://www.wsj.com/articles/SB95894419575853588.

120 Gopiath, "Macro Man".

121 Linn, "'Homophobia'— the Big Lie".

122 Sam Francis, "Abolishing America", *VDARE*, 21 de julho de 2003, https://web.archive.org/web/20030801083024/http://vdare.com/francis/reparations_too.html.

123 Eric Savitz, "Game Theory", *Barron's*, 1º de março de 2004, https://www.wsj.com/articles/SB107792721619541724.

124 Eric Savitz, "A Second Payday for PayPal Founder", *Barron's*, 13 de fevereiro de 2006, https://www.wsj.com/articles/SB113961793285971352.

125 Stephen Leahy, "This Is the World's Most Destructive Oil Operation — and It's Growing", *National Geographic*, abril de 2019, https://www.nationalgeographic.com/environment/2019/04/alberta-canadas-tar-sands-is-growing-but-indigenous--people-fight-back/.

126 Savitz, "Second Payday".

127 Gopiath, "Macro Man".

128 Dane Hamilton, "Clarium Hedge Fund Posts Gains of 57.9 Percent", Reuters, 9 de julho de 2008, https://www.reuters.com/article/us-clarium-hedge/clarium-hedge--fund-posts-gains-of-57-9-percent-idUSN0948639720080709.

129 Kaja Whitehouse, "Clarium Returns Climb", *The New York Post*, 10 de julho de 2008, https://nypost.com/2008/07/10/clarium-returns-climb.

130 Mike Masnick, "Now That Plaxo Spam Has Annoyed Enough People, It's Time to Fade It Out", *TechDirt*, 22 de março de 2006, https://www.techdirt.com/articles/20060322/0317223.shtml.

131 Steven Bertoni, "Sean Parker: Agent of Disruption", *Forbes*, 10 de outubro de 2010, https://www.forbes.com/global/2011/1010/feature-sean-parker-agent-disruption--napster-facebook-plaxo-steven-bertoni.html?sh=42f2099b7c28; David Kirkpatrick, "With a Little Help from His Friends", *Vanity Fair*, outubro de 2010, https://www.vanityfair.com/culture/2010/10/sean-parker-201010.

NOTAS

132 Bari Schwartz, "Hot or Not? Website Briefly Judges Looks", *Harvard Crimson*, 4 de novembro de 2003, https://www.thecrimson.com/article/2003/11/4/hot-or-not-website-briefly-judges/.

133 David Kirkpatrick, *The Facebook Effect* (New York: Simon & Schuster, 2010), 89.

134 Kirkpatrick, *Facebook Effect*, 103–4.

135 Kirkpatrick, *Facebook Effect*, 89.

136 Nicholas Carlson, "EXCLUSIVE: Mark Zuckerberg's Secret IMs from College", *Business Insider*, 17 de maio de 2012, https://www.businessinsider.com/exclusive-mark-zuckerbergs-secret-ims-from-college-2012-5?op=1.

CAPÍTULO 8: INCEPTION

137 Andy Greenberg e Ryan Mac, "How a 'Deviant' Philosopher Built Palantir", *Forbes*, 2 de setembro de 2013, forbes.com/sites/andygreenberg/2013/08/14/agent-of-intelligence-how-a-deviant-philosopher-built-palantir-a-cia-funded-data-mining-juggernaut/.

138 Sharon Weinberger, "Techie Software Soldier Spy", *New York*, 28 de setembro de 2020, https://nymag.com/intelligencer/2020/09/inside-palantir-technologies-peter-thiel-alex-karp.html.

139 Shane Harris, "Killer App", *Washingtonian*, 31 de janeiro de 2012, https://www.washingtonian.com/2012/01/31/killer-app/.

140 Peter Waldman, Lizette Chapman e Jordan Robertson, "Palantir Knows Everything about You", *Bloomberg Businessweek*, 19 de abril de 2018, https://www.bloomberg.com/features/2018-palantir-peter-thiel/?sref=4ZgkJ7cZ.

141 David Kirkpatrick, "With a Little Help from His Friends", *Vanity Fair*, outubro de 2010, https://www.vanityfair.com/culture/2010/10/sean-parker-201010.

142 Matt Marshall, "Founders Fund Hires Sean Parker as Partner, to Launch Second Fund", *VentureBeat*, 12 de dezembro de 2006, https://venturebeat.com/2006/12/12/founders-fund-hires-edgy-sean-parker-as-partner-to-launch-second-fund/.

143 Kirkpatrick, "With a Little Help".

144 Jessica Guynn, "The Founders Fund Emerges as Venture Capital 2.0", *San Francisco Chronicle*, 13 de dezembro de 2006, sfgate.com/bayarea/article/The-Founders-Fund-emerges-as-venture-capital-2-0-2543274.php.

CAPÍTULO 9: ADEUS, BONS TEMPOS

145 "Editorial: Google's Power Couple", *Valleywag*, 2 de fevereiro de 2006, https://web.archive.org/web/20060206211542/http://www.valleywag.com/tech/marissa-mayer/editorial-googles-power-couple-152210.php#more.

146 "Valleywag Exclusive: Oh Schmidt!", *Valleywag*, 6 de fevereiro de 2006, https://web.archive.org/web/20060208024001/http://www.valleywag.com/tech/top/valleywag-exclusive-oh-schmidt-153052.php.

147 Doree Shafrir, "From the Mailbag", *Gawker*, 31 de julho de 2007, https://gawker.com/tag/adam-gopnik.

148 "'New York Times' Staff Explained for Math Majors", *Gawker*, 18 de julho de 2006, https://gawker.com/188110%2Fnew-york-times-staff-explained-for-math-majors.

149 Vanessa Grigoriadis, "Everybody Sucks", *New York*, 12 de outubro de 2007, https://nymag.com/news/features/39319/.

150 Allen Salkin, "Has Gawker Jumped the Snark?", *The New York Times*, 13 de janeiro de 2008, https://www.nytimes.com/2008/01/13/fashion/13gawker.html.

151 Nick Denton, "Valleywag Update: Nick Denton Speaks", entrevista por Al Saracevic, *San Francisco Chronicle*, 13 de novembro de 2006, https://blog.sfgate.com/techchron/2006/11/13/valleywag-update-nick-denton-speaks/.

152 Kara Swisher, "Kara Visits Founders Fund's Peter Thiel", *AllThingsD*, 1º de novembro de 2007, http://allthingsd.com/20071101/kara-visits-founders-funds-peter-thiel/.

153 Belinda Luscombe, "Gawker Founder Nick Denton on Peter Thiel, 'Conflict and Trollery,' and the Future of Media", *Time*, 22 de junho de 2016, https://time.com/4375643/gawker-nick-denton-peter-thiel/.

154 Owen Thomas, "Peter Thiel's Fabulous Fourth of July", *Valleywag*, 6 de julho de 2007, https://gawker.com/275650/peter-thiels-fabulous-fourth-of-july.

155 Owen Thomas, "Peter Thiel's College Tour", *Valleywag*, 6 de outubro de 2017, https://gawker.com/308252/peter-thiels-college-tour.gawker.com

156 Owen Thomas "Peter Thiel Crush Alert", *Valleywag*, 27 de novembro de 2007.

157 Owen Thomas, "Is Apple COO Tim Cook Gay?", *Valleywag*, 10 de novembro de 2008, https://web.archive.org/web/20090119085309/http://valleywag.gawker.com/5082473/is-apple-coo-tim-cook-gay.

158 Ryan Holiday, *Conspiracy: Peter Thiel, Hulk Hogan, Gawker, and the Anatomy of Intrigue* (New York: Portfolio, 2018), 31.

159 Peter Goodman e Gretchen Morgenson, "Saying Yes, WaMu Built Empire on Shaky Loans", *The New York Times*, 28 de dezembro de 2008, https://www.nytimes.com/2008/12/28/business/28wamu.html.

160 Dave Rubin, "Trump, Gawker, and Leaving Silicon Valley", *Rubin Report*, 1:34, https://www.youtube.com/watch?v=h10kXgTdhNU.

161 Thiel, *Rubin Report*, 1:33.

162 Nicholas Carlson, "Peter Thiel Supports Ron Paul, the Candidate Who Opposed the 'Black Agenda'", *Valleywag*, 21 de janeiro de 2008, https://gawker.com/347103%-2Fpeter-thiel-supports-ron-paul-the-candidate-who-opposed-the-black-agenda; James Kirchick, "Angry White Man", *The New Republic*, 8 de janeiro de 2008, https://newrepublic.com/article/61771/angry-white-man.

163 Owen Thomas, "Facebook Backer Peter Thiel Loses Almost $1 Billion in a Month", *Valleywag*, 9 de setembro de 2008, https://gawker.com/5047074%2Ffacebook-backer-peter-thiel-loses-almost-1-billion-in-a-month.

164 Owen Thomas, "Give Me Liberty or Give Me Taxpayer Money", *Valleywag*, 6 de maio de 2009, https://gawker.com/5243197%2Fgive-me-liberty-or-give-me-taxpayer-money.

356 NOTAS

165 Soumitra Dutta and Matthew Fraser, "Barack Obama and the Facebook Election", *U.S. News & World Report*, 19 de novembro de 2008, https://www.usnews.com/opinion/articles/2008/11/19/barack-obama-and-the-facebook-election.

166 Joshua Green, "The Amazing Money Machine", *The Atlantic*, junho de 2008, https://www.theatlantic.com/magazine/archive/2008/06/the-amazing-money-machine/306809/.

167 Peter Thiel, "The Seasteading Institute Conference 2009", 12 de novembro de 2009, https://vimeo.com/7577391.

168 "Introducing the Seasteading Institute", 14 de abril de 2008, https://www.seasteading.org/introducing-the-seasteading-institute/.

169 "Libertarian Island: No Rules, Just Rich Dudes", NPR, 21 de maio de 2008, https://www.npr.org/transcripts/90664406.

170 Heidi Beirich, "The Nativist Lobby: Three Faces of Intolerance", Southern Poverty Law Center, 1º de fevereiro de 2009, https://www.splcenter.org/20090131/nativist-lobby-three-faces-intolerance.

171 Molly Ball, "The Little Group behind the Big Fight to Stop Immigration Reform", *The Atlantic*, 1º de agosto de 2013, https://www.theatlantic.com/politics/archive/2013/08/the-little-group-behind-the-big-fight-to-stop-immigration-reform/278252/.

172 Owen Thomas, "Billionaire Facebook Investor's Antiimmigrant Heresy", *Valleywag*, 14 de novembro de 2008, https://gawker.com/5083655/billionaire-facebook-investors-anti-immigrant-heresy.

173 Patri Friedman, "Beyond Folk Activism", *Cato Unbound*, 6 de abril de 2009, https://www.cato-unbound.org/2009/04/06/patri-friedman/beyond-folk-activism.

174 Peter Thiel, "The Education of a Libertarian", *Cato Unbound*, 13 de abril de 2009, https://www.cato-unbound.org/2009/04/13/peter-thiel/education-libertarian.

175 Peter Kafka, "Why Did Nick Denton Think Peter Thiel Was behind the Hulk Hogan Suit?", *Recode*, 24 de maio de 2016, https://www.vox.com/2016/5/24/11765246/peter-thiel-nick-denton-hulk-hogan-gawker-valleywag.

CAPÍTULO 10: O NOVO COMPLEXO MILITAR-INDUSTRIAL

176 Stewart Brand, "We Owe It All to the Hippies", *Time*, 1º de março de 1995, http://content.time.com/time/subscriber/article/0,33009,982602-3,00.html.

177 Tom Wolfe, "The Tinkerings of Robert Noyce", *Esquire*, 1º de dezembro de 1983, http://classic.esquire.com/the-tinkerings-of-robert-noyce/.

178 Peter Thiel, "The End of the Future", *National Review*, 3 de outubro de 2011, https://www.nationalreview.com/2011/10/end-future-peter-thiel/.

179 "Tracking GhostNet", The Information Warfare Monitor, 29 de março de 2009, https://citizenlab.ca/wp-content/uploads/2017/05/ghostnet.pdf; John Markoff, "Tracking Cyberspies Through the Web Wilderness", *The New York Times*, 11 de maio de 2009, https://www.nytimes.com/2009/05/12/science/12cyber.html.

180 Steve Brill, "Trump, Palantir, and the Battle to Clean Up a Huge Army Procurement Swamp", *Fortune*, 27 de março de 2017 https://fortune.com/longform/palantir-pen-

tagon-trump/. O A em DCGS-A se refere ao Exército ["Army", em inglês] dos EUA; outras filiais têm seus próprios sistemas DCGS. Ao longo deste livro, para simplificar, me refiro ao sistema do Exército como DCGS.

181 Harry Tunnell, *Red Devils: Tactical Perspective from Iraq* (Fort Leavenworth, KS: Combat Studies Institute Press, 2003).

182 Anna Mulrine, "Pentagon Had Red Flags about Command Climate in 'Kill Team' Stryker Brigade", *Christian Science Monitor*, 28 de outubro de 2010, https://www.csmonitor.com/USA/Military/2010/1028/Pentagon-had-red-flags-about-command--climate-in-kill-team-Stryker-brigade.

183 Adam Goldman et al., "F.B.I. Used Informant to Investigate Russia Ties to Campaign, Not to Spy as Trump Claims", *The New York Times*, 18 de maio de 2018, https://www.nytimes.com/2018/05/18/us/politics/trump-fbi-informant-russia-investigation.html.

184 "Report Blames Lapses on Stryker Commander", *Military Times*, 27 de março de 2013, https://www.militarytimes.com/2013/03/27/report-blames-lapses-on-stryker--commander-532-page-report-finds-colonel-ignored-doctrine-proper-procedure-in--leading-undisciplined-bct/; Julie Watson, "GOP Rep. Duncan Hunter Resigns after Corruption Conviction", AP, 7 de janeiro de 2020, https://apnews.com/article/21f-9320c1ab116538a9244941c11192b.

185 Nate Anderson, "Spy Games: Inside the Convoluted Plot to Bring Down WikiLeaks", *Wired*, 14 de fevereiro de 2011, https://www.wired.com/2011/02/spy/.

186 Andy Greenberg, "Palantir Apologizes for Wikileaks Attack Proposal, Cuts Ties with HBGary", *Forbes*, 11 de fevereiro de 2011, https://www.forbes.com/sites/andygreenberg/2011/02/11/palantir-apologizes-for-wikileaks-attack-proposal-cuts--ties-with-hbgary/?sh=6b6b7055585e.

187 Nitasha Tiku, "Leaked Emails Show How Palantir Founder Recruits for Global Domination", *Valleywag*, 17 de outubro de 2013, http://valleywag.gawker.com/leaked-emails-show-how-palantir-founder-recruits-for-gl-1443665496; Sharon Weinberger, "Techie Software Soldier Spy", *New York*, 28 de setembro de 2020, https://nymag.com/intelligencer/2020/09/inside-palantir-technologies-peter-thiel--alex-karp.html.

188 Ashlee Vance e Brad Stone, "Palantir, the War on Terror's Secret Weapon", *Bloomberg Businessweek*, 22 de novembro de 2011, https://www.bloomberg.com/news/articles/2011-11-22/palantir-the-war-on-terrors-secret-weapon?sref=4ZgkJ7cZ.

189 Barret Brown, "A Sinister Cyber-Surveillance Scheme Exposed", *The Guardian*, 22 de junho de 2011, https://www.theguardian.com/commentisfree/cifamerica/2011/jun/22/hacking-anonymous.

190 Greenberg and Mac, "'Deviant' Philosopher".

CAPÍTULO 11: O TABU ABSOLUTO

191 "Peter Thiel on Facebook, Technology, and the Higher Education Bubble", entrevista por Tim Cavanaugh, *Reason.TV*, 12 de novembro de 2010, https://www.youtube.com/watch?v=P6qm7vVB5so.

358 **NOTAS**

192 "Peter Thiel Talks about Investing", *Venturebeat*, 27 de setembro de 2010, https://techcrunch.com/2010/09/27/peter-thiel-drop-out-of-school/.

193 Michael Arrington, "Announcing the TechFellow Awards with Founders Fund", *Techcrunch*, 16 de abril de 2009, https://techcrunch.com/2009/04/16/announcing-the--techfellow-awards-with-founders-fund/.

194 Sarah Lacy, "Peter Thiel: We're in a Bubble and It's Not the Internet. It's Higher Education", *Techcrunch*, 11 de abril de 2011, https://techcrunch.com/2011/04/10/peter-thiel-were-in-a-bubble-and-its-not-the-internet-its-higher-education/.

195 Lacy, "We're in a Bubble".

196 "20 Under 20 Introductory Episode", The Thiel Fellowship, 15 de dezembro de 2011, https://www.youtube.com/watch?v=uVCbjehiwqo& t=173s.

197 Tara Isabella Burton, "The Gospel According to Peter Thiel", *City Journal*, primavera de 2020, https://www.city-journal.org/peter-thiel.

198 Brian Solomon, "Peter Thiel's Chosen One", *Forbes*, 3 de janeiro de 2017, https://www.forbes.com/sites/briansolomon/2017/01/03/james-proud-hello-sense-sleep--apple-amazon/.

199 Michael Nunez, "Overhyped Sleep Tracker Backed by Peter Thiel Is on Its Death Bed", *Mashable*, 6 de junho de 2013, https://mashable.com/2017/06/13/hello-sense--sleep-tracker-shut-down/.

200 Gerry Shih, "Peter Thiel, University-Hater, Heads to Campus", Reuters, 12 de março de 2012, https://www.reuters.com/article/us-stanford-thiel/peter-thiel-university--hater-heads-to-campus-idUSBRE82A0EO20120312.

CAPÍTULO 12: CONSTRUINDO A BASE

201 Warren St. John, "Metrosexuals Come Out", *The New York Times*, 22 de junho de 2003, https://www.nytimes.com/2003/06/22/style/metrosexuals-come-out.html.

202 Miles, "Billionaire King of Techtopia".

203 Caroline Howard, "Peter Thiel: Don't Wait to Start Something", *Forbes*, 10 de setembro de 2014, https://www.forbes.com/sites/carolinehoward/2014/09/10/peter-thiel-dont-wait-to-start-something-new/?sh=61f93f6e1e69.

204 Mencius Moldbug, "A Formalist Manifesto", *Unqualified Reservations*, 23 de abril de 2007, https://www.unqualified-reservations.org/2007/04/formalist-manifesto-o-riginally-posted/.

205 "Peter Thiel's CS183: Startup — Class 18 Notes Essay", Blakemasters.com, 6 de junho de 2012, https://blakemasters.com/post/24578683805/peter-thiels-cs183-startup-class-18-notes.

206 Mencius Moldbug, "UR's Crash Course in Sound Economics", *Unqualified Reservations*, 6 de agosto de 2009, https://www.unqualified-reservations.org/2009/08/urs-crash-course-in-sound-economics/.

207 Mencius Moldbug, "Chapter 2: Why Carlyle Matters", *Unqualified Reservations*, 16 de julho de 2009, https://www.unqualified-reservations.org/2009/07/why-carly-le-matters/.

NOTAS *359*

208 Mencius Moldbug, "South Africa: The Solution", *Unqualified Reservations*, 21 de outubro de 2009, https://www.unqualified-reservations.org/2009/10/south-africa--solution/.

209 Mencius Moldbug, "Right Wing Terrorism as Folk Activism", *Unqualified Reservations*, 23 de julho de 2011, https://www.unqualified-reservations.org/2011/07/right--wing-terrorism-as-folk-activism/.

210 Ben Smith, "They're Gay, Conservative and Proud", *Politico*, 25 de setembro de 2010, https://www.politico.com/story/2010/09/theyre-gay-conservative-and-proud-042711.

211 James Kirchick, "Angry White Man".

212 O. Kay Henderson, "Ron Paul Touts His $6 Million 'Money Bomb'", Radio Iowa, 17 de dezembro de 2007, https://www.radioiowa.com/2007/12/17/ron-paul-touts-his--6-million-money-bomb/.

213 Robert Smith, "Ron Paul: Why the Young Flock to an Old Idealist", *Morning Edition*, NPR, 16 de maio de 2011, https://www.npr.org/2011/05/16/135990053/ron--paul-why-the-young-flock-to-an-old-idealist.

214 Alina Selyukh, "PayPal Co-founders Fund Pro-Paul Super PAC", Reuters, 31 de janeiro de 2012, https://www.reuters.com/article/us-usa-campaign-spending-paul/paypal-co-founders-fund-pro-paul-super-pac-idUSTRE80U1OF20120131.

215 Brian Doherty, "Ron Paul Revolution: What Now?", *Reason*, 9 de março de 2012, https://reason.com/2012/03/09/ron-paul-revolution-what-now-ron-paul-re/.

216 Em 2016, Benton e outro funcionário da campanha de Paul, John Tate, seriam condenados por violar as leis de financiamento de campanha em conexão a pagamentos realizados para um senador do estado de Iowa. Em 2020, Donald Trump perdoou os dois.

217 Students for Liberty, "Peter Thiel at the ISFLC 2012", 26 de fevereiro de 2012, https://www.youtube.com/watch?v=k3rp4jXTYJU.

218 Dave Weigel, "Ron Paul's Billionaire", *Slate*, 20 de fevereiro de 2012, https://slate.com/news-and-politics/2012/02/investor-peter-thiel-is-the-billionaire-behind-ron--pauls-presidential-campaign.html.

219 Kevin Robillard, "Hulk Hogan Ready to Rumble for Romney", *Politico*, 30 de agosto de 2012, https://www.politico.com/blogs/click/2012/08/hulk-hogan-ready-to--rumble-for-romney-133822.

220 Sean Sullivan, "The Biggest Upset of 2012", *The Washington Post*, 28 de novembro de 2012, https://www.washingtonpost.com/news/the-fix/wp/2012/11/28/the--biggest-upset-of-2012/.

221 Sam Biddle, "Reminder: Peter Thiel Is Ted Cruz's Gay Billionaire", *Valleywag*, 30 de setembro de 2013, http://valleywag.gawker.com/reminder-peter-thiel-is-ted-cruzs-gay-billionaire-all-1427666663.

222 Ezra Collins, "Ron Paul: Ted Cruz Is No Libertarian", *Politico*, 5 de fevereiro de 2016, https://www.politico.com/story/2016/02/ron-paul-ted-cruz-libertarian-218822.

223 Jesse Walker, "Thomas Massie's Unified Theory of Ron Paul", *Reason*, 15 de março de 2017, https://reason.com/2017/03/15/thomas-massies-unified-theory-of-ron-pau/.

CAPÍTULO 13: INTELECTUAL EM PÚBLICO, REACIONÁRIO NO PRIVADO

224 Adrienne Shih, "Protesters Break into Peter Thiel Speaker Event in Wheeler Hall", *Daily Californian*, 10 de dezembro de 2014, https://www.dailycal.org/2014/12/10/protestors-break-peter-thiel-speaker-event-wheeler-hall/.

225 Kevin Montgomery, "Billionaire Peter Thiel Says Technology Isn't Screwing Middle Class", *Valleywag*, 11 de novembro de 2014, http://valleywag.gawker.com/billionaire-peter-thiel-says-technology-isnt-screwing-m-1657419404.

226 Ariana Eunjung Cha, "Peter Thiel's Quest to Find the Key to Eternal Life", *The Washington Post*, 3 de abril de 2015, https://www.washingtonpost.com/business/on-leadership/peter-thiels-life-goal-to-extend-our-time-on-this-earth/2015/04/03/b7a1779c-4814-11e4-891d-713f052086a0_story.html.

227 Thomas Friedman, "Welcome to the 'Sharing Economy'", *The New York Times*, 20 de julho de 2013, https://www.nytimes.com/2013/07/21/opinion/sunday/friedman-welcome-to-the-sharing-economy.html.

228 Jason Tanz, "How Airbnb and Lyft Finally Got Americans to Trust Each Other", *Wired*, 23 de abril de 2014, https://www.wired.com/2014/04/trust-in-the-share-economy/.

229 O ensaio Cato de Thiel de 2009 se refere à década de 1920 como a "última década na história norte-americana durante a qual era possível ser genuinamente otimista sobre política", destacando o "grande aumento de beneficiários da previdência social", além do sufrágio feminino.

230 Danielle Sacks, "How Silicon Valley's Obsession with Narrative Changed TaskRabbit", *Fast Company*, 17 de julho de 2013, https://www.fastcompany.com/3012593/taskrabbit-leah-busque.

231 Roger Parloff, "Peter Thiel Disagrees with You", *Fortune*, 4 de setembro de 2014, https://fortune.com/2014/09/04/peter-thiels-contrarian-strategy/.

232 Jennifer Schuessler, "Still No Flying Cars? Debating Technology's Future", *The New York Times*, 21 de setembro de 2014, https://www.nytimes.com/2014/09/22/arts/peter-thiel-and-david-graeber-debate-technologys-future.html?searchResultPosition=1.

233 For instance, Lillian Cunningham, "Peter Thiel on What Works at Work", *The Washington Post*, 10 de outubro de 2014, https://www.washingtonpost.com/news/on-leadership/wp/2014/10/10/peter-thiel-on-what-works-at-work/.

234 O livro de Holiday se refere a D'Souza como Sr. A, embora D'Souza mais tarde tenha reconhecido sua participação e contado a história do seu encontro com Thiel. David Swan, "Gawker's Ruin: 'Mr. A' Revealed", *The Australian*, 7 de dezembro de 2017.

235 Ryan Holiday, *Conspiracy: Peter Thiel, Hulk Hogan, Gawker, and the Anatomy of Intrigue* (New York: Portfolio/ Penguin, 2018), 76.

236 Holiday, *Conspiracy*, 83.

237 Holiday, *Conspiracy*, 76–91; Foster Kramer, "Gawker's March Editorial Review Memo", *The Village Voice*, 7 de abril de 2010, https://www.villagevoice.com/2010/04/07/gawkers-march-editorial-review-memo-essentially-stop-writing-shitty-headlines-also-moar-sex-crimes-plzkthx/.

238 Holiday, *Conspiracy*, 183.

239 Sam Biddle, "Tinder Confidential: The Hookup App's Founders Can't Swipe Away the Past", *Gawker*, 23 de novembro de 2015, https://web.archive.org/web/20151124081258/https://gawker.com/tinder-confidential-the-hookup-apps-founders-cant-swip-1733787036.

240 "Hulk Hogan on Racial Slurs, His Kids' Reaction to Sex Tape Trial, & More", *The View*, 23 de março de 2016, https://www.youtube.com/watch?v=xSFsssJKdfM.

241 Tim Murphy, "The Rise and Fall of Twitter's Most Infamous Right-Wing Troll", *Mother Jones*, 16 de dezembro de 2014, https://www.motherjones.com/politics/2014/12/charles-chuck-johnson-gotnews-rolling-stone/.

242 Charles Johnson, "EXCLUSIVE: What We Found on Michael Brown's Instagram Account", *GotNews*, 5 de setembro de 2014, https://web.archive.org/web/20140923075236/http://gotnews.com/found-michaelbrowns-instagram-account; Chris Hayes, "Michael Brown's Juvenile Record Had No Serious Criminal Conviction", Fox2Now, 3 de setembro de 2014, https://fox2now.com/news/michael-browns-juvenile-record-had-no-serious-criminal-conviction/; Charles Johnson, "What Happened Today at #MichaelBrown Juvenile Court", *GotNews*, 3 de setembro de 2014, https://web.archive.org/web/20140925020517/http://gotnews.com/happened-today-michaelbrown-juvenile-court/.

243 Charles Johnson, "CORRECTED... #JackieCoackley Retweeted Slut Walk 2011", *GotNews*, 9 de dezembro de 2014, https://web.archive.org/web/20141210054510/http://gotnews.com/breaking-fraud-jackiecoakley-cried-rape-uvahoax/.

244 Charles Johnson, "Why I Am Suing BuzzFeed's Ryan Mac for Libel Over Peter Thiel Story", Charles Johnson's Thoughts and Adventures, 12 de setembro de 2020, https://charlesjohnson.substack.com/p/why-i-am-suing-buzzfeeds-ryan-mac; Mathew Ingram, "Gawker Gets Its First Outside Investment Ever, from a Russian Oligarch", *Fortune*, 20 de janeiro de 2016, https://fortune.com/2016/01/20/gawker-funding/.

245 Mark Harris, "Disney Should Know the Difference between James Gunn and Roseanne", *Vulture*, 23 de julho de 2018, https://www.vulture.com/2018/07/james-gunn-is-not-roseanne-and-disney-should-know-it.html; Liam Stack, "Who Is Mike Cernovich? A Guide", *The New York Times*, 5 de abril de 2017, https://www.nytimes.com/2017/04/05/us/politics/mike-cernovich-bio-who.html.

246 David Holthouse, "'Right-Wing Youth' Group Debuts at CPAC", *Hatewatch*, 26 de fevereiro de 2009, https://www.splcenter.org/hatewatch/2009/02/26/right-wing-youth-group-debuts-cpac.

247 United States v. Marcus Epstein, Superior Court of the District of Columbia, Felony Branch, 7 de janeiro de 2008, http://www.onepeoplesproject.com/imagesEpstein/img072.jpg.

248 Rosie Gray e Ryan Mac, "Peter Thiel Met with the Racist Fringe as He Went All In on Trump", *BuzzFeed*, 11 de setembro de 2020; "Kevin DeAnna" Southern Poverty Law Center Extremist Files, acesso em 15 de maio de 2021, https://www.splcenter.org/fighting-hate/extremist-files/individual/kevin-deanna.

249 O gesto de Spencer, que foi filmado por um repórter disfarçado do *Atlantic*, foi um tanto ambíguo e poderia ter sido um aceno formal para a multidão. Apesar de

362 NOTAS

dezenas de pessoas terem respondido com gestos semelhantes — e Spencer ter sido filmado depois, fazendo uma saudação nazista em outro evento.

250 Luke O'Brien, "The Far-Right Helped Create the World's Most Powerful Facial Recognition Technology", *Huffington Post*, 7 de abril de 2020, https://www.huffpost.com/entry/clearview-ai-facial-recognition-alt-right_n_5e7d028bc5b-6cb08a92a5c48.

CAPÍTULO 14: PLANO B

251 "Peter Thiel's Party Has a Problem: Facebook Investor's Inebriated Guests Get Stuck in Elevator", *New York Daily News*, 22 de junho de 2011, https://www.nydailynews.com/entertainment/gossip/peter-thiel-party-problem-facebook-investor-inebriated-guests-stuck-elevator-article-1.128098.

252 Matt Nippert, "Citizen Thiel", *The New Zealand Herald*, 1 de fevereiro de 2018, https://www.nzherald.co.nz/indepth/national/how-peter-thiel-got-new-zealand-citizenship/.

253 Nippert, "Citizen Thiel"; David Streitfeld and Jacqueline Williams, "New Zealand Is 'the Future,' Peter Thiel Said in His Push for Citizenship", *The New York Times*, 1º de fevereiro 2017, https://www.nytimes.com/2017/02/01/business/peter-thiel-new-zealand-itizenship.html.

254 Pascal-Emmanuel Gobry, "Billionaire Facebook Investor Peter Thiel Pours Money into His 'Utopia,' New Zealand", *Business Insider*, 14 de janeiro de 2011, https://www.businessinsider.com/peter-thiel-new-zealand-2011-1.

255 "Entrepreneur Donates $1 Million to Christchurch", press release de Bell Gully, 20 de abril de 2011, https://www.scoop.co.nz/stories/AK1104/S00514/entrepreneur-donates-1-million-to-christchurch.htm.

256 "Peter Thiel at *National Review* Institute Summit", C-SPAN, 26 de janeiro de 2013, 24, https://www.c-span.org/video/?310618-1/peter-thiel-national-review-institute--summit.

257 Fareed Zakaria, entrevista com Steve Rattner, *Fareed Zakaria GPS*, CNN, 22 de julho de 2012, http://transcripts.cnn.com/TRANSCRIPTS/1207/22/fzgps.01.html. (Divulgação: Rattner gerencia ativos para Mike Bloomberg, o chefe do chefe do meu chefe.)

258 William Cohan, "What's Really Going on with Mitt Romney's IRA", *The Atlantic*, 10 de setembro de 2012, https://www.theatlantic.com/politics/archive/2012/09/whats-really-going-on-with-mitt-romneys-102-million-ira/261500/.

259 GAO-15-16, "IRS Could Bolster Enforcement on Multimillion Dollar Accounts, but More Direction from Congress Is Needed", 20 de outubro de 2014, https://www.gao.gov/products/GAO-15-16.

260 Meghann Myers, "Odierno Lets the Fur Fly at a House Hearing", *Army Times*, 26 de abril de 2013, http://outsidethewire.armytimes.com/2013/04/26/odierno-lets--the-fur-fly-on-the-house-floor/.

261 Joe Gould, "McHugh: Rep Was 'Not Correct' in Odierno Kerfuffle", *Army Times*, 30 de abril de 2013, http://outsidethewire.militarytimes.com/2013/04/30/mchugh--rep-was-not-correct-in-odierno-kerfuffle/.

NOTAS *363*

262 *For the Record*, "Armed & Unaccountable", BlazeTV, 23 de abril de 2014, https://www.youtube.com/watch?v=c1ke9xMBujg.

263 Nicholas Confessore e Matthew Rosenberg, "Spy Contractor's Idea Helped Cambridge Analytica Harvest Facebook Data", 27 de março de 2018, *The New York Times*, https://www.nytimes.com/2018/03/27/us/cambridge-analytica-palantir.html.

264 Connie Loizos, "'When you spend $100 Million on Social Media, It Comes with Help,' Says Trump strategist", *Techcrunch*, 8 de novembro de 2017, https://techcrunch.com/2017/11/08/when-you-spend-100-million-on-social-media-it-comes-with--help-says-trump-strategist/.

265 Christopher Wylie, *Mindf*ck: Cambridge Analytica and the Plot to Break America* (New York: Random House, 2019), 83, 112-14.

CAPÍTULO 15: INTERESSADO EM TRUMP

266 Paul Solotaroff, "Trump Seriously: On the Trail with the GOP's Tough Guy", *Rolling Stone*, 9 de setembro de 2015, https://www.rollingstone.com/politics/politics--news/trump-seriously-on-the-trail-with-the-gops-tough-guy-41447/.

267 Jamie Weinstein, "Peter Thiel Talks Politics, Living Forever and the Need for the GOP to Get Smarter Reps", *Daily Caller*, 24 de setembro de 2014, https://dailycaller.com/2014/09/24/peter-thiel-talks-politics-living-forever-and-the-need-for-the-gop--to-get-smarter-reps/.

268 *Meet the Press*, NBC News, 9 de agosto de 2015, https://www.nbcnews.com/meet--the-press/meet-press-transcript-august-9-2015-n408516.

269 "Trial Judge in Hulk Hogan-Gawker Case Is Most Reversed in Pinellas", *Tampa Bay Times*, 25 de março de 2016, https://www.tampabay.com/news/courts/trial-judge--in-hulk-hogan-gawker-case-is-most-reversed-in-pinellas/2270818/.

270 Sam Thielman, "Nick Denton Grilled in Gawker-Hogan Trial: 'We're Dependent on Leaks'", *The Guardian*, 15 de março de 2016, https://www.theguardian.com/media/2016/mar/15/nick-denton-testimony-gawker-hulk-hogan-sex-tape-trial?referrer=justicewire.

271 Kafka, "Why Did Nick Denton Think".

272 Eriq Gardner, "Hulk Hogan Grilled about Sex-Filled TMZ, Howard Stern Interview at Gawker Trial", *Hollywood Reporter*, 8 de março de 2016, https://www.hollywoodreporter.com/thr-esq/hulk-hogan-grilled-sex-filled-873435.

273 Dan Abrams, "Might a Gawker Hater Be Covering Hulk Hogan's Legal Bills", *Law & Crime*, 9 de março de 2016, https://lawandcrime.com/high-profile/might-an-anti--gawker-benefactor-be-covering-hulk-hogans-legal-bills/.

274 Andrew Ross Sorkin, "Peter Thiel, Tech Billionaire, Reveals Secret War with Gawker", *The New York Times*, 25 de maio de 2016, https://www.nytimes.com/2016/05/26/business/dealbook/peter-thiel-tech-billionaire-reveals-secret-war--with-gawker.html.

275 Marina Hyde, "Peter Thiel's Mission to Destroy Gawker Isn't 'Philanthropy.' It's a Chilling Taste of Things to Come", *The Guardian*, 27 de maio de 2016, https://

364 **NOTAS**

www.theguardian.com/commentisfree/2016/may/27/peter-thiel-gawker-philanthro-py-paypal-mogul-secret-war-billionaire.

276 Edmund Lee, "Jeff Bezos on Gawker vs. Peter Thiel", *Recode,* 31 de maio de 2016, https://www.vox.com/2016/5/31/11826118/jeff-bezos-gawker-peter-thiel.

277 Jonathan Taplin, *Move Fast and Break Things* (New York: Little, Brown, 2017), 155; Milo, "How Peter Thiel Saved Free Speech on the Web", *Breitbart,* 31 de maio de 2016, https://www.breitbart.com/social-justice/2016/05/31/peter-thiel-free-speech/.

278 Claire Lehmann, "Thiel vs Gawker: Why a Defensive Media Is the Real Threat to Free Speech", *Quillette,* 1° de junho de 2016, https://quillette.com/2016/06/01/thiel--vs-gawker-why-a-defensive-media-is-the-real-threat-to-free-speech/.

279 Betsy Rothstein, "GotNews' Charles Johnson Has na Indecent Proposal for Nick Denton", *Daily Caller,* 17 de junho de 2016, https://dailycaller.com/2016/06/17/got-news-charles-johnson-has-an-indecent-proposal-for-nick-denton/.

280 Max Chafkin and Lizette Chapman, "The Strange Politics of Peter Thiel, Trump's Most Unlikely Supporter", *Bloomberg Businessweek,* 21 de julho de 2016, https://www.bloomberg.com/news/articles/2016-07-21/the-strange-politics-of-peter-thiel--trump-s-most-unlikely-supporter?sref=4ZgkJ7cZ.

281 Rebecca Ballhaus and Brody Mullins, "No Fortune 100 CEOs Back Republican Donald Trump", *The Wall Street Journal,* 23 de setembro de 2016, https://www.wsj.com/articles/no-fortune-100-ceos-back-republican-donald-trump-1474671842.

282 Dawn Chmielewski and Ina Fried, "Intel's CEO Planned, Then Scrapped, a Donald Trump Fundraiser", *Recode,* 1° de junho de 2016, https://www.cnbc.com/2016/06/01/intels-ceo-planned-then-scrapped-a-donald-trump-fundraiser.html.

CAPÍTULO 16: A TEORIA DE GOVERNO DE THIEL

283 Dowd, "Trump's Tech Pal".

284 Joshua Green e Zachary Mider, "New Super-PAC Launches for Donors Who Won't Back Trump but Loathe Clinton", *Bloomberg News,* 21 de junho de 2016, https://www.bloomberg.com/news/articles/2016-06-22/new-super-pac-launches-for-do-nors-who-won-t-back-trump-but-loathe-clinton.

285 Glenn Kessler, "The Facts about Hillary Clinton and the Kathy Shelton Rape Case", *The Washington Post,* 11 de outubro de 2016, https://www.washingtonpost.com/news/fact-checker/wp/2016/10/11/the-facts-about-hillary-clinton-and-the-kathy--shelton-rape-case/.

286 Salena Zito, "Taking Trump Seriously, Not Literally", *The Atlantic,* 23 de setembro de 2016, https://www.theatlantic.com/politics/archive/2016/09/trump-makes-his--case-in-pittsburgh/501335/.

287 Jay Yarrow, "Peter Thiel Perfectly Summed Up Donald Trump in a Few Sentences", CNBC, 9 de novembro de 2016, https://www.cnbc.com/2016/11/09/peter-thiel-per-fectly-summed-up-donald-trump-in-one-paragraph.html; ver também: Dara Lind, "Peter Thiel's Monstrously Naive Case for Donald Trump", *Vox,* 31 de outubro de 2016, https://www.vox.com/policy-and-politics/2016/10/31/13477236/trump-se-riously-literally-thiel.

NOTAS *365*

288 Essa foi uma declaração controversa em 2016, que desde então foi bem documentada, especialmente por Kevin Roose do *New York Times*. Ver também: "What If Facebook Is the Real 'Silent Majority'", 27 de agosto de 2020, https://www.nytimes.com/2020/08/27/technology/what-if-facebook-is-the-real-silent-majority.html.

289 Issie Lapowsky, "What Did Cambridge Analytica Really Do for Trump's Campaign", *Wired*, 26 de outubro de 2017, https://www.wired.com/story/what-did-cambridge-analytica-really-do-for-trumps-campaign/.

290 Deepa Seetharaman, "How a Facebook Employee Helped Trump Win — but Switched Sides for 2020", *The Wall Street Journal*, 24 de novembro de 2019, https://www.wsj.com/articles/how-facebooks-embed-in-the-trump-campaign-helped-the-president-win-11574521712.

291 Joshua Green and Sasha Issenberg, "Inside the Trump Bunker, With Days to Go", *Bloomberg Businessweek*, 27 de outubro de 2016, https://www.bloomberg.com/news/articles/2016-10-27/inside-the-trump-bunker-with-12-days-to-go?sref=4ZgkJ7cZ.

292 Eliana Johnson, "Donald Trump's 'Shadow President' in Silicon Valley", *Politico*, 26 de fevereiro de 2017, https://www.politico.com/story/2017/02/donald-trumps-shadow-president-in-silicon-valley-235372.

293 Scott Walman, "Ex-Trump Adviser: 'Brainwashed' Aides Killed Climate Review", E&E News, 4 de dezembro de 2019, https://www.eenews.net/stories/1061717133.

294 Sarah Kaplan, "David Gelernter, Fiercely Anti-intelectual Computer Scientist, Is Being Eyed for Trump's Science Adviser", *The Washington Post*, 18 de janeiro de 2017, https://www.washingtonpost.com/news/speaking-of-science/wp/2017/01/18/david-gelernter-fiercely-anti-intellectual-computer-scientist-is-being-eyed-for-trumps-science-adviser/.

295 Rosie Gray, "The 'New Right' and the 'Alt-right' Party on a Fractious Night", *The Atlantic*, 20 de janeiro de 2017, https://www.theatlantic.com/politics/archive/2017/01/the-new-right-and-the-alt-right-party-on-a-fractious-night/514001/.

CAPÍTULO 17: PODER DE DEPORTAÇÃO

296 Andrew Harris, "Thiel's Palantir Wins Battle over Army Combat Data System", *Bloomberg News*, 31 de outubro de 2016, https://www.bloomberg.com/news/articles/2016-10-31/palantir-wins-legal-battle-over-army-combat-data-system.

297 Ryan Mac, "The Trump Administration Has Not Asked Palantir Technologies to Build a Muslim Registry", *Forbes*, 12 de janeiro de 2017, https://www.forbes.com/sites/ryanmac/2017/01/12/palantir-ceo-has-not-been-asked-to-build-a-muslim-registry-and-would-refuse-anyway/#659f5d667e4c.

298 Jose A. DelReal, "Trump's Latest Plan Would Target at Least 5 Million Undocumented Immigrants for Deportation", *The Washington Post*, 1º de setembro de 2016, https://www.washingtonpost.com/politics/trumps-latest-plan-would-target-at-least-5-million-undocumented-immigrants-for-deportation/2016/09/01/d6f05498-7052-11e6-9705-23e51a2f424d_story.html.

299 Stephen Miller, "Tricky Extrapolations", *The Chronicle*, 26 de outubro de 2005, https://www.dukechronicle.com/article/2005/10/tricky-extrapolations.

300 Liz Robbins, "U.S. List of Those Detained for Trump's Travel Ban Is Called Incomplete", *The New York Times*, 24 de fevereiro de 2017, https://www.nytimes.com/2017/02/24/nyregion/travel-ban-trump-detained.html/

301 T. C. Sotteck, "Google Co-founder Sergey Brin Joins Protest against Immigration Order at San Francisco Airport", *The Verge*, 28 de janeiro de 2017, https://www.theverge.com/2017/1/28/14428262/google-sergey-brin.

302 Javier David, "Google, Microsoft Voice Concerns over Trump Immigration Order and Impact on Staff", CNBC, 28 de janeiro de 2017, https://www.cnbc.com/2017/01/28/google-chief-sundar-pichai-chides-trump-over-immigration-order-affecting-nearly-200-staffers.html.

303 Casey Newton, "Zuckerberg to Trump: 'Keep Our Doors Open to Refugees'", *The Verge*, 27 de janeiro de 2017, https://www.theverge.com/2017/1/27/14420662/zuckerberg-immigration-refugees-trump-executive-orders.

304 "Here's How a Big Tech CEO Really Feels about Trump", *BuzzFeed*, 21 de abril de 2017, https://www.youtube.com/watch?v=fnh5ImJCfos.

305 Esses documentos foram divulgados como resultado de um pedido de liberdade de informações feito por Andrew Granato, um jornalista e pesquisador que cobriu a influência de Thiel quando ele era estudante de graduação em Stanford.

306 Dowd, "Trump's Tech Pal".

307 Jonah Engel Bromwich, "Trump Camp's Talk of Registry and Japanese Internment Raises Muslims' Fears", *The New York Times*, 18 de novembro de 2016, https://www.nytimes.com/2016/11/18/us/politics/japanese-internment-muslim-registry.html.

308 Nicholas Kulish et al., "Trump's Immigration Policies Explained", *The New York Times*, 2 de fevereiro de 2021, https://www.nytimes.com/2017/02/21/us/trump-immigration-policies-deportation.html.

309 Spencer Woodman, "Palantir Provides the Engine for Donald Trump's Deportation Machine", *The Intercept*, 2 de março de 2017, https://theintercept.com/2017/03/02/palantir-provides-the-engine-for-donald-trumps-deportation-machine/.

310 Jenna Lyons, "Pro-immigrant Demonstrators Rally Outside Peter Thiel's SF Home", *San Francisco Chronicle*, 14 de março de 2017, https://www.sfgate.com/bayarea/article/Pro-immigrant-demonstrators-rally-outside-Peter-10995442.php; Anna Weiner, "Why Protestors Gathered Outside Peter Thiel's Mansion This Weekend", *The New Yorker*, 14 de março de 2017, https://www.newyorker.com/news/news-desk/why-protesters-gathered-outside-peter-thiels-mansion-this-weekend.

311 Geoff Lewis, "Turn on Reality", *Medium*, 13 de novembro de 2016, acesso em 15 de maio de 2012, https://medium.com/@justglew/turn-on-reality-f4331d007f3c; postagem original acessada via Internet Archive, em 14 de novembro de 2016, https://web.archive.org/web/20161114060128/https://medium.com/turnonreality/turn-on-reality-f4331d007f3c.

312 Ver, por exemplo, Peter Thiel entrevistado por Maria Bartiromo, Economic Club of New York, 15 de março de 2018.

NOTAS 367

CAPÍTULO 18: LISTA DO MAL

313 Julian Guthrie, "Yelp's Jeremy Stoppelman: A profile", *The San Francisco Chronicle*, 14 de julho de 2012, https://www.sfgate.com/news/article/Yelp-s-Jeremy-Stoppelman-a-profile-3707980.php; Erik Schonfeld, "Google Places Stops Stealing Reviews", *Techcrunch*, 21 de julho de 2011, https://techcrunch.com/2011/07/21/google-places-stops-stealing-reviews/.

314 "Transcript: Schmidt and Thiel Smackdown", *Fortune*, 17 de julho de 2012, https://fortune.com/2012/07/17/transcript-schmidt-and-thiel-smackdown/.

315 Allana Akhtar, "Google Defends Its Search Engine Against Charges It Favors Clinton", *USA Today*, 10 de junho de 2016, https://www.usatoday.com/story/tech/news/2016/06/10/google-says-search-isnt-biased-toward-hillary-clinton/85725014/.

316 Rubin, "Trump, Gawker, and Leaving Silicon Valley", 1:18.

317 Paul Lewis, "'I See Things Differently': James Damore on His Autism and the Google Memo", *The Guardian*, 16 de novembro de 2017, https://www.theguardian.com/technology/2017/nov/16/james-damore-google-memo-interview-autism-regrets.

318 Kate Conger, "Exclusive: Here's the Full 10-Page Anti-Diversity Screed Circulating Internally at Google", *Gizmodo*, 5 de agosto de 2017, https://gizmodo.com/exclusive-heres-the-full-10-page-anti-diversity-screed-1797564320.

319 Emily Chang, "Fired Engineer James Damore: I Feel Google Betrayed Me", *Bloomberg Technology*, Bloomberg TV, 9 de agosto de 2017, https://www.bloomberg.com/news/videos/2017-08-10/fired-engineer-damore-i-feel-google-betrayed-me-video.

320 Daisuke Wakabayashi, "Missouri Opens Antitrust Investigation into Google", *The New York Times*, 13 de novembro de 2017, https://www.nytimes.com/2017/11/13/technology/missouri-google-investigation.html.

321 "Cardinal Conversations: Reid Hoffman and Peter Thiel on 'Technology and Politics'", entrevistado por Niall Ferguson, Hoover Institution, 31 de janeiro de 2018, https://www.hoover.org/news/stanford-first-cardinal-conversation-spotlights-technology-politics.

322 Thiel, Economic Club of New York, 2018.

323 Rubin, "Trump, Gawker, and Leaving Silicon Valley", 17:58.

324 Alex Shephard, "Peter Thiel's Lonely Culture War", *The New Republic*, 16 de fevereiro de 2018, https://newrepublic.com/article/147109/peter-thiels-lonely-culture-war.

325 Maria Bartiromo, "Peter Thiel on Leaving Silicon Valley for Los Angeles", Fox Business, 16 de março de 2018, https://www.youtube.com/watch?v=v_NhYV63K5E.

326 Jacqueline Klimas and Bryan Bender, "Palantir Goes from Pentagon Outsider to Mattis' Inner Circle", *Politico*, 11 de junho de 2017, https://www.politico.com/story/2017/06/11/palantir-defense-jim-mattis-inner-circle-239373.

327 Dara Lind, "'A Recipe for Toxic Stress': An Expert on Why Trump's Family Separation Policy Is So Damaging to Kids", *Vox*, 20 de junho de 2018, https://www.vox.com/policy-and-politics/2018/6/20/17480680/child-separate-parent-trauma-effects.

328 Ginger Thompson, "Listen to Children Who've Just Been Separated from Their Parents at the Border", *ProPublica*, 18 de junho de 2018, https://www.propublica.org/

article/children-separated-from-parents-border-patrol-cbp-trump-immigration-policy.

329 Gabrielle Schonder, "The Frontline Interview: Kris Kobach", *Frontline*, PBS, 20 de agosto de 2019, https://www.pbs.org/wgbh/frontline/interview/kris-kobach/.

330 "Anduril's New Border Surveillance Contract with the U.S. Marine Corps and CPB", *Mijente*, 24 de julho de 2019, https://mijente.net/2019/07/anduril/; "Palantir Played Key Role in Arresting Families for Deportation, Document Shows", *Mijente*, 2 de maio de 2019, https://mijente.net/2019/05/palantir-arresting-families/.

331 Steven Levy, "Inside Anduril, Palmer Luckey's Bid to Build a Border Wall", *Wired*, 11 de junho de 2018, https://www.wired.com/story/palmer-luckey-anduril-border--wall/.

332 Kari Paul, "Tech Workers Protest Data Mining Firm Palantir for Role in Immigrant Arrests", *The Guardian*, 13 de maio de 2019, https://www.theguardian.com/us-news/2019/may/13/tech-workers-palantir-immigration-protest-github.

333 Tom McKay, "Dozens Arrested at #JewsAgainstICE Protest at Amazon Store in NYC", *Gizmodo,* 11 de agosto de 2019, https://gizmodo.com/dozens-arrested-at-jewsagainstice-protest-at-amazon-st-1837156701.

334 Mark Bergen, "Google in China: When 'Don't Be Evil' Met the Great Firewall", *Bloomberg Businessweek*, 8 de novembro de 2011, https://www.bloomberg.com/news/features/2018-11-08/google-never-stopped-trying-to-go-to-china?sref=4Z-gkJ7cZ.

335 "Joe Lonsdale: Google Is Not a Patriotic Company", *Squawk Alley*, CNBC, 15 de julho de 2019, https://www.youtube.com/watch?v=gsmY64N7Y1w.

336 Cade Metz et al., "What's a Palantir? The Tech Industry's Next Big I.P.O.", *The New York Times*, 26 de agosto de 2020, https://www.nytimes.com/2020/08/26/technology/palantir-ipo.html.

CAPÍTULO 19: RUMO AO TATAME

337 Kirkpatrick, *The Facebook Effect.*

338 Steven Levy, *Facebook: The Inside Story* (New York: Blue Rider Press, 2020), 158.

339 Michael Wolff, "The Facebook Fallacy", *MIT Technology Review*, 22 de maio de 2012, https://www.technologyreview.com/2012/05/22/255726/the-facebook-fallacy/.

340 Levy, *Facebook*, 293.

341 Nick Bilton, *Hatching Twitter: A True Story of Money, Power, Friendship, and Betrayal* (New York: Portfolio, 2014).

342 Elizabeth Dwoskin, "Facebook Thought It Was More Powerful than a Nation State. Then that Became a Liability", *The Washington Post*, 22 de janeiro de 2018, https://www.washingtonpost.com/business/economy/inside-facebooks-year-of-reckoning/2018/01/22/cfd7307c-f4c3-11e7-beb6-c8d48830c54d_story.html.

343 Nick Wingfield, "The Culture Wars Have Come to Silicon Valley", *The New York Times*, 8 de agosto de 2017, https://www.nytimes.com/2017/08/08/technology/the--culture-wars-have-come-to-silicon-valley.html.

344 Russell Brandon e Colin Lecher, "Facebook Says It Fired Leaker for Participating in Conservative Bias 'Stunt'", *The Verge*, 27 de fevereiro de 2019, https://www.theverge.com/2019/2/27/18243097/facebook-leaker-project-veritas-moderation-documents; Steven Thrasher, "Conservative Facebook Investor Funded Anti-ACORN Videographer", *The Village Voice*, 22 de setembro de 2009, https://www.villagevoice.com/2009/09/22/conservative-facebook-investor-funded-anti-acorn-videographer/.

345 Jeff Horwitz e Deepa Seetharaman, "Chenault Leaves Facebook Board after Disagreements with Zuckerberg", *The Wall Street Journal*, 13 de março de 2020, https://www.wsj.com/articles/chenault-leaves-facebook-board-after-disagreements-with-zuckerberg-11584140731.

346 Adam Taylor, "Why Would Mark Zuckerberg Want Facebook Employees to Read the Chinese President's Book?", *The Washington Post*, 8 de dezembro de 2014, https://www.washingtonpost.com/news/worldviews/wp/2014/12/08/why-does-mark-zuckerberg-want-facebook-employees-to-read-the-chinese-presidents-book/.

347 Emily Smith, "Chinese President Snubs Mark Zuckerberg's Unborn Child", *The New York Post*, 2 de outubro de 2015, https://pagesix.com/2015/10/02/chinese-president-snubs-mark-zuckerbergs-unborn-child/.

348 Sheera Frenkel et al., "Delay, Deny, Deflect: How Facebook's Leaders Fought through Crisis", *The New York Times*, 14 de novembro de 2018, https://www.nytimes.com/2018/11/14/technology/facebook-data-russia-election-racism.html.

349 Matt Weaver, "Video: Dale Jr. Turns Facebook's Mark Zuckerberg into a NASCAR Fan with Test Drive", *Autoweek*, 14 de março de 2017, https://www.autoweek.com/racing/nascar/a1816901/video-dale-jr-turns-facebooks-mark-zuckerberg-nascar-fan-test-drive/.

350 Mark Zuckerberg, filmado em 12 de maio de 2017, na North Carolina A&T State University, https://www.youtube.com/watch?v=jyuoABPtDzc.

351 Tom McKay, "Kamala Harris Says 'We Have to Seriously Take a Look At' Breaking Up Facebook", *Gizmodo*, 12 de maio de 2019, https://gizmodo.com/kamala-harris-says-we-need-to-seriously-take-a-look-at-1834706259.

352 "Democratic Presidential Candidate Sen. Bernie Sanders Talks 2020 Election", Washington Post Live, 16 de julho de 2019, https://www.youtube.com/watch?v=3YYSlyyOXA4.

353 Casey Newton, "Read the Full Transcript of Mark Zuckerberg's Leaked Internal Facebook Meetings", *The Verge*, 1º de outubro de 2019, https://www.theverge.com/2019/10/1/20892354/mark-zuckerberg-full-transcript-leaked-facebook-meetings.

354 Andrew Ross Sorkin "New York Times Dealbook Conference", 1º de novembro de 2018, https://www.youtube.com/watch?v=VanFeyKDJSI.

355 Matt Gaetz, *Firebrand: Dispatches from the Front Lines of the MAGA Revolution* (New York: Post Hill Press, 2020), 148.

356 Michael Grynbaum e Tiffany Hsu, "CNN Rejects 2 Trump Campaign Ads, Citing Inaccuracies", *The New York Times*, 3 de outubro de 2019, https://www.nytimes.com/2019/10/03/business/media/cnn-trump-campaign-ad.html.

370 NOTAS

357 Julia Carrie Wong, "Facebook Includes Breitbart in New 'High Quality' News Tab", *The Guardian*, 25 de outubro de 2019, https://www.theguardian.com/us-news/2019/oct/25/facebook-breitbart-news-tab-alt-right.

358 Judd Legum e Tesnim Zekeria, "The Dirty Secret behind Ben Shapiro's Extraordinary Success on Facebook", *Popular Information*, 25 de junho de 2020, https://popular.info/p/the-dirty-secret-behind-ben-shapiros; Judd Legum e Emily Atkin, "Fact-Check of Viral Climate Misinformation Quietly Removed from Facebook", *Heated*, 20 de julho de 2020, https://heated.world/p/fact-check-of-viral-climate-misinformation.

359 Mike Allen, "Zuckerberg: No Deal with Trump", *Axios*, 20 de julho de 2020, https://www.axios.com/mark-zuckerberg-trump-facebook-interview-ae28771f-71b-9-4df8-bc4b-d9088a99a740.html.

360 Craig Silverman and Ryan Mac, "Facebook Fired an Employee Who Collected Evidence of Right-Wing Pages Getting Preferential Treatment", *BuzzFeed*, 6 de agosto de 2020, https://www.buzzfeednews.com/article/craigsilverman/facebook-zuckerberg-what-if-trump-disputes-election-results; Ryan Mac e Craig Silverman, "'Mark Changed the Rules': How Facebook Went East on Alex Jones and Other Right-Wing Figures", *BuzzFeed*, 22 de fevereiro de 2021, https://www.buzzfeednews.com/article/ryanmac/mark-zuckerberg-joel-kaplan-facebook-alex-jones; Sarah Frier e Kurt Wagner, "Facebook Needs Trump Even More Than Trump Needs Facebook", *Bloomberg*, 17 de setembro de 2020, https://www.bloomberg.com/news/features/2020-09-17/facebook-and-mark-zuckerberg-need-trump-even-more-than-trump-needs-facebook?sref=4ZgkJ7cZ.

CAPÍTULO 20: DE VOLTA PARA O FUTURO

361 Tim Schneider, "How Artist Simon Denny Is Turning Board Games into Hilarious Critiques of Digital Capitalism", *Artnet*, 2 de abril de 2018, https://news.artnet.com/art-world/banksyguest-stars-sort-of-on-the-latest-episode-of-hbos-silicon-valley-1258157.

362 Kristen Brown, "Of Course Peter Thiel Is a Green-Skinned Villain in This Board Game", *Gizmodo*, 18 de janeiro de 2018, https://gizmodo.com/of-course-peter-thiel-is-a-green-skinned-villain-in-thi-1821514712.

363 Matt Nippert, "Billionaire Peter Thiel Makes a Rare Visit to New Zealand", *The New Zealand Herald*, 9 de dezembro de 2017, https://www.nzherald.co.nz/business/billionaire-peter-thiel-makes-rare-visit-to-new-zealand/YS3MSBFDSDRS-5QP6KKJXTPCZNU/.

364 "Peter Thiel Buys Maui Home for a Record $27 Million", *The Wall Street Journal*, 15 de julho de 2011, https://www.wsj.com/articles/SB1000142405270230491110457 6444362936635124.

365 Riley Beggin, "Report: The CDC Contaminated Its First Coronavirus Tests, Setting US Back", *Vox*, 18 de abril de 2020, https://www.vox.com/2020/4/18/21226372/coronavirus-tests-cdc-contaminated-delay-testing.

366 Marc Andreessen, "Why Software Is Eating the World", Andreessen Horowitz, 20 de agosto de 2011, https://a16z.com/2011/08/20/why-software-is-eating-the-world/.

NOTAS *371*

367 Dave Nyczepir, "HHS Cites Coronavirus 'Urgency' in Speedy Palantir Contract Awards", *FedScoop*, 8 de maio de 2020, https://www.fedscoop.com/hha-covid--funds-palantir/.

368 Charles Ornstein, "Out of View: After Public Outcry CDC Adds Hospital Data Back to Its Website — for Now", *ProPublica*, 16 de julho de 2020, https://www.propublica.org/article/out-of-view-after-public-outcry-cdc-adds-hospital-data-back-to-its--website-for-now.

369 Felix Salmon, "They're Best Friends", *Twitter*, 23 de junho de 2020, https://twitter.com/felixsalmon/status/1275604535709446146.

370 Garret Lewis, "Garret Talks to Blake Masters, COO Thiel Capital", KNST, 14 de outubro de 2019, https://knst.iheart.com/featured/garret-lewis/content/2019-10-14-garret-talks-to-blake-masters-coo-thiel-capital/.

371 "Romney Adviser Kris Kobach Likens Homosexuality to Drug Use and Polygamy", *Queerty*, 23 de agosto de 2012, http://www.queerty.com/kris-kobach-homosexuality-drug-use-polygamy-20120823/.

372 Graig Graziosi, "Republican Senate Hopeful Says Coronavirus Numbers Being 'Cooked' to Hurt Trump", *The Independent*, 28 de julho de 2020, https://www.independent.co.uk/news/world/americas/us-politics/coronavirus-deaths-trump-republican-senate-kriskobach-a9642731.html.

373 Neal E. Boudette, "Hundreds of Tesla Workers Tested Positive for the Virus after Elon Musk Reopened a Plant, Data Shows", *The New York Times*, 13 de março de 2021, https://www.nytimes.com/2021/03/13/world/tesla-elon-musk-coronavirus--outbreak.html.

374 "Trump Says Son Barron's Covid Illness 'Just Went Away'", NBC News, 22 de outubro de 2020, https://www.nbcnews.com/video/trump-says-son-barron-s-covid-illness-just-went-away-94447173800.

375 "Mark Meadows: We're Not Going to Control the Pandemic", CNN, 25 de outubro de 2020, https://www.youtube.com/watch?v=tN9T73GWam0.

376 Danny Crichton, "In Its 5th Filing with the SEC Palantir Finally Admits It Is Not a Democracy", *TechCrunch*, 21 de setembro de 2020, https://techcrunch.com/2020/09/21/palantir-is-not-a-democracy/.

377 Curtis Yarvin, "Reflections on the Late Election", *Gray Mirror*, 8 de novembro de 2020, https://graymirror.substack.com/p/reflections-on-the-late-election. (A ênfase no "fora" foi de Yarvin.)

378 Ari Levy, "Peter Thiel's Palantir Is Skyrocketing as Trump's Prospects Grow Dim", CNBC, 6 de novembro de 2020, https://www.cnbc.com/2020/11/06/peter-thiels-palantir-is-skyrocketing-as-trumps-prospects-grow-dim.html.

379 Ver, por exemplo, "Back to the Future with Peter Thiel", *National Review*, janeiro de 2011, https://www.nationalreview.com/2011/01/back-future-peter-thiel-interview/.

380 Matthew Daly e Michael Balsamo, "Deadly Siege Focuses Attention on Capitol Police", AP, 8 de janeiro de 2021, https://apnews.com/article/capitol-police-death-brian--sicknick-46933a828d7b12de7e3d5620a8a04583.

NOTAS

381 Alexander Bolton, "Hawley, Cruz Face Rising Anger, Possible Censure", *The Hill*, 12 de janeiro de 2021, https://thehill.com/homenews/senate/533740-hawley-cruz-face-rising-anger-possible-censure.

382 Dan Primack, "What Peter Thiel Got Wrong about Donald Trump", *Axios*, 11 de janeiro de 2021, https://www.axios.com/peter-thiel-donald-trump-venture-capitalist-007f70ba-e851-4f6e-af12-a18df6d0612e.html.

EPÍLOGO: VOCÊ VIVERÁ PARA SEMPRE

383 Justin Rebo et al., "A Single Heterochronic Blood Exchange Reveals Rapid Inhibition of Multiple Tissues by Old Blood", *Nature*, 22 de novembro de 2016, https://www.nature.com/articles/ncomms13363.

384 Jeff Bercovici, "Peter Thiel Is Very, Very Interested in Young People's Blood", *Inc.*, 1 de agosto de 2016, https://www.inc.com/jeff-bercovici/peter-thiel-young-blood.html.

385 J. K. Trotter, "Peter Thiel Is Interested in Harvesting the Blood of the Young", *Gawker*, 1º de agosto de 2016, https://gawker.com/peter-thiel-is-interested-in-harvesting-the-blood-of-th-1784649830?rev=1470074599426.

386 Roger Köppel, "Ich unterstütze Trump noch immer", *Die Weltwoch*, 12 de agosto de 2020, https://www.weltwoche.ch/ausgaben/2020-33/diese-woche/ich-unterstutze-trump-noch-immer-die-weltwoche-ausgabe-33-2020.html.

387 Bryan Lowry, "'The Biggest Mistake I've Ever Made.' Danforth Rues Mentoring Hawley, Blames Him for Riot", *The Kansas City Star*, 7 de janeiro de 2021, https://www.kansascity.com/article248346830.html.

388 Josh Hawley, "It's Time to Stand Up against the Muzzling of America", *The New York Post*, 24 de janeiro de 2021. https://nypost.com/2021/01/24/its-time-to-stand-up-against-the-muzzling-of-america/.

389 Alex Isenstadt, "Rise of a Megadonor: Thiel Makes a Play for the Senate", *Politico*, 17 de maio de 2021, https://www.politico.com/news/2021/05/17/peter-thiel-senate-megadonor-488799.

390 "Peter Thiel's CS183: Startup — Class 18 Notes Essay", Blakemasters.com, 6 de junho de 2012, https://blakemasters.com/post/24578683805/peter-thiels-cs183-startup-class-18-notes.

CRÉDITOS DAS IMAGENS

p. 1, superior e inferior: cortesia do fotógrafo.

p. 2, superior: Paul Sakuma/AP; inferior: Rick Friedman/Corbis/Getty Images.

p. 3, superior: Bloomberg/Getty Images; inferior: Sean Gallup/Getty Images.

p. 4, superior: Jefferson Siegel/*The New York Times*/Redux; meio: Francis Chunk /E&E News e *Politico*/AP Photo; inferior: Peter Duke.p. 5: Drew Angerer/Getty Images.

p. 6, superior: Merrick Morton/© Columbia Pictures; meio: cortesia da HBO; inferior: Steven Voss/Redux.

p. 7, superior: Shannon Stapleton/Reuters; inferior: Dirk Shadd/*The Tampa Bay Times*/ AP Photo.

p. 8: Robyn Beck/AFP/Getty Images.

ÍNDICE

SÍMBOLOS

11 de Setembro, xii, 88, 111–118, 132, 180, 267, 285–287, 315

A

Abraham, Jack, 169
acólitos, 24, 174. *Consulte* Thiel Fellowship
Acordo de Paris, 262–264
Affirm. *Consulte* Bingham, Eli
Airbnb, xiii, 189, 313
Alcor Life Extension Foundation, 102
Altman, Sam, 25, 270
Amazon, 55, 259, 313
American Thunder, 99
Andreessen, Marc, 46–62, 171–172, 312
Andregg, William, 138, 167, 192
Anduril, 151, 287, 288–292, 313. *Consulte* Steckman, Matthew

Anslow, Louis, 171, 270
Máfia anti-PayPal, 270
antitruste, 83, 282
ações, 259
ameaça de vigilância, 276. *Consulte* PaylPal e eBay
fiscalização, 211
investigação, 281
lei, 67, 261
apartheid, 4–5, 18–19, 176–178
Apple, 75, 124, 145, 259, 263, 313
Asparouhov, Delian, 25

B

Banister, Scott, 49
Bannon, Steve, xi, 219, 236, 241–256, 260, 312. *Consulte* Breitbart
Bay Area, 24, 13, 32, 49, 118, 284
Beenz, 68
Bezos, Jeff (Amazon), 257

Biden, Joe, 22–29, 305, 317–324
Billpoint, 56, 65, 76, 85
Bingham, Eli, 151
bitcoin, 52, 249
Black Lives Matter, 198–203, 320
blitzscaling, 76–81, 135
Bloom, Allan, 30
Bollea, Terry (Hulk Hogan), 196, 227
Bono Vox, 76
Book, Norman, 24, 53
boom tecnológico, 55
sobreviventes do, 98
Botha, Roelof, 69, 87, 108
Bounds, Ryan, 37
Brand, Stewart, 144
Breitbart, 26, 204, 219, 231, 242, 284, 306
bullying, 9, 23
Burnham, John, 205
Bush, George W., 93

C

Cain, Jonathan, 165

ÍNDICE

Cambridge Analytica, 26, 219, 246
  escândalo da, 215
capitalistas de risco (CRs), 55, 74, 125, 163, 170
  do Vale do Silício, 211
captcha, 78. *Consulte* Teste de Gausebeck-Levchin
Cato Institute, 99, 140
Cato Unbound, 140, 176
Cernovich, Mike, 202
ceticismo radical, 125
China, 136, 259, 262, 291, 311, 324
  Grande Firewall da, 162
Chmieliauskas, Alfredas, 218
CIA, 114–116, 125, 154, 219, 287
Clarium, 96–105, 117–121, 125–139, 165
Clark, Jim, 48
Clearview, 27, 268–269, 298–301, 322
Clinton, Bill, 47
Clinton, Hillary, xi, 211, 237, 243, 270
Cohen, Stephen, 113, 323
Collison, Patrick (Stripe), 25
Cone, Sarah, 25
Confinity, 51–58, 66–69
conservadores, viii–xii, 2, 15, 24–26, 31–42
  ativistas políticos, 60
conservadorismo, 24, 322
  inteligente, 31
  novo tipo de, 289

sancionado pelo estado, 306
contracultura genuína, 75. *Consulte* Jobs, Steve
controverso, 21–25, 121, 188
  instinto, 211
Cook, Tim (Apple), 129, 257–261, 301
COVID-19, 22, 309, 317
  pandemia, 315
  vindicação, 311
Cox, Christopher, 42, 83
Craigslist, 98
Credit Suisse Financial Products, 39
criptografia, 49–53
Cruz, Ted, 224
Cryptonomicon, 53

D

Daily Wire, 306
Damorem James, 279
Danzeisen, Matt, 127, 209
Dartmouth Review, 31
de Gray, Aubrey, 138
DeMartino, Anthony, 285
Denton, Nick, 123, 195
Departamento de Defesa, 114–116, 149–151, 285–287, 314–316
De Zero a Um, livro, 172, 190
Dhillon, Harmeet, 281
Dickinson, Pax, 202
disruptor, disrupção, 77, 192, 248, 255, 271, 286
Diversity Myth, The, 41, 47, 145, 203, 252
Donnelly, Sally, 285

D'Souza, Aron, 193
D'Souza, Dinesh, 31, 42, 61. *Consulte* Dartmouth Review
Dungeons & Dragons (D&D), 2–8
  estilo de, 310

E

eBay, 59, 64–70, 76–92, 276
Eden, William, 25
Edmondson, James Larry, 38
Eisman, Steve, 132
Elevation Partners, 76
Ellison, Larry, 68
Endorse Liberty, 181
Epstein, Marcus, 203
estagnação tecnológica, 290–292, 296
  tese de, 181
ethos
  disruptivo, 285
  libertário, 52

F

Facebook, 77, 106, 119, 135, 159, 181, 213, 220, 243–256, 259–265, 278, 293, 313
  cap table, 109
Fairchild Semiconductor, 143
FBI, 79, 113, 149, 291
FDA, 182, 249–253, 312
Fidelity, 211
Fieldlink, 50
Fiorina, Carly, 223
Flooz, 68

ÍNDICE *377*

Flynn, Michael, 149, 286
Foster City, Califórnia, 1
Founders Fund, 24, 119,
162, 189, 211, 249, 269,
284, 299, 314
Friedman, Lauren
(Accenture), 316
Friedman, Patri, 136, 169,
174
Friedman, Thomas, 189
Friendster, 106, 127
Frisson, 97
fundos hedge, 70, 91, 95,
117, 133, 210, 294

G
Gates, Bill, 67
Gausebeck, David, 78
Gawker, 20, 122, 123–138,
184, 189–206
caso da, 227
gay, 31, 104, 125–134, 177,
239
comunidade de Nova
York, 40
comunidade
LGBTQIA+,
244–256
Gelernter, David, 252
Genius Grants for Geeks,
160
Gettings, Nathan, 113
Ghostnet, 146
Gibson, Michael, 174
Giesea, Jeff, 280, 290
Girard, René, 19, 42, 111
grande ideia de, 20
GitHub, 288
globalização, 112, 311
da informação, 225
perigos da, 209

reação política contra
a, 131
Goldman Sachs, 59
Goldwater, 61
Google, 55, 98, 123, 145,
191, 259, 276
batalha contra o, 76
inquietação no, 298
mecanismo de busca
em chinês, 290
nova categoria de
publicidade
do, 180.
Consulte Harmon,
Jeffrey
"traidor", 291
GOProud, 177
Gotham, sistema, 116
growth hacking, 61, 78,
271
Guerra ao Terror, 115

H
Haines, Avril, 27
Halcyon Molecular, 138.
Consulte Andregg,
William
Hamerton-Kelly, Robert,
19
Happer, William, 251
Harder, Charles, 195
Harmon, Jeffrey, 180
Harrington, Kevin, 101,
255
Harris, Andy, 265
Hastings, Reed (Netflix),
297
Hawley, Josh, 26, 281
Hayek, Friedrich, 68
HBGary, episódio da, 151
Hellman, Martin, 50

hipotecas subprime
bolha das, 158
hockey stick, 64
Hoffman, Reid, 27, 23,
43, 65, 76, 171, 282.
Consulte blitzscaling
Holiday, Ryan, 194
homofobia, 33
Hoover, Herbert, 14, 33
Ho, Ralph, 101
Howery, Ken, 53, 101, 119
HP, 144
Hughes, Chris, 135
Hunter, Duncan, 149

I
Iger, Bob (Disney), 264
Igor, 79, 112
imigração, 261
vistos H1-B, 261
Immelt, Jeff (General
Electric), 264
Inception, 118
Independent Institute, 83
Índice de Dominação
Mundial, 60, 76
Intel, 144
inteligência, 9
aristocracia da, 14.
Consulte Jordan,
David Starr
artificial, 282, 290
Intellectual Dark Web,
280, 324
internet, 46, 76
investidor
controverso, 122
de fundos macro, 47
"macro global", 100
ousado, 162

J

Jackson, Eric, 53, 121
Jackson, Jesse, 47
Jobs, Steve, 28, 75, 124
John M. Olin Foundation, 42
  contraintelligentsia, 42
Johnson, Charles, 27, 197, 239, 269, 281, 298
Jordan, David Starr, 13, 33, 94, 144
Jordan, Jeff, 90
JPMorgan, 118–119, 215–216
Juul, 77

K

Kalanick, Travis, 77
Karp, Alex, 151, 215, 258, 285
  estilo de, 218
  incomum no Thielverso, 114
kayfabe, 262, 284
Kester, Scott, 97
Know Your Costumer (KYC), 57
Kobach, Kris, 266
  apoio a, 318
Kothanek, John, 78
Kratsios, Michael, 255
Kristol, William, 42
Krzanich, Brian (Intel), 264
Kvamme, Floyd, 93

L

Lehman Brothers, 132
Levchin, Max, 25, 48, 67, 113, 171, 233
Lewis, Geoff, 269
Libra (moeda digital), 305

Lief, Adam, 21
LinkedIn, 106–107
Linn, Nathan, 53, 101
lockdown, 311–320
Lonsdale, Jeff, 136
Lonsdale, Joe, 101, 113, 117, 131
Luckey, Palmer, 287
  demissão de, 298
Lyft, xiii, 189–190, 269

M

MAGA, 23, 326
Martin, Paul, 53, 67
Masters, Blake, 26, 190, 318
  Boswell de Thiel, 170
Mast, Lucas, 99
Matthies, Dennis, 34–35
Mattis, Jim, 285
McCormack, Andrew, 97, 209
McHugh, Katie, 204
McMaster, H. R., 286
McNamee, Roger, 76
Methuselah Foundation, 102
Microsoft, 67, 263
Mikolay, Justin, 285
Morgan Stanley, 88
Moritz, Michael, 57, 63, 86, 106
Mosaic, 46
Moskovitz, Dustin, 109
Movimento dos Direitos dos Homens, 279
multiculturalismo, 40–42, 53, 145, 211, 280
Musk, Elon, 24, 56, 65, 120, 258

N

Napster, 106
Nasdaq, 47, 63, 67, 221
Netflix, xiii, 263, 297, 313
Netscape Navigator.
  Consulte Andreessen, Marc
Nix, Alexander.
  Consulte Cambridge Analytica
Nosek, Luke, 49, 71, 119, 122, 247
Nova Zelândia, 209, 309
  cidadania, 210
  país de reserva, 208
Noyce, Robert, 143

O

Oculus, 298.
  Consulte Luckey, Palmer
Onderdonk, Bill, 90
O'Neill, Jim, 21, 165, 254
Oracle, 95, 114, 188, 221, 257
Oskoui, Stephen, 180

P

Page, Larry, xii, 123, 259
Palantir, 27, 131, 146, 152, 187, 213, 258, 278, 286, 314
  ajuda da, 246
  experiência em gestão de crises, 315
  IPO da, 317
  nova categoria de ações, 323
  tecnologia de vigilância revolucionária, 155
PalmPilots, 50–58
Palo Alto, 53

ÍNDICE 379

parabiose, 19–20

Parker, Sean, 106, 109, 112, 119

Patterson, Daniel, 97

Paul, Rand, 183–185, 221–222

Paul, Ron, 83, 177

Paulson, John, 132

PayPal, 51, 63–74, 76, 95, 132, 208, 271, 276

    Máfia do, 28, 121, 143, 161, 209

    rede de conexões como o, 146

    The PayPal Wars, 121

Pearson, Todd, 53, 81

Pell, Barney, 120

Pence, Mike, 242, 257, 314, 326

pensamento

    controverso, 128

    neoconservador, 94

    neorreacionário, 176

Peterson, Jordan, 280

Pixar, 75

Plaxo, 106–107

Poindexter, John, 115

    consultor informal. *Consulte* Palantir

ponto com, empresas, 73

    bolha das, 93, 95, 295

    estouro da, 118, 295

    quebra das, 85

Powerset, 120

Predator drone, 152

Project Veritas, 300

Projeto Maven, 292

Pronomos Capital, 175

Proud, James. *Consulte* Thiel Fellows

Putin, Vladimir, 201, 266

Q

QAnon, 27, 265, 302, 326

R

Rabois, Keith, 24, 34, 53, 83, 126, 320

Rand, Ayn, 19, 137, 174

Ravikant, Naval, 247

Reagan, Ronald, 15, 61

    campanha de, 38

Reddit, 170, 203

Rede Social, A, 107–109, 159, 174

redes sociais, 77, 106, 118, 135, 170, 174, 198, 211, 245, 268, 293, 313

    campanha de Obama, 135

Revolta de Atlas, A, 53

Reynan, Jack, 40

Rometty, Ginni (IBM), 264

Romney, Mitt, 179–184, 212, 236

Roth IRA, 87, 108, 116, 212

Royan, Ajay, 102

S

Sacks, David, 40, 53, 67, 83

Sandberg, Sheryl (Facebook), 257

Sankar, Shyam, 117, 315

Saverin, Eduardo, 109

Schmidt, Eric (Google), 54, 261, 277

Schmitt, Carl, 94

seasteading, 136, 165, 175, 188, 208

SENS Research Foundation, 20, 138

Sequoia Capital, 57, 72, 85, 108, 119, 135

Shockley, William, 144

Silicon Valley (série da HBO), 20, 188

Simmons, Russell, 53

Sinclair, Upton, 14

Singularity Institute, 139

Solana, Mike, 25

Sollitto, Vince, 83

Soros, George, 100

SpaceX, 121, 235, 314

Spencer, Richard, 204

Spotify, xiii, 170

Srinivasan, Balaji, 208, 253, 312

S. S. Minnow, 318

Stanford Review, 29, 77, 99, 198, 281

startup, 55, 64, 122

    emergente, 124

    Idealab, 59

    investimento em, 105

    viés ditatorial, 176

Steckman, Matthew, 151

Stephenson, Neal, 53

Stephens, Trae, 285. *Consulte* Anduril

Stoppelman, Jeremy, 276

Strachman, Danielle, 165

Stripe, 25, 313

Sullivan & Cromwell, 38–43

Super PAC, 26, 179

Swisher, Kara, 125

T

TaskRabbit, 189

Tenet, George, 116

Tesla Motors, 120

380 ÍNDICE

Teste de Gausebeck-Levchin, 78
Thiel Fellowship, 174, 205, 270, 312
   programa 20 Under 20, 160
Thiel, Klaus, 2–4
Thielverso, 20, 122, 126, 151, 201, 208, 235, 287, 297
   jogos populares no, 309
   lógica do, 248
   metáfora do cortesão, 297
   natureza do, 325
   obras características do, 176
   regras mais importantes, 218
Thomas, Owen, 126–129, 202
Ton-That, Hoan, 202, 239, 268, 299
Total Information Awareness (TIA), 116, 152
Trending Topics, 231, 245
   reunião dos, 297
Trump, Donald, 37, 203, 226–240, 241–255, 257, 273, 276
Tunnell, Harry, 147
Twitter, 164, 202, 211, 231, 295, 307
Tyrrell, Emmett, 42

U

Uber, 55, 77, 189

V

Valar Ventures, 209

Vale do Silício, 25, 43, 54, 63, 75, 93, 123, 143, 190, 259, 312
   intolerância no, 128
   Poderoso Chefão do, 295
Valleywag, 123, 189
Vance, J. D., 26
VanDevender, Aaron, 168
Verisign, 65
Verjee, Aman, 99
Viguerie, Richard, 61
vulnerabilidade, 122, 214

W

Wallace,David, 53
Wallace, George, 61
Wall Street Journal, 47, 64, 80
Weinstein, Eric, 280, 323
Weisberg, Jacob, 160
WeSearchr, 203, 231, 243, 281
Whitman, Meg, 84, 88. *Consulte* eBay
Wolfe Schiff, Alexandra, 316

X

xadrez, 17
   de elite, 21
   rápido (blitz), 21
X.com, 56, 63, 85

Y

Y2K, 63
Yahoo!, 56, 65
Yarvin, Curtis, 175, 192, 247, 280, 324
Y Combinator, 208, 270
Yelp, 276

Young Americans for Freedom. *Consulte* Vale do Silício; *Consulte* Viguerie, Richard
Yu Pan, 53

Z

Zip2, 56
Zuckerberg, Mark, 76, 107, 112, 220, 245, 264
   relacionamento com Thiel, 293

Projetos corporativos e edições personalizadas
dentro da sua estratégia de negócio. Já pensou nisso?

Coordenação de Eventos
Viviane Paiva
viviane@altabooks.com.br

Contato Comercial
vendas.corporativas@altabooks.com.br

A Alta Books tem criado experiências incríveis no meio corporativo. Com a crescente implementação da educação corporativa nas empresas, o livro entra como uma importante fonte de conhecimento. Com atendimento personalizado, conseguimos identificar as principais necessidades, e criar uma seleção de livros que podem ser utilizados de diversas maneiras, como por exemplo, para fortalecer relacionamento com suas equipes/ seus clientes. Você já utilizou o livro para alguma ação estratégica na sua empresa?

Entre em contato com nosso time para entender melhor as possibilidades de personalização e incentivo ao desenvolvimento pessoal e profissional.

PUBLIQUE SEU LIVRO

Publique seu livro com a Alta Books. Para mais informações envie um e-mail para: autoria@altabooks.com.br

 /altabooks   /alta-books   /altabooks   /altabooks

CONHEÇA OUTROS LIVROS DA **ALTA BOOKS**

Todas as imagens são meramente ilustrativas.